L Semana Internacional
de Estudios Medievales
Estella-Lizarra
16/19 de julio de 2024

L Erdi Aroko Ikerlanen
Nazioarteko Astea
Estella-Lizarra
2024ko uztailak 16/19

¿QUÉ EDAD MEDIA HOY?

Desafíos globales,
nuevas vías,
otros públicos

ZER ERDI ARO GAUR EGUN?

Erronka globalak,
bide berriak,
bestelako publikoak

L Semana Internacional
de Estudios Medievales
Estella-Lizarra
16/19 de julio de 2024

L Erdi Aroko Ikerlanen
Nazioarteko Astea
Estella-Lizarra
2024ko uztailak 16/19

¿QUÉ EDAD MEDIA HOY?

Desafíos globales,
nuevas vías,
otros públicos

ZER ERDI ARO GAUR EGUN?

Erronka globalak,
bide berriak,
bestelako publikoak

Gobierno de Navarra
Departamento de
Cultura, Deporte y Turismo

Nafarroako Gobernua
Kultura, Kirol eta Turismo
Departamentua

Título/Izenburua: ¿Qué Edad Media hoy?
Desafíos globales, nuevas vías, otros públicos
(L Semana Internacional de Estudios Medievales. Estella-Lizarra.
16/19 de julio de 2024)

Zer Erdi Aro gaur egun?
Erronka globalak, bide berriak, bestelako publikoak
(L Erdi Aroko Ikerlanen Nazioarteko Astea. Estella-Lizarra.
2024ko uztailak 16/19)

Edita / Argitaratzailea: Gobierno de Navarra / Nafarroako Gobernua

Departamento de Cultura, Deporte y Turismo
Kultura, Kirol eta Turismo Departamentua

Dirección General de Cultura-Institución Príncipe de Viana
Vianako Printzea Erakundea-Kultura Zuzendaritza Nagusia
© Gobierno de Navarra / Nafarroako Gobernua
© Autores / Egileak

Imagen de la cubierta / Azaleko irudia: *Yelmo o Bacinete de Barbera.*
Siglo XIX. mendea
Museo de Navarra / Nafarroako Museoa

Composición / Konposizioa: Pretexto
Impresión / Inprimatzea: Rodona Industria Gráfica

ISBN 978-84-235-3724-2
DL NA 604-2025
DOI: https://doi.org/10.35462/siemel.50

Promoción y distribución / Fondo de Publicaciones del Gobierno de Navarra
Sustapena eta banaketa: Nafarroako Gobernuaren Argitalpen Funtsa
Navas de Tolosa, 21
31002 Pamplona/Iruña
Tel.: 848 427 121
fondo.publicaciones@navarra.es
https://publicaciones.navarra.es

Índice

PONENCIAS

11 Cómo estudiar y escribir la historia global medieval: problemas y posibilidades
Chris Wickham

31 Transmisión, traducción y conexiones: más allá de la Edad Media global
Nora Berend

47 «So, Who Killed the Elephant?». Tracing African-European Entanglements in the 'Global Middle Ages'
Verena Krebs

69 Repensar la historia medieval hispana: una necesidad urgente
Eduardo Manzano Moreno

91 Corpus de textos medievales digitalizados. ¿Para qué sirve?
Eliana Magnani

109 La Edad Media «at the frontiers of knowledge»: evolución interdisciplinar y nuevos retos
Ainoa Castro Correa

129 La Edad Media y la historia pública. Experimentos y comentarios
Sandrine Victor

143 Digital Methods for Reimagining the Global Middle Ages: A Focus on Immersive Virtual Reality
Roger L. Martínez-Dávila

181 Histoire médiévale et Moyen Âge rêvé : quelques défis de la diffusion de la recherche en France
Catherine Rideau-Kikuchi

201 Juego de Cronos: Edad Media y ocio digital
Juan Francisco Jiménez Alcázar

239 The Business of Communication: Medieval History in the Modern World
Jonathan Phillips

253 La Edad Media de Vasconia para los nuevos públicos
Alberto Santana

265 La Edad Media de Navarra y los jóvenes navarros del siglo XXI (Generación Z). Itinerario educativo, conocimientos e intereses
Íñigo Mugueta Moreno

COMUNICACIONES

307 Complejizando la Edad Media: hacia una propuesta de totalidad y transversalidad reflexiva
Pablo Berruezo-Vaquero

317 La Iglesia de Toledo y sus documentos en la Plena Edad Media: nuevos retos y perspectivas desde la paleografía y la diplomática
Jaime Ruano Benito

325 Acercarse a la historia medieval desde las Ciencias y Técnicas Historiográficas
Alejo Albares Villalba

335 Las encomiendas hospitalarias en la Corona de Aragón: nuevas perspectivas de estudio través de los análisis espaciales (siglos XII-XIV)
Bet Mallofré López

345 Ventajas y problemas del método cuantitativo aplicado al estudio de la guerra entre musulmanes y cristianos
Josep Suñé Arce

355 El negocio armamentístico detrás de los conflictos bélicos bajomedievales: una realidad que pone al investigador frente al espejo del pasado
Pere Badia Arroyo

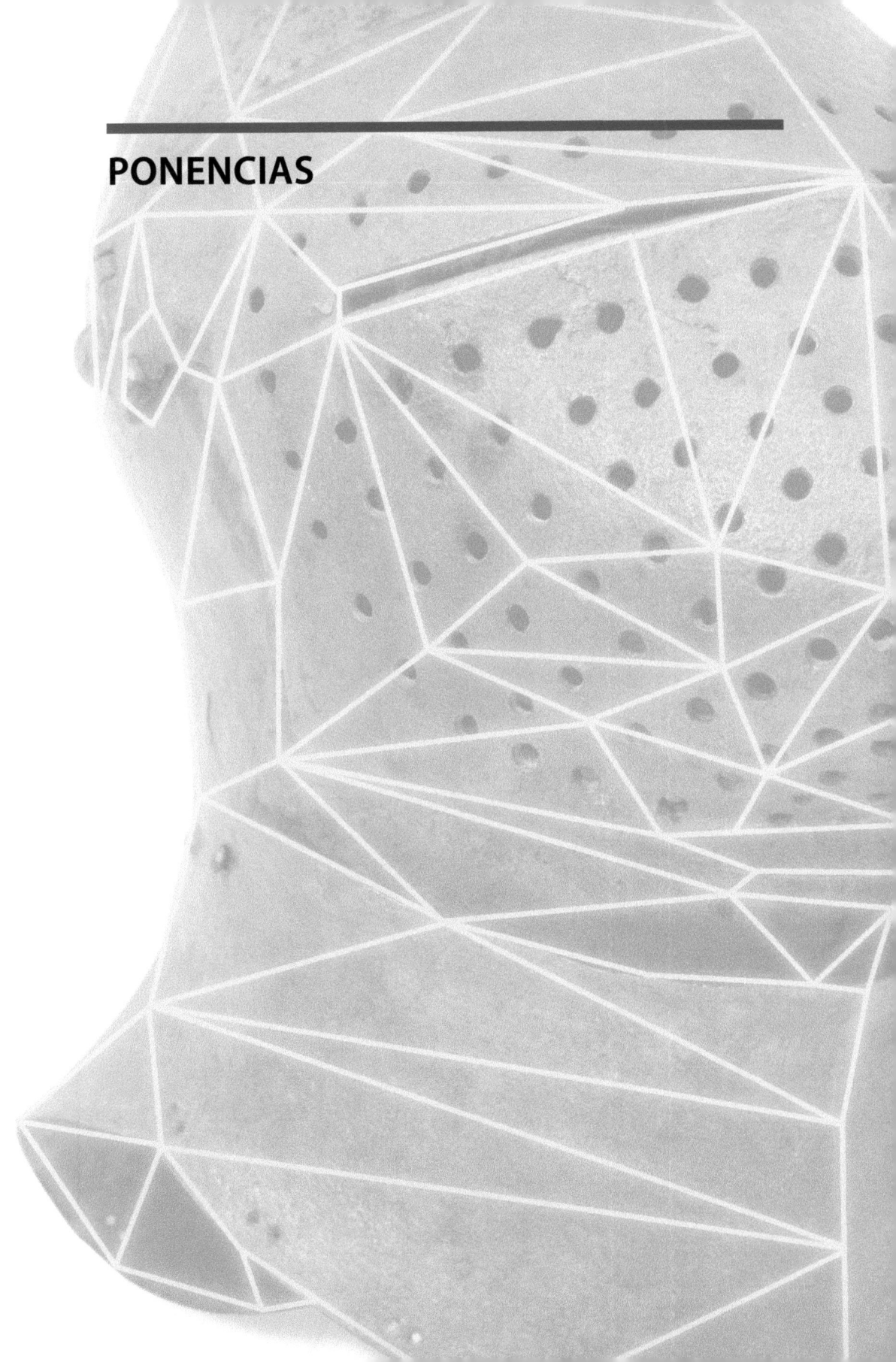

PONENCIAS

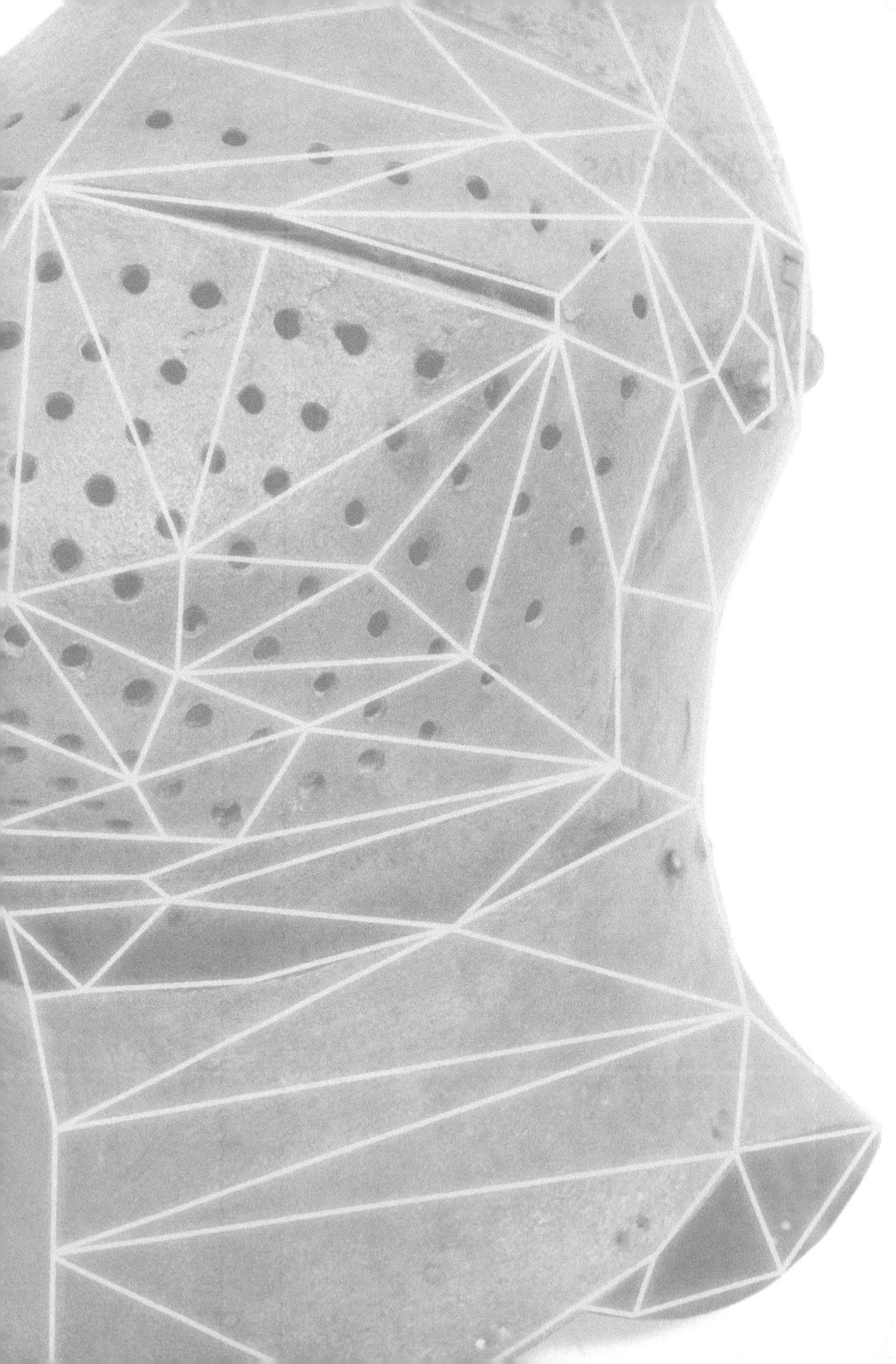

Cómo estudiar y escribir la historia global medieval: problemas y posibilidades

Chris Wickham
University of Oxford

Escribir la historia global no es fácil. Implica tratar con lenguas desconocidas y, por supuesto, con culturas desconocidas. ¿Por qué hacerlo si no es fácil? Porque nos obliga a ver que la historia no trata solo de nuestro pequeño territorio, historiadores de Inglaterra o Castilla o Florencia que solo estudian la historia de Inglaterra o Castilla o Florencia y piensan que el desarrollo de su región es normal y obvio, incluso cuando no lo es; o, peor aún, que su región es la mejor, la más avanzada, la más interesante; o, peor aún, que su región es la única con una historia real y que otras regiones solo tienen acontecimientos. Y ese tipo de solipsismo se extiende también a los historiadores de la Europa occidental, o la Europa cristiana, o simplemente Europa, por muy amplio que sea su trabajo dentro de la propia Europa, que no ven que esta masa terrestre es solo un pequeño conjunto de penínsulas en el extremo occidental de la Eurasia, el resto de la cual tuvo historias alternativas que no se pueden descartar. Lo que subyace tras este tipo de malentendidos es simplemente el Orientalismo, en el sentido de Edward Said: la construcción del «Oriente» (o cualquier otra parte del mundo, de hecho) como una tierra exótica inventada, sin cambios políticos o sociales reales, solo golpes de estado sin sentido e intrigas cortesanas[1]. Comprender otras regiones, otras culturas, en sus propios términos es un antídoto vitalmente necesario contra esto, y puede ser –será, si se hace bien– fascinante en sí mismo.

No quiero decir con esto que todo historiador deba ser un historiador global. Es perfectamente legítimo, incluso normal, seguir estudiando una sola región, como han hecho siempre la mayoría de los historiadores; siempre y cuando cada uno de nosotros se dé cuenta de que *existen* realidades fuera de

---

[1] E. W. Said, *Orientalism*, New York, Vintage Books, 1978, especialmente el capítulo 1. Estoy muy agradecido a Leslie Brubaker y Hannah Skoda por sus lecturas críticas de este texto, y a Silvia Manzano Rodríguez por sus correcciones esenciales a mi castellano.

ella, y también fuera de cualquier conjunto de regiones, como sin duda alguna lo es Europa. Y, añadiría yo, siempre que cada uno de nosotros tenga al menos *un cierto* conocimiento de esas realidades y de las alternativas que efectivamente ofrecen a nuestra comprensión de las regiones que mejor conocemos. Lo que significa que, aunque la mayoría de la gente no se dedique a la historia global, alguien tiene que hacerlo bien. La cuestión que se plantea aquí es cómo podríamos hacerlo cuando analizamos el periodo de mil años, del 500 a 1500, que los europeos llaman Edad Media, y en el que me centraré aquí.

Al menos en mi opinión, la historia global no consiste en escribir una visión superficial de la historia del mundo, o de gran parte de ella, basada exclusivamente en literatura secundaria o, en algunos casos, en síntesis banales. La gente las escribe; algunas son atractivas y se venden bien, pero no aportan conocimientos de ninguna manera útiles y simplemente llevan a la gente a asumir que los enfoques globales tienen que ser superficiales. Lo que tampoco es historia global es estudiar una región desconocida por sí sola, por lejana que sea, sin ponerla en relación con otras regiones, como hacen, por ejemplo, las numerosas e inteligentes obras estadounidenses sobre la historia de la China y el Japón medievales, que casi nunca miran fuera del país que estudian –hay excepciones, como Valerie Hansen, una excelente estudiosa de las conectividades que empezó con China, pero siguen siendo excepciones–. Estas obras no constituyen una historia global por sí solas, ni siquiera cuando se colocan en fila al lado de obras similares sobre India o Irán, o Ghana o Etiopía, o de nuevo Europa. Es decir, la historia global tiene ciertamente que tratar de relaciones; y, en todos los periodos, en mi opinión, tiene tres opciones sobre cómo proceder[2].

En primer lugar, puede aspirar a una única línea argumental del desarrollo humano que vincule todos los lugares desde China y Japón hasta Gran Bretaña e Irlanda –más raramente hasta América, lo que es defendible al menos en el periodo medieval, o hasta el África subsahariana, lo que no lo es tanto–. Dudo muchísimo de que se pueda encontrar de manera plausible una única línea

---

[2]   Para las tres opciones, véase, por ejemplo, J. Belich *et al.*, «Introduction», en *idem* (eds.), *The prospect of global history*, Oxford, OUP, 2016, pp. 3-22. Valerie Hansen empezó como historiadora solo de China (por ejemplo, *Changing gods in medieval China, 1127-1276*, Princeton, Princeton UP, 1990), pero desde entonces se ha extendido ampliamente, como con *The Silk Road*, Oxford, OUP, 2012, «uno de los caminos menos transitados de la historia de la humanidad» (p. 235), y *The year 1000*, London, Penguin Books, 2021. Buenas introducciones a los problemas y posibilidades de la historia global medieval incluyen C. Holmes y N. Standen (eds.), *The global middle ages*, Past and present supplement, 13, Oxford, OUP, 2018; J.-P. Ghobrial (ed.), *Global history and microhistory*, Past and present supplement, 14, Oxford, OUP, 2019; T. Ertl y K. Oschema, «Les études médiévales après le tournant global», *Annales HSS*, 76, 2021, pp. 787-801; N. Berend, «Interconnection and separation», *Medieval encounters*, 29, 2023, pp. 285-314, más crítica.

argumental para sociedades tan divergentes, pero mis dudas aumentan enormemente debido al hecho de que esa línea argumental es, en todos los casos que he
constatado, la misma: el Ascenso de Occidente, con mayúsculas. Esto incluye
las mejores de esas narrativas; citaría, por ejemplo, el reciente *The world the plague made,* de James Belich, de gran calidad, que complica todas esas narrativas
de forma muy atractiva pero que al final vuelve a ellas, ya que lo que en efecto
argumenta es que la Peste Negra fue un factor causal hasta ahora poco reconocido en la conquista occidental del mundo a lo largo del siglo XIX[3]. Para mí, eso
no funciona en absoluto; el desarrollo histórico no es teleológico, va *de*, no *hacia*.
Tampoco me gusta el argumento general por su prepotencia (aunque el libro de
Belich está libre de ella), ya que en casi todas las ocasiones, como sabemos, este
tipo de narraciones de «somos los mejores» son escritas por sus beneficiarios.
Pero en cualquier caso, para un medievalista, el Ascenso de Occidente no es una
historia pertinente, porque la fecha más temprana para datarlo, en mi opinión
(y en la de Kenneth Pomeranz, e incluso en la de Belich, hasta cierto punto), el
siglo XVIII, es demasiado tarde[4]. Así pues, digamos solo que es extraordinaria-
mente difícil producir una historia única para la Edad Media, y que el Ascenso
de Occidente, la única que se ha intentado en la práctica, no funciona en modo
alguno. Por lo tanto, dejo eso a un lado.

La segunda consiste en estudiar las interconexiones. Gran parte de la historia global busca interconexiones; de hecho, para muchos historiadores económicos, cuantas más interconexiones haya, más globalizado estará el mundo.
A menudo se considera que esas interconexiones realmente comenzaron en el
año 1500 con los españoles en América y los portugueses en el Océano Índico,
y que después simplemente se hicieron cada vez más fuertes, terminando con
la conquista colonial y luego con una economía global poscolonial. Immanuel
Wallerstein, en un influyente libro de los años 70, llegó a sostener que esta creciente globalización era lo que sustentaba el propio despegue capitalista[5]. En términos de historia económica, el comercio activo y bien documentado de chinos,
árabes y persas en el Océano Índico medieval refuta cualquier argumento de
que la conectividad allí comenzó con los portugueses. Pero, a la inversa, ninguna de estas interconexiones económicas internacionales tuvo nunca, en ningún
lugar, nada parecido a la importancia que tuvieron las economías *regionales* y el

3   J. Belich, *The world the plague made*, Princeton, Princeton UP, 2022.
4   K. Pomeranz, *The great divergence*, Princeton, Princeton UP, 2000. Para los debates, véanse *The
     Journal of Asian Studies*, 61.2, 2002, 62.1, 2003; P. Vries, «The California School and beyond», *His-
     tory Compass*, 8.vii, 2010, pp. 730-751; S. Ghosh, «The 'great divergence', politics, and capitalism»,
     Journal of Early Modern History, 19, 2015, pp. 1-43.
5   I. Wallerstein, *The modern world-system*, 1, New York, Academic Press, 1974.

crecimiento económico regional. Recientemente he argumentado extensamente este punto en relación con la economía del Mediterráneo medieval[6], y es igual para el Océano Índico o para cualquier otro conjunto de rutas comerciales de larga distancia, no solo en la Edad Media, sino también posteriormente. Como razonaré en otro lugar, por ejemplo, la importancia que durante mucho tiempo tuvo la costa de Malabar, en el suroeste de la India (la actual Kerala), para los comerciantes extranjeros, romanos, persas y egipcios, chinos y portugueses, ya que hasta finales de la Edad Media era el único proveedor de pimienta para el resto del mundo, no tuvo prácticamente ninguna repercusión en la economía interna de la propia Kerala, que se basaba en el cultivo del arroz. Esta era una desconexión extrema entre el comercio a larga distancia y el desarrollo económico real, pero es significativa como advertencia.

Y creo que lo mismo puede decirse de las interconexiones culturales, que probablemente han sido el tema más común (y el más sexy) para los historiadores globales. Se han elaborado muchos trabajos muy atractivos sobre las formas inesperadas y a menudo fascinantes en que hombres y mujeres (es decir, no solamente hombres) recorrieron el mundo en diferentes periodos, desarrollaron nuevos encuentros y se remodelaron a sí mismos[7]. La Edad Media a veces también es excluida de este proceso, ya que la mayoría de las evidencias comienzan en el siglo XVI. Es cierto que antes de esa época había menos viajeros de larga distancia que se pudieran documentar bien, si dejamos aparte los ejemplos suficientemente famosos de Marco Polo e Ibn Baṭṭūṭa. Pero de todos modos hubo muchas interconexiones a lo largo de la Edad Media; tomemos, por ejemplo, las conversiones religiosas dirigidas por misioneros, que llevaron el cristianismo a Noruega y Rusia y al Turquestán oriental, el islam a Marruecos, África occidental e Indonesia, y el budismo a Camboya, China y Japón. Todo un campo de investigación sobre la interconectividad medieval se abre cuando nos fijamos en los vínculos que crearon los misioneros y que también tienen su contrapartida material, ya que los objetos cruzaron todo el continente euroasiático y africano[8].

No obstante, centrarse demasiado en estas interconexiones culturales también puede confundir. Las conquistas religiosas fueron importantes, obviamente. Pero, de todos modos, no homogeneizaron las culturas a las que convirtieron, salvo, hasta cierto punto, en el interior de las comunidades episcopales/monásticas o las de los templos o las de los juristas musulmanes, los *'ulamā'*; es

6 C. Wickham, *The donkey and the boat*, Oxford, OUP, 2023.
7 Véanse, por ejemplo, N. Z. Davis, *Women on the margins*, Cambridge (MA), Harvard UP, 1995; y varios artículos en Ghobrial, *Global history and microhistory, op. cit.*
8 Véase, por ejemplo, S. Brunning *et al.*, *Silk roads*, London, British Museum Press, 2024.

decir, grupos de especialistas religiosos con una formación similar que podían tener formas análogas en zonas bastante amplias. Estos grupos de especialistas escribieron por lo general los principales textos narrativos que utilizan los historiadores, y estos se parecen entre sí, de modo que una historia latina de, por ejemplo, Dinamarca puede tener características similares a una de, por ejemplo, Portugal, y lo mismo puede decirse de una historia árabe de al-Andalus y una historia paralela de Asia Central; pero Dinamarca y Portugal no tuvieron en realidad los mismos tipos de desarrollo, ni sociopolítico ni cultural, por muy similares que sean las narraciones, como tampoco los tuvieron España y Uzbekistán. Los historiadores que escriben sobre una única sociedad o cultura medieval «cristiana», o «musulmana»/«islámica», suelen, en consecuencia, equivocarse, y a menudo gravemente. Creo que basta con leer el diario de viaje del monje budista japonés Ennin, que estuvo en China copiando escrituras y pinturas budistas en los años 830-840, para comprobar su consternación y asombro cuando el emperador chino Wuzong prohibió efectivamente el budismo en 845, tras tres años de medidas cada vez más represivas. Ennin tuvo que aceptar que los monasterios budistas, por influyentes que fueran, encajaban en la sociedad en la que estaba viajando de una forma diferente, mucho menos imbricada con el Estado, de lo que lo hacían en Japón, y de lo que él había supuesto hasta entonces que sucedía también en China[9].

Ahora bien, es ciertamente interesante, y sin duda esclarecedor, utilizar cada una de estas religiones misioneras como guía heurística de lo que realmente era diferente en cada una de las sociedades a las que llegaron: preguntar exactamente qué se parecía más en cada sociedad y cultura a otras sociedades y culturas con la misma religión intrusiva y qué no, y –si es posible– por qué. En el nivel más general, por ejemplo, las religiones rara vez tuvieron mucho efecto sobre los valores locales del patriarcado, o el honor, o las asunciones locales sobre la aplastante superioridad que las élites más poderosas tendían a sentir al mirar a la inmensa mayoría campesina y artesana. Si bien es cierto que los valores igualitarios, que caracterizan en particular al cristianismo y al islam, impidieron el desarrollo de las distinciones de casta basadas en la religión, que caracterizaban al Irán zoroástrico y a la India hindú, no eliminaron el esnobismo profundamente arraigado en la sociedad de élites. Basta con

---

9   Ennin, *Nittō guhō junrei kōki*, trad. E. O. Reischauer, *Ennin's diary*, New York, Ronald Press, 1955, pp. 330-392. Este periodo de persecución se menciona más a menudo de lo que se analiza, pero véanse, por ejemplo, M. S. Abramson, *Ethnic identity in Tang China*, Philadelphia, University of Pennsylvania Press, 2007, pp. 52-82; M. Höckelmann, *Li Deyu*, Wiesbaden, Harassowitz, 2016, pp. 60-98.

leer a Gregorio de Tours en el siglo VI en Francia o a Salimbene de 'Adam en el XIII en Italia, ambos intelectuales con elevada formación y un útil compromiso con una detallada historia narrativa, para ver cómo podían mantener en sus cabezas el igualitarismo y el desprecio por los de baja cuna a la vez[10]. Esto es en sí mismo un proyecto absorbente; pero, para explicarlo, en cada caso nos encontraremos estudiando primero cómo cada cultura *local* –la de la Francia de Gregorio o la Italia de Salimbene– cambió, o no cambió, frente a estas interconexiones religiosas. Una vez más, yo diría que son los cambios o estabilidades locales los que fueron mucho más importantes para la gente, e importantes para mucha más gente, que las interconexiones. Tenemos que entender primero los patrones locales, incluso si estamos interesados sobre todo en la interconectividad; pero también argumentaría que un interés en la interconectividad es en sí mismo engañoso, si se utiliza como el único marco para la propia comprensión histórica. Las interconexiones, por muy interesante que sea estudiarlas, al final pueden ser definidas como menos importantes que los análisis del desarrollo interno, económico, sociopolítico o cultural de las regiones individuales; y de todos modos adquieren todo su significado solo a la *luz* del análisis detallado de las regiones individuales que estaban interconectadas. Así pues, voy a defender la tercera forma de abordar el tema: la comparación.

No pretendo aportar aquí ninguna novedad. Existe una tradición cada vez más densa de estudios comparativos de diferentes partes del mundo en la Edad Media. Yo mismo también he defendido esta idea en varias ocasiones y he intentado practicarla, a menor o mayor escala, con bastante frecuencia desde los años 80, por lo que habrá algo de repetición en lo que diré en el párrafo siguiente[11]. Creo que no se puede entender ninguna localidad, región, país, como se quiera llamar, a menos que se compare con otra u otras; si no se hace así, se acabará con explicaciones sobre la forma en que funcionaron y cambiaron las estructuras sociales locales que no se han *probado* adecuadamente. ¿Por qué se hundió la economía británica al final del Imperio Romano? Todas las explicaciones que se ofrezcan deben probarse en las vecinas Galia e Hispania, donde no ocurrió –¿y por qué no ocurrió en Galia e Hispania?–. O,

---

[10] Para algunos ejemplos entre muchos, véase Gregorio de Tours, *Libri historiarum decem*, ed. B. Krusch y W. Levison (Monumenta Germaniae historica, Scriptores rerum Merovingicarum, 1. 1, Hannover, Hahn, 1951, 5. 48, 9. 6); Salimbene de Adam, *Cronica*, ed. G. Scalia, Turnhout, Brepols, 1998, pp. 137-153.

[11] Véase, por ejemplo, C. Wickham, «Problems in doing comparative history», en P. Skinner (ed.), *Challenging the boundaries of medieval history*, Turnhout, Brepols, 2009, pp. 5-28; *idem, Una historia nueva de la alta Edad Media*, Barcelona, Crítica, 2009, pp. 36-44, 1173-1183

como he argumentado recientemente, las razones para el despegue de la economía de Italia en el siglo XII que han ofrecido los historiadores italianos que solo están interesados en Italia parecen muy diferentes cuando se compara esa economía con la de Egipto, donde un despegue similar fue bastante anterior y tuvo raíces diferentes[12]. El procedimiento funciona también fuera de Europa: ¿por qué se disolvieron las estructuras internas del Estado imperial romano cuando se desmembró en la Europa occidental en los siglos V y VI, mientras que el califato 'abbāsí, cuando se desmembró en el X, fue sustituido por pequeños Estados desde Egipto hasta Asia Central que se limitaron a reproducir las estructuras políticas califales (en la medida en que se lo permitían las diferencias regionales, por supuesto)? ¿Por qué el budismo llegó a considerarse una amenaza para el Estado en China en diversos momentos a partir del siglo IX, como se acaba de señalar, mientras que en Japón no fue así? De hecho, ¿por qué el budismo desapareció en la India, su hogar original, después del siglo VII, cuando floreció en otras partes de Asia oriental? Algunas de estas cuestiones han sido abordadas, pero muchas otras no. La palabra 'probar' está tomada de las ciencias naturales, obviamente, donde puede tener lugar en condiciones idénticas –los experimentos pueden ser repetidos por ti mismo (y, por supuesto, por tus enemigos) para ver si siguen funcionando– sin embargo, en la historia nunca se dan condiciones idénticas. Pero las cuasi pruebas que podemos hacer siguen siendo mejores que no hacer ninguna prueba; y si en realidad no estamos comparando lo mismo con lo mismo, la comparación, si se hace bien, debería ponerlo de manifiesto. A diferencia de los otros dos procedimientos, la comparación no tiene una trama narrativa general, lo que la hace menos atractiva para los amantes de las narraciones, pero ayuda considerablemente a comprender las sociedades individuales y sus idiosincrasias, y nos libera de las suposiciones fáciles, a menudo de forma radical. Al fin y al cabo, si quieres, puedes volver a añadir las narraciones más adelante.

Aquí se acaba el discurso de venta de la comparación; en el espacio que me queda quiero simplemente dar una única ilustración de lo que uno podría preguntarse si ampliara la tarea de comparación al nivel global, o al menos, por ahora, a Eurasia, la principal zona del mundo en la que disponemos de documentación escrita para la Edad Media. Aquí me centraré, como único caso de estudio, en un aspecto de la historia de género: en los textos escritos por mujeres, que muestran algunos contrastes interesantes y (creo) significativos. Estos permiten establecer comparaciones en el marco de las estructuras del patriar-

---

12 Wickham, *The donkey and the boat, op. cit.*, capítulos 2 y 6.

cado, de la dominación masculina sobre la femenina que, por lo que sabemos, eran bastante similares en toda la Eurasia medieval, y no solo en la medieval. Esto es difícil en sí mismo, como he dicho antes, porque no leo los idiomas en cuestión, excepto algunos de Europa; pero a través de las traducciones uno puede al menos llegar directamente a las fuentes primarias, y someteré mis interpretaciones, tanto lingüísticas como culturales, a expertos en esos campos más adelante, cuando trabaje más en estas cuestiones –estoy empezando a pensar en ello en este momento–. De hecho, ningún historiador del mundo posee todas las lenguas necesarias para hacer una historia global; es esencial algún tipo de colaboración si se quieren evitar los clichés. Pero pedir ayuda, y dársela a los demás, es algo bueno en sí mismo; la colaboración también es esencial si se quiere evitar el egoísmo.

* * *

En la mayor parte de las regiones pobladas de la Eurasia medieval hay testimonios de escritos realizados por mujeres, a veces en cantidades considerables, como en Japón y China. En buena parte de los casos se trata de poesía o de escritos religiosos, o de ambas cosas a la vez; en su inmensa mayoría, las escritoras eran también miembros de las cortes de los gobernantes y/o de élites pudientes, o bien miembros de comunidades religiosas, es decir, el 1 %, pues de lo contrario no habrían recibido la educación necesaria ni habrían tenido tiempo para escribir. Esto es lamentable pero inevitable; este debate por tanto no trata sobre los pobres, salvo en algunos casos de mujeres empleadas como artistas. En algunas sociedades euroasiáticas, la escritura femenina era rara; parece que se limitaba a cierta poesía religiosa en la India, por ejemplo, en particular la poesía *bhakti* o devocional del sur de la India, escrita, no por casualidad, en lenguas que no eran el sánscrito, la lengua religiosa dominante (sin embargo, hubo varias poetisas *bhakti*; me limitaré a nombrar a Akka Mahadevi, que escribió con sorprendente imaginería en Kannada en el siglo XII)[13]. También en el mundo árabe, tras el primer periodo islámico en el que al menos algunas poetisas fueron respetadas e influyentes, como Laylā al-Akhyaliyya, amiga de califas y gobernadores en el siglo VII, sus sucesoras tendieron a ser cantantes esclavas y concubinas en las cortes, cuyos poemas solo se conservan de forma casual, lo que es cierto incluso para las excepciones, como ʿUlayya bint al-Mahdī, hija de un califa abbāsí del siglo VIII, y Wallāda bint al-Mustakfī, hija de un efímero califa español del siglo XI, cuyas obras eran bien conocidas pero no se conserva-

---

[13] *Songs for Śiva: Vacanas of Akka Mahadevi*, trad. V. Chaitanya, Lanham (MD), Alta Mira Press, 2005.

ban sistemáticamente[14]. Sin embargo, en otras sociedades la escritura femenina era totalmente normal; entre la aristocracia japonesa de los siglos X al XIII, por ejemplo, tanto las mujeres como los hombres debían ser capaces de improvisar poemas *waka* de 31 sílabas en una amplia gama de situaciones sociales y muchos de los escritos por mujeres sobreviven en las colecciones de poesía que se hacían allí regularmente, como veremos. Y en el Occidente latino, aunque las escritoras no eran excepcionalmente numerosas, escribían en una gama de géneros más amplia de lo habitual; además de poesía y escritos religiosos, tenemos obras de teatro (Hrotswitha de Gandersheim), cartas (Eloísa, Catalina de Siena en sus raros días no religiosos), composiciones musicales (Hildegarda de Bingen, cuya variedad de géneros era notable, abarcando por lo demás desde obras visionarias y teológicas hasta medicina y una lengua inventada), e historias, manuales de consejos y obras polémicas (Christine de Pizan)[15].

Obviamente, no puedo hablar de todo esto aquí, así que dejaré de lado la poesía y las obras religiosas. De todos modos, es bastante difícil encontrar una sensibilidad específicamente femenina en la mayoría de ellas, ya que las formas poéticas en particular tienden a ser lo suficientemente fijas como para que los poetas y las poetas suenen prácticamente igual. De hecho, aquí solo quiero concentrarme en un género concreto, la escritura autobiográfica femenina. En la Edad Media no se conservan muchos escritos autobiográficos, pero sí algunos. En Occidente, los relatos autobiográficos aparecen en pasajes más o menos breves en las cartas de Eloísa de París y en los relatos de Hildegarda de Bingen sobre sus experiencias espirituales en Alemania, ambos en el siglo XII, en partes de los voluminosos escritos de Christine de Pizan de principios del XV en París, y en el libro de Margery Kempe sobre su vida como devota religiosa en el este de Inglaterra, un poco después[16].

---

[14] Para algunos poemas de Laylā en traducción, *Selections from Diwan 'Antara ibn Shaddad ibn Qurad al 'Abs and Diwan Laila Akhyaliyya*, trad. A. Wormhoudt, Oskaloosa (IA), William Penn College, 1974, obra no profesional; para una discusión, véase esp. M. Masullo, «Laylā al-Aḥyaliyya, poetessa e personaggio tra esemplarità ed eversione», *Quaderni di studi arabi*, 12, 2017, pp. 45-58; para un análisis de las escasas fuentes sobre su vida, véase A. A. Shahin, «Reflections on the lives and deaths of two Umayyad poets», en *The heritage of Arabo-Islamic learning*, Leiden, Brill, 2016, pp. 398-443. Para 'Ulayya, véase M. S. Gordon, «The place of competition», en J. E. Montgomery (ed.), *'Abbasid studies*, Lovaina, Peeters, 2004, pp. 61-81. Para (mal)interpretaciones de Wallāda y su vida, véase el molesto artículo de T. Garulo Muñoz, «La biografía de Wallāda, toda problemas», *Anaquel de estudios árabes*, 20, 2009, pp. 97-116; su poesía superviviente está trad. en Eadem, *Dīwān de las poetisas de al-Andalus*, Madrid, Hiperión, 1986, pp. 143-146.

[15] Un estudio pionero y todavía válido es el de P. Dronke, *Women writers of the middle ages*, Cambridge, CUP, 1984.

[16] Para Heloise, véase *The letter collection of Peter Abelard and Heloise*, ed. D. Luscombe, Oxford, OUP, 2013, cartas 2 y 4. Para Hildegarda, véanse los extractos autobiográficos en Theoderico de Echternach, *Vita sanctae Hildegardis virginis*, ed. M. Klaes (Corpus Christianorum, Continuatio

En Bizancio, Anna Komnena puso algo de su propia vida en la historia de su padre, el emperador Alexios Komnenos (siglo XII), y en China su contemporánea, la conocida poetisa Li Qingzhao hizo lo propio en un breve relato de la colección de libros y copias de inscripciones en piedra que poseían ella y su marido, y su pérdida a causa de la guerra. Yo añadiría el notable relato de su infeliz matrimonio por Safrā, una mujer egipcia de la misma época, que sobrevive en dos cartas originales, y hay algunos paralelos egipcios más breves[17]. Pero es sobre todo en Japón donde los encontramos en mayor número, una quincena de textos desde finales del siglo X hasta principios del XIV, algunos bastante largos, y es en ellos, junto a los de Christine de Pizan, en los que me centraré.

Cuando examinamos la mayoría de los textos escritos por mujeres, nos enfrentamos a un problema que ya he mencionado al hablar de la poesía: si una mujer utiliza un género literario estándar, ¿hasta qué punto puede salirse de los supuestos básicos de ese género y de los autores que lo han utilizado antes, generalmente todos hombres, que son esencialmente patriarcales? ¿Escribió Anna Komnena «como un hombre» cuando escribió la historia de su padre, por citar a Leonora Neville, dado que el relato está lleno de batallas y cosas similares, como eran los relatos históricos «normales»? Neville argumenta que solo salió realmente del género literario masculino en el que escribía cuando escribió lamentos para algunos de los personajes principales de su narración, ya que lamentarse era una prerrogativa específicamente femenina. Eso es bastante plausible (aunque, como ella también señala, los modelos literarios para tales lamentos, a diferencia de los improvisados por las mujeres en los funerales, también eran masculinos). Además podría ser que la frecuente inserción de Anna de sus reacciones personales en su historia (al tiempo que insiste en su propia imparcialidad, como debería hacer un historiador [masculino]) encaje mejor con un estilo narrativo específicamente femenino que con uno masculino, aunque tengo yo más dificultades con eso, ya que me parece demasiado

---

mediaevalis, 126), Turnhout, Brepols, 1993, 2. 2, 5, etc. Para Christine, véanse especialmente *Le livre de l'advision Cristine*, ed. C. Reno y L. Dulac, Paris, Champion, 2001, esp. 3. 3-14 (pp. 95-117), y, más alusivamente, *Le chemin de long estude*, ed. A. Tarnowski, Paris, Lettres gothiques, 2000, líneas 61-450; véase también n. 33 *infra*. Para Margery, *The Book of Margery Kempe*, ed. B. Windeatt, Harlow, Longman, 2000, trad. A. Bale, Oxford, OUP, 2015.

17 A. Komnene, *Alexias*, ed. D. R. Reinsch *et al.*, Berlin, W. de Gruyter, 2001. Para Li Qingzhao, véanse las traducciones en W. Idema y B. Grant, *The red brush*, Leiden, Brill, 2004, pp. 207-216. Para Safrā, W. Diem (ed.), *Arabische Privatbriefe des 9. bis 15. Jahrhunderts aus der Österreichischen Nationalbibliothek in Wien*, Wiesbaden, Harassowitz, 1996, nn. 9 y 10 (traducido al inglés en Wickham, *The donkey and the boat, op. cit.*, pp. 78-80); véase para un paralelo R. Levine Melammed, «He said, she said», *Association for Jewish studies review*, 22, 1997, pp. 19-35.

esencialista[18]. Lo ideal, sin embargo, sería encontrar un género inventado realmente por las mujeres en el que no se vieran empujadas por las convenciones literarias a «escribir como un hombre», utilizando de nuevo la frase de Neville. Y también en este caso el mejor ejemplo son las memorias autobiográficas de Japón.

Japón hacia el año 1000 no debía de ser, en muchos sentidos, un buen lugar para la autoexpresión femenina, ni siquiera en los círculos de la corte imperial en Heian (el actual Kyoto). Todas las mujeres de estatus en la corte se recluían tras biombos de bambú o cortinas; sentían vergüenza si se les veía la cara, incluso con luna llena o iluminada por luciérnagas. Como resultado, existe todo un tropo de voyerismo masculino y muchas veces se representa a las mujeres como incapaces de iniciar nada; simplemente reaccionan, a menudo sumisamente. Sin embargo, a veces también se las representa como ingeniosas y buenas conversadoras con los cortesanos masculinos, a los que no podían ver con claridad. Y todas escribían poesía; sabían leer y escribir, y disponían de una voz femenina formalizada, aunque en una forma tan fija como la *waka* de 31 sílabas. Las aventuras entre cortesanos y cortesanas eran frecuentes y no estaban especialmente mal vistas; la etiqueta exigía que el hombre enviara de inmediato a la mañana siguiente una *waka* y que la mujer enviara una a cambio, y su calidad –además de la calidad de la caligrafía e incluso del papel– era objeto de escrutinio (la vestimenta también se examinaba, de forma complicada, y a veces se criticaba duramente)[19]. Donde residía la diferencia de estatus cultural entre hombres y mujeres era en el acceso al chino, incluidos los clásicos de la poesía china, supuestamente exclusivo de los varones. Las narraciones históricas y la poesía indígena se escribieron durante

---

[18] L. Neville, *Anna Komnene*, Oxford, OUP, 2016, pp. 61-74; véase también T. Gouma-Peterson, «Gender and power», en *Eadem* (ed.), *Anna Komnene and her times*, New York, Garland Publishing, 2000, pp. 107-124. Nótese que he dejado deliberadamente de lado en lo que sigue los campos de minas teóricos que implica el análisis de género y, de hecho, de cualquier análisis cultural; son de crucial importancia para todos los estudios matizados del lenguaje de los textos, pero son menos cruciales para las comparaciones socioculturales más amplias que ofrezco aquí.

[19] Para las cartas al día siguiente véase, por ejemplo, Sei Shōnagon, *Makuka no sōshi*, trad. M. McKinney, *The pillow book*, London, Penguin, 2006 (existen otras traducciones), capítulos 33, 181-182, 274; para la mala caligrafía/papel, *ibid.*, capítulo 98; *Kagerō nikki*, trad. S. Arntzen, *The Kagerō diary*, Ann Arbor, University of Michigan, 1997, p. 57. Para las descripciones de la ropa –de las que hay demasiados ejemplos para citarlos–, véanse, por ejemplo, Sei Shōnagon, *The pillow book*, *op. cit.*, capítulos 20, 32-33, 78, 99, 259; Murasaki Shikibu, trad. R. Bowring, *The diary of Lady Murasaki*, London, Penguin, 1996 (existen otras traducciones), pp. 14-15, 18, 24-25, 46, 64, y, para la ropa criticada, *ibid.*, pp. 12, 18, 25, 65.

mucho tiempo en *kanbun*, una forma lingüística que hace difícil saber si fueron concebidas en chino o en japonés, ya que utilizaban los mismos caracteres (el idioma se denomina a veces «chino-japonés»); esto se debe a que la escritura china, *kanji*, dominó inicialmente la escritura en japonés, a pesar de que el japonés, que se basa en largos conjuntos de terminaciones para las palabras, no puede escribirse fácilmente en ella. Solo en el año 905 apareció un texto importante escrito en *kana*, el silabario que podía representar realmente la gramática del japonés: *Kokinshū*, la primera gran colección de poesía *waka*[20]. El *kana* se denominaba a veces «escritura femenina», *onnade*: era todo lo que se suponía que las mujeres debían saber. Y aquí es donde apareció un espacio para la escritura femenina: en la lengua culturalmente menos apreciada, el japonés, que era la suya propia.

En la década de 970, solo dos generaciones después de la primera aparición de un japonés escrito bien articulado, una de las esposas de Fujiwara no Kaneie, que más tarde devino el regente de Japón, es decir, el verdadero gobernante –a ella no se la nombra, sin embargo, y se la llama simplemente «la madre de Michitsuna»– escribió *Kagerō nikki*, *El diario de Kagerō*. Sus memorias tratan en gran parte de su miserable matrimonio y de cómo Kaneie la descuidó en favor de sus otras esposas, pero son apasionantes en su autoexpresión y autoconciencia. Alrededor del año 1000, una cortesana, Sei Shōnagon, escribió *Makuka no sōshi*, *El libro de la almohada*, una mezcla de memorias de sus experiencias en la corte con la emperatriz Teishi en la década de 990 y atractivas listas de sus gustos y disgustos. Después, justo después del año 1000, Murasaki Shikibu empezó a escribir el enorme *Genji monogatari*, *El relato de Genji*, una novela en prosa sobre el encantador mujeriego Genji, que se convirtió inmediatamente, y ha seguido siéndolo, en la obra fundacional de la literatura japonesa, y ha convertido a la propia Murasaki en algo entre Shakespeare y Cervantes para los japoneses en su conjunto. Esto también le proporcionó un lugar en la corte, con la emperatriz Shōshi, sucesora de Teishi como emperatriz y parte de una facción rival de los Fujiwara; allí escribió sus propias memorias (algo más breves) sobre lo poco que disfrutaba, aparentemente al mismo tiempo que escribía las últimas partes de *Genji*. Ninguno de estos textos tenía modelos significativos que seguir, es decir, las mujeres estaban creando sus propios géneros literarios. Siguieron otras memorias y también la

----

[20] Para el desarrollo de la escritura y los géneros literarios japoneses, las primeras secciones de H. Shirane y T. Suzuki (eds.), *The Cambridge history of Japanese literature*, Cambridge, CUP, 2016, son actualmente la mejor introducción en lengua occidental. Ennin, que no hablaba chino cuando llegó a China en 838, no tuvo dificultades para comunicarse con los chinos por escrito: *Ennin's diary, op. cit.*, pp. 22, 24, etc.

primera crónica histórica en escritura japonesa, *Eiga monogatari*, iniciada por una mujer y claramente influida por *Genji*, pero quedémonos con estas[21].

Estos textos no son iguales, sino que están muy personalizados (las memorias posteriores eran a veces más predecibles, pues copiaban las anteriores y también estaban influidas por el propio *Genji*[22]). La madre de Michitsuna, una respetada poeta y, a diferencia de las otras, no cortesana, intercala su relato con poemas y también tiene elementos de una narrativa de la que carecen las otras dos memorias (aunque *Genji* ciertamente no carece de una, ni tampoco *Eiga*), aquí centrada en su intento en 971, en medio de una depresión, de abandonar su vida y entrar en un monasterio budista, de lo que es disuadida por su marido errante y su hijo. Está claro que Sei Shōnagon disfrutaba enormemente de la corte; le gusta hablarnos de su propia agudeza, como cuando el ministro Tadanobu la desafía enviándole parte de un poema del poeta chino Bai Juyi y pidiéndole que lo complete, y ella no puede responder en chino porque se supone que no lo conoce (aunque sí lo sabe), así que contesta en japonés con una improvisación a la siguiente línea del mismo poema chino, a la cual Tadanobu y sus amigos no pueden contestar. Sei, en su irreverencia, se considera tan *voyeur* como los hombres que describe y de los que se ríe[23]. Murasaki, que

---

[21] Para los tres textos de memorias aquí discutidos, véase *supra*, n. 19. *Genji monogatar* es trad. R. Tyler, *The tale of Genji*, London, Penguin, 2001 (existen otras traducciones). Para comentarios críticos, véase *infra*, n. 25. *Eiga monogatari*, cuya parte principal se atribuye casi universalmente a la poetisa Akazome Emon, es trad. W. H. y H. Craig McCullough, *A tale of flowering fortunes*, Stanford (CA), Stanford UP, 1980. Para un comentario, véase Takeshi Watanabe, *Flowering tales*, Cambridge (MA), Harvard UP, 2020. Hay que añadir que los hombres también escribían diarios (en «chino-japonés»), pero son mucho más aburridos; en su mayoría son registros de ceremonias y actos políticos, además de informes meteorológicos. La palabra 'diario' es, de hecho, una descripción más precisa de ellos que de las memorias femeninas, más fluidas. Un ejemplo temprano es Fujiwara no Tadahira, *Teishinkōki*, ed. y trad. J. R. Piggott y Y. Sanae, Ithaca (NY), Cornell UP, 2008, para el año 939; el más sustancial de los siglos X y XI –y el diario del gobernante más poderoso de Japón en su siglo, Michinaga (m. 1027)– es *Midō kanpakuki*, trad. F. Hérail, *Notes journalières de Fujiwara no Michinaga*, 3 vols., Genève, Droz, 1987-1991.

[22] Para listas de memorias, véanse S. Arntzen, «Heian literary diaries», y C. Laffin, «Medieval women's diaries», en Haruo Shirane y Tomi Suzuki, *The Cambridge history of Japanese literature*, *op. cit.*, pp. 165-175, 268-279. (Obsérvese que «medieval» en esta historiografía significa *c.* 1185-1600, por lo que es posterior a la mayoría de los textos que nos ocupan aquí, que son del periodo Heian, 794-1185, llamado así por el nombre de la capital). Nijō, *Towazugatari*, trad. K. Brazell, *The confessions of Lady Nijō*, Stanford (CA), Stanford UP, 1973, aunque ciertamente muy influida por *Genji*, tiene una trama tan inusual (sus complejas aventuras amorosas en la década de 1270 parecen ser condonadas por su principal amante, el emperador) que su texto merece una mención específica; véase también más adelante, n. 26, para Abutsu-ni.

[23] Sei Shōnagon, *The pillow book*, *op. cit.*, capítulo 77; véase E. Sarra, *Fictions of femininity*, Stanford (CA), Stanford UP, 999, pp. 243-64, para Sei como *voyeur*. Tadanobu (otro Fujiwara) era él mismo un notable poeta y figura cultural: véase E. Kamens, «Terrains of text in mid-Heian court culture»,

también sabía chino y desprecia las habilidades lingüísticas de Sei Shōnagon, pasa parte de su tiempo en una introspección lúgubre: «todo lo que ven de mí es una fachada»; «he sobrevivido hasta ahora sin haber conseguido nada importante»; «si mis apetitos fueran más mundanos, podría encontrar más alegría en la vida», etc. Afirma sentirse avergonzada por el éxito de los borradores de su novela, ya que provoca la envidia y el resentimiento de sus compañeras; pero, de todos modos, «intenté volver a leer el *Relato* [*de Genji*], pero no parecía ser lo mismo que antes, y me decepcionó», una reacción que muchos tenemos al releer nuestra propia obra[24]. Se trata en gran medida de representaciones literarias, por supuesto; no se podía esperar que fuera de otra manera para personas tan expertas como estas tres escritoras, escribiendo en un entorno tan formalizado, con la perspectiva y la intención de ser leídas por otros[25] (de hecho, incluso hoy en día, ¿qué diario, por muy privado que sea, no lo es?). Pero la voz autoral de las tres es fuerte, y se obtiene una sensación muy clara de los valores y prácticas (y prejuicios) aristocráticos de la época, tal y como los experimentaron directamente, para bien o para mal, las mujeres.

Estos textos me parecen cautivadores, de los más apasionantes que se conservan de toda la Edad Media, y podría haberles dedicado toda una conferencia. Pero no soy la única persona que piensa así; han sido muy estudiados, en

en M. Adolphson *et al.* (eds.), *Heian Japan, centers and peripheries*, Honolulu, University of Hawai'i Press, 2007, pp. 129-52; así que Sei –que también pudo haber sido su amante– estaba reivindicando considerablemente su propia destreza aquí.

[24] *The diary of Lady Murasaki, op. cit.*, pp. 22, 34, 54 (sobre Sei), 54, 56.

[25] En cuanto a estos textos como representaciones literarias, entre los buenos análisis que he visto en inglés se incluyen Sarra, *Fictions of femininity, op. cit.*, el más útil aquí y con cuyas ideas estoy en deuda; C. Laffin, *Rewriting medieval Japanese women*, Honolulu, University of Hawai'i Press, 2013, centrado en un periodo posterior; T. Kawashima, *Writing margins*, Cambridge (MA), Harvard UP, 2001, centrado en la construcción literaria de figuras femeninas marginadas; Takeshi Watanabe, *Flowering tales, op. cit.*, pp. 24-67, centrado en las influencias literarias de *Eiga monogatari*. Obsérvese que una característica interesante de estas memorias es que no tratan en absoluto de las tramas de la política contemporánea de la Corte. Uno no sabría por ellas nada de las a menudo feroces rivalidades entre facciones de las diferentes ramas de la familia Fujiwara, por ejemplo, a pesar de que estas eran la característica básica de la historia política del periodo, y a pesar de que las escritoras de las memorias estaban muy cerca de diferentes figuras Fujiwara. Si se conocen estas rivalidades, se puede detectar su presencia fuera del escenario en los textos, pero las escritoras han optado por no aludir a ellas directamente; todo lo que ganamos es la idea de que las escritoras eran más conscientes políticamente, y quizás también estaban más implicadas, de lo que admiten. (Una excepción que confirma la regla es *The Kagerō diary, op. cit.*, p. 173, que registra un acontecimiento político importante y luego se disculpa por incluirlo). No se trataba de una elección relacionada con el género femenino, pues Akazome Emon ciertamente escribió historia en *Eiga* –aunque la historia que escribió pone en primer plano a las mujeres en la Corte, positivamente, de una forma que las narraciones históricas escritas por hombres nunca lo hacen–, pero sin duda alguna fue una elección relacionada con el género literario.

japonés y en inglés, por japonólogos de verdad. Sin embargo, rara vez se han comparado con *otros* textos medievales y eso es lo que se necesita aquí. ¿Qué aprendemos si los comparamos con textos similares de otras culturas, lo que nos permitiría situarlos más claramente en un contexto global?

Una forma de entrar aquí es observar los límites en la forma en que estos autores tratan a la sociedad que les rodea. No cabe duda de que Murasaki critica la trivialidad de la vida en la corte (al menos en sus memorias, mucho menos en *Genji*), y, como tal, forma parte de una tradición mundial de observadores intelectuales críticos que se fijan en la superficialidad y el esnobismo de los demás; pero ni siquiera ella, y desde luego ninguna de las otras, critica la posición recluida y en gran medida sumisa de las mujeres en la sociedad aristocrática. La cito de nuevo: «Ser agradable, amable, tranquila y dueña de sí misma es la base del buen gusto y el encanto de una mujer. No importa lo amorosa o apasionada que seas, mientras seas sincera y te abstengas de causar vergüenza a los demás, a nadie le importará». A primera vista, esto es tan insulso, sobre todo después de las frases introspectivas que he citado, que podría parecer poco sincero, pero no hay ironía en el contexto más amplio de la cita; de todos modos, la palabra clave es «vergüenza», un concepto que impregna todos estos textos y que encaja mal con una postura crítica más amplia. Estas escritoras tenían carisma y no hacen apología de su escritura; su hiperalfabetismo les permitía expresiones de individualidad que son inusuales en cualquier parte de la literatura medieval; pero, de todos modos, como *escritoras* esencialmente dan por sentados los límites restringidos de su mundo social y cualquier crítica de este se encuentra en lo implícito, lo apenas visto[26].

La cuestión aquí es: este silencio, ya sea una elección literaria, una reserva o un desconocimiento real, no era en absoluto una característica necesaria de la escritura cortesana femenina, si se mira comparativamente. Se puede encontrar

26 *The diary of Lady Murasaki*, *op. cit.*, p. 56. Véase en general, por ejemplo, Sarra, *Fictions of femininity*, *op. cit.*, pp. 5-8; todo este libro delinea las formas altamente mediadas en que las mujeres aristocráticas de Heian podían afirmar su identidad de género femenino a través de la escritura. Gracias a Hannah Skoda por afinar aquí mis ideas. Los límites que aquí se discuten no disminuyeron posteriormente: Abutsu-ni (m. 1283), memorialista, poetisa y experta en *Genji*, conocida por su firmeza de espíritu, podía escribir *Menoto no fumi, La carta de la nodriza*, a su hija, en la que le daba orientaciones sobre cómo comportarse en la Corte imperial, que consiste en ir bien vestida, ser recatada, reservada y no propensa a los cotilleos. De hecho, Sei Shōnagon rompió estas reglas con cierta habilidad (excepto la de ir bien vestida; siempre fue así), sin mostrar, también en su caso, ningún signo de que las considerara, y el sometimiento que representaban, en modo alguno inapropiadas. *Menoto no fumi* está trad. en M. C. Miller, *Intertextual strategies in Abutsu ni's «The wet nurse's letter» and «Precepts of our house»* (tesis doctoral, Universidad de Indiana, 2006, pp. 119-150); para un análisis de la carrera literaria y la autoconstrucción de Abutsu, véase Laffin, *Rewriting medieval Japanese women*, *op. cit.*

en Anna Komnena, es cierto, pero hace que las autoras japonesas sean muy diferentes a, en particular, Christine de Pizan en el París de cuatro siglos más tarde. Christine era en cierto modo similar a Murasaki; ambas procedían de lo que podría llamarse una familia adyacente a la corte (la familia de Christine no era aristocrática, pero su padre había sido astrólogo de Carlos V de Francia; Murasaki era a su vez una Fujiwara, pero de una rama relativamente poco importante), pero en ninguno de los casos de una familia que las llevara necesariamente a la corte. Ambas tenían una educación mucho más amplia que la norma femenina –Christine conocía el latín y su italiano natal, Murasaki, el chino– y ambas se ganaron un papel en los círculos de la corte directamente por su capacidad literaria[27]. Por el contrario, a diferencia de Murasaki y las demás, Christine tuvo que trabajar para ganarse la vida –casi todas sus obras fueron pagadas por miembros de la familia real y similares–, por lo que tenía incluso menos capital cultural que Murasaki cuando empezó. Christine, sin embargo, que había alcanzado el éxito como poeta de la corte en la década de 1390, y luego escribió historias y espejos de príncipes en tradiciones masculinas establecidas, en la década posterior a 1400 se enfrentó frontalmente a las narrativas y supuestos misóginos de la literatura contemporánea y la cultura aristocrática. Escribió ataques contra una obra literaria misógina entonces canónica, el *Roman de la rose*, y contra tres secretarios reales que habían elogiado el texto y la habían criticado a ella[28]. En 1405-1407 escribió *Le livre de la cité des dames* y *Le livre des trois vertus*, en los que arremete contra todas las tergiversaciones masculinas de la mujer y sus cínicos ataques a la virtud femenina (en realidad solo quieren llevarse a las mujeres a la cama), y, siguiendo las instrucciones de tres reinas hijas de Dios, las Damas Razón, Rectitud (*Droitture*) y Justicia, construye la Ciudad de las Damas enumerando a todas las mujeres virtuosas, sabias y poderosas del pasado. Sostiene que las mujeres son en todos los aspectos iguales a los hombres, e incluso más virtuosas; si no siempre consiguen tanto es solo porque no se les ha permitido educarse lo suficiente. No cabe duda de que el feminismo de Christine tiene muchos límites. Esencialmente, las mujeres, al ser más virtuosas que los hom-

---

[27] Véanse las biografías básicas de C. C. Willard, *Christine de Pizan*, New York, Persea, 1984; F. Autrand, *Christine de Pizan*, Paris, Fayard, 2009. Las notas que siguen no pueden sino aludir a la gigantesca bibliografía sobre Christine: véase A. J. Kennedy, *Christine de Pizan: a bibliographical guide*, 3 vols., London, Grant and Cutler, 1984; Woodbridge, Tamesis, 2004, a la que siguen otros veinte años de erudición.

[28] Christine de Pizan, *Le débat sur le Roman de la Rose*, ed. E. Hicks, Paris, Champion, 1977. Véanse, por ejemplo, J. M. L. Hill (ed.), *The medieval debate on Jean de Meung's Roman de la* Rose, Lewiston, New York, Edwin Mellen Press, 1991; D. F. Hult, «The Roman de la Rose, Christine de Pizan, and the *querelle des femmes*», en C. Dinshaw y D. Wallace (eds.), *The Cambridge Companion to Medieval Women's Writing*, Cambridge, CUP, 2003, pp. 184-194.

bres, deben tolerarlos y hacer la voluntad de sus maridos (con paciencia –una palabra que le gusta a Christine– y, de hecho, como en Japón, sumisamente) y, aunque en las *Trois vertus* se aconseja a las mujeres que sean algo más proactivas (hay, por ejemplo, un buen capítulo sobre la gestión de la hacienda), lo hacen de maneras bastante convencionales. Pero el orgullo de Christine por su sexo y su cólera contra los hombres (aunque la forma que adopta la cólera se inscriba en sí misma en una tradición retórica) son igualmente muy inusuales, incluso en el Occidente latino[29].

Christine de Pizan no crea aquí, a diferencia de los memorialistas japoneses, géneros propios en todos los sentidos. Muchos de sus textos son únicos en su forma literaria, es cierto, pero dentro de ellos tira a Boecio, cuando ella dialoga con Dama Filosofía en su *Advision* semiautobiográfica, que recuerda explícitamente el diálogo anterior del autor masculino, y también a Dante. Sus ataques a los defensores del *Roman de la rose* están influidos por Aristóteles. Sus obras más autobiográficas, mucho menos naturalistas y mucho más metafóricas y alegóricas que las de Japón, dialogan con escritores desde Agustín hasta, de nuevo, Dante; su lista de mujeres del pasado está tomada en parte de Boccaccio. El hecho de que escribiera en francés la liberó en cierta medida de algunas de las limitaciones de género literario que le habría impuesto el latín, como en Japón con el chino. No obstante, se benefició de una intertextualidad compleja y multilingüe que no estaba al alcance de los escritores japoneses y que ella convirtió en algo nuevo. Su autoconciencia, cuando lo hace, es realmente similar a la de Murasaki –aunque, curiosamente, está menos desarrollada psicológicamente y también es más protagonista– como, por ejemplo, cuando se preocupa (al menos retóricamente) por su propio buen juicio en la *Advision*, en un diálogo con otra abstracción personificada, esta vez mucho más ambigua, Dama Opinión[30].

¿Se debe concluir que estas escritoras eran simplemente personas diferentes, con puntos fuertes y débiles distintos? Al fin y al cabo, las sensibilidades femeninas no son las mismas en todos los continentes; no podemos tratar de esencializarlas (lo mismo ocurre, claro, con los varones). La corte francesa de

---

[29] Existen ya varias ediciones de la *Cité des dames*; la más reciente y completa es Ch. de Pizan, *Le livre de la cité des dames*, ed. C. Le Ninan y A. Paupert, Paris, Champion, 2023. *Le livre des trois vertus* es ed. de C. C. Willard y E. Hicks, Paris, Champion, 1989; pp. 152-157 para la gestión de la hacienda. Un buen estudio de la *Cité des dames* sigue siendo M. Quilligan, *The allegory of female authority*, Ithaca (NY), Cornell UP, 1991; véase también, entre otros, R. Brown-Grant, «Christine de Pizan as a defender of women», en B. K. Altmann y D. L. McGrady (eds.), *Christine de Pizan. A casebook*, London, Routledge, 2003, pp. 81-100. Para la fecha de 1405-1407, véase más recientemente A. Valentini, *La Cité des dames de Christine de Pizan entre philologie auctoriale et génétique textuelle*, Geneve, Droz, 2023, pp. 16-25.

[30] Ch. de Pizan, *Le livre de l'advision Cristine*, op. cit., 2. 22 (pp. 87-90).

principios del siglo XV y la cultura literaria francesa en general no eran mucho más comprensivas con el protagonismo personal femenino que la corte Heian del Japón de principios del siglo XI (un poco, pero no mucho más[31]); ¿Murasaki y Christine, que se enfrentaban a patriarcados similares en este sentido, quizá solo reaccionaban de forma diferente porque su carácter personal era diferente? Aun así, yo creo que la diferencia clave entre las dos puede ser otro elemento inusual de la carrera de Christine, su trabajo como autoeditora. Fue ella quien hizo copiar sus obras para enviarlas a sus mecenas reales y aristocráticos, a partir de finales de la década de 1390; de hecho, en los primeros años del siglo XV ya supervisaba, y en parte escribía, elaborados manuscritos de presentación de sus escritos recopilados para dichos mecenas –un proceso técnicamente complejo–, de los que se conservan varios, con miniaturas de ella misma presentándolos[32]. Fue el primer autoeditor que lo hizo a esta escala, como operación económica. De todos modos, ella concebía su carrera en términos muy de género, como escribió en 1403: «sigo siendo un hombre y ya lo he sido durante un total de más de trece años completos [es decir, desde que murió su marido y tuvo que hacer su propia carrera], pero me complacería mucho más ser una mujer»[33]; pero, además, la forma sistemática en que publicó sus obras la sacó en parte del círculo de la corte y la situó dentro del mundo de los artesanos de alto nivel. No es de extrañar, por tanto, que en la *Advisión se* refiera a sí misma como, en efecto, una artesana: «y así como el obrero que más y más en su trabajo se hace más sutil, cuanto más lo frecuenta, así, siempre estudiando diferentes temas... mi mente... estaba mejorando mi estilo en mayor sutileza y sobre temas más elevados, desde 1399, cuando empecé, hasta hoy 1405»[34]. En las ciudades europeas del siglo XV se podían encontrar no pocos ejemplos de viudas que dirigían importantes empresas económicas –la gran familia de banqueros Fugger de Augsburgo surgió como resultado de varias de ellas[35]– y es fácil imaginar a

---

[31] Por ejemplo, en Francia al menos podían existir reinas-regentes: Isabel de Baviera, regente entre 1402 y 1422, fue mecenas de Christine, aunque, como era de esperar, no consiguió mantenerse al tanto de las violentas luchas entre facciones de la última parte del reinado de Carlos VI. Christine fue su defensora pública: véase T. Adams, «Isabeau de Bavière et la notion de régence», en L. Dulac *et al.* (eds.), *Desireuse de plus avant enquerre...*, Geneva, Droz, 2008, pp. 33-44. La última emperatriz reinante japonesa había muerto en 770.

[32] J. C. Laidlaw. «Christine de Pizan: a publisher's progress», *The Modern Language Review*, 82, 1987, pp. 35-75.

[33] Ch. de Pizan, *Le livre de la mutation de fortune*, ed. S. Solente, Paris, Picard, 1959-1966, líneas 1395-1399: « encor suis homme/ et ay esté ja bien la somme/ de plus de .XIII. ans tous entiers,/ mais mieulx me plairoit plus du tiers/ estre femme... », cfr. 140-156, 1321-1406. La fecha se refiere a la muerte de su marido en 1390, caracterizada muy metafóricamente en el texto.

[34] Ch. de Pizan, *Le livre de l'advision Cristine*, *op. cit.*, 3.10 (p. 111).

[35] M. Häberlein, *The Fuggers of Augsburg*, Charlottesville, University of Virginia Press, 2012, pp. 12-20.

algunas de ellas quejándose de las restricciones de género, aunque no escribieran sobre ellas, ya que las habrían visto más claramente como obstáculos para sus actividades. La experiencia de Christine en este tipo de mundo bien pudo haber sido el empujón extra que necesitaba para convertirse en una crítica de género de un tipo que hasta entonces había sido rarísimo.

Por supuesto, este argumento ayuda a explicar a Christine, más que a la madre de Michitsuna o a Murasaki. Pero también podemos girarlo para dejar claro que, dentro de las limitaciones de las sociedades cortesanas, solo un punto de vista socioeconómico excepcional podría permitir, incluso a la autora con más talento y originalidad de todas, ser realmente capaz de criticar algo tan socialmente omnímodo como el patriarcado. Normalmente, lo que se critica son los detalles, más que los fundamentos básicos del capital cultural y del poder directo. Y, en Japón, Murasaki, introspectiva como es, y encerrada –como era normal en la corte de Heian– en un entorno mayoritariamente homosocial que, además, estaba tan ritualizado que todo el mundo parece haber vivido con miedo a cometer errores, vuelve sus críticas contra sí misma. Hay aquí una aporía; algo que ella en realidad no puede pensar. Y quizá la prueba de ello sea el propio *Relato de Genji*, en la que las acciones irreflexivas e interesadas de un seductor en serie se ven envueltas en una luz atractiva, incluso a veces adoradora. Si ese era el ideal de Murasaki Shikibu, una de los escritores más innovadores, entonces criticar el patriarcado era realmente difícil de pensar[36].

Concluyo aquí. La historia comparada global puede, en mi opinión, obligarnos a plantear diferentes tipos de preguntas de las que han sido planteadas por gran parte de la historiografía regional que he estado utilizando aquí. Por supuesto, es posible simplemente estudiar a Murasaki Shikibu, o a Sei Shōnagon, o a Christine de Pizan, por separado; este es un procedimiento perfectamente legítimo que nos ha proporcionado una comprensión considerable de cada una

---

[36] La crítica de clase no era, por supuesto, más común en los círculos de élite. Si Christine de Pizan tenía una simpatía inusual por los pobres, más allá de dar por sentadas las jerarquías sociales (como hace, por ejemplo, en el *Trois vertus*), es objeto de algunos debates sorprendentemente airados; véanse, por ejemplo, C. M. Reno, «Christine de Pizan: "at best a contradictory figure"?», y S. Delany, «History, politics and Christine studies», ambos en M. Brabant (ed.), *Politics, gender and genre*, Boulder (CO), Westview Press, 1992, pp. 171-191, 193-206. Para mí es más útil O. G. Oexle, «Christine et les pauvres», en M. Zimmermann y D. De Rentis (eds.), *The city of scholars*, Berlin, de Gruyter, 1994, pp. 206-20. En cuanto a Japón, incluso fijarse en miembros de clases inferiores, aparte de sus propios sirvientes, es raro para nuestras escritoras, y, cuando lo hacen, lo comentan no solo con esnobismo, sino con curiosidad. Sobre las limitaciones en la imaginería de Sei Shōnagon, véase, por ejemplo, J. Angles, «Watching commoners, performing class», *Japan review*, 13, 2001, pp. 33-63, quien subraya su curiosidad (ocasional) y sostiene que Sei no desdeñaba sistemáticamente a los no aristócratas, una barra baja para saltar.

de ellas. Pero si se contraponen unas a otras podemos entonces plantearnos preguntas diferentes, una de las cuales he propuesto aquí –y hay muchas otras–. En cualquier caso, me parece que este tipo de comparación es fructífera, entre una sociedad y cualquier otra del mundo medieval, siempre que comparemos lo semejante con lo semejante: para ayudarnos a concentrarnos en lo que realmente marca la diferencia y para ayudarnos a evitar las conclusiones demasiado fáciles que el examen de las sociedades por separado a menudo nos permite sacar. Yo propondría que las comparaciones de este tipo son interesantes en sí mismas –yo, al menos, las encuentro fascinantes–, pero que también pueden sacudirnos de supuestos fáciles. Lo que pueden hacer es que lo que mejor conocemos resulte un poco más extraño, es decir, menos obvio y más *necesario* de una explicación más completa y amplia. Y eso me parece un buen objetivo.

Transmisión, traducción y conexiones: más allá de la Edad Media global

Nora Berend

University of Cambridge

La historia global está de moda ahora, pero «global» es un concepto que se ha divorciado del contexto que le dio origen[1]. Los términos utilizados por los historiadores suelen derivar de los intereses de la sociedad en la que habitan; del mismo modo, la noción de historia global procede de nuestro propio mundo globalizado. «Global», sin embargo, se ha disociado de «globalización», entendida más estrictamente como el proceso económico de integración con sus aspectos sociales, políticos y culturales concomitantes.

Por supuesto, la propia definición de globalización es objeto de debate, ya que algunos enfatizan la primacía de los vínculos económicos y otros, la intensificación de las relaciones a escala mundial. En cualquier caso, la globalización actual ha impulsado el estudio de la historia de la globalización, incluidas las historias de los objetos que se han universalizado y los vínculos entre distintos ámbitos subglobales, como los océanos Atlántico, Índico y Pacífico[2]. A medida que se ha ido poniendo de moda la historia global, se han incluido en su ámbito una amplia gama de fenómenos y temas, como la movilidad, la mezcla, las redes, así como la historia no eurocéntrica. De este modo, en lugar de contextos locales o nacionales, se han estudiado procesos de movimiento e intercambio y se han entendido como conexiones globales.

'Global' en sí mismo es un término resbaladizo. Su significado original, que implicaba toda la Tierra, todo el mundo, fue dejado de lado con bastante rapidez en la historia global. Sebastian Conrad, en su descripción general de la historia global, la denomina un «enfoque distinto» del pensamiento histórico

---

[1] Véase mi artículo «Interconnection and separation: medieval perspectives on the modern problem of the "Global Middle Ages"», en É. Anheim y N. Berend (eds.), *Medieval Knowledge Exchange: The Movement of People and Texts*, *Medieval Encounters* 29, nos. 2-3, 2023, pp. 285-314.

[2] D. Armitage, «The International Turn in Intellectual History», en D. M. McMahon y S. Moyn (eds.), *Rethinking Modern European Intellectual History*, New York-Oxford, Oxford University Press, 2014, pp. 232-252.

que enfatiza «la integración global, o las transformaciones estructuradas a nivel global», planteándola «no como un objeto de estudio, sino como una perspectiva particular» que sirve de correctivo a las historias nacionales y eurocéntricas[3]. Es una forma de análisis histórico en la que los fenómenos, acontecimientos y procesos se sitúan en un contexto global. Como dice Conrad, no es necesario que los estudios abarquen su tema a una escala verdaderamente mundial para que puedan calificarse de historia global; el énfasis se pone en las conexiones. Por tanto, cuando enumera todos los componentes de la «historia global», resulta obvio que muchos no se sitúan en absoluto en un contexto global, sino que simplemente superan el marco de la historia nacional. Incluye la historia comparada, la historia transnacional, la historia mundial, la gran historia, los estudios poscoloniales y las historias de la globalización. Conrad las divide en tres paradigmas principales: el primero presenta la historia global como un «panorama» exhaustivo de la historia mundial; el segundo se centra en el «intercambio y las conexiones»; y el tercero enfatiza la «integración global»[4]. Él sostiene que la historia global toma como punto de partida la conectividad del mundo, y eso plantea un desafío fundamental a las premisas y métodos de la historia tradicional, constreñida por las perspectivas nacionales.

En algunos de estos enfoques, global ya no significa realmente global, puesto que, por ejemplo, el intercambio a larga distancia también puede incluirse en este marco. Además, «global» empezó a aplicarse a periodos anteriores, como la Edad Media, cuando, aunque había conexiones de diversos tipos en todo el mundo conocido, la globalización no existía realmente. Aunque algunos harían del periodo medieval la primera fase de la globalización, la mayoría de los medievalistas que han adoptado lo global como marco de referencia simplemente lo emplean para los diversos fenómenos que estudian. 'Global' se ha convertido en un término general para una amplia gama de desarrollos históricos y enfoques metodológicos. Entre ellos figuran los viajes, el comercio, la transmisión de motivos literarios a larga distancia, la historia comparada y la historia no europea[5]. La coexistencia entre relaciones a larga distancia y relaciones localizadas se ha denominado tensión creativa entre lo

[3] S. Conrad, *What Is Global History?*, Princeton (NJ), Princeton University Press, 2016, pp. 11, 62.
[4] *Ibid.*, pp. 6-11.
[5] Algunos ejemplos: K. M. Phillips, «Travel, Writing, and the Global Middle Ages», *History Compass*, 4 March 2016, <https://doi.org/10.1111/hic3.12301>; las revistas *The Medieval Globe*; *Medieval Worlds*; la serie Transcultural research: Heidelberg Studies on Asia and Europe in a global context; C. Holmes y N. Standen (eds.), *The Global Middle Ages, Past & Present*, 238, suppl. 13, 2018, <https://academic.oup.com/past/issue/238/suppl_13?browseBy=volume>; G. Heng, *The Global Middle Ages: An Introduction*, Cambridge, Cambridge University Press, 2021.

global y lo local[6]. Se podría preguntar con razón por qué todo lo que va más allá de las fronteras de un Estado se llama de repente global.

Cuando los medievalistas adoptaron el concepto, la «historia global» moderna ya había recibido bastantes críticas. Se han señalado los límites y desigualdades de la globalización; que los procesos transfronterizos no son necesariamente globales y que la globalización no afecta a todas las áreas de modo uniforme. Y, lo que es más pertinente, que el propio núcleo de «lo global» resulta problemático: en las palabras de un autor crítico, el término «acaba pasando por alto los mecanismos y las limitaciones de las relaciones espaciales»[7].

Cuando se habla de la «Edad Media global», el término 'global' suele perder su verdadero sentido de mundial, lo que significa que la etiqueta y su contenido no encajan muy bien, pero el auténtico problema es que «Edad Media global» se utiliza de tantas formas distintas que resulta conceptualmente poco útil para el análisis de los procesos medievales reales. También hay dos problemas fundamentales que se repiten a menudo pero nunca se resuelven, uno relativo a la terminología y el otro, a la cronología. La «Edad Media global» impone al mundo nuestras categorías ya defectuosas. El término 'Edad Media', que en última instancia procede de la denigración renacentista, no es útil ni siquiera para los europeístas, y no hay excusa para exportarlo. La cronología tradicional es muy cuestionable incluso para la historia europea (y no se corresponde con momentos de cambios significativos en la historia intelectual, la tecnología y otra serie de acontecimientos), por no hablar del resto del mundo.

Pocos procesos fueron realmente globales en la época medieval: la pandemia de peste es el más cercano. Para los diversos fenómenos que ahora se agrupan bajo el término 'global', sugiero que haríamos mejor en utilizar herramientas conceptuales más precisas. Ya disponemos de ellas, no pretendo inventarlas. Más bien me gustaría ilustrar por qué son preferibles a 'global', que difumina lo que serían distinciones conceptuales útiles.

Los misioneros cristianos que viajaban a lugares lejanos e intentaban convertir el mundo conocido podrían considerarse agentes de la globalización medieval. Sin embargo, no es solo el hecho de que fueran tan pocos y de que no consiguieran marcar una diferencia real en lugares lejanos lo que va en contra de esta conceptualización. Si observamos cómo veían el mundo que encontraban e intentaban hacerlo inteligible, veremos que, a menudo, su marco de

---

[6] C. Holmes y N. Standen, «Defining the Global Middle Ages», *Medieval Worlds*, 1, 2015, pp. 106-117, véase p. 107, <https://doi.org/10.1553/medievalworlds_no1_2015s106>.

[7] F. Cooper, «What is the Concept of Globalization Good for? An African Historian's Perspective», *African Affairs*, 100, 2001, pp. 189-213, véase p. 190, <https://doi.org/10.1093/afraf/100.399.189>.

referencia era el local, el de su lugar de origen. Consideremos la descripción del misionero Giovanni de Marignolli (en activo entre 1338 y 1353), que relata sus experiencias en la India, en este caso la producción de pimienta.

> Navegamos por el mar Índico y llegamos a una ciudad muy noble de la India donde se produce toda la pimienta del mundo. La pimienta crece en una especie de vides que se plantan como en nuestros viñedos: estas producen racimos que al principio son de un color verde como los de la vid silvestre, y después son casi como racimos de nuestras uvas, y tienen en ellos un vino tinto que he exprimido en mi plato como condimento. Cuando han madurado, se dejan secar en el árbol, y cuando se marchitan por el excesivo calor, los racimos secos se arrancan con un palo y se recogen en telas de lino[8].

Que los misioneros intentaron llegar a todas las partes del mundo conocido ya lo sabían los medievalistas antes del giro global; intentar exportar el cristianismo a todas partes me parece mejor explicable desde el discurso universalizador de la religión cristiana, convencida de su condición de verdad única. Difuminarlo, por ejemplo, con las relaciones económicas globalizadoras no me parece útil. Sugiero que saquemos más provecho analítico del concepto de familiarización y traducción que del término 'global' para hacer comprensible un fenómeno nuevo, la pimienta, y su producción, a sus lectores europeos, y quizá incluso a él mismo en primera instancia; compara lo nuevo, lo desconocido, con lo conocido, la producción de vino[9]. Es decir, recurre al proceso de familiarización, un tipo particular de traducción para hacer familiar y comprensible lo desconocido. Así, relaciona la planta de la pimienta con las vides, los lugares donde crece el pimentero con los viñedos y el jugo que exprime de las pimientas maduras con el vino tinto. Curiosamente, lo que falta es la descripción del sabor; aunque señala que utilizaba el jugo como condimento, la lectura de esta descripción no prepararía al lector para el sabor picante de la pimienta. Sin embargo, es de suponer que esto ya lo sabía la gente medieval, que consumía pimienta, junto con otras especias, con regularidad[10].

....

[8] «A festo autem sancti Stephani usque ad dominicam olivarum per mare Indicum pervenimus ad nobilissimam civitatem Indie nomino Columbum, ubi nascitur piper tocius orbis. Nascitur autem in vitibus, que plantantur ad modum vinearum omnino, et facit vitis primo racemos quasi labruscas viridis coloris, post facit quasi racemos et est intus vinum rubeum, quod manu mea pro salsa expressi in scutellam. Post maturantur et exsiccantur in arbore et arescit pre nimio calore et siccum excutitur parvo baculo, cadens super linteamina et recollitur», *Cronicon Johannis Marignolae, Monumenta Historica Boemiae* 2, Praga, 1768, p. 88.

[9] Otras explicaciones similares en textos medievales: P. Freedman, *Out of the East: Spices and the Medieval Imagination*, New Haven y London, Yale University Press, 2008, p. 139.

[10] *Ibid.*, pp. 21, 76.

Los llamados números arábigos llegaron a la Europa medieval también desde la India. Sin embargo, la terminología de 'transmisión' y 'adopción', diría yo, nos sirve mejor que la de 'global' a la hora de enfrentarnos a la llegada de los números hindúes-árabes. Estos números se inventaron en el siglo V en la India. Hay pruebas de su difusión en Siria en la segunda mitad del siglo VII y en la zona del actual Túnez a mediados del siglo X. Se difundieron con el islam por el Mediterráneo; los números llegaron a al-Andalus con los árabes, y también se transmitieron a los cristianos del norte de la Península Ibérica, quizá por mediación de los mozárabes.

En 976, el escriba del llamado Códice Vigilano del monasterio de San Martín de Albelda, en el reino de Pamplona, incluyó los números al final de un capítulo sobre aritmética. Trazó cuidadosamente los números del uno al nueve, copiándolos de derecha a izquierda al modo árabe, alabando el ingenio de los habitantes de la India que los inventaron.

> Item de figuris arithmetice:
> Scire debemus in Indos subtilissimum ingenium habere. Et ceteras gentes eis in arithmetica et geometrica et ceteris liberalibus disciplinis concedere. Et hoc manifestum est in nobem figuris quibus designant unumquemque gradum cuiuslibet gradus. Quarum hec sunt forma: *9 8 7 6 5 4 3 2 1*[11].

Los indios tienen el mérito de ser mejores que los demás en aritmética. Con nueve cifras, pueden representar todos los valores numéricos.

Como demuestra Thomas Freudenhammer, Gerberto de Aurillac, luego papa Silvestre II (999-1003), utilizó los números en su enseñanza[12]. Fue enviado a estudiar el quadrivium (incluida la aritmética) bajo la dirección del obispo Atto de Vic durante algunos años, hasta 970; después, entre 973 y 989, Gerberto enseñó en la escuela catedralicia de Reims. Uno de sus discípulos, Richer de Saint-Remi, relata en su crónica que Gerberto hizo fabricar un ábaco en el que utilizaba fichas marcadas con nueve símbolos; con ellos era capaz de representar todos los números y realizar multiplicaciones y divisiones muy rápidamente en el ábaco. Se ha debatido cuáles eran estos símbolos: pudieron ser letras griegas, que también se utilizaban para designar valores numéricos, pero Freudenham-

---

[11] <https://upload.wikimedia.org/wikipedia/commons/thumb/3/3b/Codex_Vigilanus_Primeros_Numeros_Arabigos.jpg/440px-Codex_Vigilanus_Primeros_Numeros_Arabigos.jpg>. E. Fernández González y F. Galván Freile, *Texto e imagen en el Códice Vigiliano: la visión del Mundus*, León, Universidad de León, 2002.

[12] T. Freudenhammer, «Gerbert of Aurillac and the Transmission of Arabic Numerals to Europe», *Sudhoffs Archiv*, 105, n.º 1, 2021, pp. 3-19.

mer argumenta convincentemente que lo más probable es que las letras griegas se llamaran «litteras»; por lo tanto, Richer probablemente se refería a los números arábigos.

El propio Gerberto escribió un tratado sobre el ábaco hacia 980 (*Regulae de numerorum abaci rationibus*), pero no menciona los números que utilizaba. Sin embargo, otro tratado, probablemente de un alumno de Gerberto y escrito antes de su muerte en el año 1003, proporciona ilustraciones de números arábigos. Se trata del *Liber abaci* de Bernelino de París cuyo manuscrito más antiguo data de la primera mitad del siglo XI. El ábaco de la abadía de Echternach, de hacia el año 1000, también muestra números arábigos[13].

Se desconoce dónde aprendió Gerberto los números arábigos; tal vez mientras estudiaba en Cataluña (967-970) o quizá más tarde. Después de que Gerberto se convirtiera en director de la escuela catedralicia de Reims en 983, escribió al obispo Miró Bonfill de Girona pidiéndole un tratado «Sobre la multiplicación y división de los números» (*De multiplicatione et divisione numerorum*) de Joseph Sapiens o Joseph Ispanus. A principios de 984, el tratado fue entregado en Gerona a Garí, abad del monasterio de Sant Miquel de Cuixà, quien lo llevó a Saint-Géraud d'Aurillac y Gerberto acabó recibiéndolo de allí. Tal vez fuera este tratado el que contenía los números arábigos. Joseph Ispanus es desconocido; según algunos eruditos era un mozárabe de al-Andalus, según otros era Hasday ibn Ishaq ibn Shaprut, médico judío y confidente de los califas Abderrahman III y Al-Hakam II de Córdoba[14].

También es significativo que los primeros proponentes cristianos de los números hindúes-árabes ocultaran a los intermediarios árabes que los transmitieron a las poblaciones cristianas. Bernelinus no discutió el origen de los números; otro tratado del siglo XI afirmaba que procedían de los antiguos pitagóricos[15]. Parece que estos monjes medievales no estaban dispuestos a dar crédito a los musulmanes, enemigos religiosos.

Los cálculos con ábaco utilizando números hindúes-árabes se extendieron lentamente por los monasterios de Europa Occidental, pero los números no se generalizaron en Europa hasta el siglo XIII, cuando surgió la necesidad práctica de utilizarlos debido al desarrollo del comercio y las instituciones financieras[16].

....

[13] *Ibid.*, pp. 4-11.

[14] D. C. Lindberg, *The Beginnings of Western Science: The European Scientific Tradition in Philosophical, Religious, and Institutional Context, 600 B.C. to A.D. 1450*, Chicago y London, University of Chicago Press, 1992, pp. 188-190; Freudenhammer, «Gerbert of Aurillac...», *op. cit.*, pp. 14-15.

[15] Freudenhammer, «Gerbert of Aurillac...», *op. cit.*, pp. 9, 16.

[16] R. Danna, «The spread of Hindu-Arabic numerals in the tradition of European practical mathematics», <https://www.econsoc.hist.cam.ac.uk/docs/CWPESHnumber35August2019.pdf>.

El cálculo de intereses, tipos de cambio y otras finanzas podía realizarse mucho más fácilmente utilizando los números hindúes-árabes, en lugar de los romanos. A finales del siglo XIII empezaron a publicarse manuales prácticos de aritmética en Italia central y en los siglos siguientes se extendieron al resto de Europa.

Este ejemplo nos muestra que la innovación intelectual era capaz de propagarse entre puntos geográficos muy distantes y que, en el punto de llegada, la gente era consciente de ello. Sin embargo, esta difusión era muy lenta y dependía de una serie de transmisiones locales. Además, este ejemplo muestra la importancia de las conexiones personales en la transmisión de nuevos conocimientos (el envío de un manuscrito de Girona a Reims). Sin embargo, la utilidad práctica de la innovación no se comprendió ampliamente durante mucho tiempo y solo se adoptó de forma más generalizada una vez que se entendió dicha utilidad; en este caso, podemos ver una difusión extremadamente lenta en Europa, que tardó siglos desde su primera introducción. Difuminar estas especificidades bajo la «Edad Media global» mediante la afirmación, por lo demás cierta, de que las cifras procedentes de la India se introdujeron por mediación de los árabes en la Europa de finales del siglo X, sería más un flaco favor que un marco analítico útil.

No solo los números se introdujeron en la Europa cristiana por mediación árabe, sino también otras ideas y objetos diversos, incluidas las monedas árabes que se imitaron en algunos lugares. Un caso curioso lo encontramos en Hungría, donde se acuñaron monedas de cobre pseudoárabe[17]. Tradicionalmente, algunos autores atribuían la acuñación de estas monedas a los mongoles, durante su breve ocupación del reino a mediados del siglo XIII. Los estudiosos, sin embargo, han establecido que, por el contrario, estas monedas eran producto de finales del siglo XII (durante el reinado de Béla III, 1172-1196), aunque durante un tiempo se ha sostenido que fueron acuñadas por acuñadores musulmanes.

....

[17] N. Berend, *At the Gate of Christendom: Jews, Muslims and «Pagans» in Medieval Hungary (c. 1000-c. 1300)*, Cambridge, Cambridge University Press, 2001, pp. 122-123; *idem*, «Imitation coins and frontier societies: The case of medieval Hungary», *Archivum Eurasiae Medii Aevi*, 10, 1998-1999, pp. 5-14; P. T. Nagy, «Tizenkét Megjegyzés a 12. századi rézpénzekhez: Ujszászi Róbert Könyve és Válasza kapcsán», unpublished manuscript, 2019, <https://www.academia.edu/39614499/Tizenk%C3%A9t_megjegyz%C3%A9s_a_12_sz%C3%A1zadi_magyar_r%C3%A9z-p%C3%A9nzekhez_Ujsz%C3%A1szi_R%C3%B3bert_K%C3%B6nyve_%C3%A9s_V%C3%A1llasza_kapcs%C3%A1n>. Cs. Tóth, J. G. Kiss y A. Fekete, *Az Árpád-kori magyar pénzek katalógusa I. Catalogue of Árpádian coinage I*, Budapest, Martin Opitz Kiadó, 2018, pp. 323-336, n.º 16.16 (CNH 101), moneda de cobre, con 152 variaciones, 514 ejemplares conocidos, inscripción: imitación árabe ilegible; otro tipo: CN 103, 8 ejemplares conocidos, p. 344, n.º 16.19; otros tipos de monedas raras de cobre con inscripciones de imitaciones árabes ilegibles, muchas no conocidas anteriormente: pp. 337-343, n.º 16.17 y 343-344, n.º 16.18, pp. 345-348, n.º 16.20; p. 348, n.º 16.21; p. 349, n.º 16.22; p. 350, n.º 16.23; *klippe* p. 350, n.º 16.24.

Aunque hay pruebas de arrendatarios musulmanes de la ceca, esto no significa que también fueran acuñadores. Además, quienes fabricaron las monedas fueron incapaces de producir una escritura árabe legible y, en su lugar, las inscripciones son imitaciones pseudoárabes. Investigaciones recientes han encontrado el modelo más parecido al anverso en el denario de ʿAbū Muḥammad ʿAbd Allāh ibn ʿIyād (1145-1147), acuñado en Murcia entre 1145 y 1146, y el reverso en otras varias monedas almorávides[18]. Cierta moneda húngara de plata también presenta una escritura pseudoárabe que recuerda a las monedas almorávides de mediados del siglo XII[19].

No sabemos cómo llegaron las monedas andalusíes a Hungría y por qué se decidió imitarlas, pero la acuñación de moneda era un monopolio real, por lo que en última instancia debió de decidirse en la ceca real. En Castilla, Sicilia y los estados cruzados se imitaron las monedas árabes bajo el dominio cristiano. Bajo el dominio musulmán se acuñaron monedas de cobre. Según una hipótesis, las monedas andalusíes llegaron a Hungría a través de piratas dálmatas que saquearon barcos papales; por dos documentos, se conoce un caso así de 1177, cuando saquearon más de 200 monedas almorávides y almohades[20].

Yo diría que necesitamos un vocablo más preciso que 'global' para captar los complejos fenómenos de este ejemplo. El deseo de imitar un tipo de moneda lejano y de otra esfera religioso-cultural que no se podía leer pero que presumiblemente tenía valor como modelo prestigioso; la imitación en sí que no produjo un texto legible; y la duración a corto plazo de la imitación (porque tales monedas dejaron de acuñarse entonces en Hungría), pueden analizarse mejor mediante conceptos como imitación, préstamo cultural y prestigio cultural.

Mi siguiente ejemplo se refiere a la creación de una ascendencia mítica que abarca un amplio espacio geográfico y cronológico. Más concretamente, quiero tratar un aspecto de la genealogía mítica huno-húngara, la interpretación de las ruinas de un campamento militar romano y el asentamiento circundante de Aquincum como la ciudad de Atila el Huno, según el estudio de József Laszlovszky y James Plumtree[21]. El asentamiento medieval de la orilla derecha del Danubio se llamaba Buda, quizás procedente de un nombre personal eslavo. Solo mucho más tarde se relacionó con Bleda, el hermano de Atila. En la orilla izquierda del Danubio surgió otro asentamiento, Pest. Ambos fueron incendia-

---

[18] Nagy, «Tizenkét Megjegyzés...», *op. cit.*, pp. 5-7 (moneda CNH 101).
[19] *Ibid.*, p. 7 (moneda CNH 109).
[20] *Ibid.*, p. 26.
[21] J. Laszlovszky y J. Plumtree, «A castle once stood now a heap of stone», en B. Nagy *et al.* (eds.), *Medieval Buda in context*, Brill's Companions to European History 10, Leiden y Boston, Brill, 2016, pp. 92-114.

dos durante la invasión mongol de Hungría (1241-1242). Posteriormente, el rey Béla IV fundó un nuevo asentamiento defensivo en la cima de la colina de Buda, en la orilla derecha. El antiguo emplazamiento comenzó a llamarse Vetus Buda (Óbuda). Las fuentes alemanas empezaron a identificar el lugar con la ciudad de Atila, Etzelburg (que aparece en el *Cantar de los Nibelungos*), después de la primera cruzada[22]. Los cruzados atravesaron Hungría por tierra y sus diversas observaciones e invenciones pasaron a formar parte de la tradición escrita del siglo XII. Los autores occidentales, desde Regino de Prüm a finales del siglo IX y principios del X, habían identificado a los húngaros con los hunos basándose en la similitud de sus ataques salvajes y su llegada desde tierras orientales, cuando los húngaros entraron por primera vez en la historia europea[23]. Por tanto, era bastante lógico embellecer esa asociación con una identificación más específica de la ciudad de Atila.

Hacia 1200, los cronistas húngaros también adoptaron la misma idea. El anónimo húngaro que escribió su *Gesta Hungarorum* hacia 1200 afirmaba que los húngaros procedían de Escitia, del rey Magog, y que el rey Atila descendía del mismo linaje.

> [Atila] entró en Panonia con una fuerza poderosa y, poniendo en fuga a los romanos, tomó el reino y se hizo una residencia real junto al Danubio, por encima de las aguas termales, y mandó restaurar todos los edificios antiguos que encontró allí y construyó una muralla circular y muy fuerte, y en lengua húngara se llama ahora Budavár [el castillo Buda] y por los alemanes, Etzelburg[24].

....

22 *Kaiserchronik* (c. 1140), Atila fue enterrado en Buda; «Czilnburg» aparece en la *Historia de expeditione Frederici imperatoris* de Ansbert (1187); Laszlovszky y Plumtree, «A castle once stood...», *op. cit.*, pp. 98-99.

23 F. Kurze (ed.), *Reginonis abbatis Prumiensis Chronicon cum continuatione Treverensi*, MGH SS rerum Germanicarum in usum scholarum separatim editi 50, Hannover, Hahn, 1890, pp. 131-133; traducción inglesa S. MacLean (trad.), *History and politics in late Carolingian and Ottonian Europe. The chronicle of Regino of Prüm and Adalbert of Magdeburg*, Manchester, Manchester University Press, 2009. N. Berend, «Les récits de la migration dans la Hongrie médiévale», *Annales HSS*, 76, n.° 3, 2021, pp. 457-488.

24 M. Rady y L. Veszprémy (eds.), *Anonymi Belae regis notarii Gesta Hungarorum –The Deeds of the Hungarians*, en M. Rady, L. Veszprémy y J. M. Bak (eds.), *Anonymus and Master Roger: The Deeds of the Hungarians. Epistle to the Sorrowful Lament upon the Destruction of the Kingdom of Hungary by the Tatars*, Central European Medieval Texts 5, Budapest y New York, Central European University Press, 2010, pp. 6, 8: «Et primus rex Scithie fuit Magog filius Iaphet et gens illa a Magog rege vocata est Moger, a cuius etiam progenie regis descendit nominatissimus atque potentissimus rex Athila, qui anno dominice incarnationis ccccli de terra Scithica descendens cum valida manu in terram Pannonie venit et fugatis Romanis regnum obtinuit et regalem sibi locum constituit iuxta Danubium super Calidas Aquas et omnia antiqua opera, qui ibi invenit, renovari precepit et in circuitu muro fortissimo edificavit, que per linguam Hungaricam dicitur nunc Buduvar et a Teothonicis Ecilburgu vocatur».

El cronista de finales del siglo XIII Simón de Kéza (década de 1280) combinó el mito francés de los troyanos que se asentaron por primera vez en Panonia y fundaron la ciudad de Sicambria (una historia que presumiblemente llegó a Hungría con los estudiantes húngaros que regresaban a la Universidad de París[25]) con la tradición alemana de Etzilburg, en su empeño por convertir a Atila en un digno antepasado de los húngaros, pues gobernaba como un emperador romano pero con un poder incluso mayor:

> Atila abandonó Eisenach y se dirigió a Sicambria, donde asesinó a su hermano Buda con sus propias manos y arrojó su cuerpo al Danubio. La razón de Atila fue que, mientras él estaba lejos luchando en Occidente, su hermano había sobrepasado los límites de autoridad que había establecido entre ambos y había cambiado el nombre de Sicambria en su propio honor. A pesar de que Atila ordenó a sus hunos y a sus seguidores que la ciudad pasara a llamarse la Ciudad de Atila, y de que los alemanes, por miedo, respetaron la orden y llamaron a la ciudad Etzelburg, los hunos no le hicieron mucho caso y siguieron llamándola Óbuda, como siguen haciendo hoy en día[26].

Esta historia era deudora del mito de la fundación de Roma por Rómulo y Remo, y combinaba el mito del origen troyano francés con el mítico Etzelburg, y la continuidad huno-húngara, igualmente mítica. La última frase, los hunos de sus días, se refiere a los húngaros. Las historias occidentales aprendidas, reelaboradas y combinadas para servir como historia de origen de los húngaros no se pueden calificar de «globales», aunque muestren influencias y motivos literarios transmitidos a través de las fronteras políticas. Se entiende mejor en el marco de una educación cristiana común junto con el deseo dinástico de una ascendencia prestigiosa para cada *gens*, pueblo, que las élites clericales intentaban satisfacer. Utilizando motivos que encontraban en el extranjero, estos clérigos se centraron en escribir un pasado para la dinastía, si era necesario reinterpretando completamente las historias (en este caso, sobre los hunos) para

---

[25] A. Eckhardt, *De Sicambria à Sans-Souci. Histoires et légendes franco-hongroises*, Paris, Presses Universitaires de France, 1943.

[26] L. Veszprémy y F. Schaer (eds.), *Simonis de Kéza, Gesta Hungarorum, Simon of Kéza, The Deeds of the Hungarians*, Central European Medieval Texts 1, Budapest y New York, Central European University Press, 1999, pp. 50, 52: «Ab Isnaco autem curia celebrata egrediens Sicambriam introivit, ubi Budam fratrem suum manibus propriis interfecit, proiici faciens corpus eius in Danubium, eo quod ipso Ethela in partibus occidentis praeliante inter eum et fratrem eius metas stabilitas transgressus fuerat dominando. Fecerat etiam Sicambriam suo nomine appellari. Et quamvis Hunis et caeteris suis gentibus interdictum rex Ethela posuisset, ut urbs Ethelae vocaretur, Teutonici interdictum formidantes, eam Echulbuer vocaverunt, Hunni vero, curam parvam illud reputantes interdictum, usque hodie eandem vocant Oubudam sicut prius».

crear antepasados dignos. Aunque estaban influidos por las nuevas historias, buscaban la forma de que sirvieran a los intereses dinásticos y respondían a objetivos locales. Los conceptos de incorporación y reinterpretación son útiles para analizar estos procesos.

Hubo discursos universalizadores, como el del cristianismo y el del islam, ambos asumiendo el triunfo absoluto final de su fe. Si bien estas pretensiones podrían calificarse de globales, me gustaría destacar que en lo retórico (aunque no en lo real) eran completamente irreconciliables. De este modo, se enfatizaba la confrontación y la exportación de la propia verdad inalterada, en contraste con los procesos reales de interacción y cambio religioso. A modo de ejemplo, analizo el choque de dos identidades universalizadoras a través de la obra de Jorge de Hungría[27]. La identidad del autor ha sido objeto de debate; solo conocemos su vida por la propia obra. Jorge pudo ser un húngaro o un sajón germanoparlante de Transilvania, en el Reino de Hungría. En 1438, cuando Jorge tenía unos 15 o 16 años, fue capturado por los otomanos en Sebes, donde había ido a estudiar. Murad II y sus tropas sitiaron la ciudad, que se rindió, pero algunos de los defensores, entre ellos Jorge, huyeron a una torre. Los otomanos prendieron fuego a la torre y la mayoría de la gente sufrió una muerte horrible; los supervivientes, entre ellos Jorge, fueron vendidos como esclavos. Pasó 20 años como esclavo y finalmente llegó a un acuerdo de liberación con su último dueño. Una vez liberado, regresó a la Europa cristiana y se hizo fraile dominico. En 1481 publicó en Roma el *Tractatus de moribus, condictionibus et nequitia Turcorum*[28].

Describe cómo fue vendido como esclavo y las dudas que le surgieron tras su octavo intento fallido de escapar[29]. Pensó que Dios le había abandonado, así que decidió buscar su salvación en la religión de sus captores. Comenzó a familiarizarse con la fe de los turcos y aprendió sus oraciones y ritos. Meditó sobre el significado espiritual que los turcos daban a sus ritos, que –dice– en cierto modo confirman y corroboran la fe de Cristo. Su texto atestigua su fascinación por el islam y tal vez su conversión a él; Jorge conocía bien a los derviches y los principios islámicos. Los eruditos modernos suponen que se convirtió e intentó ocultarlo después, o que rehuyó la conversión en el último momento. Jorge afir-

---

[27] Estas páginas están basadas en mi artículo «Violence as identity: Christians and Muslims in Hungary in the Medieval and Early Modern Period», *Austrian History Yearbook*, 44, 2013, pp. 1-13.

[28] R. Klockow (ed. y trad.), *Georgius de Hungaria, Tractatus de moribus, condictionibus et nequicia Turcorum. Traktat über die Sitten, die Lebensverhältnisse und die Arglist der Türken*, Schriften zur Landeskunde Siebenbürgens, vol. 15, Köln/ Weimar/Wien, Böhlau Verlag, 1993.

[29] A. Classen, «Life writing as a slave in Turkish hands: Georgius of Hungary's reflections about his existence in the Turkish world», *Neohelicon*, 39, 2012, pp. 55-72.

ma que tras 6 o 7 meses de instruirse en las creencias musulmanas, de repente recibió ayuda divina, se alejó de la fe de los turcos y se adhirió firmemente al catolicismo durante los 15 años siguientes, hasta su liberación.

También afirma que escribe para fortalecer la fe de otros cristianos cautivos, pero en realidad se esfuerza por demostrar la superioridad del cristianismo para los cristianos de Europa. Jorge escribía en una época en la que los otomanos triunfaban[30]. Sus victorias más importantes fueron las de 1396 en Nicópolis, 1444 en Varna, 1448 en la segunda batalla de Kosovo (contra tropas húngaras y valacas) y, en 1453, la caída de Constantinopla. Los ataques otomanos contra Italia comenzaron en 1480 y solo cesarían tras la muerte de Mehmet II en mayo de 1481. Jorge menciona explícitamente la conversión al islam de cristianos en las zonas balcánicas conquistadas.

Jorge siente admiración por el comportamiento y las costumbres de los otomanos, y enumera las numerosas virtudes de los turcos. Por ejemplo, visten modestamente y no llevan nada indecente; sus gestos y su comportamiento decente son dignos de elogio. No tienen nada inútil o superfluo; viven como si hubieran hecho votos monásticos. Los propios dirigentes viven con sencillez; incluso el «rey» (sultán) se sienta como los demás en el suelo durante las oraciones en la «iglesia» (mezquita) y no en un trono real[31]. Su pureza moral es ejemplar, así como su gran cuidado por la pureza corporal y la limpieza y abluciones antes de la oración. Detestan el lujo y la extravagancia. De hecho, viven como deberían vivir los cristianos. También aborrecen las imágenes y critican a los cristianos por idolatría, y la decencia de sus mujeres contrasta con la indecencia de las mujeres cristianas. Jorge presenta las costumbres otomanas como las de una sociedad perfecta e incluso como ejemplo para los cristianos.

El autor también muestra un conocimiento detallado de los principios islámicos y ofrece una descripción minuciosa de las reglas de la oración, el ayuno y la peregrinación. Pero si en todo momento se muestra muy positivo sobre estas costumbres, es solo para llegar a la conclusión de que el asco y la vergüenza le impiden dar más detalles. Incluso el monoteísmo de los turcos, que podría reconocerse como algo en común, se presenta como un truco: si los turcos pueden convencer a la gente de que veneran a un Dios, pueden difundir más

---

[30] P. Srodecki y N. Kersken (eds.), *The defence of the faith: crusading on the frontiers of Latin Christendom in the later Middle Ages*, Turnhout, Brepols, 2024; N. J. Housley (ed.), *Crusading in the fifteenth century: message and impact*, Basingstoke, Palgrave Macmillan, 2004; idem, *Crusading and the Ottoman threat: 1453-1505*, Oxford, Oxford University Press, 2013.

[31] Klockow, *Georgius de Hungaria...*, *op. cit.*, p. 224 («rex», «ecclesia»).

fácilmente su veneno bajo la cubierta de la piedad, una trampa para la perdición de las almas, porque las dudas de la gente desaparecen. Jorge también describe la forma en que los derviches otomanos soportan el ayuno, la pobreza y el silencio, se mantienen castos, no sienten dolor, experimentan el éxtasis sobrenatural a través de la danza y producen milagros después de la muerte. Vio a un derviche así y no pudo sino admirarlo: estos hombres así «se parecen más a los ángeles que a los hombres»[32]. Sin embargo, al final, concluye que los derviches producen lo que parecen milagros para engañar aún más, para hacer creer que la obra del diablo es la de Dios. Al igual que las virtudes son falsas, también lo son los milagros.

El mensaje clave de Jorge es que a pesar de toda su aparente superioridad, los musulmanes están aliados con el diablo. Engañan y violentan a los cristianos. Describe la capacidad de lucha de los turcos y sus continuas victorias sobre los cristianos, pero insiste mucho más en la naturaleza violenta de lo que nosotros veríamos como no violencia. Capturan a los hombres por sorpresa, sin derramamiento de sangre, y «mantienen vivos físicamente a los que planean matar espiritualmente»[33]. Bajo el pretexto de piedad, los turcos no matan a los cristianos capturados, sino que los toman como esclavos. Utilizan las buenas costumbres para engañar a los fieles y tienen gran éxito convirtiendo cristianos a su propia fe, aunque no utilizan la fuerza para acelerar la conversión. Todo esto es un elaborado truco diabólico para «matar el alma» y «enterrarla en el cuerpo aún vivo»[34]:

> Esta... secta desarraiga, no por la violencia, sino por la larga costumbre, el deseo de libertad, y ciega la razón del hombre, de modo que se ve obligado a rechazar la fe por la que había estado dispuesto a morir... ¿Quién podría escapar de este poder maligno?... Su poder es tal, que penetra en lo más profundo del corazón y no lo abandona antes de infectar lo más íntimo del alma[35].

Para Jorge, la piedad de los turcos es un signo de su naturaleza maligna; la propia tolerancia de los otomanos es violencia contra las almas de los fieles. La

---

32 *Ibid.*, p. 282 («non homines, sed angeli videntur esse»).
33 *Ibid.*, p. 192, «uiuos possint conseruare corporaliter, quos spiritualiter intendunt occidere».
34 *Ibid.*, p. 174, «...animam occidere et... in corpore uiuo sepelire».
35 «Ista tamen maliciosa secta non cum violentia, sed longi temporis consuetudine uoluntatem libertatis aufert, animi firmitatem frangit, cordis constantiam vincit et in tantam cecitatem producit rationem hominis, ut fidem, pro qua prius erat paratus mori, postea infectus et deuictus turpiter negare cogatur. Quis huius potestatis maliciam ualet euadere? ...Tanta enim est eius intensio, ut ad intima cordis penitret nec etiam ipsius anime precordia <non> infecta derelinquat». Klockow, *Georgius de Hungaria...*, *op. cit.*, pp. 174, 176.

verdadera batalla se libra en el plano espiritual. El autor recurre a una explicación escatológica cristiana medieval característica para el éxito musulmán: los turcos son siervos del Anticristo, y cuando llegue el inminente Apocalipsis que se avecina, los verdaderos fieles obtendrán su recompensa de Dios. También utiliza otro marco común: destacar el comportamiento positivo de los turcos para criticar la sociedad cristiana y mostrar un espejo del comportamiento correcto. Pero los turcos son la Bestia del Apocalipsis, el enemigo de Cristo: «¿Cómo podría un cristiano vivir entre los turcos cuando una hostilidad sobrenatural, incluso espiritual, se opone a ellos?»[36]. También afirma que es imposible que un turco adopte la fe de Cristo. Es imposible salvar la distancia; la enemistad entre cristianos y musulmanes se presenta como inevitable. De dos sistemas con pretensiones universalizadoras, solo uno puede ser verdadero.

Mirándolo superficialmente, esto puede parecer una versión medieval del globalismo. Sin embargo, la piedra angular de todo el sistema es el otro mundo y no deberíamos borrar esa distinción clave, compeliendo estos puntos de vista a la categoría de lo «global».

Mi último ejemplo procede del final de la Edad Media y principios de la Edad Moderna. Se trata de la difusión de un tipo específico de pequeña fortificación, de fortalezas rodeadas por una empalizada (*palanka*, *palánk*)[37]. Con la conquista otomana de los Balcanes y parte de Hungría, se construyeron fortificaciones de este tipo a lo largo de la vía fluvial del Danubio para proteger las aldeas comerciales. Los otomanos utilizaron las rutas y ciudades existentes para construir un sistema de transporte y comunicación. Además, el nombre *város*, que en húngaro designa una ciudad, se adaptó en la ciudad otomana como *varoş*, el asentamiento civil fuera de la fortaleza (la ciudad otomana constaba del castillo, el asentamiento civil y el suburbio con habitantes cristianos). Así pues, el término cambió de significado a medida que se adoptaba. Sus residentes no eran soldados, y el *varoş* rodeaba el castillo, tenía un mercado y estaba cercado por una empalizada. Dicha empalizada estaba formada por postes de madera erguidos cubiertos de barro y mortero, con bastiones en las esquinas y un puente y una torre de guardia para proteger la entrada. Todos los asentamientos otomanos a lo largo del Danubio tenían características similares, aunque algunos de ellos tenían antecedentes que se remontaban siglos atrás. Este tipo

---

[36] «...quomodo Christianus in manibus Turci viuere potest, inter quos est inimicicia supernaturalis uel spiritualis?», Klockow, *Georgius de Hungaria...*, *op. cit.*, p. 176.
[37] B. Özgüven, «Characteristics of Turkish and Hungarian *Palanka*-protected Settlements along the River Danube», en I. Gerelyes y Gy. Kovács (eds.), *Archaeology of the Ottoman period in Hungary: Papers of the conference held at the Hungarian National Museum, Budapest, 24-26 May 2000*, Budapest, Hungarian National Museum, 2003, pp. 155-160.

de fortificación ya se encuentra en el imperio romano, y los castros romanos, que servían para alojar a los soldados, tenían una planta rectangular similar; tanto los castros como las fortalezas rodeadas de empalizadas eran producto de una planificación central, eran estructuras estandarizadas construidas en todo el imperio.

Esta uniformidad a través de grandes distancias y a lo largo del tiempo –una construcción similar inventada en el imperio romano y en el imperio otomano, y extendida por grandes zonas debido a la extensión de estos imperios–, se debía a la actividad del centro imperial más que a la globalización. También incluyó la adopción de la terminología (*város*) de una población conquistada, pero cambiando su significado.

En otro lugar he argumentado que la interconexión y la separación son mejores categorías que la Edad Media global para analizar los procesos medievales[38]; aquí propongo la utilidad de una terminología más precisa dentro de las interconexiones y las divergencias. En lugar de embotar nuestro filo analítico agrupando fenómenos diversos bajo el término 'global', podemos afinarlo mediante una terminología más apropiada. Esto revela la dinámica, los mecanismos de transmisión y préstamo, la forma en que se extienden las innovaciones, los límites de la transmisión y las especificidades de nuestro periodo.

Existían conexiones a través de la educación común de las élites eruditas y su imaginación; el comercio; los viajes; y la conquista. La transmisión podía producirse de forma precaria a través de individuos y copias únicas de manuscritos que pasaban de mano en mano. También merece la pena analizar las razones por las que se adoptaban innovaciones o modelos, ya que podían ir desde el prestigio hasta la conveniencia cotidiana. Hubo discursos universalizadores, en particular sobre el cristianismo y el islam. Hubo crónicas universales que explicaban la historia del mundo, pero este universalismo siempre estuvo mediatizado por el prisma de un localismo intenso, de un reino, un pueblo y una dinastía particulares.

Las divergencias se producían por los cambios de significado y función, en la lentísima difusión de la nueva información, a través de traducciones que hacían familiar lo desconocido, pero que también disfrazaban la verdadera naturaleza de lo nuevo (después de todo, si nunca ibas a ver un pimentonero con sus frutos, la descripción que lo asemeja a las viñas y las uvas no quiere ser precisa, sino sugerir algunas similitudes reales), y la ocultación consciente o accidental de la vía específica de transmisión.

---

[38] Berend, «Interconnection and separation...», *op. cit.*

Si comparamos todo esto con las conexiones globales modernas, las conexiones rápidas –incluso instantáneas, a través de Zoom, o las compras en Amazon, o la interconexión total de gran parte del mundo–, las diferencias son enormes. Perdemos claridad analítica si las confundimos con las conexiones individuales medievales, los viajes lentos, los siglos que tardaban las ideas en difundirse, a través de canales muy limitados. Conrad especifica que las conexiones deben inscribirse en procesos de transformación estructural y es necesario estudiar la integración estructurada a gran escala; la movilidad de mercancías, la migración y los viajes de personas, la transferencia de ideas e instituciones no bastan para calificar la historia como global[39]. La «Edad Media global» sirve más para ocultar procesos medievales que podemos captar mejor mediante una terminología y un enfoque más precisos.

---

[39] Conrad, *What Is Global History?*, *op. cit.*, pp. 64-65, 67.

«So, Who Killed the Elephant?» Tracing African-European Entanglements in the 'Global Middle Ages'

Verena Krebs

Ruhr-Universität Bochum

I t has been well over a decade since Neil MacGregor's *A History of the World in 100 Objects* introduced a greater public, namely millions of BBC listeners, to the importance of material sources in shaping the stories we tell about the past[1]. Drawing solely from the collection of the British Museum, the project reframed the museum's objects into a seemingly universal narrative of history that reached across time and space – but remained firmly centered in London. Yet, soon after the series began broadcasting, in her acceptance of the prestigious 2010 Ludwig Holberg Prize, American historian Natalie Zemon Davis cautioned against monolithic perspectives[2]. Instead, she advocated for histories that are diverse, decentered, and rooted in the voices of marginalized and non-Western communities while still addressing global perspectives to foster a more nuanced understanding of interconnected pasts. Similar utterances followed[3], all boiling down to a simple but essential question: could a *single* object possibly represent a *multitude* of worlds and histories?

Here, I propose to explore one such instance – or rather, two: a painted enamel commissioned by an Ethiopian queen in Western Europe (fig. 1) and an ivory carving fashioned for a man named Eberhard in what is now Germany (fig. 2). Two objects, I will argue, that touch on multiple layers of history, simul-

---

* Adapted from a keynote of the same title first delivered at the 2023 International Medieval Congress at Leeds and the 2024 Semana Internacional de Estudios Medievales de Estella.

1 Podcasts of the radio series are still available on the BBC website: <https://www.bbc.co.uk/programmes/b00nrtd2/episodes/downloads>. See also N. MacGregor, *A History of the World in 100 Objects*, London, Penguin Books, 2012.

2 N. Zemon Davis, «Decentering History: Local Stories and Cultural Crossings in a Global World», *History and Theory*, 50, n.º 2 (May 1, 2011), pp. 188-202.

3 See M. Brusius, S. Das and A. Stevenson, *100 Histories of 100 Worlds in 1 Object*, launched in 2019 at the University of the West Indies, Jamaica, to explicitly challenge the «view from nowhere» put forth in the BBC series: <https://100histories100worlds.org>.

Figure 1. *Royal Enamel of Dima Giyorgis*, ca. 1500, Dima Giyorgis Monastery, Goǧǧam, Ethiopia.

taneously representing diverse medieval worlds. The stories of these objects offer glimpses into the distinct cultures and societies that helped bring them into being between the 12th and 16th centuries, depending on the questions we *choose* to raise towards them.

In the following, I will argue that, despite apparent differences in style and artistic value, the Ethiopian enamel and German ivory are bound by a deeper, shared connection: both objects, created at different places and points in time, reached their current locations through breathtakingly long journeys that spanned continents. As we approach these two objects, I invite us to consider them as lenses through which to glimpse multiple medieval pasts. Do they not suggest a history of African-European connections and entanglements that have

Figure 2. *Majestas Domini tablet of Eberhard*, 1100-1150 CE, Hessisches Landesmuseum Darmstadt, Inv.-Nr. Kg 54:220.

long been known – and just as long overlooked? After all, an elephant had to be hunted and killed for Eberhard's ivory to exist. More likely than not, that elephant lived on the vast continent we now refer to as Africa, as did its hunter. Similarly, the enamel inscribed with Gəʿəz characters did not arrive in Ethiopia by some stroke of divine intervention. Instead, it was commissioned and made in Western Europe, paid for, and transported across half the known world to the highlands of the Horn of Africa for a specific purpose.

Should we not, then, strive to ask: who hunted the elephant whose tusk forms the basis of Eberhard's ivory? Who took part in transporting this tusk across, as we shall see, half of Afro-Eurasia to a peripheral region in what is now Germany? Who profited from this trade, and what did its sale mean for the people through whose hands it passed along the way? Similarly, how and why was the Ethiopian queen's enamel created not in a local workshop but one thousands of miles away, in a region far beyond the Horn of Africa? Why adorn it with this inscription, in a language unfamiliar to the artisan, yet conveying a particular message? Shall we not ask what purpose it served once brought back to early sixteenth-century Solomonic Ethiopia? Yes, we shall.

1. THE QUEEN'S ENAMEL

In early 1963, French archaeologists were shown three painted enamels while visiting the now relatively remote monastery of Dima Giyorgis in the Goǧǧam region of the Ethiopian highlands (compare Map 1)[4]. The French were stunned: two objects were based on woodcuts by the German painter Albrecht Dürer[5].

A third enamel showed two kings seated proudly on ornate thrones. Above their heads, surrounded by a starry sky of deep blue and gold, is an inscription in the ancient local liturgical and literary language of Gəʿəz. Painted with an awkward hand that indicates the artisan struggled to form the letters, it names the men – a white-haired elder and a blond young king – as King Naʿod and King Ləbnä Dəngəl. Both men are well-attested in the historical record. They were father and son, rulers of the Christian kingdom of Solomonic Ethiopia between 1494 and 1540 CE[6].

The French archaeologists, however, did not know what to make of these works. They declined to speculate about their origins, eventually publishing only a single photograph of one of the enamels – the one with the Gəʿəz writing[7]. The enameled Dürers were deemed too strange, their presence too disconnected from what was then known about Ethiopian or art history. They appeared to have no place within either.

Until, that is, British researcher Ruth Plant stumbled upon another painted enamel in a church in Dəngəlat, hundreds of miles north of Dima, a few years later. This time, the piece was a triptych of rather considerable size, with a central Crucifixion framed by two wings depicting the Annunciation

[4] Compare the account in F. Anfray, G. Annequin and R. Schneider, «Chronique archéologique, 1960-1964», *Annales d'Éthiopie*, 6, 1965, pp. 16-17.
[5] These pieces were described, but never published; compare G. Annequin, «Au temps de l'empereur Lebna-Denguel», *Tarik*, 2, 1963, pp. 47-51.
[6] M.-L. Derat, «Naʿod», in *Encyclopedia Aethiopica*, ed. S. Uhlig, vol. 3, He-N, Wiesbaden, Harrassowitz, 2007, pp. 1134-1136; M. Kleiner, «Ləbnä Dəngəl», in *Encyclopedia Aethiopica*, ed. S. Uhlig, vol. 3, He-N, Wiesbaden, Harrassowitz, 2007, pp. 535-537.
[7] Annequin, «Au temps de l'empereur Lebna-Denguel», *op. cit.*

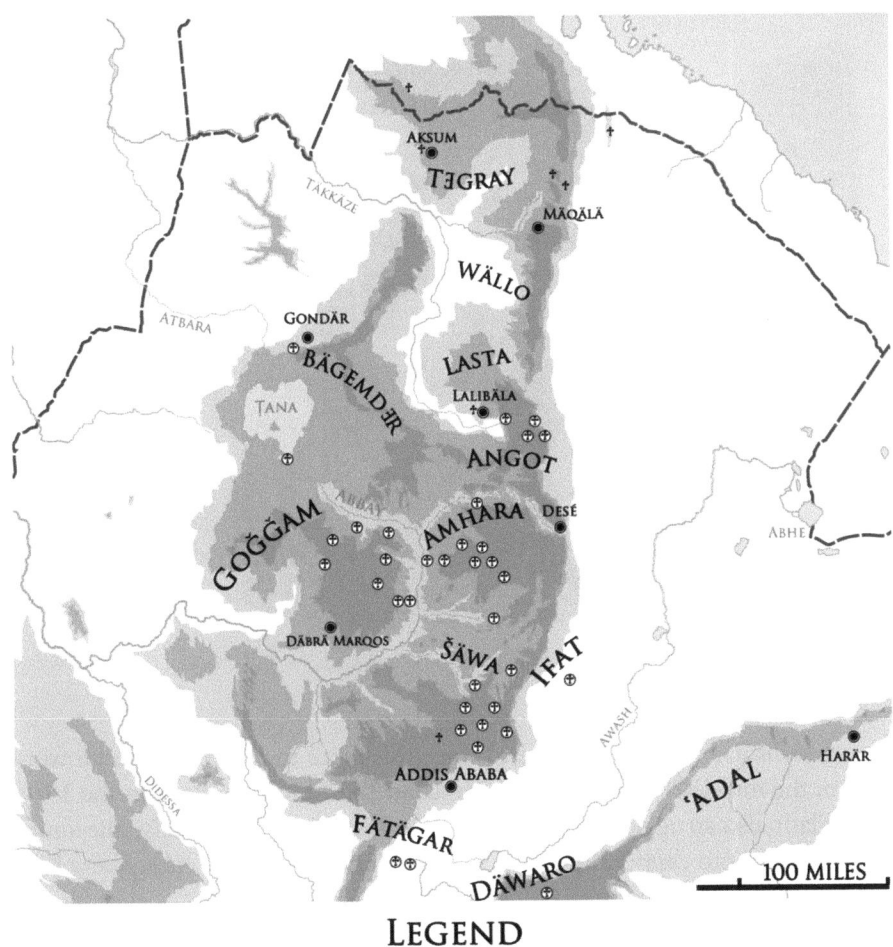

LEGEND

⊕ ROYAL CHURCH / MONASTERY (APPROXIMATE LOCATION)
✝ OTHER IMPORTANT RELIGIOUS SITE ● MODERN-DAY CITY

Map 1. Royal churches and monasteries in Solomonic Ethiopia, ca. 1400–1530.

(fig. 3)[8]. Above the cross – once again – we find an inscription in the ancient Ethiopian language of Gə'əz. Despite two spelling mistakes and clumsy handwriting, it reads: «Jesus of Nazareth, our King of the Jews».

....

[8] An account of her findings was ultimately published as R. Plant, *Architecture of the Tigre, Ethiopia*, Worcester, Ravens Educational and Development Services, 1985, p. 170. The object had previously also been described in Gigar Tesfaye, «Reconnaissance de Trois Églises Antérieures à 1314», *Journal of Ethiopian Studies*, 12, n.º 2, 1974, pp. 57-76.

Figure 3. Triptych of the Crucifixion, with Annunciation on lateral wings, ca. 1525, Maryam Dəngəlat, Təgray.

A stylistic analysis allows us to trace this piece to a specific French work-shop in the mid-1520s: that of Jean Pénicaud I in Limoges[9]. Back in the 1970s, Ruth Plant also struggled to make sense of this object. Eventually, she simply published a photo captioning it as a «Renaissance object» in a subsequent book on medieval church architecture in the Ethiopian highlands[10] – even though painted enamels from Ethiopia had, in fact, long been attested in European mu-seums. In 1868, British troops took a small diptych from the corpse of an Ethio-pian dignitary fallen in the Battle of Mäqdäla, the seat of Emperor Tewodros II (r. 1855-1868), that was quickly sold to the British Museum and brought to London. Set into an ornate case that allowed it to be worn around the neck, one wing depicts Christ taking leave of his mother, rendered meticulously in painted enamel[11]. Like the enamels of Dima Giyorgis, the work was unmistakably based on a 1509 woodcut by Dürer. It, too, may ultimately be traced to a workshop in

[9] V. Krebs, «Windows onto the World: Culture Contacts and Western Christian Art in Ethiopia, 1402-1543», PhD thesis, Universität Konstanz/Mekelle University, 2014, p. 406.
[10] See Plant, *Architecture of the Tigre, Ethiopia, op. cit.*
[11] British Museum, London, Museum number: Af1868,1001.7: <https://www.britishmuseum.org/collection/object/E_Af1868-1001-7>.

Limoges, France. How did objects of such a remote make and model find their way to the highlands of the Horn of Africa?

Beyond their material – painted enamel – and their distant place of origin in Western Europe, these artifacts shared another common trait: they posed a seemingly inexplicable enigma to the men and women who first documented them, as well as to the generations of researchers who subsequently encountered them in the historiographical record. The pieces did not seem to fit into the concept of «Ethiopian art» – let alone Ethiopian history. Given that their Gəʿəz inscriptions were part of the works' original design, the Dima and Dəngəlat enamels especially defied commonly held scholarly ideas about both their place of manufacture in France and their eventual home in Ethiopia.

And so, for the better part of seventy years, scholars dealt with these works in one way: they didn't. At best, it was offhandedly suggested that the enamels were gifts from a largely unspecified European entity to the Ethiopian kings[12]. Today, however, these works need no longer remain enigmatic or inexplicable. Framed against the backdrop of new research, they even have the potential to shed new light on the cultural and political history of the Solomonic Kingdom of Christian Ethiopia at the turn of the 16th century.

The hypothesis I propose for these intriguing enamels situates their creation within the broader sphere of Ethiopian-Christian power dynamics in the Horn of Africa between the 13th and 16th centuries. In 1270, Yəkunno Amlak, the founder of the Solomonic dynasty, staged a coup against his Christian predecessor, the last Zagʷe king[13]. Within fifty years, Yəkunno Amlak's descendants had greatly expanded their territory into a vast geopolitical entity. By the 15th century, the Solomonids had consolidated their power; at the very least, they claimed to rule most of the central Ethiopian-Eritrean highland plateau[14].

---

[12] Compare e.g., S. Higgott, *Catalogue of Glass and Limoges Painted Enamels*, London, Trustees of the Wallace Collection, 2011, p. 346, n. 81. Higgott's case is based on a short note in C. Bosc-Tiessé, «The Use of Occidental Engravings in Ethiopian Painting in the 17th and 18th Centuries», in *The Indigenous and the Foreign in Christian Ethiopian Art: On Portuguese-Ethiopian Contacts in the 16th-17th Centuries. Papers from the Fifth International Conference on the History of Ethiopian Art (Arrábida, 26-30 November 1999)*, Ashgate, 2004, p. 100, n. 36. Gigar Tesfaye declined to speculate as to the origins of the enamel but proposed that it had been donated by a Solomonic king to the church of Maryam Dəngəlat in the 16th century: G. Tesfaye, «Reconnaissance de Trois Églises Antérieures à 1314», *op. cit.*, p. 64. This practice is explored in detail in V. Krebs, *Medieval Ethiopian Kingship, Craft, and Diplomacy with Latin Europe*, Chur, Palgrave, 2021, chap. 5.

[13] Compare Y. Binyam and V. Krebs, *Ethiopia and the World, 330-1500 CE*, Cambridge, Cambridge University Press, 2024, pp. 9-60.

[14] D. Ayenachew, «Territorial Expansion and Administrative Evolution under the "Solomonic" Dynasty», in *A Companion to Medieval Ethiopia and Eritrea*, ed. S. Kelly, Leiden, Brill, 2020, pp. 57-85.

Despite their upstart beginnings, these kings quickly began to portray themselves as the true spiritual and genealogical heirs of the Biblical Kings David and Solomon[15]. Basing this claim on their dynastic epic, the *Kəbrä nägäśt*, Yəkunno Amlak's heirs portrayed themselves as uniquely distinguished in lineage and spirit, the first of all Christian kings, to their own subjects and eventually to the rulers of the Latin Christian world[16].

In a recent monograph, I detailed how Ethiopian kings dispatched close to a dozen embassies to Latin European courts throughout the 15th century[17]. More than anything, Solomonic diplomacy was aimed at reinforcing local power. It focused mainly on the acquisition of relics, religious objects, liturgical equipment, precious fabrics, and skilled artisans – painters, stonemasons, carpenters, goldsmiths, and silversmiths. Such items and craftsmanship were in high demand in the northeastern African highlands of the 1400s, as Solomonic kings were concurrently implementing an ambitious building campaign, endowing and constructing some three dozen royal churches and monasteries over a 120-year period (Map 1)[18]. Archaeological and written sources from Ethiopia, Egypt, and Europe indicate that these royal centers were inspired by biblical descriptions of the First Temple in Jerusalem, with churches built from large ashlar stones, their wooden interiors and doors painted and plated in gold, and adorned with jewels and pearls[19].

Through their diplomatic outreach to Latin Europe, Solomonic kings thus fulfilled a dual purpose: they pragmatically sought to acquire precious, rare, and foreign wares and manpower from a distant Christian sphere to increase their local power, while simultaneously reinforcing their claims of biblical Israelite descent by mirroring the diplomatic missions of King Solomon to Hiram of Tyre that had preceded the building of the first Temple in Jerusalem[20].

Royal churches and monasteries were established not only in the heartlands of the dynasty but also in recently conquered territories and on the fringes of Solomonic dominion. There, alongside numerous military garrisons, they

---

[15] J. Gnisci, «Constructing Kingship in Early Solomonic Ethiopia: The David and Solomon Portraits in the Juel-Jensen Psalter», *The Art Bulletin*, 102, n.º 4, 2020, pp. 7-36.

[16] E. A. Thompson Wallis Budge, *The Queen of Sheba and Her Only Son Menyelek (Kebrä Nägäst)*, repr., Oxford, Oxford University Press, 2000.

[17] Krebs, *Medieval Ethiopian Kingship*, op. cit.

[18] M.-L. Derat, *Le domaine des rois éthiopiens, 1270-1527: espace, pouvoir et monarchisme*, Histoire ancienne et médiévale, Paris, Publications de la Sorbonne, 2003, chap. 6.

[19] Krebs, *Medieval Ethiopian Kingship*, op. cit., pp. 197-201, 216-17.

[20] *Ibid.*, pp. 218-20.

strategically reinforced the authority of the Ethiopian *nəgusä nägäst*, or «King of Kings», over the domain[21]. In a realm ruled from an itinerant royal court that moved through the highlands like clockwork and was documented as comprising some 30,000 to 40,000 people, these sites provided essential infrastructure for the Solomonic elite. More than anything else, however, these royal foundations – filled with ecclesiastical and worldly treasures – served as permanent religio-political centres of Christian power in a religiously heterogeneous and geographically challenging territory. Contemporary descriptions and the ruins still dotting the central plateau evoke them as sites brimming with local and foreign religious material culture, hinting at the role of these treasures in contemporary late medieval Solomonic society[22].

In the latter decades of the 15th century, however, we witness what at first glance appears to have been a crisis of Solomonic rule. From the 1470s onwards, a series of child kings were elevated to the throne. The *nəgusä nägäst* – understood as Solomon's true heir – was often only a young boy of six or eight years. Existing historiography has commonly painted these fifty years in a negative light, possibly because it was royal women who now held power over the realm[23]. Together with ecclesiastical leaders, generals, and local governors, the young kings' mothers, grandmothers, and sisters governed the kingdom. Still, written and material sources indicate that the realm continued to thrive[24]. The construction of royal churches and monasteries continued – in fact, royal women began to build and endow monasteries of their own. The material record indicates these queen mothers and princesses followed the example set by Solomonic kings of the earlier 15th century, importing large quantities of ready-made religious objects from the Eastern Mediterranean to furnish royal centers[25]. Flemish and even German panel paintings were also brought to the highlands, where they were placed in royal monasteries that continued to uphold local Solomonic claims to power. Worshipping before painted panels «made by the *färäng*» – the Franks, an indistinct catchall term for Western Christendom

---

[21] D. Ayenachew, «Evolution and Organisation of the Çäwa Military Regiments in Medieval Ethiopia», *Annales d'Éthiopie*, 29, 2014, pp. 83-95.

[22] Krebs, *Medieval Ethiopian Kingship, op. cit.*, chap. 5.

[23] The period is described as «Fifty Years of Decline» in Taddesse Tamrat's landmark study. See T. Tamrat, *Church and State in Ethiopia, 1270-1527*, Oxford, Clarendon Press, 1972, pp. 268-296.

[24] For references, compare Krebs, *Medieval Ethiopian Kingship, op. cit.*, pp. 154-55.

[25] Krebs, «Windows onto the World...», *op. cit.*, chap. 6-7; V. Krebs, «A Catalogue of Post-Byzantine Icons Present in Solomonic Ethiopia Prior to 1530», in *Orbis Aethiopicus* XVII, A.-W. Asserate and W. Rauni, Dettelbach (eds.), H. J. Röll Verlag, 2020, pp. 189-227.

Figure 4. Diptych of Joachim, Hanna and the infant Mary as well as the Virgin and the Child, ca. 1500, Yohannes IV Museum, Mäqälä, Inventory Number I-04.

from the perspective of Ethiopian Christianity – became a veritable fashion of the queens[26].

Ethiopian icons and manuscript illuminations of the time attest to an unprecedented level of stylistic and iconographic diversity, reflecting the very real spiritual and worldly power that religious donations held in late 15th- and early 16th-century Solomonic Ethiopia. Icons had only been introduced into the Ethiopian liturgy in the 1440s CE, during the rule of Zär'a Ya'əqob (r. 1434-1468)[27]. For decades, their style and iconography were tied mainly to specific Marian holidays and saints' days, giving precedence to depictions of the Virgin and key saints such as St. George. Yet by the time of the «Child Kings», their style and iconography had begun to range far and wide[28].

Both written and material records indicate that local painters from the highlands and foreign «Franks» held captive at the royal court were commissioned to create religious works that blended «foreign» elements with local

26 Krebs, «Windows onto the World...», *op. cit.*, p. 367.
27 M. E. Heldman, «Painting on Wood», in *Encyclopedia Aethiopica*, S. Uhlig and A. Bausi (eds.), vol. 4, O-X, Wiesbaden, Harassowitz, 2010, pp. 99-101.
28 V. Krebs, «Space, Time, and Power in an Ethiopian Icon, *ca.* 1500», in *The Routledge Companion to Global Renaissance Art*, S. J. Campbell and S. Porras (eds.), New York, 2024, pp. 466-67.

Figure 5. Diptych of a Pietà and Crucifixion, tempera on panel, ca. 1510, Betä Maryam church, Lalibäla.

iconographic tastes and stylistic conventions[29]. Among these, we find a striking blond Madonna tending to an equally blond and blue-eyed Christ Child, and a Pietà painted in an almost Flemish style, its weeping Virgin clad in a white veil and wimple, a blue tunic, and black leather shoes (figs. 4-5). Other examples adopted and transformed post-Byzantine models that could even feature pseudo-Latin writing – one notable piece, for instance, had «INRU» instead of the customary «INRI» inscribed above the Cross (fig. 6). Additional works depict a clergyman whose attire would not be out of place in a French book of hours alongside a St. George whose hairstyle reflected the height of fashion among elite Ethiopian men around the year 1500[30].

So, how do the exquisitely made enamels of European origin, with their Gə'əz inscriptions, fit within this larger political, religious, and cultural backdrop? As we have seen, powerful Solomonic kings had already sent embassies to Europe by the early 15th century to obtain precious, rare, and «foreign»

---

[29] M. E. Heldman, «Creating Religious Art: The Status of Artisans in Highland Christian Ethiopia», *Aethiopica*, 1, 1998, pp. 131-147; J. Mercier, *Art of Ethiopia: From the Origins to the Golden Century (330-1527)*, Paris, Édition Place des Victoires, 2021, chap. 6.

[30] Compare the in-depth study of this piece in Krebs, «Space, Time, and Power in an Ethiopian Icon, *ca.* 1500».

Figure 6. Diptych of the Crucifixion and St. Mary with her Son, early 16th century, tempera on panel, Institute of Ethiopian Studies, Addis Ababa, Inventory Number 4325.

Christian objects that could display their spiritual and earthly power, geographic reach, and wealth to the local populace. The material and written record now indicates that in the years following the rule of King Zär'a Ya'əqob, and thus the half-century of «Child King» rule, the reigning queen-mothers and local elites adopted similar strategies, showcasing a kind of «pious worldliness»[31].

Within such a context, the Ethiopian queen's enamel appears far less surprising – doesn't it? Indeed, it is just one particularly stunning manifestation of a cultural environment in which foreign religious objects from startlingly faraway places and distant lands had long been common, and where such wares were routinely used to uphold local claims to power.

A note in a chronicle from the region of Goǧǧam, where the monastery of Dima Giyorgis is located, explicitly states that Na'od Mogassä, young

---

[31] I will explore this in my forthcoming book, V. Krebs, *Africa collecting Europe: Patronage and Power in Christian Ethiopia, 1470-1530*, Philadelphia, University of Pennsylvania Press, 2027.

King Ləbnä Dəngəl's mother, Naʿod's wife – and thus the woman connected to both men named in our enamel of the two kings (fig. 1) – had the object made «by the Franks» before gifting it to Dima, then a monastic centre at the height of its power, whose monks «showed it with great respect» to visiting nobles and dignitaries[32]. By the early 16th century, this Ethiopian queen appeared well aware of the power of objects that proclaimed rightful kingship. Her husband had been elevated to the throne as a child after a bitter fight for succession. A generation later, their young son, just eight years of age, faced similarly fierce competition from several contenders[33]. Naʿod's wife, Ləbnä Dəngəl's mother, seemingly went so far as to commission a painted enamel whose inscription proclaimed her young son's rightful kingship in relation to his father – «King Naʿod and King Ləbnä Dəngəl». Local scribes struggled to find adequate words to describe the piece, eventually deeming it made from «a miraculous paint that never fades»[34]. Made from a material as strange, foreign, and wondrous as painted enamel, it seems, such an object could strengthen the queen's claim to the throne for her 8-year-old son against a slew of rivals.

At its heart, this enamel (and the icons produced for the pious Solomonic patrons) then appears as a vibrant reflection of the Ethiopian elite's taste and evolving power structures. It is a testament to the rich history of contact and entanglement between Solomonic Ethiopia and late medieval Latin Europe during the 15th and early 16th centuries – even if the enamel's inscription might have proved quite the headache for our unknown French artisan, who was clearly unfamiliar with the intricacies of the Gəʿəz writing system[35].

For now, let us simply conclude that, well before the Portuguese first set sail in the Indian Ocean and Red Sea at the turn of the 16th century, centuries-old networks tying Christian Ethiopia to the Mediterranean and Europe were already robust and established enough to permit the commissioning of artisanal works from a French workshop. The «land of the Franks» might have been halfway across the known world but seen from the perspective of the kings and regents of Solomonic Ethiopia, it *was* part of a shared medieval – a place from which things could be extracted for local purposes.

....

[32] G. Getahun, *Yä-Goǧǧam tewled bä-mulu kä-Abbay eskä Abbay. Aläqa Täklä Iyäsus Waqgera endä-safut* (in Amharic), Addis Ababa, 2010, pp. 35-36.
[33] Krebs, «Windows onto the World...», *op. cit.*, pp. 412-17.
[34] G. Getahun, *Yä-Goǧǧam tewled bä-mulu kä-Abbay eskä Abbay, op. cit.*, pp. 35-36.
[35] The letters are written in a very awkward hand and feature mistakes owed to unfamiliarity with the Gəʿəz writing system; the name of king Ləbnä Dəngəl is even misspelled (በበን instead of the correct ለብን).

2. EBERHARD'S IVORY

Let us now examine our second object. Since 1805, a small ivory tablet (fig. 2) has been kept in the Hessian State Museum in Darmstadt. Of moderate size (approximately 8 x 8.6 cm) and notably thick, its deep carving depicts Christ enthroned with his right hand extended in blessing. Encircling him are the symbols of the four Evangelists, emerging from swirling clouds. A Latin inscription surrounds the scene, imploring the viewer to pray for the heavenly joy of a man named Eberhard. Based on its style and iconography, art historians have traced the tablet's origin to southwestern Germany, possibly the city of Trier, in the first half of the twelfth century[36].

The original function of Eberhard's *Majestas* remains uncertain: was it a book cover? If so, the lack of fastening holes in the corners makes it unclear how it might have been attached to a manuscript. A superimposed metal frame, meanwhile, would have obscured the inscription. Here, we shall not focus on these issues further.

As someone who identifies foremost as a medievalist but is often considered an Africanist, it is, quite naturally, the material of this piece that draws my attention: precious ivory from an elephant's tusk, imported from distant lands. Apart from Charlemagne's Abū al-'Abbās and the occasional elephant owned by various kings and popes, elephants were exceedingly rare in medieval Europe[37]. So, where did the ivory come from? Curiously, this question has long been neglected in both historical and art historical studies. After all, ivory shaped European cultural production in ways few other materials did during the medieval period: workshops from England to Sicily, and from the Iberian Peninsula to Byzantium, produced countless works over the centuries. Today, these objects are still prominently featured in exhibitions on European medieval (art) history in museums worldwide.

Ivory also holds a significant place in medieval European literature across several languages. In my native German, I recall Roland's *Olifant* in the *Song of Roland*, Enite's saddle in *Erec*, and Gregorius's tablet in Hartmann von Aue[38].

---

[36] T. Jülich, *Die mittelalterlichen Elfenbeinarbeiten des Hessischen Landesmuseums Darmstadt*, Regensburg, Schnell & Steiner GmbH, 2007, pp. 118-119.

[37] For a recent history of Muslim-Christian diplomacy, including the famous elephant, in the age of Charlemagne, see S. Ottewill-Soulsby, *The Emperor and the Elephant: Christians and Muslims in the Age of Charlemagne*, Princeton, Princeton University Press, 2023.

[38] See D. Kartschoke, *Das Rolandslied des Pfaffen Konrad*, Stuttgart, Philipp Reclam Jun., 1993, pp. 270-275, 410-17; A. Leitzmann (ed.), *Erec von Hartmann von Aue*, Tübingen, Max Niemeyer Verlag, 2006, p. 428; F. Neumann (ed.), *Gregorius der gute Sünder von Hartmann von Aue*, Stuttgart, Philipp Reclam Jun., 1963, pp. 44-45.

As a material, it is a classic example of what might be termed 'charismatic matter'[39]. Despite its morbid origins – each piece of ivory being, after all, part of a deceased animal – a longstanding tradition in antique and medieval literature ascribes it spiritual purity, making it particularly suitable for crafting sacred Christian objects[40]. As a rare and valuable material that required importation from faraway places, ivory also held considerable economic value.

So, how did the raw material for Eberhard's tablet – the ivory – reach Trier, or what is now southwestern Germany, in the twelfth century? Examining such a question, as we shall see, requires a fundamental reassessment of the conventional frameworks within which medieval studies have traditionally been conceived. Medieval contemporaries, meanwhile, had their own answers. Already in thirteenth-century England and Germany, ivory and elephants were imagined in precisely the places where current archaeological and historical research also situates their origin. On the famous Hereford Map, for instance, elephants appear at the edge of the known world, between the earthly paradise and the Red Sea – and thus, the Horn of Africa[41]. Meanwhile, the creator of the equally renowned Ebstorf Map placed elephants in «India» and «West Africa», just beyond the Atlas Mountains[42]. Yet, the extensive exhibition catalogue of the museum in Darmstadt, home to one of the world's largest collections of medieval ivories, offers no insight into the origin of Eberhard's ivory[43].

This is hardly unusual: countless exhibition catalogues and comprehensive art-historical analyses avoid addressing the question of the raw material's origins, and until recently, medievalists appeared to have little concrete information to rely on. If anything, several hypotheses had long been proposed: one suggested that medieval ivory might have come from walruses. However, many existing medieval ivories were carved from a single piece whose diameter far exceeds that of marine mammals, which rarely reached more than 5 to 7 cm[44]. Eberhard's piece, for instance, is physically too large to have been crafted from a walrus tusk.

---

[39] Compare P. Brown, «"Charismatic" Goods: Commerce, Diplomacy, and Cultural Contacts along the Silk Road in Late Antiquity», in *Empires and Exchanges in Eurasian Late Antiquity: Rome, China, Iran, and the Steppe*, ca. *250-750*, N. Di Cosmo and M. Maas (eds.), Cambridge, Cambridge University Press, 2018, pp. 96-107.

[40] S. M. Guérin, *French Gothic Ivories: Material Theologies and the Sculptor's Craft*, Cambridge, Cambridge University Press, 2022, pp. 74-80.

[41] See S. D. Westrem, *The Hereford Map: A Transcription and Translation of the Legends with Commentary*, Turnhout, Brepols, 2001.

[42] See H. Kugler, *Die Ebstorfer Weltkarte. Kommentierte Neuausgabe in zwei Bänden*, Berlin, Akademie Verlag, 2007.

[43] Jülich, *Die mittelalterlichen Elfenbeinarbeiten...*, op. cit.

[44] A. S. Dyke *et al.*, «The Late Wisconsinan and Holocene Record of Walrus (*Odobenus rosmarus*) from North America: A Review with New Data from Arctic and Atlantic Canada», *Arctic*, 52, n.° 2, 1999, pp. 160-81.

Another hypothesis posited that mammoth ivory was used, particularly for objects found in northern and northwestern Europe. Yet, mammoths became extinct in western Europe after the last Ice Age, around thirteen thousand years ago. Although small populations survived on a far East Siberian island until about 2000 BCE, this would mean that more than 3,000-year-old material from the remote Arctic would have been worked in Trier. New bioarchaeological methods have allowed for the analysis of an increasing number of medieval ivories, revealing that few, if any, of the pieces tested so far were made from mammoth ivory[45].

A third hypothesis proposed that ivory originated from Asia. However, out of the three extant elephant species, only the males of the Asian elephant have tusks. They are comparatively small, rarely exceeding 10 cm in diameter at the tusk's widest section – such tusks would have offered limited material for the kind of large-scale carvings common in high and late medieval Europe. Moreover, sources from India and China have long attested that ivory shipped from the East African coast was the primary source of the material used in Asia for the past two millennia. Male and female African elephants are well documented as having produced large tusks of solid ivory, often exceeding 11 cm in diameter, with some reaching as wide as 16 cm. A tusk could easily be over 2 meters long, providing ample material for large-scale works[46].

Increasing evidence also points to an African origin for ivories worked at the western end of the Eurasian continent. By the 10th century, three or four major trade routes led from various regions of the African interior to the Mediterranean, with some dating back much earlier (compare Map 2). In a series of genuinely paradigm-changing articles published over the past decade, Canadian art historian Sarah Guerin has revolutionized our understanding of how and why large elephant tusks travelled from African regions to the port cities of northern France and Flanders, where increasingly massive works were being carved in the 13th and 14th centuries[47]. One of Guerin's detailed analyses, of

....

[45] K. A. Hemer *et al.*, «Ivory from Early Anglo-Saxon Burials in Lincolnshire – A Biomolecular Study», *Journal of Archaeological Science: Reports*, 49, June 1, 2023, p. 2.

[46] Compare S. M. Guérin, «Avorio d'ogni ragione: The Supply of Elephant Ivory to Northern Europe in the Gothic Era», *Journal of Medieval History*, 36, n.º 2, 2010, p. 158.

[47] *Ibid.*; S. M. Guérin, «Forgotten Routes? Italy, Ifrīqiya and the Trans-Saharan Ivory Trade», *Al-Masaq: Islam and the Medieval Mediterranean*, 25, n.º 1, 2013, pp. 70-91; *idem*, «The Tusk: Origins of the Raw Material for the Salerno Ivories», in *The Salerno Ivories: Objects, Histories, Contexts*, 2016, pp. 21-30; *idem*, «Exchange of Sacrifices: West Africa in the Medieval World of Goods», *The Medieval Globe*, 3, n.º 2, January, 2017; *idem*, «Ivory and the Ties That Bind», in *Whose Middle Ages? Teachable Moments for an Ill-Used Past*, 2019, pp. 121-30; *idem*, «Gold, Ivory, and Copper: Materials and Arts of Trans-Saharan Trade», in *Caravans of Gold, Fragments in Time*, 2019, pp. 175-202.

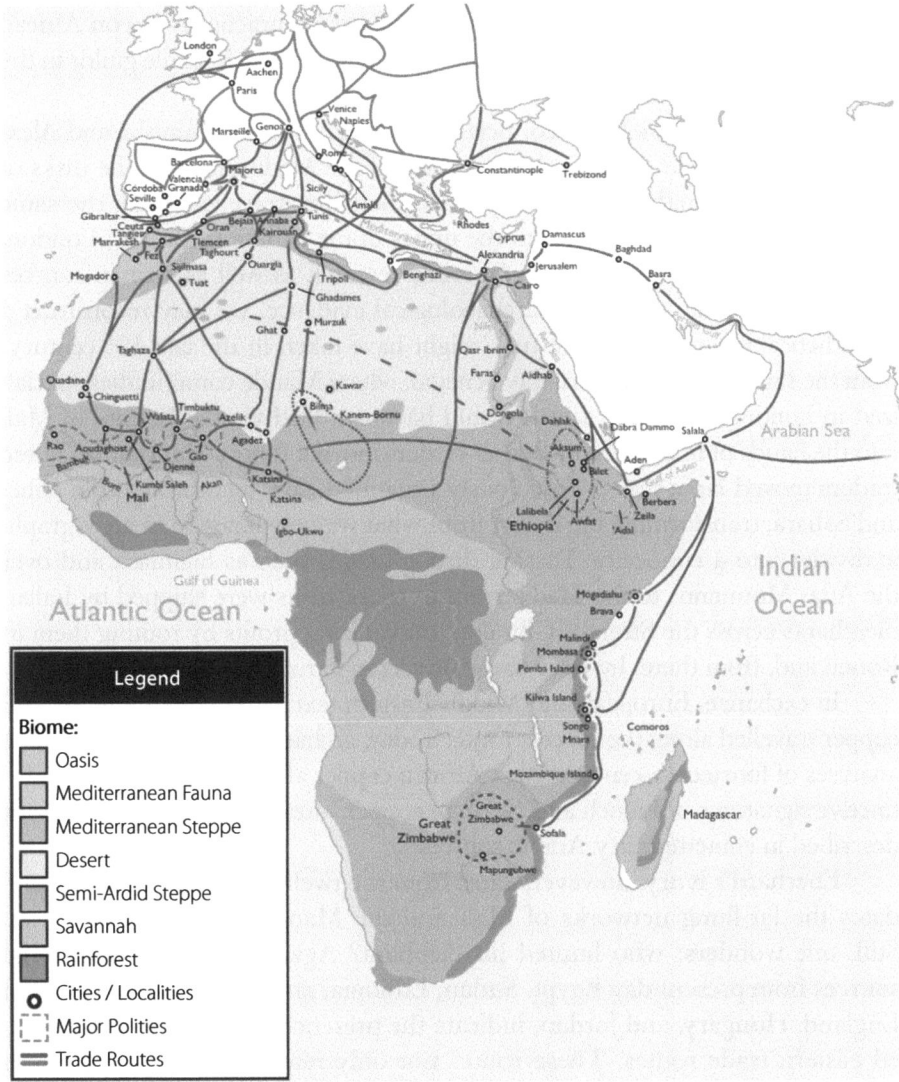

Map 2. Major trade routes connecting Africa to Eurasia, 10th-15th centuries.

Genoese trade contacts in the Western Mediterranean, reveals that ivory tusks were available in the same ports as alum – a mineral also of African provenance, shipped as a bulk commodity of critical importance from North African ports to supply the textile industries of northwestern Europe[48]. As Guerin notes in a

---

[48] Guérin, «Avorio d'ogni ragione...», *op. cit.*

recent book, Flanders, northern France, and England practically *ran* on African alum, essential for wool production to the extent that French textile guilds in the 13th century forbade any alum that was not African[49].

From Sijilmasa in Morocco, Bejaia in Algeria, Tunis in Tunisia, and Alexandria in Egypt, and thus the African coast of the Mediterranean, the tusks of the African savannah or forest elephants, therefore, travelled along the same routes carrying tons of alum from the mines of the Sahara to Bruges, London, Paris, and Cologne. Drawing on Guerin's research as well as written sources from the Islamicate world and archaeological evidence, we may reconstruct a hypothetical route an elephant tusk might have taken in the late 13th century: from the savannahs of modern-day Senegal, where Mande communities specialized in hunting elephants, a tusk would have travelled via the Empire of Mali into the hands of Imazighen or Berber traders in what is now Mauritania. These traders moved large-scale, meticulously organized caravans through the Sahel and Sahara, transforming the desert from what we now imagine as a geographic divider into a connector. Passing through cities such as Sijilmasa and over the Atlas Mountains to the Mediterranean coast, tusks were shipped by Italian merchants across the Strait of Gibraltar, maximizing profits by routing them to Rouen and, from there, by river barge or cart to Paris[50].

In exchange, European and Middle Eastern textiles, ceramics, timber, and copper travelled along the reverse route. Today, archaeological sites and isotope analyses of fourteenth-century West African copper alloy objects reveal the distinctive signatures of French and German copper, attesting to trade connections described in contemporary Arabic sources[51].

Eberhard's ivory, however, dates from the twelfth century and thus predates the far-flung networks of Mali and the Mande by several centuries. Still, one wonders: who hunted his elephant? Again, written and material sources from present-day Egypt, Sudan, Ethiopia, and Kenya, as well as from England, Hungary, and Jordan, indicate the presence of several interconnected eastern trade routes. These routes not only reached across the Eastern

---

[49] Guérin, *French Gothic Ivories, op. cit.*, pp. 19-20.
[50] For descriptions of premodern Trans-Saharan trade, see Guérin, «Exchange of Sacrifices...», *op. cit.*, pp. 99-101; G. Lydon, *On Trans-Saharan Trails: Islamic Law, Trade Networks, and Cross-Cultural Exchange in Nineteenth-Century Western Africa*, Cambridge, Cambridge University Press, 2009, chap. 2; N. Levtzion and J. F. P. Hopkins (eds.), *Corpus of Early Arabic Sources for West African History*, trans. J. F. P. Hopkins, repr., Princeton, Marcus Wiener Publishers, 2000, pp. 52-53.
[51] F. B. Flood and B. Fricke, *Tales Things Tell: Material Histories of Early Globalisms*, Princeton, Princeton University Press, 2023, p. 13.

Sahara but spanned from the highlands of the Horn of Africa to present-day Zimbabwe[52].

Recent archaeological research on early medieval sites in Lincolnshire has traced the origin of ivory bag rings found in fifth- and sixth-century English graves to the contemporaneous kingdom of Aksum in the Ethiopian highlands. There, the crafting of large-scale tusks into luxury goods has long been documented in the archaeological record. Yet, it took now-available bioarchaeological methods – radiocarbon dating, DNA analysis, mass spectrometry, and stable isotope analysis – to connect these two places definitively[53]. This new study is one of several challenging long-held assumptions about medieval European ivories as products of walrus, mammoth, or Asian elephant tusks[54]. Time and again, the evidence overwhelmingly points to Africa as the primary source of the material. If anything, it is striking how long it has taken to acknowledge the extensive, deep-reaching networks that connected the African continent to Eurasia between the 5th and 16th centuries.

So, where does this leave us? I cannot, at this point, present the story of Eberhard's ivory in a neat package. Research on the object is ongoing. What is certain, however, is that the story of this ivory tablet, once owned by a man named Eberhard, began long before it was carved into a religious image in southwestern Germany. It started in a place that, for long, was not even considered part of his medieval world. What is also certain is that our scientific tools have evolved to the point where it is now possible to make educated inferences about the geographic origins of the elephant that provided the basis for Eberhard's ivory. This, in turn, opens up new views not just on the ivory in what is now Germany, but also on the local African cultures whose agents first hunted and traded it, feeding it into established networks that stretched from the Niger to Northumberland and the Nile to Limoges. What impact did this trade in ivory have on *those* societies – on these medieval worlds come down to us embodied in a single object?

....

[52]   Compare e.g. Guérin, «Avorio d'ogni ragione...», *op. cit.,* pp. 159-61; E. A. Alpers, *The Indian Ocean in World History,* Oxford/New York, Oxford University Press, 2014; S. Wynne-Jones and A. LaViolette, *The Swahili World,* London/New York, Routledge, 2017; Binyam and Krebs, *Ethiopia and the World, op. cit.,* chap. 5.

[53]   Hemer *et al.,* «Ivory from Early Anglo-Saxon...», *op. cit.*

[54]   A. Coutu and K. Damgaard, «From Tusk to Town: Ivory Trade and Craftsmanship along the Red Sea», *Studies in Late Antiquity,* 3, n.º 4, December 1, 2019, pp. 508-546; A. Bollok and I. Koncz, «Sixth- and Seventh-Century Elephant Ivory Finds from the Carpathian Basin: The Sources, Circulation and Value of Ivory in Late Antiquity and the Early Middle Ages», *Archaeologiai Érte-sitö,* 145, 2020, pp. 39-68; A. de Flamingh *et al.,* «Sourcing Elephant Ivory from a Sixteenth-Century Portuguese Shipwreck», *Current Biology,* 31, n.º 3, February 8, 2021, pp. 621-628.e4.

3. FOUR CONSIDERATIONS FOR THE FUTURE

What, then, are the ties that bind on one hand a French enamel painting adorned with Gəʿəz inscriptions now found in a remote Ethiopian monastery to the tusk of an African elephant, worked into a devotional object for a man named Eberhard in southwestern Germany?

The answer lies in a larger and more complex historical map of the medieval period than we typically envision – one that recognizes the entanglements and networks of interconnectedness often obscured by traditional historiographical approaches. Such a view should not be born from a gratuitous application of global historical theories to the Middle Ages but understood as an intellectual imperative: an expanded and decentralized map that helps illuminate a historiographical blind spot persisting for too long in medieval studies. Only with this perspective can we make sense of the layered histories behind widely travelled, scattered objects such as the two discussed above – the relics of the past so instrumental to how we conceive of, and write, history.

This, in conclusion, brings me to four considerations that have evolved into the foundation of my work, which I believe are essential to our discipline as we explore these topics further and expand our field's boundaries.

Firstly, the goal of 'Global Medieval History' should not be seen as a passing trend but as an essential future methodology for understanding history as a rich tapestry of interconnected narratives. Evidence of interaction between Latin and Ethiopian royal houses, along with the transcontinental trajectories of the ivory trade, underscores the necessity of this approach. Such an approach not only has the potential to offer new perspectives on integrating African realms, agents, and networks into the emerging field of the 'Global Middle Ages'; it also, I argue, considerably enriches our view of medieval Europe. To accomplish this, however, we must re-evaluate commonly held tenets of how we write history – or rather, histories.

Secondly, it has become indispensable in my research to develop a willingness to reassess what is considered «known» and «secure» knowledge. My own work has uncovered biases rooted in racist and colonialist thinking that have long skewed interpretations of what has been considered established, even encyclopedic, knowledge. This re-evaluation allows us to view Ethiopian enamels not as historical oddities or mysteries but as products of autonomous political action by the ruling elite of the Solomonic royal court. A «Renaissance-style» enamel dismissed as a European gift or as simply appearing «out of place» in an Ethiopian monastery exemplifies this tendency to overlook local African agency.

Thirdly, we must question which sources we privilege for specific reasons, whether due to language, geography, or the divide between written and visual, material, or archaeological evidence. Arabic ecclesiastical histories, Gəʿəz royal chronicles, Ethiopian icons and manuscripts, and Portuguese and Latin sources from around 1500 tell contrasting stories. An ivory carving, interpreted as a material source, may lead us far beyond Trier.

Lastly, we must challenge artificial boundaries between academic disciplines that inadvertently narrow our view of the medieval world. How else can we explain the longstanding disconnect between extensive art historical research on ivory and the study of the material's historical origins? As Africanists and medievalists continue to pen opposing narratives of cultural contact between Ethiopia and Europe, it is clear that dissolving disciplinary boundaries and incorporating questions and methods from adjacent fields may greatly enrich our historical understanding. Or, to put it in simpler terms, perhaps the next time we encounter an ivory carved in high or late medieval Paris or Cologne, we ought to be asking ourselves – «So, who killed the elephant?».

Repensar la historia medieval hispana: una necesidad urgente

Eduardo Manzano Moreno

IH-CSIC

1. LOS NUEVOS RETOS

Mi participación en esta Semana de Estudios Medievales de Estella me ha producido una mezcla de asombro y vértigo. Asombro, porque en unos tiempos marcados por la celebración de efímeros congresos en torno a efemérides o a temas muy específicos, esta localidad navarra ha albergado nada menos que medio centenar de encuentros sobre muchos y variados temas de historia medieval, manteniendo su cita a despecho de las interrupciones y de los momentos difíciles por los que su organización ha atravesado; vértigo, porque una cifra tan redonda invita a hacer una reflexión sobre nuestra disciplina ante quienes nos precedieron en semanas anteriores y habrán de sucedernos cuando se celebre su deseable centenario en el futuro.

Un buen hilo conductor para articular esta reflexión lo proporciona el propio origen de las semanas estellenses en cuya génesis se encuentra el empeño ciudadano de la gente de esta ciudad que, a través de la Asociación del Camino de Santiago de Estella, impulsó su puesta en marcha a principios de los años 60. Naturalmente, hubo otros actores en el nacimiento y consolidación de estas jornadas, en especial su primer director, Ángel Martín Duque, quien, junto

---

* La presentación de esta ponencia en Estella contó con la presencia del profesor Carlos Laliena de la Universidad de Zaragoza, quien me señaló que él había presentado unos días antes una ponencia en la que abordaba temas similares en la XXXIV Semana de Estudios Medievales de Nájera con el título «¿Qué Historia Medieval para el Futuro? ¿Para qué? ¿Cómo enseñarla?». Pocos días después, el profesor Laliena tuvo la gentileza de enviarme el texto anotado de esa ponencia: un texto espléndido en el que se tratan aspectos que aquí aparecen, así como otros vinculados a la docencia universitaria. Dado que la publicación de las jornadas najerenses y estellenses se produce de forma casi simultánea, recomiendo vivamente al lector de estas páginas la lectura del trabajo del profesor Laliena, a quien agradezco haber hecho posible este inesperado diálogo que me ha resultado muy enriquecedor.

con su maestro José María Lacarra, constituyeron su alma académica durante muchos años. Y es obvio también que la consagración de este proyecto no se explicaría sin el apoyo brindado por instituciones navarras, como la Institución Príncipe de Viana o la propia Universidad Pública de Navarra, y tampoco sin la participación del Centro de Estudios Tierra de Estella. Todas estas instituciones y muchas personas que a lo largo de los años han brindado y siguen brindando su esfuerzo desinteresado han hecho posible este milagro de las semanas medievales estellenses que se concreta en el medio centenar de sus ediciones[1].

No obstante, conviene no perder de vista que el germen y la savia de este longevo congreso nace y se nutre de las inquietudes de la ciudadanía por conocer y poner en valor el pasado medieval. Esto es algo que nos recuerda que la labor del historiador no es un simple ejercicio de erudición, ni un agradable pasatiempo, ni debería ser tampoco una profesión ensimismada. Responde, de una manera u otra, a la existencia de una demanda social que a veces los historiadores tendemos a olvidar, condicionados como estamos por la especialización académica o por el aislamiento social que propician las instituciones para las que trabajamos y los circuitos profesionales en los que nos movemos. Sin embargo, esa demanda social de conocimiento ha estado siempre ahí, y en nuestros días parecería ser más fuerte que nunca si nos atenemos al aluvión de contenidos que circulan en la red, y que incluyen videos, *podcasts*, cuentas en redes sociales y un sinfín de recursos sobre historia medieval que consiguen en algunos casos audiencias muy considerables. Uno de los rasgos que caracterizan a estos contenidos es, sin embargo, que en muchos casos no están dirigidos ni protagonizados por historiadores profesionales, sino por una legión de publicistas extremadamente activos. De unos años a esta parte, esta situación ha agrandado la brecha tradicionalmente existente entre la historia medieval que impartimos en las aulas, discutimos en congresos o presentamos en seminarios especializados, y la que consumen amplios sectores de la ciudadanía a través de unos canales de difusión a los que, simplemente, los historiadores profesionales no siempre estamos siendo capaces de llegar.

Esta distancia se ha extendido incluso en un campo que habíamos considerado como propio, cual es el de las publicaciones. Uno de los libreros y editores más importantes de libros de historia en nuestro país, Carlos Pascual, responsable de la librería y editorial Marcial Pons, comentaba recientemente en un acto público que había podido constatar un gran cambio en el público lector de esos

---

[1] La historia de estas semanas puede consultarse gracias a la espléndida documentación electrónica y a la publicación en línea de todas sus ediciones en Semana Internacional de Estudios Medievales <https://www.siem-estella.es/>.

libros. Mientras que hace unas décadas este era un público mayoritariamente formado por historiadores profesionales que construían sus bibliotecas privadas con las novedades relativamente abarcables de libros especializados, en la actualidad el comprador de libros de historia es mayoritariamente un profesional de cualquier otra ocupación interesado en conocer una gran variedad de temas de amplio alcance. En esa misma intervención, Carlos Pascual se lamentaba de las escasas aportaciones de los historiadores en esos temas, dado que sus contribuciones suelen orientarse, bien hacia obras con temáticas muy específicas, o bien hacia libros colectivos que reúnen trabajos altamente especializados y que tienen, evidentemente, un público muy limitado[2]. Este diagnóstico coincide con el que hacía Juan Carrasco en estas mismas jornadas en el año 2008 cuando señalaba: «Asimismo, se nos acusa, y a veces con razón, que escribimos para nosotros mismos, practicando una escritura enclaustrada, al tiempo que mostramos cierto desinterés por las obras de síntesis –tan vinculadas al genuino desempeño de nuestra oficio–, así como por las necesarias tareas divulgativas»[3]. Esa «escritura enclaustrada» ha provocado una brecha respecto al gran público que está siendo ocupada por periodistas, novelistas o publicistas que carecen muchas veces del conocimiento de las fuentes primarias o de los avances más recientes de la historiografía.

Naturalmente, hay razones objetivas que justifican por qué se ha producido esta situación. Los nuevos canales de difusión de contenidos han irrumpido de una manera tan súbita que a muchos nos han cogido fuera de juego. Se trata de medios que ni conocemos bien, ni posiblemente sabríamos utilizar adecuadamente, al menos los historiadores de mi generación. Además, generar contenidos en la red no es tarea trivial. Son conocidas esas historias de emprendimiento que hablan del joven que desde la aburrida soledad de su cuarto comenzó a emitir para sus amigos hasta conseguir audiencias millonarias –el equivalente actual de la historia del magnate de los helados que comenzó tirando de un carrito–, pero estos mitos del capitalismo avanzado ocultan que la presencia en redes sociales requiere un alto grado de profesionalización que no está al alcance de cualquiera. Hay que dedicar un enorme esfuerzo para preparar guiones, se necesitan medios técnicos adecuados, y no es fácil dominar las labores de montaje y la inclusión de imágenes y efectos audiovisuales. Incluso algo en apariencia

---

[2] Estas palabras fueron pronunciadas por Carlos Pascual durante el acto de presentación del libro de F. Arias Guillén, *Las Cruzadas. La Guerra Santa Cristiana*, 12 de abril de 2024.

[3] J. Carrasco Pérez, «La Historia Medieval hoy: un horizonte brumoso e incierto», en *La Historia Medieval Hoy: Percepción académica y percepción social*, XXXV Semana de Estudios Medievales, Estella, 21-25 de julio de 2008, Navarra, Institución Príncipe de Viana, 2009, p. 29.

tan simple como escribir los famosos 280 caracteres de la célebre red social de micromensajes demanda un empeño continuo y, en algunos casos, obsesivo. Todo esto precisa de mucho tiempo y, en ocasiones, recursos, y es evidente que no siempre se dispone ni de ese tiempo ni de esos recursos cuando hay que dar clases, atender tutorías, gestionar proyectos de investigación, preparar artículos especializados o participar en comisiones o reuniones maratonianas.

En el caso de la producción editorial, el problema es también complejo. Los libros de largo aliento requieren dedicación personal y tiempo que a veces puede alargarse por la aparición de imprevistos o de otras obligaciones profesionales. Los proyectos de investigación, en cambio, exigen trabajo en equipo, tienen un plazo de vigencia limitado, y deben producir resultados que solo pueden publicarse en editoriales o revistas de prestigio con unos sistemas de evaluación que suelen implicar procesos editoriales bastante dilatados. Un libro colectivo tal vez sea un producto de escaso atractivo comercial, pero cualquier historiador conoce tanto el enorme esfuerzo que supone sacar adelante una obra de este tipo, como los imperativos académicos que lo convierten en el medio más eficaz para difundir su investigación. Además, el sistema editorial español de publicaciones especializadas carece de robustez en sus canales de distribución y, aparte de estar dominado por instituciones públicas sometidas a vaivenes presupuestarios, suele tener como destinatarios casi exclusivos las bibliotecas universitarias y de investigación de nuestro país. En cambio, los libros de historia dirigidos a un público amplio suelen ser considerados como obras de divulgación, que apenas tienen valoración en las evaluaciones de la actividad investigadora que son cruciales en las carreras profesionales, especialmente de los más jóvenes[4].

En esta compleja relación entre historiografía académica y sociedad existe otro aspecto que ha tomado también una dimensión inusitada: la resonancia política global que ha adquirido la época medieval, algo que creo que también nos ha cogido por sorpresa. Obviamente, la historia medieval en general, y la de la Península Ibérica en particular, han solido ser espacios de confrontación

---

[4] Este problema no es privativo de nuestro país. A pesar de que, según un tópico muy extendido, en los países anglosajones los historiadores académicos cosechan grandes audiencias, esta idea no es cierta. La mayor parte de los libros de historia medieval destinados al gran público son obras de periodistas, celebridades o de lo que se ha dado en llamar *public intellectuals* respaldados por una respetable formación universitaria; en cambio, y dejando a un lado excepciones, generalmente ligadas a la aparición en series documentales, las monografías y libros colectivos de temática medieval solo tienen cabida en editoriales especializadas cuyo público son bibliotecas universitarias y de investigación en todo el mundo y que aprovechan así el uso del inglés como lengua global. El tema de la publicación académica requeriría una discusión mucho más extensa de la que puedo desarrollar aquí.

ideológica tanto para los idearios nacionalistas en busca de orígenes y esencias nacionales, como para las polémicas en torno a las tres principales religiones monoteístas. Algunas de esas polémicas han gozado incluso de una notable repercusión. Tal fue el caso del célebre debate entre Américo Castro y Claudio Sánchez Albornoz en torno al ser y la esencia de España, sin olvidar que durante el último medio siglo no han sido pocos los historiadores que, de una forma u otra, se han alineado con tesis nacionalistas de distinto signo de una manera más o menos explícita.

Lo radicalmente nuevo en nuestros días es el alcance global que están alcanzando esos combates por la historia gracias a lo masivo y ubicuo de los nuevos canales en los que se libran. Una legión de publicistas muy activos en redes sociales ha contribuido también a que esos combates lleguen a altos niveles de paroxismo y de desgarro identitario. Aunque es evidente que muchos divulgadores realizan su labor guiados por un interés genuino por dar a conocer las sociedades y culturas medievales, en muchos otros casos –diría que mayoritarios o por lo menos con mayor repercusión–, esos contenidos responden a posiciones muy ideologizadas que se mueven en las trincheras desde las que se libran unas guerras culturales de gran relieve en nuestras sociedades democráticas. Las referencias al pasado medieval se convierten así en armas arrojadizas que se cargan con argumentos y contra-argumentos que buscan multiplicar el impacto de la ideología que los promueve. Esta es la razón por la cual los debates en torno a al-Andalus, a la llamada Reconquista, a la denominada Convivencia, a la colonización de América o a las expulsiones de judíos y moriscos se desbordan más allá de los marcos académicos conectando de forma explícita con idearios políticos e identitarios de distinto signo e incluso con conflictos ligados al terrorismo, a la inmigración o, en general, a los retos que plantean las sociedades multiculturales donde vivimos. Pondré varios ejemplos que demuestran las proporciones que ha alcanzado este fenómeno y sus consecuencias.

Es posible que el nombre de Bentron Tarrant no diga hoy mucho tras haber quedado enterrado bajo el aluvión de informaciones que recibimos cotidianamente[5]. Sin embargo, este individuo de origen australiano, que había realizado un largo viaje por Europa que incluyó, entre otros países, España, copó las portadas de los periódicos del mundo entero cuando en marzo de 2019 realizó dos ataques contra congregaciones de musulmanes que realizaban la oración del

---

[5]   El interés de estos hechos para el medievalismo español ha sido ya resaltado por A. García Sanjuán, «Weaponizing Historical Knowledge: The Notion of *Reconquista* in Spanish Nationalism», *Imago Temporis. Medium Aevum*, XIV, 2020, p. 161.

viernes en sendas mezquitas de la ciudad de Christchurch en Nueva Zelanda. El resultado fue de 51 muertos y numerosos heridos. En los cargadores y rifles que empleó para sus asesinatos, el terrorista había inscrito referencias a ataques islamistas recientes, pero también a batallas históricas entre musulmanes y cristianos. En uno de los cargadores aparecía, junto a los de otros guerreros de la época de las Cruzadas, el nombre de *Pelayu* (*sic.*), en referencia al caudillo astur que venció a los musulmanes en Covadonga. En otro rifle figuraba el nombre de Tours y la fecha de 732, año de una célebre batalla librada entre esa ciudad y Poitiers en la que el caudillo franco Carlos Martel –cuyo nombre también figuraba inscrito– derrotó a un ejército árabe.

Tras su detención, el asesino de Christchurch mostró un perfil en el que, aparte de una vida desestructurada y solitaria, sobresalía su obsesión con foros y vídeos de internet en los que estos y otros hechos históricos se discutían con enardecido apasionamiento. Tarrant reconoció haber encontrado inspiración en Anders Behring Breivik, el terrorista noruego que 8 años antes, en junio de 2011, había asesinado a 69 personas en la isla de Utøya, donde el Partido Laborista de Noruega celebraba un campamento de verano para jóvenes. Poco antes de embarcarse en esta matanza, Breivik había dejado un largo escrito de más de 1600 páginas titulado *2083: Una Declaración Europea de Independencia*, en referencia al año –2083– en el que, según el asesino, habrá de acabar la guerra que librará a Europa de musulmanes, marxistas, feministas e ideólogos del multiculturalismo[6].

En este largo compendio, escrito antes de realizar sus asesinatos, Breivik hacía un prolijo recuento de su trayectoria personal, de sus pensamientos o de las estrategias y medios que se podían emplear para realizar ataques terroristas. La lectura de este panfleto demuestra que la historia había sido un ingrediente fundamental en torno al cual este individuo había configurado muchas de sus ideas extremistas. Breivik estaba convencido de que el islam ha sido siempre el enemigo histórico de la civilización occidental que, a pesar de haber sido ya vencido en dos ocasiones, gracias a la Reconquista en la Península Ibérica y a la derrota de los turcos a las puertas de Viena en 1683, estaba volviendo a infiltrarse en el Viejo Continente con el objetivo de entablar una nueva Guerra Santa destinada a lograr la definitiva sumisión de Europa. «Nuestros ancestros –escribía el asesino de Utøya en ese texto–, mejores hombres y mujeres de lo que somos nosotros, resistieron contra el islam durante más de 1000 años, sacrificando su sangre por el continente [...].

---

[6] Este documento puede consultarse en: <https://www.rai.it/dl/docs/13115255886322083-A-European-Declaration-of-Independence.pdf>.

Lo que hoy está en juego no es menor a lo que estaba entonces; posiblemente sea incluso mayor».

En su escrito, Breivik señalaba como responsables directos de la nueva infiltración islámica a los pensadores marxistas y a los partidarios del multiculturalismo, empeñados en la destrucción de la cultura europea basada en el cristianismo, la familia y la cohesión nacional. Tales ideas, junto al feminismo, estaban favoreciendo políticas que traicionaban las esencias históricas de Europa, convirtiéndola en campo abonado para el florecimiento del islam en pleno siglo XXI. Segar la vida de jóvenes afiliados al partido Laborista que en el futuro podrían poner en la práctica tales políticas fue la siniestra y convencida contribución de Breivik a la lucha que describía en su escrito.

La penosa lectura del escrito de Breivik revela algunas sorpresas para un medievalista español. El terrorista cita gran número de lecturas muy desordenadas y dispersas que abarcan desde artículos de la Wikipedia hasta blogs de extrema derecha, pero entre las cuales también se cuelan citas a historiadores reconocidos que han tratado la Edad Media en la Península Ibérica como Evariste Levi Provençal, Charles Dufourcq o María Rosa Menocal. Posiblemente, estas autoridades eran solo conocidas por el noruego por referencias de quinta mano, pero ponen en evidencia un deseo por dotar a sus ideas asesinas de un aura de rigor. Igualmente llamativo es el hecho de que el texto también recoja pasajes de la *Crónica de 754* relativos a la batalla de Poitiers o fragmentos sobre la Guerra Santa de cronistas de al-Andalus como Ibn Ḥazm e Ibn Hudhayl, el oriental Ibn al-Athīr o el norteafricano al-Maqqarī. Con toda seguridad, el sujeto noruego no había leído él mismo estas fuentes, pero es significativo que juzgara necesario citarlas para reafirmar el rigor de sus siniestras convicciones.

El juicio realizado a Breivik tuvo como tema central dilucidar el estado mental de este individuo[7]. Las defensas se aferraron a esta justificación, mientras que las acusaciones intentaron demostrar que se trataba de alguien en pleno uso de sus facultades que se había radicalizado como consecuencia de sus lecturas y presencia en foros extremistas. De hecho, y a pesar de la condena unánime que han suscitado las acciones de estos individuos, esta radicalizacion ideológica se ha convertido en moneda corriente en nuestros días. Sin llegar a abogar por la realización de acciones criminales de esa envergadura, es posible constatar ideas muy similares en instancias políticas, académicas o periodísticas tenidas por respetables, en las que también se insiste en la idea de que hoy estamos viviendo un nuevo capítulo de la misma lucha entre el islam y el cristianismo que

---

[7] M. Gardell, «Crusader Dreams: Oslo 22/7, Islamophobia, and the Quest for a Monocultural Europe», *Terrorism and Political Violence*, 26, 2014, p. 131.

ya se produjo en la Península Ibérica medieval. Podría citar abundantes libros, artículos periodísticos y opiniones lanzadas desde tribunas tenidas por cualificadas cuyas ideas no se alejan mucho de las mantenidas por estos individuos, aunque desde luego estoy seguro de que sus autores ni comparten ni justifican las asesinas acciones que perpetraron esos terroristas[8].

La misma repercusión global del Medievo hispano también puede encontrarse en los mensajes y acciones perpetrados desde el islamismo radical. En sus discursos y mensajes, el líder de al-Qā'ida, Osama bin Laden, se refería en diversas ocasiones a al-Andalus y a su pérdida a manos de los «Cruzados», reivindicando su antiguo esplendor como reflejo de una época en la que los árabes mantenían una estricta adherencia a los preceptos del islam. Haciendo gala de una narrativa no muy distinta en su esencia a la que sostenía Anders Behring Breivik, el terrorista musulmán también hacía llamamientos a restaurar el orgullo y el honor de la *umma* o comunidad islámica de tal forma que «la bandera de la unidad de Dios se levante de nuevo sobre cada territorio del islam robado, desde Palestina a al-Andalus y otros territorios islámicos que se perdieron por las traiciones de los gobernantes y la debilidad de los musulmanes»[9]. La misma idea de una edad de oro perdida, la misma exhortación a recuperar el orgullo y el honor frente al enemigo o, en fin, la misma acusación de debilidad y engaño de las élites hermanan unos discursos que, a pesar de ser antagónicos en su contenido, son esencialmente idénticos en su percepción de la historia como piedra de toque para revertir las miserias del presente.

Es seguro que las ideas de Osama bin Laden sirvieron de inspiración para los asesinos que llevaron a cabo los ataques terroristas de marzo de 2004 en Madrid, que arrojaron un saldo de 191 muertos y gran número de heridos, o los que se perpetraron en Barcelona en agosto de 2017 y que se saldaron con 15 muertos y también gran número de heridos. Después de los atentados de Madrid, el lugarteniente de al-Qa'ida, Aymān al-Ẓawāhirī, había vuelto a retomar los mismos argumentos refiriéndose en diversas ocasiones a la necesidad de reconquistar al-Andalus. En estas declaraciones, el terrorista hacía alusiones al conquistador de al-Andalus, Ṭāriq b. Ziyād, o al emir almorávide, Yūsuf b. Tashfīn. Este tipo de amenazas, basadas en una visión histórica victimizada que corre en paralelo pero en dirección opuesta a la que alimenta las glorias

---

[8] Omito citar estas referencias porque la lista es tan larga que podría dejarme a alguien en el tintero y porque, además, mi intención no es tanto señalar a quienes defienden estas ideas, sino más bien propiciar una reflexión sobre el sentido y consecuencias que tienen.

[9] B. Lawrence (ed.), *Messages to the World. The Statements of Osama bin Laden*, London/Nueva York, Verso, 2005, p. 14. También, pp. 92, 227.

de la Reconquista, ha sido también ampliamente documentada en escritos y manuales incautados a grupos de islamistas radicales en diversas operaciones policiales[10].

Al igual que ocurre en el lado occidental, las proclamas llevadas por los terroristas hasta sus últimas consecuencias tampoco surgen de la nada: conducen hasta el paroxismo la evocación nostálgica y emocional de al-Andalus muy presente en la tradición intelectual árabe, como bien señalaba William Granara: «A present view of al-Andalus projects dueling images of positive influences and cross-cultural exchange on the one hand, and of colonialism, linguistic (perhaps even literary) and economic imperialism, racism, military aggression, not to mention the West's material, industrial, and military superiority on the other. It is a sight of turned-tables, a reminder of what is and what was»[11]. En esa interpretación, el periodo andalusí aparece retratado como un antiguo paraíso cuya pérdida es epítome de una extendida sensación de fracaso histórico. Tampoco en este caso puede achacarse a quienes sostienen estas visiones que apoyen esos brutales atentados, pero es evidente que las heridas abiertas por el colonialismo europeo y el neocolonialismo occidental, la insuficiencia ante gobiernos opresores y corruptos, la ausencia de perspectivas sociales o, en fin, la indignación producida por el genocidio palestino, están acentuando estas visiones fuertemente emocionales que buscan en el pasado andalusí respuestas frente a la impotencia que produce el presente[12].

Estos ejemplos demuestran que el Medievo hispano está lejos de ser hoy en día un campo de estudios que pueda quedar confinado dentro de los muros académicos. Podría añadir otros temas que, si bien es cierto que no alcanzan el grado de paroxismo de los aquí citados, no por ello dejan de estar también presentes en debates de amplia repercusión: desde el relieve político y económico del patrimonio histórico medieval hasta el interés que despiertan las modalida-

---

[10] F. Reinares, «Cuál es la amenaza que el terrorismo yihadista supone actualmente para España», *Boletín Real Instituto Elcano*, 33, 2007, p. 3; O. Herrrero Soto, «Recordando el 711. La memoria actual de la conquista de al-Andalus en el mundo actual. Representaciones y controversias», en M. Fierro, J. Martos, J. P. Monferrer y M. J. Viguera (eds.), *711-1616: de árabes a moriscos. Una parte de la Historia de España*, Córdoba, Al-Babtein Foundation, 2012, pp. 405-427.

[11] W. Granara, «Nostalgia, Arab Nationalism, and the Andalusian *Chronotope* in the evolution of the Modern Arabic novel», *Journal of Arabic Literature*, XXXVI, I, 2005, p. 60.

[12] Estas reivindicaciones emocionales del pasado andalusí no son privativas de autores árabes y musulmanes. En su cada vez más evidente y militante empeño de realizar contribuciones inanes y desprovistas de cualquier rigor, algunos sectores de la academia anglosajona parecen decididos a enmarañar algo más las cosas, como bien ha puesto de manifiesto A. García Sanjuán, «Feeling Bad about Emotional History: The Case of *Andalucismo*», *Al-'Uṣūr al-Wusṭa*, 29, 2021, pp. 302-322. <https://academiccommons.columbia.edu/doi/10.7916/w27a-ga41>.

des en que se ejercían el poder y la guerra, pasando por la reivindicación del papel de las mujeres en las sociedades medievales, las formas de religiosidad o los aspectos ligados a la materialidad de campesinos y artesanos. Estos y otros aspectos han adquirido un interés político y social que, sin embargo, está siendo satisfecho por opiniones e interpretaciones que no solo suelen estar muy desinformadas, sino que incluso alcanzan a veces inauditos niveles de tergiversación[13].

2. LA COYUNTURA SOCIO-ACADÉMICA

El formidable reto que plantea un interés tan exacerbado y con tantas implicaciones se está produciendo en un momento en el que, después del fuerte crecimiento experimentado desde los años 80, están empezando a ser visibles muchos síntomas de agotamiento de las estructuras académicas del medievalismo en nuestro país. Aunque a veces los medievalistas tendemos a pensar que esas estructuras son herencia de una tradición eterna, lo cierto es que las primeras cátedras integrales de «Historia medieval universal y de España» solo se dotaron en 1966. Así lo señalaba Ángel Martín Duque, quien comentaba en 1998 el gran crecimiento del que él había sido testigo a lo largo de su vida: «La gran eclosión de los estudios universitarios de historia medieval durante los últimos 30 años se ha traducido asimismo en un espectacular incremento de los medios e instrumentos de trabajo, un flujo antes impensable de experiencias a escala mundial, un crecimiento abrumador de la producción bibliográfica y, en suma, un desarrollo vastísimo y pluriforme del medievalismo científico español»[14]. Diez años más tarde, en 2008, José Ángel García de Cortázar todavía coincidía con esta visión cuando mencionaba «el aumento del número de universidades con la consecuente disminución progresiva de la extensión de los distritos universitarios y finalmente su acomodación a (o su inclusión estricta

---

[13] En la lista de dislates históricos recientes, mi favorito es la especie que pretende que la conquista árabe del año 711 no tuvo lugar. A pesar de haber sido desmentida de forma rigurosa y exhaustiva (A. García Sanjuán, *La conquista islámica de la Península Ibérica y la tergiversación del pasado: Del catastrofismo al negacionismo*, Madrid, Marcial Pons, 2013), sigue vigente gracias a su repercusión en prensa y redes sociales obtenida con la complicidad de informadores desinformados a los que resulta fácil engatusar mediante citas deslavazadas o manipulaciones groseras de fuentes desconocidas por el gran público.

[14] Á. J. Martín Duque, «Las Semanas de Estella y el Medievalismo Hispánico. Un Ensayo de Egohistoria», en *La Historia Medieval en España. Un Balance Historiográfico (1968-1998)*, XXV Semana de Estudios Medievales, Estella, 14-18 de julio de 1998, Navarra, Institución Príncipe de Viana, 1999, pp. 26-27.

dentro de) los límites de una comunidad autónoma y el incremento de los efectivos de medievalistas»[15].

En nuestros días, creo que todos somos conscientes de que la época de fuerte expansión de los estudios medievales descrita por estos autores difícilmente va a volver, al menos en el medio plazo. En el volumen que recogía las ponencias de las XXV Semanas de Estella se hacía una recopilación del profesorado e investigadores de historia medieval en España compilada por Marcelino Beroiz Lazcano, según los datos que le habían proporcionado los propios centros universitarios y de investigación[16]. He realizado una comparación con los datos actuales que facilitan las páginas electrónicas de las distintas universidades incluidas en ese listado y en todos los casos he apreciado una significativa reducción en el número de cátedras, así como de departamentos de historia medieval, en muchos casos desaparecidos o integrados ahora en áreas de conocimiento más amplias.

Otro dato significativo es el número de tesis doctorales sobre historia medieval, que sigue unas pautas similares a las que acabo de citar. En un trabajo publicado en 2006, María Martínez Martínez contabilizaba un total de 520 tesis leídas en el periodo comprendido entre 1976 y 2002, señalando un aumento exponencial durante los años 80 y 90[17]. Una consulta en la base de datos oficial Teseo utilizando el descriptor «Historia Medieval» revela que entre 2006 y 2024 se han leído en las universidades españolas 769 tesis. Algunos años, como el correspondiente al curso 2015-2016, parecen haber sido frenéticos, pues se llegaron a defender 129 tesis, posiblemente debido a los cambios legislativos que entonces se produjeron en los estudios de tercer ciclo y que llevaron a la finalización de gran número de doctorados en ese momento. Desde entonces, sin embargo, se aprecia una tendencia a la baja que parece haberse agudizado recientemente, pues los últimos datos correspondientes al curso 2023-2024 revelan que el número de tesis leídas ha sido de 17. Esta cuantificación, todo lo grosera que se quiera y a la que habría que añadir muchas matizaciones (edad de los doctorandos, perfiles profesionales, temas específicos, etc.), permite re-

---

[15] J. A. García de Cortázar, «¿Atomización? de las investigaciones y ¿regionalismo? de las síntesis en Historia Medieval en España: ¿Búsqueda de identidades o simple disminución de escala?», en *La Historia Medieval hoy: percepción académica y percepción social*, XXXV Semana de Estudios Medievales, Estella, 21-25 de julio de 2008, Navarra, Institución Príncipe de Viana, 2009, p. 359.

[16] M. Beroiz Lazcano, «Profesorado universitario de los cuerpos docentes. Historia Medieval», en *La Historia Medieval hoy: percepción académica y percepción social*», XXXV Semana de Estudios Medievales, pp. 381-435.

[17] M. Martínez Martínez, «Historiografía medieval española (1978-2003)», en P. Galetti (ed.), *La medievistica francese e spagnola: un bilancio degli ultimi trent'anni*, Bolonia, CLUEB, 2006, pp. 29-104.

forzar mi argumento de que durante las dos últimas décadas del pasado siglo y las dos primeras del presente se ha vivido un momento de fuerte expansión de los estudios medievales que en la actualidad se está frenando, si es que no ha entrado ya en una fase de fuerte declive[18].

Esta tendencia coincide con la que también se apunta en otros países de nuestro entorno. Aunque la llamada «crisis de las Humanidades» es un tópico del que se viene hablando desde el fin del Imperio romano, todos los análisis en Estados Unidos y en Europa occidental coinciden en afirmar que desde la crisis económica del año 2008 se aprecia un declive en el número de alumnos, de puestos universitarios y de disertaciones doctorales como no se había conocido en otras décadas[19].

En un trabajo reciente, Julien Demade ha puesto de relieve que este declive de los estudios medievales, y de las Humanidades en general, no debería explicarse desde la evocación lastimera de una edad dorada ahora perdida, sino más bien desde el análisis de las razones socioeconómicas que llevaron al excepcional crecimiento académico de estas disciplinas durante la segunda mitad del siglo pasado. Demade observa que en ese momento las Humanidades ejercieron un fuerte atractivo para las élites económicas, que se servían de ellas para afianzar su dominio más allá de los sectores productivos. Ello las convertía en proveedoras de unos conocimientos que estaban lejos de ser «inútiles», pues permitían reforzar la presencia de esas élites en campos como la política, la academia o la cultura. En las sociedades del capitalismo avanzado, sin embargo, este atractivo ha disminuido debido al acceso masivo de amplios sectores de las clases medias y bajas a esos cotos otrora restringidos, lo que ha motivado una reorientación de las élites económicas hacia saberes dotados de una real o

---

[18] Tesis doctorales: Teseo, <https://www.educacion.gob.es/teseo/irGestionarConsulta.do>. Ofrezco estos datos de forma meramente indicativa de lo que parece ser una tendencia y sin un carácter exhaustivo ni científico: dependen mucho de los descriptores incluidos en cada caso y, de hecho, es muy posible que tesis sobre arqueología medieval, filología medieval o estudios árabes y hebraicos no hayan sido contabilizadas. Con todo, me parece que son datos significativos que coinciden con las percepciones que me transmiten muchos colegas.

[19] Como muestra, citaré el informe realizado en 2023 para la American Medieval Academy por M. Eisenberg, *Executive Summary of Medieval Studies Academic Positions Update*, que arroja datos tan significativos como que en el curso 2021-2022 solo se anunciaron cuatro plazas de historia medieval en todas las universidades norteamericanas, siendo cinco las propuestas al año siguiente. Para áreas específicas como la de historia de las sociedades islámicas pre-modernas, el informe llega a una demoledora conclusión: «there appears to be effectively no field of premodern Islamic Studies at the moment». El resumen ejecutivo del informe en: <https://www.themedievalacademy-blog.org/wp-content/uploads/2023/05/Medieval-Jobs-Summary-Report.pdf>. Para las Humanidades, en general, se pueden examinar los datos que se incluyen en el portal *Humanities Indicators* de la American Academy of Arts & Sciences: <https://www.amacad.org/humanities-indicators>.

supuesta alta cualificación técnica que permiten restringir su acceso[20]. En mi opinión, esta pérdida de utilidad social de la historia medieval no está reñida con su relevancia actual, tal y como apuntaba más arriba, dado que hoy en día la historia no se concibe tanto como un objeto de conocimiento, sino más bien como un arsenal de argumentos para las guerras culturales que han sustituido a las antiguas luchas de clases en nuestras sociedades. La situación tiene así, por tanto, elementos paradójicos. El capitalismo avanzado opera globalmente, utilizando mecanismos inescrutables que requieren complicidades de clase y conocimientos compartidos para ser ejercidos, pero subraya también particularismos identitarios, exacerbando el miedo frente al «otro» y fomentando la ignorancia de cuanto es ajeno; una jugada redonda que, además, suele contar con la ingenua colaboración de grupos tenidos por progresistas y que presentan unas demandas identitarias muy radicales[21].

De todo cuanto vengo diciendo hasta aquí creo que se pueden extraer tres conclusiones. La primera es que se ha agrandado la brecha respecto a la creciente demanda social de conocimiento sobre la Edad Media que los historiadores no estamos siendo capaces de satisfacer por causas complejas, pero no por ello menos evidentes; la segunda es que esas demandas sociales están ligadas a debates políticos y sociales de carácter global que nos afectan a todos; la tercera conclusión es que estas demandas se producen en un momento de debilitamiento de las estructuras académicas de una disciplina que durante décadas había

---

[20] J. Demade, «The Contemporary Delegitimization of (Medieval) History –and of the Traditional University Curriculum as a Whole», en Ch. Jones, C. Kostick y K. Oschema (eds.), *Making the Medieval Relevant. How Medieval Studies Contribute to Improving our Understanding of the Present*, Berlin/Boston, De Gruyter, 2020, pp. 135-150. Aunque el trabajo de Demade se centra en el caso francés, también puede aplicarse al caso español, en el que, a pesar del perfil por lo general poco intelectual de sus élites, la situación actual ha llegado a ser muy parecida: basta comprobar la eclosión de titulaturas universitarias tan lábiles como Administración de Empresas (ADE) y otras muchas que se ofrecen en centros universitarios privados –los de mayor expansión en los últimos años–, así como los numerosos másteres realizados (o no) por las élites económicas y políticas de este país para entender cómo estas élites han abrazado esa orientación restrictiva hacia ¿conocimientos? aplicados y espacios formativos concebidos como semilleros de redes de poder.

[21] He desarrollado este argumento en E. Manzano y N. Sesma, *No es el fin de la historia. Cinco preguntas para historiadores en tiempos de crisis*, Barcelona, 2023, p. 11. Esta matización permite completar la explicación de J. Demade, para quien la importancia de la nación y de sus orígenes y desarrollo históricos, que había servido de justificación para la disciplina durante los siglos XIX y XX, en la actualidad tienden a verse suplantadas por el papel de las corporaciones transnacionales que no necesitan legitimarse en el pasado, pues para ellas el valor ideológico está exclusivamente ligado al valor económico. Esta nueva lógica reduce el interés de disciplinas como la Historia Medieval, que dejan de estar así en el centro de la aculturación ideológica que se produce a través de la educación, de ahí su pérdida de relevancia a favor de los saberes aplicados en todos los niveles de enseñanza, J. Demade, «The Contemporary Delegitimization...», *op. cit.*, pp. 137-138.

conocido una insólita expansión, pero que en la actualidad ha entrado en una fase de declive que responde a un cambio de paradigma social y cultural en el que la demanda de conocimiento histórico ha pasado a estar mediatizada por unas agendas políticas e identitarias que exigen respuestas claras y tajantes: ya no es necesario, pues, mantener costosas estructuras académicas, dado que ese papel pueden ejercerlo de forma más barata y efectiva publicistas, periodistas e intelectuales públicos.

¿Qué historia hoy?

3. REPENSAR LA HISTORIA MEDIEVAL

Los medievalistas de mi generación hemos sido educados en una forma de entender la profesión de historiador que estamos empezando a comprender que ha sido más excepcional de lo que habíamos pensado. O para plantearlo en los términos en que lo hacían recientemente Chris Jones, Conor Kostick y Klaus Oschem: «If we assume that Medieval Studies should in fact be funded by the public, which we believe is the best means of preventing the research agenda being dominated by any one special interest group, how can we justify this position in a political landscape that is increasingly defined by ideologies of practical application?»[22].

La respuesta a esta cuestión ni es fácil, ni posiblemente unánime. Es muy común, de hecho, que muchos medievalistas e historiadores en general reivindiquen de forma expresa y militante la «inutilidad» de su labor, rechazando así unos parámetros sociales y culturales regidos únicamente por criterios prácticos y por valoraciones económicas. Este rechazo a lo que se percibe como una deriva que desprecia la búsqueda del saber por el saber defiende también a ultranza la práctica académica tradicional con el argumento de que constituye un refugio frente a unas tendencias socialmente empobrecedoras y disgregadoras que minusvaloran los éxitos de esa práctica en términos de generación de conocimiento y de formación de la ciudadanía.

Por mucho que uno pueda compartir estas ideas, la duda es saber si permite asegurar la viabilidad de la disciplina a largo plazo ante la magnitud de los retos planteados; de ahí que desde otros sectores se propongan posibles rutas para hacer del estudio de la Edad Media un saber abierto a aplicaciones prácticas. Se sugiere, por ejemplo, incentivar la conexión con el sector turístico,

---

[22] Ch. Jones, C. Kostick y K. Oschem, «Why Should we Care about the Middle Ages? Putting the case for the Relevance of Studying Medieval Europe», en *Making the Medieval Relevant*, p. 13.

sobre todo a través de la dimensión patrimonial de los **estudios** medievales, o fomentar prácticas tenidas hasta ahora como algo **heterodoxas**, tales como el asesoramiento a la industria audiovisual, la creación **de** videojuegos, o la potenciación de actividades ligadas a las recreaciones **históricas**. En la misma línea, los historiadores de lo que se conoce en EE. UU. **como** «Applied History» defienden utilizar el pasado como laboratorio en el que **buscar** respuestas para problemas del presente en temas como la identificación y **gestión** de las pandemias, la resolución de conflictos, o los precedentes que **permiten** identificar factores que contribuyen al cambio climático[23].

Es poco probable, sin embargo, que este tipo de iniciativas –por muy interesantes que sean algunas de ellas– logren un impacto significativo en la orientación general de nuestra disciplina. Sin descartar que puedan ofrecer algunas salidas más o menos consolidadas, no creo que sirvan para definir el presente inmediato, ni el futuro de los estudios medievales. Como también subraya Julien Demade, no tiene mucho sentido reivindicar algún tipo de justificación **práctica** de la disciplina para intentar vincularla con las demandas de los estudiantes, dado que las causas que están provocando la situación actual son profundas y estructurales.

Ante la evidencia de esta crisis, estoy convencido de **que** la única respuesta válida consiste en reivindicar la idea de que el conocimiento histórico puede y debe ser socialmente transformador. Aunque parezca **que** estoy recurriendo a una vieja receta muy en boga durante los años 70 y 80, **la** época dorada del materialismo histórico, creo que esta alternativa sigue **estando** vigente frente al relegamiento de la disciplina por parte de las **élites** económicas y su consideración como mera proveedora de fundamentos identitarios en las guerras culturales que se están librando a nivel global. La tesis que me propongo **desarrollar** en lo que sigue es que es necesario replantear el papel del medievalismo, aprovechando que cuenta con una tradición de estudios muy consolidada **que** permite apostar por su capacidad para promover una conciencia social crítica y transformadora.

Un requisito fundamental para este empeño es que, como medievalistas, debemos producir un conocimiento que sea relevante. El **problema**, obviamente, consiste en discernir qué es un conocimiento relevante, **pues** lo que puede parecerme a mí relevante puede que no lo sea para otros y **viceversa**. Pero si bien es cierto que este tipo de consensos no son fáciles de alcanzar, no lo es menos el hecho de que las disciplinas generan acuerdos tácitos entre **quienes** las practican que acaban marcando sus tendencias en el largo plazo. Por ese motivo, un buen

---

23 H. Kaal y J. van Lottum, «Applied History. Past, Present and Future», *Applied History*, 3, 2021, pp. 135-154. También G. Allison y N. Ferguson, «Applied History Manifesto». <https://www.belfercenter.org/project/applied-history-project#!manifesto>.

punto de partida sería plantearnos la relevancia del tema que abordamos antes de acometer cualquier proyecto de investigación, cualquier empeño de largo alcance o cualquier tesis doctoral. Se trata de una perspectiva algo distinta a la que marcan las agendas de investigación movidas por el «interés» de sus objetivos, que no necesariamente coinciden con su «relevancia». Y es que cualquier investigación debería tener su origen en una pregunta, un problema hasta la fecha no abordado o tratado de manera satisfactoria y para el que creemos que podemos aportar respuestas significativas con nuevos materiales, métodos innovadores o perspectivas de estudio originales. Espero que no se me malinterprete. No estoy defendiendo la selección de temas en función de su atractivo social o de su fácil asimilación. Lo que quiero decir es que, por muy intrincado y específico que sea un objetivo de investigación, es fundamental encuadrarlo en un problema general, de tal manera que aporte respuestas a cuestiones historiográficas de calado hasta la fecha no resueltas satisfactoriamente. La explicación de los marcos generales a partir del examen de lo específico es una idea importantísima que todo historiador debería tener presente. Mi experiencia en este sentido me dice que uno de los peligros en los que resulta fácil caer es trabajar sobre un determinado tema y olvidar cuál es la razón última por la que se lo está investigando.

Estrechamente ligada a la búsqueda de relevancia en la generación de conocimiento está la necesidad de abordarlo desde una perspectiva global. Recientemente, el estudio de la historia global de la Edad Media ha sido objeto de algunas aportaciones teóricas que han puesto los cimientos para que este enfoque se acometa desde unos sólidos fundamentos. De hecho, una historia global de la Edad Media no solo implica extender el marco geográfico y cultural del medievalismo occidental; también supone poner en el centro de la investigación las conexiones que implican los movimientos de personas, bienes, técnicas e ideas, redes de intercambio, relaciones comerciales, y todo tipo de vínculos materiales o inmateriales que seamos capaces de rastrear. Una perspectiva global implica igualmente comparar, pero teniendo en cuenta que la comparación no es un fin en sí mismo, sino más bien una herramienta heurística que permite definir un cierto conjunto de condiciones y elementos con el fin de evaluar su variabilidad en contextos diferentes pero relacionables. Como herramienta heurística, la comparación ayuda a identificar condiciones y elementos comunes en contextos particulares, plantear preguntas pertinentes sobre ellos y obtener un conocimiento más profundo de aspectos particulares que ayuden a salvar la distancia entre lo local y lo universal[24].

---

[24] J. Belch, J. Darwin, M. Frenz y Ch. Wickham, *The Prospect of Global History*, Oxford, Oxford University Press, 2016. C. Holmes y N. Standen, «Introduction: Towards a Global Middle Ages», *Past and Present*, Supplement, 13, 2018, pp. 1-44.

Para la historiografía española, los enfoques globales sobre el Medievo abren unas posibilidades que podrían ser mejor aprovechadas gracias a una serie de circunstancias muy favorables. La primera es la fuerte internacionalización que la disciplina ha conocido en las últimas décadas. Hace 50 años, la presencia de medievalistas españoles en instituciones extranjeras o su participación en congresos y reuniones internacionales era muy episódica, por no decir inexistente. Esta situación ha cambiado radicalmente. Hoy en día, el ritmo de publicaciones sobre temas del Medievo en lenguas distintas al español, al catalán, al gallego o al euskera se ha incrementado exponencialmente y el liderazgo de medievalistas de nuestro país en proyectos internacionales, conferencias y un sinfín de actividades dentro y fuera de nuestras fronteras hace del medievalismo uno de los campos que cuenta con mayor proyección exterior en nuestra historiografía. Las nuevas generaciones pisan ya sobre un campo abonado y es, por lo tanto, perfectamente posible que puedan cosechar importantes frutos en ese horizonte global que se está abriendo.

Otra circunstancia especialmente positiva se deriva del propio devenir específico del Medievo hispano, en el que al-Andalus y lo que damos en llamar Sefarad marcan una singularidad que no siempre se ha aprovechado en sus enormes posibilidades, sobre todo en el caso andalusí. El periodo islámico tradicionalmente ha sido ignorado en los estudios medievales, centrados de forma abrumadora en el norte cristiano. Más allá de los tópicos asociados al concepto de «convivencia» o a las elucubraciones sobre su influencia en la esencia y el ser de España, el pasado andalusí ha llegado incluso a ser descartado como objeto de estudio argumentándose que se corresponde a la historia de unas sociedades islámicas con las que nada tenemos en común[25]. Una visión así solo revela una lamentable e ideologizada miopía que limita el campo de estudios del medievalismo español en un momento en el que las corrientes más avanzadas de la disciplina están apostando por extender los tradicionales límites geográficos y culturales de la disciplina.

La necesidad de hacer más inclusivos los estudios medievales, aprovechando la extraordinaria diversidad social, cultural y religiosa que el periodo presenta en la Península Ibérica, es algo que ya planteé hace algunos años[26]. De un

[25] En opinión de R. Sánchez Saus, «La tendencia hoy dominante en los estudios históricos y culturales nos presenta al-Andalus como un país, una formación política, religiosa y cultural de inequívoco carácter árabe y musulmán, fuertemente vinculado al Magreb, hasta el punto de hacer del todo improcedente la posibilidad de su inmersión en una historia general de España», en «Un lugar para al-Andalus en la historia de España», *e-Humanista*, 37, 2017, p. 201.

[26] E. Manzano Moreno, «Desde el Sinaí de su arábiga erudición. Una reflexión sobre el medievalismo y el arabismo recientes», en M. Marín (ed.), *Al-Andalus/España. Historiografías en contraste. Siglos XVII-XXI*. Madrid, Casa de Velázquez, 2009, pp. 213-230.

tiempo a esta parte se ha avanzado algo al respecto, pero no creo que se haya logrado aún un convencimiento generalizado de que una comprensión cabal de la Edad Media ibérica requiere la inclusión de las comunidades musulmanas y judías en la visión de conjunto. La mayoría de los departamentos en los que se imparte o se investiga historia medieval no cuenta con especialistas en historia del islam o del judaísmo, y la percepción histórica que se ha instaurado es que estas comunidades, muy bien estudiadas además por reputados especialistas, no acaban de estar imbricadas en las interpretaciones generales del periodo. De hecho, muchos de los congresos o seminarios que se celebran en nuestro país suelen reunir a estudiosos en torno a las mismas líneas que antaño dividían la frontera medieval o que servían de barrera entre las diversas comunidades religiosas.

Esta percepción tan compartimentada del pasado medieval me parece insostenible en nuestros días. En este mismo volumen, Chris Wickham discute la necesidad de incorporar una perspectiva global en los estudios medievales mediante el análisis de las conexiones o mediante la comparación de sociedades distintas. Por mi parte, lo que vengo a plantear aquí es la necesidad de aplicar esta misma perspectiva al ámbito hispano. En nuestro país se dan unas condiciones inmejorables para acometer un enriquecimiento de la disciplina desde ámbitos tradicionalmente alejados de las temáticas del medievalismo europeo pero asombrosamente cercanos para cualquier medievalista español.

Esta necesidad de concebir la historia medieval de la Península Ibérica en unos términos más globales debería obligar también a revertir la tendencia a la fragmentación que ha sido también moneda corriente en las últimas décadas. En su ya citada intervención de 2008 en estas mismas jornadas, José Ángel García de Cortázar mencionaba esta fragmentación achacándola a la proliferación de historiografías regionales o locales, y señalando los aspectos positivos y negativos que había entrañado[27]. Personalmente, soy de la opinión de que los primeros superan con creces a los segundos, pues han propiciado un extraordinario avance en esas historiografías, lo que, de nuevo, ha creado unas condiciones muy fértiles para que, a partir del trabajo ya realizado y que se sigue realizando, se puedan acometer empresas cada vez más ambiciosas.

Un buen ejemplo de las posibilidades que ofrece esta perspectiva lo proporciona un reciente artículo publicado en 2022 por el grupo de investigación EarlyMedIberia en el que se propone un enfoque transregional al periodo medieval temprano en Iberia. La docena de autores que conforman y firman este

---

[27] J. A. García de Cortázar, «¿Atomización? de las investigaciones...», *op. cit.* pp. 361-369.

trabajo señalan la paradoja que supone el hecho de que, en un momento en que se está logrando una mejor comprensión de estas sociedades en el marco general europeo, todavía sean escasas las comparaciones entre distintas regiones ibéricas y los análisis de las interconexiones entre ellas. Algunas cifras que proporcionan estos autores hablan por sí solas: antes del siglo XII, en el territorio relativamente pequeño que integran los condados catalanes se generaron, al menos, 15 000 documentos conocidos; en todo el resto del norte de la península, ese número apenas supera los 10 000. Esta simple constatación comparativa retrata de manera muy convincente las enormes diferencias existentes entre los distintos marcos políticos y territoriales, abriéndose así la vía para análisis más específicos sobre distribución territorial y cronológica, diversidad de prácticas notariales, formas y medios de intercambio, así como un sinfín de aspectos económicos y sociales que se ponen de manifiesto a través de la comparación del contenido entre un material que presenta otros elementos comunes[28].

De nuevo, espero que no se me malinterprete. Mi propuesta no consiste en una vuelta a la «historia medieval de España». Más bien, lo que intento poner en evidencia es que el extraordinario desarrollo historiográfico que en los últimos 30 años se ha vivido en todos los territorios de la península ibérica permitiría una lógica adaptación de marcos interpretativos globales a las agendas de investigación. No se trata, claro, de sustituir los unos por los otros, sino más bien de poner en evidencia la posibilidad de conectar temas específicos con otros de carácter más general, algo para lo cual el Medievo hispano proporciona un laboratorio de estudio privilegiado.

Algo similar puede decirse de la fragmentación disciplinar que han conocido también los estudios medievales en las últimas décadas. El giro social tomado por la historiografía durante la década de los años 80 llevó, en mi opinión, a una reducción en el carácter de las fuentes movilizadas, que se centraron de forma prioritaria en las de tipo documental. Ello ha motivado un cierto alejamiento del medievalismo con respecto a otras disciplinas –absurdamente consideradas por el medievalismo tradicional como «auxiliares»– tales como la numismática, la epigrafía o la paleografía. Todo ello por no hablar del divorcio con respecto a otros campos que parecen haberse desarrollado de forma independiente durante los últimos tiempos, tales como la filología medieval, la historia del arte medieval o la literatura medieval. A estas disciplinas cabría añadir la arqueo-

---

[28] A. Carvajal Castro, A. E. Marques, G. Barrett, L. Agúndez San Miguel, A. Castro Correa, M. Fernández Ferreiro, J. Jarrett, D. Paterson, R. Quetglas Munar, J. C. Sánchez Pardo, I. Santos Salazar y G. Tomás Faci, «Towards a trans-regional approach to early medieval Iberia», *History Compass*, 2022, 20, pp. 1-18.

logía medieval cuyo desarrollo en los últimos 40 años ha estado acompañado de espectaculares avances en el conocimiento de la fisonomía de las sociedades urbanas y campesinas.

Un análisis historiográfico de todos estos campos –desde la historia de al-Andalus hasta la arqueología medieval, pasando por la numismática o la historia del arte medieval– revela que en todos se ha producido una eclosión de estudios de gran calidad que piden a gritos ser integrados en agendas de investigación suscitadas por preguntas de gran calado. No estoy, evidentemente, intentando reverdecer los laureles de aquella historia total de los años 70 del siglo pasado, sino poner el énfasis en la necesidad de aumentar las interconexiones disciplinares en un momento con grandes condiciones para hacerlo. Ante la evidencia o el temor –según cada cual– de una reducción significativa del tamaño de la disciplina, posiblemente haya llegado el momento de reorganizar los efectivos disponibles y compactarlos con el objetivo de hacerlos más eficaces y operativos.

Esta necesidad de repensar la historia medieval en nuestro país también es extensible a la forma en la que afrontamos la demanda social de conocimiento sobre la Edad Media. Es muy común que nos refiramos a esta tarea con el nombre de «divulgación». Sin negar su validez, yo plantearía la necesidad de concebir esa tarea desde la perspectiva de «transferencia de conocimiento», tal y como ocurre en otras disciplinas científicas en las que se parte de la convicción de que la investigación que en ellas se realiza está orientada, de una forma u otra, a contribuir al progreso social. De hecho, todos los medievalistas realizamos transferencia de conocimiento de un modo u otro: en las aulas, en estas jornadas, en libros, o en intervenciones en medios, por cierto cada vez más frecuentes. A estas alturas, sabemos también que esta transferencia se realiza apuntando a audiencias muy diversas, dado que se han multiplicado exponencialmente los nichos en los que existe un interés en la historia de la Edad Media.

Es muy difícil, por tanto, que una sola persona pueda llegar a todos ellos; de ahí la necesidad de que en los estudios medievales se contemple la posibilidad de formar un espectro de ocupaciones más amplio del tradicionalmente contemplado –sobre todo docencia e investigación– y que debería incluir a periodistas, guías turísticos, gestores de contenidos, etc.

4. A MODO DE CONCLUSIÓN

Soy consciente de que en esta contribución he tratado muchos temas y de que algunos de ellos merecerían una exposición mucho más detallada y argumentada que la que han recibido aquí. Sin embargo, mi objetivo en este trabajo era poner de relieve los retos que afronta el medievalismo como consecuencia de unos cambios económicos, sociales y culturales que se están desenvolviendo de forma muy acelerada. Frente a las nuevas condiciones en las que se está desplegando la disciplina, lo más habitual es asumir una visión pesimista que, sin duda, los datos y los hechos respaldan. No obstante, en este trabajo he intentado ofrecer algunas ideas que permitan favorecer una reflexión colectiva en una dirección distinta a la que invita ese pesimismo. Es una tarea que se me antoja urgente debido al agotamiento de los ciclos institucionales (y vitales) por los que hemos atravesado en las últimas décadas. De la reflexión forzosamente parcial que he expuesto aquí (y que espero pueda verse enriquecida por otras aportaciones distintas a la mía)[29], la conclusión que me parece más importante subrayar es que los estudios medievales en nuestro país gozan de unas perspectivas más favorables de lo que tiende a pensarse. No es solo que en estas décadas se haya avanzado mucho en el conocimiento del periodo, también se han puesto sólidas bases que permitirían alcanzar un gran impacto social sin traicionar el compromiso con el rigor académico y con la calidad de nuestras investigaciones. Ante un futuro en el que es muy posible que los efectivos de medievalistas sean menos nutridos de lo que han sido hasta ahora, se impone un replanteamiento de los estudios medievales en el que encuentren cabida disciplinas hasta ahora afectadas por la heterogeneidad y la dispersión que emanan de unas políticas institucionales forzosamente descoordinadas. En este panorama que se está abriendo, la reivindicación del conocimiento histórico como innovador y, por lo tanto, como socialmente transformador, es la clave sobre la que podrán desarrollarse unas agendas de investigación en las que la especificidad de los temas pueda estar vinculada con enfoques más globales. Para este tipo de enfoques, la península ibérica constituye un laboratorio excepcional (siempre y cuando, claro está, se echen en saco roto las llamadas de los sectores tradicionales que exigen buscar en la Edad Media las raíces cristianas de España y Europa). Contamos para ello con una tradición de estudios consolidada, con una legión de medievalistas (entre los que incluyo, obviamente, a arabistas, hebraístas, filólogos, arqueólogos, historiadores de arte, etc.) realmente excepcional y, finalmente, con una proyección internacional que hubiera sido inimaginable hace tan solo unas décadas. Esa es la historia medieval hoy. Y esa es la que creo que nos están requiriendo los ciudadanos a quienes debemos que las Semanas de Estella hayan llegado a ser lo que son.

---

[29] C. Laliena, «¿Qué Historia Medieval para el Futuro? ¿Para qué? ¿Cómo enseñarla?», en *Enseñar Historia Medieval hoy*, XXXIV Semana de Estudios Medievales de Nájera, Nájera, 8-12 julio 2024 (en prensa).

Corpus de textos medievales digitalizados. ¿Para qué sirve?

Eliana Magnani
CNRS

No se puede reflexionar sobre el uso de la masa de **textos** medievales digitalizados hoy en día sin emplazarlos en el contexto general que informa su adquisición. Este artículo se propone, por consiguiente, un doble objetivo: por un lado, situar los estudios sobre la Edad Media en el marco de las «humanidades digitales» y de las investigaciones apoyadas en la informática; y, por otro lado, ilustrar con algunos ejemplos concretos, extraídos de mi experiencia con el Corpus Burgundiae Mediae Aevi (CBMA), el **uso** de herramientas de consulta avanzada de textos digitalizados.

Vivimos todos los días y en todos los ámbitos de actividad los efectos de la informatización generalizada de la sociedad. Diría, tomando prestada la expresión de Marcel Mauss, que este fenómeno es «un hecho social total»[1]. También diría que no elegimos adherirnos o no a este movimiento, sino que se nos impone. En este contexto, me parece fundamental interrogarnos sobre el impacto de esta informatización en la organización institucional del trabajo científico, en las universidades y organismos de investigación en general, y más específicamente en nuestro trabajo como historiadores del Medioevo.

En realidad, esta informatización, que se aceleró en las últimas décadas del siglo XX y que ha crecido de manera exponencial desde principios de los años 2000, ha generado en el ámbito de las letras y las ciencias humanas y sociales la formación de un nuevo «campo académico», en el sentido de Pierre Bourdieu, «un espacio social autonomizado que puede describirse como el conjunto de agentes que ocupan posiciones dentro de las universidades y otras instituciones

---

* Este artículo fue escrito originalmente en español, con la ayuda de ChatGPT: ‹https://chatgpt. com/›.

[1] M. Mauss, «Essai sur le don: forme et raison de l'échange dans les *sociétés* archaïques», *L'Année Sociologique,* n. s., I, 1923-1924, 1925, pp. 30-186 (citado según la edición en *Id., Sociologie et anthropologie,* Paris, Presses universitaires de France, 1950 (6.ª ed. 1995, **Quadriage**), pp. 145-279, aquí p. 274).

de educación superior más orientadas hacia la investigación»[2]. Hoy llamamos genéricamente a este nuevo campo «humanidades digitales», expresión que proviene del inglés *digital humanities*. El primer uso de esta expresión se remonta a 2004, en el título de un manual –*A Companion to Digital Humanities*– y se habría utilizado en lugar de *humanities computing*[3].

Este no es el lugar para desarrollar este problema, pero las humanidades digitales tienen repercusiones muy amplias. Mencionaría al menos tres niveles de implicación: político, sociológico y científico. Político porque la informatización se ha convertido en un área de carácter gubernamental, con programas de incentivo e inversión tanto nacional como supranacional. También han contribuido al desplazamiento del polo paradigmático en las ciencias sociales de Europa –por ejemplo, la *French Theory*– hacia los Estados Unidos[4]. De hecho, las «humanidades digitales» son una invención de los departamentos de inglés de las universidades estadounidenses[5]. La implicación sociológica de las humanidades digitales es amplia también, pues todos los actores de la enseñanza universitaria y la investigación –desde estudiantes hasta gestores de investigación, pasando por profesores e investigadores– han sido o están siendo «transformados». También afecta a todas las instituciones, desde los departamentos universitarios hasta los editores científicos comerciales. Desde el punto de vista científico, las humanidades digitales plantean varias preguntas. ¿Cómo pensar la unidad de las ciencias humanas y sociales en relación con otras disciplinas y en relación con el «giro computacional»? ¿Cómo integrar el hecho de que las estadísticas y la programación se conviertan en actividades plenas y necesarias dentro de las ciencias humanas y sociales? ¿Cómo desarrollar nuevos métodos para trabajar con la gran cantidad de datos disponibles hoy en día? Y finalmente, con todas estas transformaciones tecnológicas, ¿estamos en un momento de «revolución científica»?

Uno de los síntomas de este nuevo campo académico en construcción se encuentra en la forma en que se conceptualiza, con el establecimiento de un

[2] F. Lebaron, «Champ académique», en G. Sapiro (dir.), *Dictionnaire international Bourdieu*, Paris, CNRS, 2020, pp. 129-130. Bourdieu estudia el «campo académico» en P. Bourdieu, L. Boltanski y P. Maldidier, «La défense du corps», *Informations sur les sciences sociales*, 10, 1971, pp. 45-86, y en P. Bourdieu, *Homo academicus*, Paris, Minuit, 1984 (2.ª ed. 1992).

[3] S. Schreibman, R. Siemens y J. Unsworth (eds.), *A Companion to Digital Humanities*, Oxford, Blackwell, 2004. <https://companions.digitalhumanities.org/DH/>; M. Kirschenbaum, «What Is Digital Humanities and What's It Doing in English Departments?», en M. K. Gold (ed.), *Debates in the Digital Humanities*, Minneapolis, University of Minnesota Press, 2012, pp. 3-11.

[4] F. Cusset, *French Theory: Foucault, Derrida, Deleuze, & Cie et les mutations de la vie intellectuelle aux États-Unis*, Paris, La Découverte, 2003.

[5] M. Kirschenbaum, «What Is Digital...», *op. cit.*

discurso que pretende ser «histórico» sobre los orígenes, los agentes precursores, los textos y publicaciones «fundadoras», un discurso que también busca ser «legitimador», que procura destacar los avances «inéditos», las «nuevas» iniciativas, las perspectivas inusitadas. Como todo campo académico, el de las humanidades digitales es un espacio de luchas, con debates, críticas, controversias y la formación de corrientes. No se cuenta ya el número de manifiestos, asociaciones, listas de distribución y discusión, series de congresos, publicaciones o nuevas revistas que han proliferado en estas dos últimas décadas, llegando a una especie de saturación[6].

Este campo en formación y consolidación presenta también varias características: la diversidad y dispersión de las iniciativas; la dificultad para llegar a un acuerdo sobre una definición precisa –¿las humanidades digitales son un nuevo campo científico o una transformación metodológica dentro de las disciplinas tradicionales con un efecto en el campo académico?–; y una competencia feroz. Las humanidades digitales se han convertido en un vehículo de promoción académica, con cátedras universitarias y puestos etiquetados para los «humanistas digitales». Por lo tanto, surge la cuestión de quién está dentro y quién no, quién es legítimo en el campo y quién no lo es. ¿Quién es un «humanista digital»? ¿Aquel que programa? ¿Aquel que utiliza herramientas digitales? ¿Quien tiene un blog o se comunica a través de X (ex-Twitter)? ¿Cómo lograr que se reconozca y valore la programación en la carrera académica?

Sea o no la constitución de un nuevo campo científico, el hecho es que la informatización ha cambiado la forma de trabajar del historiador y esta transformación también requiere una reflexión sobre sus efectos en la investigación. Por ejemplo, en el número de 2011 de la *Revue d'histoire moderne et comtemporaine*, los autores consideraron el problema en términos de una «historia digital» y una transformación global de la información. Intentaron describir estos cambios desde el trabajo práctico del historiador y sus nuevas herramientas de trabajo: el ordenador portátil, los dispositivos digitales, la comunicación y difusión en Internet[7]. Estas herramientas tienen consecuencias en la forma de producir conocimiento y en la cognición misma del investigador.

---

[6] Entre los innumerables ejemplos posibles, la creación en 2005 de la Association for Digital Humanities Organizations (ADHO <https://adho.org/>) y la serie de congresos anuales internacionales «Digital Humanities» (DH); el «Manifiesto de las Humanidades Digitales» publicado por THATCamp 2010 en París <https://tcp.hypotheses.org/318>; la serie de volúmenes *Debates in the Digital Humanities* <https://dhdebates.gc.cuny.edu/>.

[7] N. Delalande y J. Vincent (dirs.), *Le métier d'historien à l'ère numérique: nouveaux outils, nouvelle épistémologie? Revue d'histoire moderne et contemporaine*, 58-4bis, 2011/5.

Sin embargo, aunque sintamos con fuerza los efectos de estas transformaciones, la informatización no es algo nuevo en la disciplina histórica. Durante las décadas de los 70 y 80 se experimentó una aceleración significativa en el campo de la informatización. Sin embargo, esta rápida evolución de la tecnología también generó una «desaceleración» paradójica, marcada por dificultades. Por ejemplo, ¿cómo pasar de las tarjetas perforadas a las cintas magnéticas? Varios proyectos necesitados de ordenador se detuvieron ante esta dificultad técnica. La computación experimentó una revolución con la llegada de los ordenadores personales, acompañada de mejoras en *hardware* y *software*, así como de un aumento notable en la capacidad de memoria y rapidez de los procesadores. La difusión a través de CD-ROM y la conexión de los ordenadores personales a Internet marcaron otro hito crucial en esta evolución tecnológica. Pioneros en este campo, los historiadores del Medioevo desarrollaron varios proyectos de digitalización, como el de los actos originales conservados en Francia que fueron digitalizados en Nancy desde el año 1966 en el Centre de Recherches et d'Applications Linguistiques, que se convirtió en 1983 en el Atelier de Recherche sur les Textes Médiévaux (ARTEM). Los principales actores de estos proyectos se reunieron en torno a la revista *Le médiéviste et l'ordinateur*, publicada entre 1979 y 2003[8]. Lo que ha cambiado hoy en día es tanto la cantidad de documentación digitalizada como las nuevas herramientas disponibles para su análisis.

La pregunta que surge es si estos nuevos recursos y herramientas, si esta transformación tecnológica está transformando o va a transformar nuestros paradigmas. Siguiendo a Thomas Kuhn, ¿estamos en medio de una «revolución científica»?[9]. En cualquier caso, disponer de nuevas formas de observar los documentos puede llevar a considerarlos de manera diferente.

El proyecto LBA de Marburgo es muy instructivo a este respecto. El Lichtbildarchiv älterer Originalurkunden (Archivo de fotografías de documentos originales antiguos) nació con la difusión de la fotografía. En 1894, Paul Kehr fundó en Marburgo el Instituto de Estudios de las Ciencias Auxiliares de la Historia y los Archivos (Instituts für Historische Hilfswissenschaften und

---

8 N. Perreaux, *L'écriture du monde. Dynamique, perception, catégorisation du mundus à partir des bases de données numérisées du Moyen Âge (VIIᵉ-vers 1200)*, Tesis doctoral, Université de Bourgogne, 2014, pp. 100-109, 302-303. <https://shs.hal.science/tel-03084322v1>; E. Lejeune, *Médiévistes et ordinateurs: organisations collectives, pratiques des sources et conséquences historiographiques (1966-1990)*, Tesis doctoral, Université Paris Cité, 2021; *idem*, «Objectifs et stratégies de publication d'un bulletin de liaison: Le Médiéviste et l'Ordinateur (1979-1989)», *Humanités numériques*, 6, 2022. <https://doi.org/10.4000/revuehn.3087>.

9 T. Kuhn, *The Structure of Scientific Revolutions*, Chicago, University of Chicago Press, 1962.

Archivwissenschaften). A principios de los años 20, comenzaron las primeras campañas fotográficas de manuscritos. En 1928-1929, Edmund E. Stengel lanzó un proyecto para fotografiar y catalogar sistemáticamente los documentos originales del Medievo alemán dispersos en diversos archivos. Muchos de estos documentos fueron destruidos durante la Segunda Guerra Mundial y se conocen gracias a esas campañas fotográficas. En los años 1980-1990, bajo la dirección de Peter Ruck, comenzó la informatización de los archivos fotográficos y la difusión de estudios en la serie *Elementa diplomatica*. Finalmente, entre 2006 y 2012, bajo la dirección de Andreas Meyer, la LBA creó una base de datos disponible para consulta en Internet (fig. 1)[10].

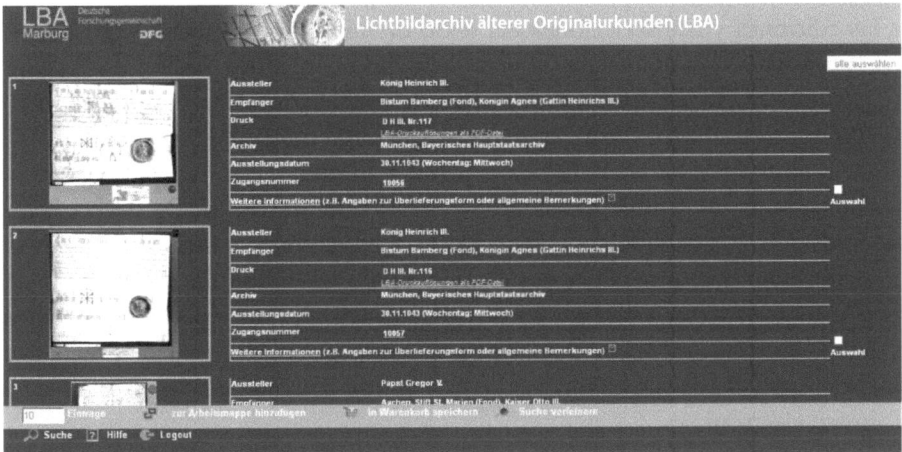

Figura 1. LBA: Lichtbildarchiv älterer Originalurkunden.

El archivo contiene alrededor de 16 000 documentos (en aproximadamente 43 000 negativos) que representan la mayor parte de la tradición documental original del Imperio Germánico medieval hasta el año 1250. El hecho de poder observar todas estas reproducciones de los diplomas imperiales medievales en serie y lado a lado fue el origen de una idea que transformó nuestra manera de considerar estos grandes pergaminos, sellados y llenos de dispositivos gráficos particulares. La idea se remonta a uno de los directores del proyecto, Peter Rück, quien, en un artículo de 1991, ahora un clásico de la diplomática, concibió estos documentos como «obras de arte». Él planteó la idea de que la disposi-

---

10 «Chronologie zur Geschichte des Lichtbildarchivs», en <https://www.uni-marburg.de/de/fb06/mag/lichtbildarchiv-aelterer-originalurkunden/historischer-ueberblick>.

ción gráfica transmitía una «retórica visual», lo que significa que, aunque no se pudiera leer, estos diplomas estaban diseñados de tal manera que visualmente se reconocía su autoridad[11]. La idea podría no haber surgido si estos documentos no hubieran sido reunidos en un corpus gracias a una nueva tecnología. Creo que es exactamente lo que podemos esperar de los corpus textuales digitalizados hoy en día: que nos permitan ver cosas que de otra manera no podríamos percibir.

¿Pero cuál es la situación hoy en día en lo que respecta a los recursos digitales?

Tenemos dos tipos de recursos digitales. Por un lado, tenemos acceso al documento «original» fotografiado (manuscritos, objetos, monumentos, etc.). Pero se trata de una reproducción, no del objeto. Y tenemos también acceso a las ediciones y transcripciones del texto de miles de documentos (en latín o en vernácula) cuya tendencia sigue aumentando con el desarrollo actual de las tecnologías de transcripción automática de manuscritos, la HTR (*Handwritten Text Recognition*). El problema es que estos documentos publicados en línea siguen el modelo de las ediciones en papel. Por supuesto, esto facilita y agiliza su consulta, pero no cambia realmente nuestra forma de verlos. De hecho, estos documentos se consultan del mismo modo que un índice. Básicamente, nuestra investigación sigue guiándose por el paradigma del índice. Para ir más allá de este enfoque, creemos que un corpus digitalizado enriquecido con metadatos y textos lematizados puede llevarnos por nuevos caminos. La lematización es esencial para el análisis estadístico de la masa de documentación disponible en formato electrónico[12].

Sin embargo, la presencia de miles de textos medievales en línea en Internet también presenta sus propios problemas y limitaciones. Empezando por las condiciones de acceso. Algunos corpus son de pago, y los corpus abiertos solo lo son porque hay instituciones (y personas) detrás que garantizan su libre consulta. Son abiertos, pero no gratuitos. Otro problema es la gran inestabilidad de los datos disponibles en Internet. Esto impide a menudo que la investigación sea reproducida por otros. La capacidad de reproducir un experimento es esencial porque es una garantía de prueba científica. Las direcciones URL cambian constantemente, los proyectos se ven obligados a seguir el ritmo de los avances

---

[11] P. Rück, «Die Urkunde als Kunstwerk», en *Kaiserin Theophanu. Begegnung des Ostens und Westens um die Wende des ersten Jahrtausends. Gedenkschrift des Kölner Schnütgen-Museums zum 1000. Todesjahr der Kaiserin*, V. A. von Euw y P. Shreiner (hg.), t. II, Köln, Schnütgen-Museum, 1991, pp. 311-333; P. Rück (dir.), *Graphische Symbole in mittelalterlichen Urkunden. Beiträge zur diplomatischen Semiotik*, Sigmaringen, Thorbecke, 1996.

[12] Para más detalles, véase, por ejemplo, Groupe Lemmes: <https://groupe-lemmes.github.io/>.

tecnológicos impuestos, el mantenimiento a largo plazo de los proyectos no siempre está garantizado, muchas páginas y corpus de trabajo simplemente desaparecen de Internet, las nuevas versiones sobrescriben a las anteriores, y las anteriores a veces son incluso mejores. Además, los datos están muy dispersos en diferentes sitios y páginas web. Se están empezando a crear varias plataformas o meta plataformas, pero la tarea de reunir todo el material disponible es titánica. Pero no hay por qué desesperar, porque siendo consciente de estos límites, se pueden conseguir muchas cosas.

Una de las formas de probar y experimentar nos la sugieren las disciplinas acostumbradas a trabajar con textos y que han pensado y creado herramientas para tratarlos. Pienso en la lingüística de corpus y la crítica literaria. De la lingüística de corpus podemos tomar prestada la noción de *corpus-driven*, en contraposición a *corpus-based*, como fue postulado por Elena Tognini-Bonelli[13]. *Corpus-based* es la utilización del corpus para probar una teoría o hipótesis con el fin de validarla, refutarla o mejorarla. Es una pregunta que formulamos al corpus para obtener una respuesta. *Corpus-driven*, por el contrario, es un enfoque más inductivo, que requiere una exploración sin prejuicios del corpus, a partir de la cual surgen hipótesis. La idea es que la exploración del corpus revele aspectos que no habíamos imaginado antes. El otro enfoque procede de la crítica literaria, la noción de *distant reading* (lectura distante). De hecho, se trata de postular, con Franco Moretti, que la lectura atenta no es la única forma de leer los textos, y que podemos combinar diferentes escalas de lectura, que podemos proceder a una lectura no lineal de los textos[14].

Estos son los enfoques que estamos intentando probar dentro del programa CBMA (Corpus Burgundiae Mediae Aevii). Para ello, también intentamos ofrecer herramientas avanzadas de interrogación de textos digitalizados. CBMA es un proyecto lanzado en 2004 y dedicado a la digitalización de documentos diplomáticos medievales de Borgoña. Contiene conjuntos importantes de documentos que fueron elaborados por instituciones célebres de la Edad Media, como la abadía de Cluny y la abadía de Cîteaux. Entre 2017 y 2019, el equipo trabajó en la transformación de este corpus para crear un corpus heterogéneo y estructurado[15]. Se añadieron dos subcorpus principales al conjunto, uno con

13 E. Tognini-Bonelli, *Corpus Linguistics at Work*, Amsterdam/Philadelphia, John Benjamins, 2001 (Studies in corpus linguistics, 6).

14 F. Moretti, «Conjectures on world literature», *New Left Review*, 1, 2000, pp. 54-68; idem, *Graphs, maps, trees: abstract models for a literary history*, London/New York, Verso, 2005.

15 E. Magnani, «Des *chartae* au corpus: la plateforme des CBMA-*Chartae/Corpus Burgundiae Medii Aevi*», en *Digitizing Medieval Sources. Challanges and Methodologies /L'édition en ligne de documents d'archives médiévaux. Enjeux, méthodologie et défis*, C. Balouzat-Loubet (ed.), Turnhout, Brepols, 2019

doc - typologie

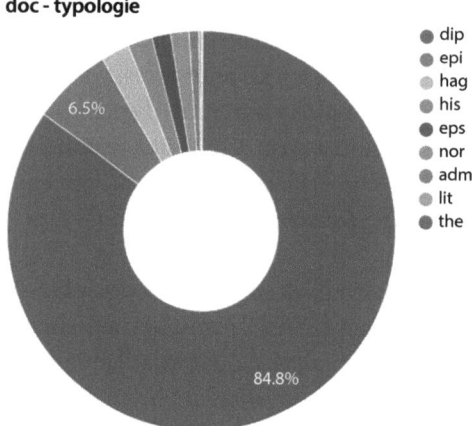

6.5%

84.8%

- dip
- epi
- hag
- his
- eps
- nor
- adm
- lit
- the

Tipo	Etiqueta	N.º de palabras
Diplomático	dip	5 908 816
Hagiográfico	hag	1 061 939
Normativo	nor	251 398
Historiográfico	his	221 427
Epistolar	eps	202 239
Administrativo	adm	118 192
Teológico	the	82 258
Litúrgico	lit	80 593
Epigráfico	epi	61 842

Figura 2. Repartición tipológica del CBMA en número de unidades documentales.

Figura 3. Repartición tipológica del CBMA en número de palabras.

textos hagiográficos y otro con inscripciones epigráficas (figs. 2 y 3). El equipo trabajó en una revisión completa del corpus y de los metadatos durante los años 2020-2022 y publicó una nueva edición en octubre de 2022. Actualmente el CBMA contiene 22 076 unidades documentales para un total de 6 955 821 palabras.

Para descargar y consultar los corpus y los metadatos, hay dos posibilidades principales. La primera es consultar las listas detalladas en el sitio web del proyecto[16]. La segunda es completar la descarga desde un repositorio de datos; en este caso hemos utilizado el repositorio NAKALA, de la IR* Huma-Num del CNRS (Centre National de la Recherche Scientifique)[17]. El proyecto ha procurado difundir los textos y datos en formatos sencillos que se pueden leer en cualquier ordenador y con *software* gratuito (TXT, PDF, CSV).

Una de las preocupaciones del proyecto siempre ha sido ofrecer la posibilidad de consultar el corpus con herramientas avanzadas de minería de textos (*text mining*). Actualmente, el CBMA puede ser consultado con TXM (Textométrie)

(Atelier de Recherches sur les Textes Médiévaux, 27), pp. 57-67. <https://doi.org/10.1484/M. ARTEM-EB.5.117328>; *idem*, «Un corpus structuré et hétérogène de textes latins médiévaux (Bourgogne, Vᵉ-XVᵉ siècle)», *Bulletin du CERCOR-Centre Européen de recherches sur les congrégations et ordres religieux*, 41, 2017, pp. 59-65.

16   <http://www.cbma-project.eu/>.
17   <https://doi.org/10.34847/nkl.72c3c387>.

y NoSketchEngine, la versión gratuita de SketchEngine[18]. Estas dos aplicaciones han sido diseñadas por lingüistas y las hemos adaptado para un uso por parte de los historiadores, especialmente para la visualización de los resultados de las consultas en orden cronológico[19]. Estos recursos de minería de texto son importantes porque permite superar las búsquedas donde el corpus se interroga como si fuera un índice, similar a una edición en papel. Con estas herramientas, es posible variar las escalas de aproximación y realizar una lectura no lineal del corpus. Esto es un requisito previo necesario para una investigación *corpus-driven*. Con estas herramientas es posible realizar análisis estadísticos, calcular las coo-currencias de palabras y llevar a cabo diversos tipos de clasificaciones. Este corpus permite la minería de datos avanzada, ya que está equipado con numerosos metadatos que hemos podido reunir gracias a siglos de erudición. El trabajo de construcción de corpus estructurados no implica hacer borrón y cuenta nueva del pasado, sino más bien aprovechar el potencial de lo que se ha construido.

Para dar una idea de las posibilidades de investigación que ofrece el CBMA, propongo algunos ejemplos de experiencias realizadas con la aplicación TXM, y la dinámica generada por la explotación de los textos, los datos y los meta-datos. Los primeros ejemplos muestran cómo la explotación estadística de los metadatos puede ayudar a completar y perfeccionar los datos del corpus. Dos informaciones importantes para los historiadores son la fecha y el lugar donde un documento fue fabricado. Sin embargo, en estos corpus, una gran cantidad de textos no están fechados ni localizados con certeza.

El Análisis Factorial de Correspondencias (AFC) de los metadatos de da-tación por siglo de los textos hagiográficos facilita una serie de observaciones. El AFC calcula la diferencia positiva (conjunción) o negativa (oposición) del léxico distribuido por siglo, lo que puede ser un indicador de la proximidad o la distancia de la producción hagiográfica según las épocas. En el gráfico (fig. 4) se observa en el centro un agrupamiento de diferentes siglos, que abarca desde el siglo IV al siglo XIV. Esta conjunción podría interpretarse como una especie de denominador común estilístico, propio del relato hagiográfico como género literario. Lo que también llama la atención es la distancia entre el siglo IX y el siglo X, completamente opuestos entre sí en el eje 1, pero también en relación

---

[18] <https://txm.gitpages.huma-num.fr/textometrie/>; S. Heiden, J.-Ph. Magué y B. Pincemin, «TXM: Une plateforme logicielle open-source pour la textométrie –conception et dévelop-pement», en *JADT 2010: 10ʰ International Conference on the Statistical Analysis of Textual Data*, Roma, p. 12. <http://halshs.archives-ouvertes.fr/docs/00/54/97/79/PDF/Heiden_al_jadt2010.pdf>; <https://www.sketchengine.eu/>.

[19] CBMA2022 bajo TXM: <http://documents.cbma-project.eu/base/CBMA_TXM2022.zip>; CBMA2022 bajo NoSketchEngine <https://nosketch-engine.lamop.fr/#dashboard?corpname=cbma-2022>.

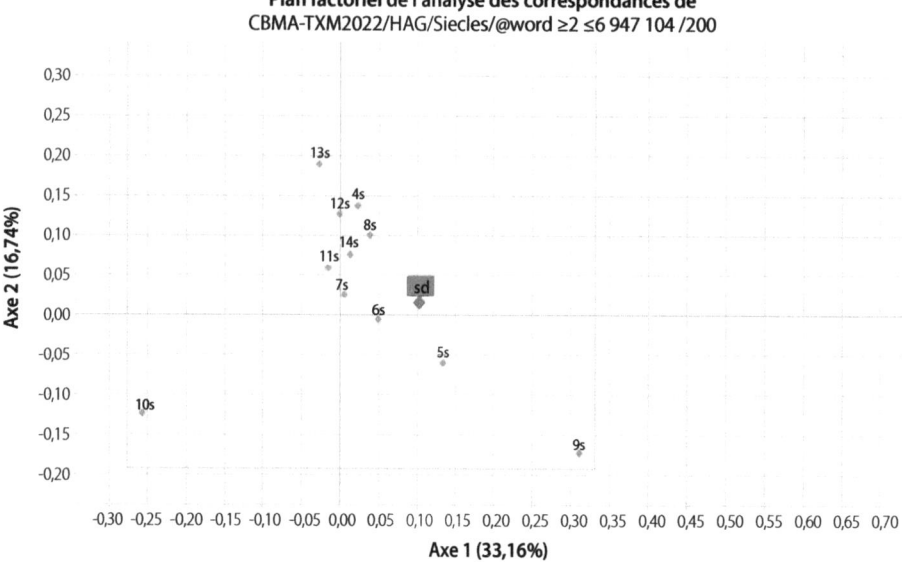

Figura 4. Análisis factorial de correspondencias de los textos hagiográficos del CBMA por siglo.

con el grupo central. Esto podría indicar una especificidad de la producción hagiográfica de la Borgoña carolingia y de la del siglo X. Así, convendría volver a los textos de esos siglos para constatar en qué consisten sus diferencias. Otro elemento de esta visualización es la ubicación de los textos sin fecha (sd en el gráfico). Dado que se sitúan en la proximidad del siglo V y del siglo VI, esto podría ser una pista para establecer la fecha de estos textos no datados.

Otro tipo de análisis, como el *clustering*, arroja por supuesto resultados similares (fig. 5). Como en el AFC, los siglos IX y X aparecen en grupos separados. Sin embargo, se distingue mejor el agrupamiento central del AFC en dos subgrupos: uno que reúne los siglos XI, XII y XIII, y otro que abarca desde el siglo IV hasta el siglo VIII, dentro del cual se sitúan los textos sin fecha (sd). Esto sugiere que podríamos examinar estos textos sin fecha y compararlos con los datados de esa época para verificar si finalmente podrían datarse en esos primeros siglos. Sin embargo, queda el siglo XIV, cuya posición, como en el AFC, parece inesperada, agrupado con los primeros siglos de la Edad Media. Nos podríamos preguntar si estos textos son efectivamente del siglo XIV o si, por el contrario, no son el resultado de la reutilización de textos anteriores, de ahí su conjunción con los del Alto Medioevo. En cualquier caso, estas visualizaciones plantean preguntas y ofrecen pistas para orientar las investigaciones. Así, nuestras encuestas de datación deberían comenzar verificando estas indicaciones estadísticas basadas en el léxico de los textos.

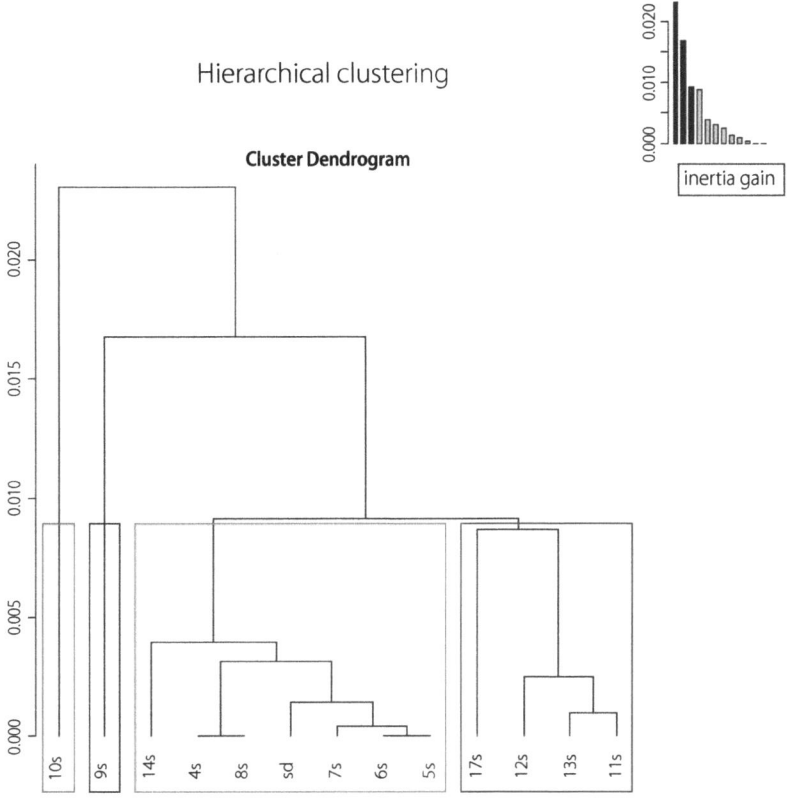

Figura 5. *Clustering* de los textos hagiográficos del CBMA por siglo.

Las mismas técnicas de análisis se pueden aplicar utilizando los metadatos de «lugar» de redacción de los textos hagiográficos. Los textos del corpus fueron categorizados según la supuesta diócesis medieval de su composición escrita. El análisis factorial (fig. 6) revela una fuerte oposición, a ambos lados del eje 1, entre las diócesis de Mâcon y Auxerre, al sur y al norte de Borgoña. También se alejan del grupo situado en la parte superior derecha del gráfico, donde se agrupan los textos que se supone provienen de los otros obispados borgoñones. En cuanto a los textos que no han podido ser localizados (sl), no se encuentran claramente en ninguno de estos grupos. La oposición entre Mâcon y Auxerre es muy interesante, ya que parece reflejar dos centros escriturarios importantes de la región: por un lado, alrededor de la abadía de Cluny, y, por otro, las abadías de Saint-Germain de Auxerre y Vézelay. Esta rivalidad entre las dos diócesis también puede muy probablemente estar relacionada con la oposición entre los siglos IX y X que acabamos de ver (figs. 4 y 5). Estos resultados del análisis estadístico del léxico de las vidas de los santos hacen visibles los centros produc-

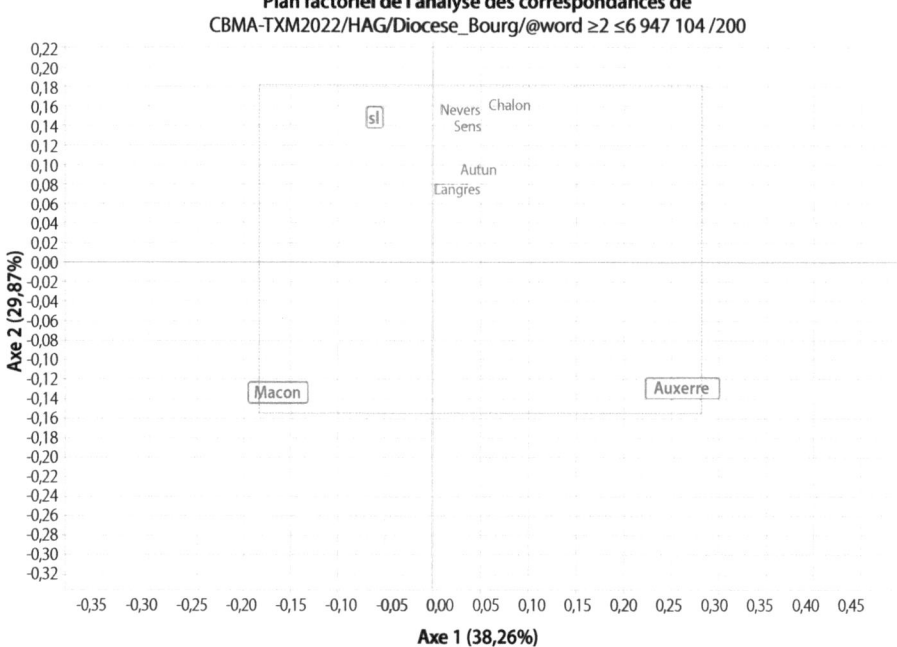

Figura 6. Análisis factorial de correspondencias de los textos hagiográficos del CBMA por diócesis.

tores y llaman a continuar las investigaciones en otras escalas de aproximación para explicitar sus características.

Los textos hagiográficos fueron completados con varios otros metadatos, uno de ellos el estatus del santo (obispo, monje, sacerdote o laico, entre otros). En el análisis factorial (fig. 7), la mayoría de los estatus se ubican a la derecha del eje 1, lo que indica poca oposición léxica entre las vidas de santos eclesiásticos (obispo, sacerdote, prior, archidiácono) e incluso laicos (conde, senador, peniten-te). Los monjes parecen constituir una especie de transición entre el grupo principal y los abades o los señores, que se alejan a la izquierda del eje 1, indicando quizás una cierta especificidad de las vidas de los abades. Además, los textos con el estatus «desconocido», indicado por una línea en el gráfico (–), es decir, los santos cuya categoría no se puede determinar, aparecen cerca de los monjes. Por lo tanto, sería necesario considerar la comparación de la vida de estos santos cuyo estatus no está especificado con la de los monjes para determinar si otros vínculos, a través de un análisis detallado, podrían esclarecer su estatus. Pero la principal distinción entre los estatus de los santos parece estar determinada por su género, femenino o masculino, ya que las vírgenes, en la parte superior del gráfico, son el grupo con la mayor oposición en comparación con las otras categorías, que son todas masculinas. Esto parece mostrar que, estadísticamente, lo

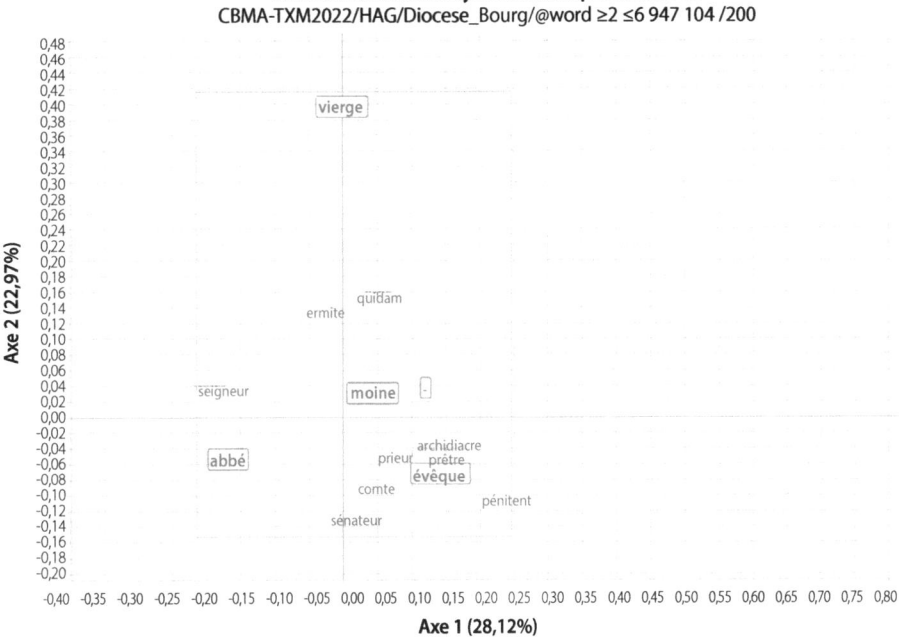

Figura 7. Análisis factorial de correspondencias de los textos hagiográficos del CBMA por estatus.

que diferencia los textos hagiográficos es el género, mujer o hombre, del santo, más que cualquier otro estatus que distinga a los santos hombres.

Se ha estudiado también otro subcorpus del CBMA, el de las inscripciones epigráficas. El programa CBMA ha integrado en su corpus todas las inscripciones relativas a Borgoña editadas por los equipos de epigrafistas de Poitiers en diferentes volúmenes del Corpus des inscriptions de la France Médiévale (CIFM)[20]. Todas las inscripciones se han completado con datos de geolocalización. Sin embargo, las inscripciones epigráficas fueron clasificadas, en su edición en papel, según los departamentos franceses actuales, lo que es anacrónico en relación con la Edad Media. Gracias a la geolocalización de cada inscripción, ha sido posible ubicarlas automáticamente en los obispados medievales y exportar este nuevo dato como metadato del corpus[21].

20 E. Ingrand-Varenne y E. Magnani, «Le corpus épigraphique bourguignon (VIIIᵉ-XVᵉ siècle). Des catalogues aux applications numériques», *Bulletin du Centre d'études médiévales d'Auxerre, BUCEMA, Collection CBMA, Les journées d'études*, 2018. <https://doi.org/10.4000/cem.15591>.

21 E. Magnani y N. Perreaux, «A Medieval Epigraphic Corpus and its Retro-Developments (CIFM-CBMA). The Exploratory Research of the COSME2 Consortium», *Digital Scholarship in the Humanities*, 36/Suppl. 2, 2021, pp. ii189-ii197. <https://doi.org/10.1093/llc/fqaa069>.

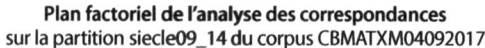

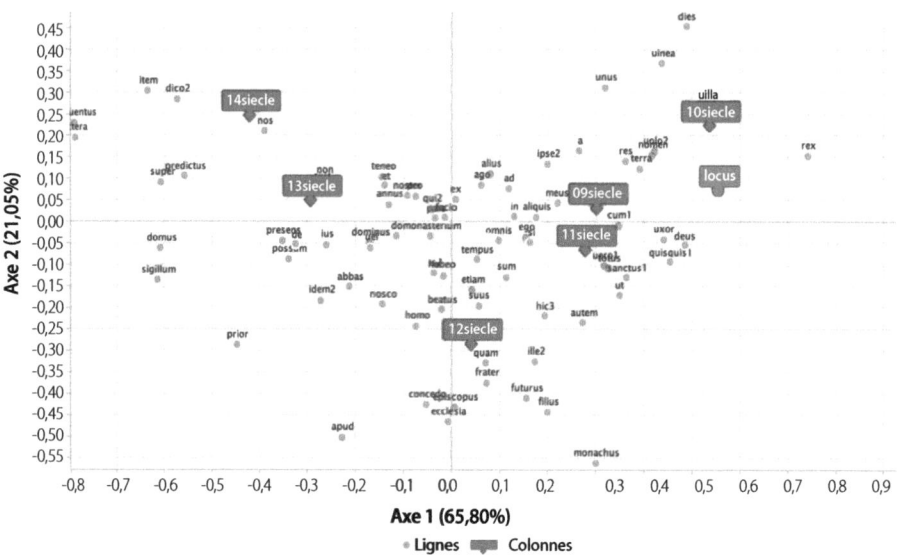

Figura 8. Análisis factorial de correspondencias de los documentos diplomáticos del CBMA por siglo.

Una de las principales perspectivas de la explotación de corpus textuales estructurados es la posibilidad de realizar análisis dirigidos a reconstruir campos semánticos. La idea fundamental es que las estructuras lingüísticas reflejan las estructuras sociales, y que con este tipo de investigación es posible entender las representaciones ideales que atraviesan la sociedad medieval[22]. Se han llevado a cabo varias investigaciones semánticas, desde el vocabulario relacionado con las mujeres hasta los términos que designan entidades espaciales, como *locus*, del cual presentamos algunos resultados preliminares[23]. La investigación sobre *locus* se realizó en el corpus de documentos diplomáticos del CBMA, entre el siglo IX y el siglo XIV. Queríamos verificar, para empezar, la distribución léxica del corpus en el tiempo. En la AFC (fig. 8), se observa en el eje 1 que los siglos IX, X y XI se oponen al grupo de los siglos XIII y XIV, con el siglo XII como una suerte de

---

[22] J. Trier, «Sprachliche Felder», *Zeitschrift für deutsche Bildung*, 8, 1932, pp. 417-427.
[23] Aquí retomamos algunos puntos desarrollados en el estudio, E. Magnani, «*Locus* et ses contextes. Enquête lexicologique dans le corpus de textes diplomatiques latins médiévaux bourguignons», *Cahiers de Recherches Médiévales et Humanistes*, 46, 2023/2, pp. 33-57. <10.48611/isbn.978-2-406-16497-5.p.0033>.

transición entre ambos. Algunos términos están más «atraídos» por los siglos IX, X y XI, como *locus, terra, res, nomen,* y otros más por los siglos XIII y XIV, como *sigillum, ius, domus,* mientras que, entre ambos, en el siglo XII se encuentran *episcopus, ecclesia, monasterium.*

Si se destacan las palabras en este mismo AFC (fig. 9), se pueden distinguir, en los grupos alrededor de *locus* del mismo lado del eje 1, tres conjuntos temáticos: un primero que indica bienes inmuebles (*res, terra, villa, vinea*), un segundo que designa actores (*nomen, ego, uxor, deus, sanctus, rex*) y un tercero relativo a acciones (*dono, donatio, uolo, ago*). Estos términos, al igual que *locus,* están sobrerrepresentados en los siglos IX, X y XI. En oposición, del otro lado del eje 1, y por lo tanto alrededor de los siglos XIII y XIV, e incluso del XII, se distinguen dos grupos de términos que designan, por un lado, un tipo de documento y un modo de validación (*littera, sigillum*), y, por otro, instituciones o actores eclesiásticos (*conventus, domus, capella, episcopus, abbas*). En relación con este último grupo cabe destacar la posición de *ecclesia* y *monasterium,* que se alejan significativamente de *locus.* Estas visualizaciones tienden así a mostrar que *locus* es sincrónico con términos relativos a transferencias de bienes inmuebles más que con instituciones o actores eclesiásticos. Aunque estas distribuciones cronológicas no deli-

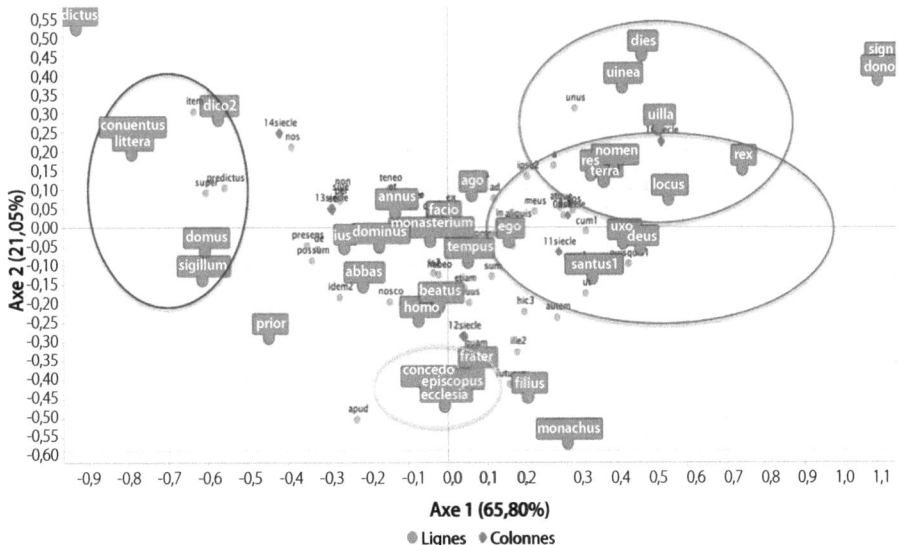

Figura 9. Análisis factorial de correspondencias de los documentos diplomáticos del CBMA por siglo. Los grupos de palabras.

mitan necesariamente campos semánticos, invitan a examinar más de cerca la diferencia entre *locus* y *ecclesia*.

De hecho, en la historiografía reciente se ha vuelto común el uso de expresiones como «locus eclesial» o «lugar eclesial» para dar cuenta de la especificidad de la polarización espacial de las iglesias. Sin embargo, el perfil léxico del corpus invita a matizar el uso de estas expresiones. Esta conceptualización parece no tener un equivalente analógico persistente en el léxico latino medieval, donde los dos términos están asociados en contextos léxicos y cronológicos particulares.

En el corpus CBMA, la distribución de los dos términos, *locus* y *ecclesia*, sigue patrones diferenciados. La oposición entre *locus* y *ecclesia* puede visualizarse comparando su índice de especificidad (fig. 10). El índice de especificidad indica si las ocurrencias de una palabra aparecen en exceso (o en defecto) en cada parte (o subcorpus) en comparación con su corpus principal. En este gráfico se observa que *ecclesia* está en defecto en el siglo X y en exceso en el siglo XII. Sobre todo, se observa el funcionamiento opuesto de los dos términos. En el corpus CBMA, se encuentra un déficit de *ecclesia* donde hay un exceso de *locus* (en el siglo X) y viceversa, un exceso de *ecclesia* donde hay un ligero déficit de *locus* (en el siglo XII), precedido por un periodo neutral para *ecclesia*, mientras

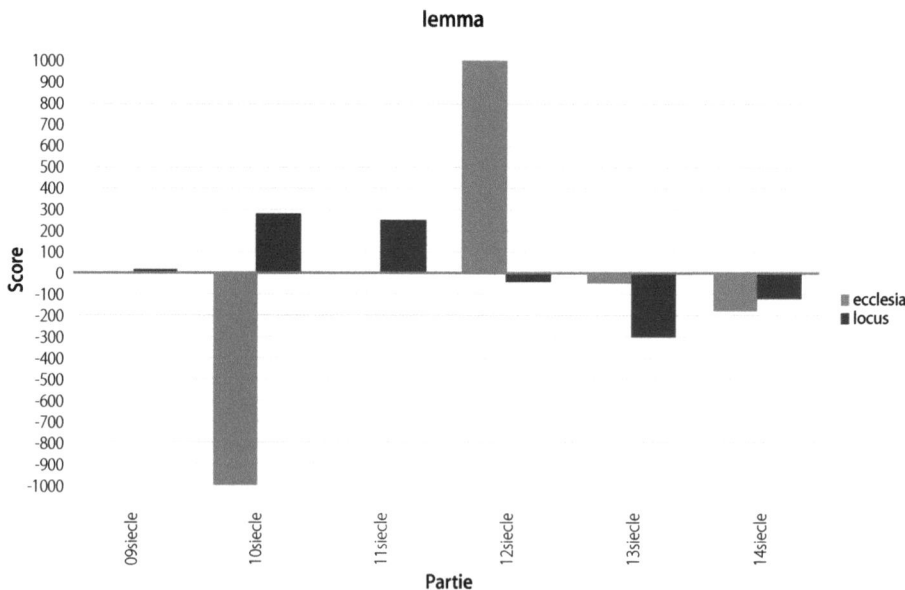

Figura 10. Índices de especificidad de *locus* y de *ecclesia* en las diferentes partes (siglos) del subcorpus CBMA_9ᵉ-14ᵉ.

que *locus* está en exceso (en el siglo XI). La situación cambia en los siglos XIII y XIV, con ambos términos en déficit. Estos cálculos invitan, no obstante, a considerar la posición del siglo XII, que los AFC sitúan en una posición intermedia, transitoria, antes de los cambios decisivos que alejan los siglos XIII y XIV de los siglos anteriores.

La investigación continuó con un análisis del bilema *locus* y *sanctus* que mostró, entre otras cosas, la cronología del uso de los hagiotopónimos, y todo el potencial heurístico a menudo inesperado del análisis del léxico, a partir de una lectura no lineal de los textos.

De hecho, para responder a la pregunta planteada en el título de este artículo –¿para qué sirven los corpus de textos medievales digitalizados?– estas experiencias muestran que tanto la constitución de los corpus como su explotación son operaciones de investigación en sí mismas. En la práctica, un corpus interrogado con herramientas de minería de texto puede ser constantemente actualizado con los nuevos datos generados desde el mismo. En el fondo, se trata de una de las consecuencias tangibles del enfoque *corpus-driven*. En lugar de conformarse con una investigación de tipo índice, los enfoques estadísticos nos obligan a observar la producción escrita medieval desde el punto de vista de su estructura, tratando de desvelar aspectos que de otro modo seguirían siendo invisibles.

La Edad Media «at the frontiers of knowledge»: evolución interdisciplinar y nuevos retos

Ainoa Castro Correa

Universidad de Salamanca

Bajo el tema *¿Qué Edad Media hoy? Desafíos globales, nuevas vías, otros públicos*, la 50.ª Semana Internacional de Estudios Medievales de Estella ha servido para compartir experiencias, apreciaciones y puntos de vista sobre nuestro trabajo como historiadores medievalistas independientemente de nuestra disciplina de partida o nuestra temática de estudio personal. Y lo ha hecho poniendo de relieve los puntos clave que marcan nuestro día a día como profesionales de la historia divididos entre la labor investigadora y generadora de conocimiento dentro y fuera de academia. Se han puesto en común líneas de investigación aún por explorar y cómo afrontarlas, métodos y técnicas de análisis tradicionales y digitales llevados a la práctica y formas concretas, efectivas o no, de materializar nuestra labor hacia la transferencia. Sin conocer el contenido de las contribuciones de cada uno, hemos descubierto en vivo puntos de encuentro, asentido ante preocupaciones compartidas que sobrepasan fronteras e intercambiado opciones concretas para ayudarnos mutuamente ampliando el conocimiento colectivo del *ser medievalista*. Es este, pienso, un volumen enriquecedor por la reflexión de grupo que invita a múltiples repetidas lecturas aptas para diferentes momentos de actividad, condensando recursos de inmensa utilidad para reforzar aquella tarea que queramos emprender, ya sea haciendo o comunicando investigación de calidad. En consecuencia, con el propósito de contribuir al debate abierto en la Semana, continuarlo y mantener la intencionalidad de producir un texto útil, no he querido modificar en exceso lo presentado entonces para abrir el diálogo al lector, aunque sí he aprovechado para ampliar aspectos agradeciendo los comentarios recibidos por ponentes y asistentes que, considero, contribuyen a mantener esa dinámica. Es este un texto que tiene sen-

* Este trabajo ha recibido financiación del Consejo Europeo de Investigación bajo el programa de Investigación e Innovación Horizonte 2020 de la Unión Europea (ERC Grant Agreement n.º 850604).

tido ahora y cuyo contenido **seguramen**te envejecerá rápido; dentro de 5 años nuestras preocupaciones **seguirán siendo** las mismas, pero los recursos con las que afrontarlas posiblemente se **ajustar**án a lo que hoy consideraríamos ciencia ficción.

1. CONTEXTO

El Comité Organizador de la Semana me ha invitado a abordar el tema propuesto, *¿Qué Edad Media hoy?*, quiero pensar que, básicamente, por la razón fundamental de que todos los proyectos en los que me he involucrado comparten una premisa común: ser, en esencia, poco convencionales, bien por su propio concepto (la propuesta central), o bien por su metodología, planteando una respuesta que fuerza en gran medida la idea de base vinculada al desarrollo de investigación y docencia centrados en la Edad Media tradicional o compartida por la mayoría. Se me propuso hablar sobre qué se está haciendo en la actualidad en el campo de la investigación centrada en el periodo medieval, así como de formas quizás no nuevas pero sí novedosas de comunicar nuestro trabajo a estudiantes y al público en general. Manteniendo el diálogo compartido y útil más allá de líneas concretas, no voy a hablar sobre qué temas son los más candentes últimamente en el campo de los estudios medievales, aunque sí me parece interesante poner de relieve que, a pesar de la IA, parece que hemos superado el *boom* de las humanidades digitales. Nos interesan cuestiones sobre territorio e identidad, redes de contacto y, más recientemente, historia medioambiental, además de traer de nuevo a la luz temas tradicionales para intentar sacudirnos los tópicos más incrustados. Nos interesan los estudios cualitativos, con lo digital como complemento pero no como requisito imprescindible. Así, me voy a centrar en tratar de resumir cómo, por qué y para qué ha variado nuestro método o los métodos más técnicos que ahora se han incorporado a nuestra ciencia, a nuestra docencia y, en parte, a nuestro día a día.

Siguiendo la propuesta, he planeado mi contribución como un ejercicio de autorreflexión, considerando los tres puntos clave: *desafíos globales*, *nuevas vías* y *otros públicos* desde la experiencia vivida a lo largo de los últimos casi 20 años desde que inicié mi carrera profesional con la etapa de posgrado. Me planteo:

- cómo la innovación tecnológica, tan presente en todos los ámbitos de nuestra vida, ha forzado la evolución de la investigación histórica, y cómo ese cambio ha abierto también nuestra labor a horizontes que, desde mi perspectiva, son más apasionantes que nunca;
- y cómo, al mismo tiempo, ese empuje digital experimentado en nuestro día a día ha generado un dinamismo y una libertad antes poco

explorados en relación con cómo comunicamos nuestro trabajo, tanto a nuestros alumnos como docentes como al público en general como generadores de conocimiento de vanguardia.

Huelga decir que lo que presento es mi perspectiva, no la única y seguramente no la más completa; en parte porque la innovación tecnológica y el mundo digital, aún con nuestro ojo centrado en la Edad Media, evoluciona tan sumamente rápido que es difícil y agotador seguirle la pista. En el primer Congreso de la Sociedad Internacional de Humanidades Digitales Hispánicas, celebrado en julio de 2013 en la Universidad de la Coruña, presenté una comunicación titulada «Paleografía latina *online*: recursos útiles para docentes y estudiantes o sobre cómo no perderse en la Red»[1]. Creo que ese título condensa con precisión cuál era la finalidad del discurso. Hoy sería impensable proponer algo así; ¡sería necesario dedicarse a tiempo completo para seguirle la pista a todo lo que se hace bajo la etiqueta de digital y entender el por qué, el cómo y el para qué de cada propuesta! He de decir que el tema de diseñar *software* para mapear redes de contacto ya sonaba con fuerza hace 10 años, aunque ahora esté tan de moda. También es posible que a algunos esta autorreflexión les resulte, quizás, ligeramente *naïve*, como corresponde a un académico al que aún le quedan muchos años de formación. Ese es mi perfil. Eso sí, mi carrera hasta el momento me ha permitido experimentar entornos diferentes, de ideas radicalmente opuestas en muchos casos, en los que los tres aspectos planteados eran percibidos y desarrollados de formas muy dispares. Espero que la imagen de nuestra Historia, en mayúscula, que voy a presentar sea al menos interesante para algunos de vosotros y os anime también a aportarle más dinamismo.

Para que el resto del discurso tenga sentido, poniendo en su contexto cronológico y geográfico los temas a tratar y su evolución, debo empezar por resumir ni que sea brevemente mi experiencia profesional. Tras terminar la licenciatura en Geografía e Historia por la Universidad Nacional de Educación a Distancia, en 2007 llegué a la Universitat Autónoma de Barcelona para continuar con mis estudios de posgrado, incorporándome como FPI a un proyecto de investigación sobre paleografía medieval. 5 años después, y tras una breve estancia en el Centro Ramón Piñeiro para la Investigación en Humanidades de Santiago de Compostela, me doctoré en 2012 en Ciencias y Técnicas

---

[1]   A. Castro Correa, «Paleografía Latina: recursos para docentes y estudiantes o sobre cómo no perderse en la Red», *Espacio Tiempo y Forma. Serie III, Historia Medieval*, 27, 2014, pp. 211-228. <https://doi.org/10.5944/etfiii.27.2014.12642>.

de Estudio y Conservación del Patrimonio Bibliográfico y Documental. Ahí empezó para mí aquello que llamábamos *movilidad exterior*. En 2013 obtuve una beca de posgrado Astrik L. Gabriel en Historia de la Educación en la alta Edad Media, incorporándome al Medieval Institute de la University of Notre Dame, en Indiana. A finales de ese mismo año pasé de Estados Unidos a Canadá con una beca posdoctoral de la Mellon Foundation en el Pontifical Institute of Mediaeval Studies de la University of Toronto, donde obtuve el diploma (Licence) en Estudios Medievales con una tesis sobre la Reforma Gregoriana y su impacto en la transición gráfica pleno medieval. Finalizado ese contrato, volví a Estados Unidos con una beca corta en el Center for Epigraphical and Palaeographical Studies de la Ohio State University, para regresar a continuación a Europa, al Reino Unido, con un contrato Marie Skłodowska-Curie de la Comisión Europea para llevar a cabo un proyecto de investigación sobre paleografía digital que desarrollé en el King's College de Londres. Sobre este último volveré más adelante. Dos años después volví a España, también con contrato, concretamente a la Universidad de Salamanca, donde actualmente, y además de las labores docentes correspondientes, dirijo otro proyecto de investigación sobre alfabetización pragmática del grupo campesino en la alta Edad Media también financiado por el Consejo Europeo de Investigación[2]. En resumen, partiendo de una formación inusual en academia, donde prima la resiliencia, madurez e iniciativa personal, con poco contacto profesional, pasé a la escuela más tradicional y técnica, donde se favorece en gran medida la continuidad historiográfica y, de esta, al opuesto, a la más innovadora, donde se promueve especialmente el pensamiento crítico, la creatividad y la capacidad de generar y defender ideas poco convencionales. Durante todo este periodo, además de desarrollar otros proyectos y actividades de transferencia paralelos en los centros que me acogieron, he colaborado en otros muchos, y siempre, tanto por iniciativa propia como por invitación, ha habido un aspecto en común: la interdisciplinariedad, esto es, la integración de enfoques, métodos y conceptos de dos o más disciplinas para avanzar en la comprensión o solución de problemas creando nuevas perspectivas o marcos de trabajo. Y es que, a pesar de estar aquí en la Semana Internacional de Estudios Medievales de Estella, no me considero, estrictamente hablando, un medievalista, aunque, como referiré más adelante, pienso que estas etiquetas son ya innecesarias. Mi área de conocimiento no es la Historia Medieval sino

---

[2] ERC Project, «The Secret Life of Writing: People, Script and Ideas in the Iberian Peninsula (*c.* 900-1200)», Universidad de Salamanca, 2020-2025 (Grant Agreement n.º 850604). Web del proyecto: <https://peopleandwriting.usal.es/es/>.

las Ciencias y Técnicas Historiográficas, campo de estudio que se centra en los métodos, técnicas y principios utilizados en la investigación y escritura de la Historia; más concretamente, el estudio de la escritura y la materialidad documental, esto es, siendo estrictos con mis intereses específicos, la Paleografía y la Diplomática. Así, he desarrollado y desarrollo mi actividad profesional en un ámbito de conocimiento dividido con línea muy fina que incluye, principalmente, la Historia Medieval, Historia Social e Historia de la Iglesia, Filología, Antropología, Arte y, obviamente, Paleografía, Diplomática y Codicología. Esta evolución no ha sido plenamente voluntaria o, expresándolo mejor, no ha respondido a una intencionalidad del todo consciente, sino que se ha desarrollado orgánicamente por necesidad, tanto personal como académica, derivada del propósito de aprender y poner en práctica conceptos y métodos de cualquier ciencia que aporten para estudiar en toda su complejidad la escritura como tecnología de comunicación dentro de una determinada sociedad. En mi caso, la altomedieval.

Lo que nos interesa aquí, y a lo que me voy a referir a continuación, es la secuencia del cambio de método en Historia Medieval entendido en su sentido más básico y experimentado a través del estudio de la escritura y lo escrito. En concreto, y dentro de las Ciencias y Técnicas Historiográficas, principalmente en la visión desde el área de conocimiento de la Paleografía. La secuencia de mi cambio, del personal, pero también del cambio que ha afectado, en mayor o menor medida dependiendo de los intereses y habilidades particulares en cada caso, a todos mis compañeros dedicados a los estudios medievales. Incluso, se podría añadir, a los estudios históricos en general. Obviamente me centraré en una perspectiva bien conocida por mis colegas paleógrafos-diplomatistas-codicólogos, traída desde mi ámbito concreto de especialidad. No obstante, dada la complementariedad que el estudio de fuentes supone (o debería suponer) para los estudios más puramente históricos, lo hago con la convicción de que mi punto de vista no será tampoco del todo desconocido para los medievalistas más estrictos.

2. INVESTIGACIÓN

Una vez superada su etapa de ciencia auxiliar y ganándose la consideración de ciencia en sí misma, a la Paleografía, entendida como Historia de la Escritura centrada ya no solamente en transcribir documentos, le ha costado enormemente modernizase e interiorizar aportaciones de otras ciencias. La pareja Historia Medieval-Arqueología es una combinación que hoy en día resulta, o debería resultar, habitual, como lo son, o deberían serlo, Historia Medieval-

Paleografía[3] o Paleografía-Filología, aunque no se pongan mucho en práctica en nuestro país[4]. El binomio Paleografía-Biología resulta extraño y, sin embargo, ya está en la etapa de plena incorporación y esperando el cambio. Nuevas combinaciones, fruto del dinamismo y la creatividad, empiezan a tomar forma desdibujando aún más el concepto puro de la disciplina.

El gran impulso se popularizó principalmente gracias a los avances en el campo de la fotografía que, además de la digitalización de fuentes primarias con las consecuentes mejoras en relación a su acceso, difusión y preservación, dinamizó su estudio permitiendo la incorporación al siglo XXI. La demanda en el ámbito de la investigación, buscando aprovechar de forma más intensa los testimonios existentes, estaba y continúa estando ahí. El punto de inicio fue la experimentación con y el desarrollo y la aplicación de nuevas tecnologías como el análisis de imagen multiespectral. El ejemplo pionero de este tipo de proyectos fue el «Palimpsesto de Arquímedes», códice a simple vista eclesiástico que fue sometido a análisis para poder descubrir las capas inferiores de texto, revelando varias obras únicas del matemático[5]. El impacto que desató en el trabajo con fuentes, ya sea desde el punto de vista de guarda de contenido histórico-textual como de fuente de información sobre hábitos socio-culturales de producción y uso, incluyendo análisis de tintas, abrió camino para incorporar y poner en práctica otras muchas ciencias que ya estaban en el punto de mira desde mediados del siglo XX, de forma más evidente, la computación. Quizás el caso más mediático[6], combinación de profunda erudición, interés académico, tesón y un punto de locura, es el del padre Roberto Busa. En la década de 1940, Busa se acercó a Thomas Watson, fundador de IBM, para ver si con su ayuda podía elaborar su «Index Thomisticus», un índice electrónico de todas las palabras

---

[3] Parto de la convicción de que el medievalista (el historiador en general) debería trabajar con fuentes manuscritas, epigráficas y un largo etcétera de forma directa y no exclusivamente con ediciones, donde se conserva el texto histórico pero no la materialidad del testimonio, por muy buenas que estas sean. Apreciar esta materialidad aporta información fundamental sobre, por ejemplo, recursos disponibles en una u otra institución, sus intereses culturales, redes de contacto, organización social, formación de escribas y lectores o gestión de memoria, por mencionar lo más evidente.

[4] ¿Por qué?, ¿tan difícil es la conciliación de métodos?, ¿tan apegados estamos a un supuesto *intrusismo* profesional?, ¿tan diferentes son nuestros intereses?, ¿tanto nos cuesta fomentar la colaboración entre disciplinas?

[5] «TED Talk W. Noel: Revelando el códice perdido de Arquímedes (29 mayo 2012)», en YouTube, <https://youtu.be/VqtEppZmjfw?si=c9gzBJ7Ko6BItIsm>. Web del proyecto: <https://archimedes-palimpsest.net/>.

[6] No el único significativo; desde la paleografía, interesa releer P. Stokes, «Computer-aided palaeography, present and future», en M. Rehbein, P. Sahle y T. Schaβan (eds.), *Codicology and Palaeography in the Digital Age*, Norderstedt, Books on Demand, 2009, pp. 309-338.

utilizadas por santo Tomás de Aquino para proceder a su estudio lingüístico y literario[7]. Dejando al margen la anécdota, con el cambio de siglo los avances empezaron a ser múltiples, distinguiéndose a grandes rasgos por su aplicación directa al campo de la Historia-Paleografía medieval dos líneas troncales de interdisciplinariedad:

- por un lado, las aplicaciones orientadas hacia el estudio de la materialidad documental (el estudio y la consideración de los manuscritos desde la perspectiva de sus propiedades físicas y materiales, no solo de su contenido textual) que vienen a englobarse como Ciencias Aplicadas a la Conservación y Estudio del Patrimonio Cultural o Ciencias de la Conservación;
- y por otro, las iniciativas comprendidas dentro de las Humanidades Digitales en su sentido más puro, es decir, la incorporación de herramientas digitales no para la gestión de información, sino para su análisis, yendo más allá en la búsqueda de resultados que no podrían obtenerse por los métodos tradicionales.

Sobre materialidad documental destacan especialmente, por la rápida aplicación práctica de sus resultados en relación con una larga lista de líneas de investigación, los proyectos surgidos desde el campo de la química dedicados al análisis de los componentes minerales de tintas y pigmentos[8], y la biocodicología, que incorpora los avances en paleogenética y las técnicas de análisis proteínico y genético tanto animal como de microbioma[9]. Gracias a este tipo de enfoques, podemos obtener información precisa sobre la procedencia, tanto del tipo de animal como de su área geográfica, del soporte material del manuscrito, o de las tintas que se usaron para su confección, su composición, o la receta exacta seguida, permitiendo a su vez realizar estudios

---

[7] «IBM, Pioneering the Computational Linguistics and the Largest Published Work of All Time (27 March 2012)», en WebArchive-IBM, <https://web.archive.org/web/20120327122219/http://www.ibm.com/ibm100/it/en/stories/linguistica_computazionale.html>. Web del proyecto: <https://www.corpusthomisticum.org/>.

[8] R. Gameson (ed.), *The Pigments of British Medieval Illuminators. A Scientific and Cultural Study*, London, Archetype, 2023.

[9] S. Fiddyment, «Manuscript Palaeoproteomics: Discovering the Field of Biocodicology», comunicación presentada en el congreso internacional *Dark Archives: A Conference on the Medieval Unread & Unreadable. 8-10 September 2020*, en YouTube <https://youtu.be/o8SSPTmfJno?si=M-Qnq3wPkAX08F6xC>. ERC Project «Beasts to Craft: BioCodicology as a new approach to the study of parchment manuscripts», 2018-2024 (Grant Agreement N.º 787282). Web del proyecto: <https://sites.google.com/palaeome.org/ercb2c/home?authuser=0>; <https://cordis.europa.eu/project/id/787282>.

específicos sobre el comercio de materias primas que pueden incluir, por ejemplo, desde estudios económicos (líneas de comercio) hasta sociales (relaciones entre grupos y territorios). Incorporando química y biología a paleografía e historia (medieval), la capacidad de profundizar en la contextualización del texto y de las personas a las que da voz, incluyendo la reconstrucción de su entorno específico, se enriquece sobremanera, permitiendo así al investigador ir más allá de la práctica tradicional entendiendo de forma más completa el testimonio conservado.

También relacionados con estudios sobre materialidad, encontramos proyectos centrados en la ausencia de esta, línea de investigación de plena actualidad que busca reconstruir o completar *corpora* para entender mejor la producción escrita y avanzar aún más en su contexto histórico[10]. Me refiero especialmente a aquellos que ponen en práctica complejas fórmulas matemáticas para desarrollar estudios centrados en descubrir más sobre la pérdida documental, estimando la producción manuscrita real de épocas pretéritas y proporcionando resultados más allá de nuestras expectativas. Por ejemplo, al tratar de medir el impacto de la ola de incendios que asoló Australia entre 2019-2020 en relación a la preservación de la biodiversidad, se puso de relieve la parcialidad de los estudios realizados hasta el momento, que tenían en cuenta lo percibido en una determinada campaña de avistamiento de especies, pero dejaban al margen la diversidad tipológica de lo *no visto* en sus cálculos. Las fórmulas inspiradas para calcular lo invisible fueron rápidamente aplicadas al campo de los estudios sobre documentación histórica, concretamente reconstruyendo *stemmata*, haciendo la conversión de invisible a perdido, presentándose en 2020 unos primeros resultados con inmenso potencial de aplicación[11].

Los avances recientes en el campo digital, múltiples y tremendamente variados así como de rápido crecimiento, surgen de la búsqueda de herramientas eficaces para trabajar con grandes volúmenes de información. Tienen dos momentos clave enfocados al estudio y procesamiento de lo escrito, por un lado, y de la escritura, por otro.

Respecto al primer aspecto, debemos remontarnos a finales del siglo XX. En 1994 se publican las primeras directrices completas de la Iniciativa de Codificación de Textos (TEI) cuya finalidad principal era la homogeneización de

---

[10] AHRC Research Network Grant AH/Y000102/1 (2023-2025): «Defining and studying lost documents (*deperdita*) from early medieval Europe and beyond: possibilities and implications» (IPs Warren Brown, Marios Costambeys, Matt Innes, Adam Kosto).

[11] M. Kestemont, F. Karsdorp, «Estimating the loss of medieval literature», comunicación presentada en el congreso internacional *Dark Archives: A Conference on the Medieval Unread & Unreadable. 8-10 September 2020*, en YouTube <https://youtu.be/53WdYlSk2pc?si=VXt8Q65IXfd9_RoJ>.

su procesamiento. De forma muy simplificada, pensemos en TEI como unas normas internacionales de edición documental, tanto humana (edición digital con *input* humano) como digital (automatización de ediciones). Se fundamenta en el desarrollo de un estándar (denominado 'gramática') para la representación digital de textos que está basado en el lenguaje XML, simple y de fácil exportación. Dicho de otro modo, ofrece una normativa específica para su marcado semántico, detallando cada uno de los elementos que componen el texto con el que queramos trabajar. El uso de TEI está ampliamente extendido en las especialidades de filología[12] y sería el sueño cumplido del padre Busa. El estudio semántico de un corpus determinado nos permite, por ejemplo, descubrir patrones propios de una época, área geográfica o grupo social determinados habilitando al especialista para, entre otras muchas tareas, contextualizar mejor o reconstruir de forma precisa una fuente[13].

El segundo hito, a comienzos del siglo XXI, vino promovido por la cantidad masiva de digitalizaciones de manuscritos disponibles con un clic (y una cierta angustia por buscar la forma de procesar la información desde el punto de vista gráfico). En 2004 se presenta el primer proyecto sobre paleografía digital para el procesamiento de imagen[14], tanto para su análisis con *input* humano, favoreciendo la comunicación con la máquina, como esbozando las posibilidades del análisis digital. Esta primera propuesta abrió la ciencia del estudio de la escritura, sin posibilidad de vuelta atrás, a estudios cuantitativos además de cualitativos. Se empezaba a formular un lenguaje para comunicar la escritura como arte de forma efectiva al ordenador y desarrollar un *software* que reconociese por sí solo cada uno de los signos gráficos e identificase además las irregularidades (lo que resulta ideal para establecer variaciones de autor-escriba)[15].

---

[12] Web oficial de la iniciativa: <https://tei-c.org/>; J. M. Fradejas Rueda, «De editor analógico a editor digital», *Historias Fingidas*, 1, 2022, Humanidades Digitales y estudios literarios hispánicos, pp. 39-65, <https://doi.org/10.13136/2284-2667/1108>.

[13] Remito al texto de Eliana Magnani en este volumen. El ejemplo que ella compartió con nosotros sobre la frecuencia de uso de palabras clave como *ecclesia* o *locus* en una u otra cronología de su corpus documental es un detalle de inmenso valor para estudios sobre historia social e historia de la Iglesia, por citar los más evidentes (¿Por qué en su corpus priman las referencias a *ecclesia* en el siglo XI sobre el X? ¿Estamos ante un reflejo del incremento de poder diocesano sobre el local? ¿Del regular sobre el secular? ¿Ante un aumento del peso del componente laico?).

[14] A. Ciula, «Digital palaeography: using the digital representation of medieval script to support palaeographic analysis», *Digital Medievalist*, 1, 2005, <http://doi.org/10.16995/dm.4>.

[15] En lugar de citar proyectos o publicaciones, invito al lector interesado a familiarizarse con el trabajo de dos grandes maestros: P. A. Stokes (<http://peterstokes.org>) y D. Stutzmann (<https://www.irht.cnrs.fr/fr/annuaire/stutzmann-dominique>).

Desde esos inicios, tanto en procesamiento de texto como de imagen, los avances han sido continuos. Menciono tres que, desde mi punto de vista, son los más significativos y de obligado conocimiento:

- Archetype (anteriormente llamado the DigiPal framework): *software* de código abierto desarrollado en el King's College de Londres, diseñado para el análisis y representación de fuentes manuscritas y presentado como plataforma web[16].
- IIIF (Iniciativa Internacional de Imágenes Interoperables): permite a los usuarios no solo visualizar, sino también manipular, comparar, y anotar imágenes digitales en línea, independientemente de dónde se almacenen, impulsando la creación de herramientas y plataformas digitales flexibles[17].
- Transkribus: plataforma diseñada para el reconocimiento, transcripción y anotación de textos históricos mediante tecnologías de reconocimiento automático de escritura manuscrita (Handwritten Text Recognition o HTR) y de aprendizaje automático[18].

Llegados a este punto, ¿puede un ordenador transcribir con absoluta perfección y de forma autónoma un manuscrito medieval cuyas imágenes digitales obtenga de un archivo que tenga implantada la normativa IIIF indicando, además, cuántos escribas intervinieron en su confección y mostrando sus particularidades gráficas? Todavía no, pero estamos más cerca que lejos del casi, del *ojo paleográfico* digital, con debate ético abierto.

Gracias a la complementariedad entre disciplinas, se ha podido profundizar en el estudio de las fuentes históricas y de su contexto respondiendo a preguntas que antes era imposible abordar. Sin embargo, contrariamente a lo que se podría pensar, este tipo de proyectos e iniciativas no están desvirtuando la especialidad[19] sino enriqueciéndola hasta límites insospechados, aportándole recursos que hace tan solo 20 años eran impensables. La magnitud de las opciones de análisis disponibles paradójicamente ha hecho que una sección conside-

---

[16] ERC Project, «Digital Resource and Database for Palaeography, Manuscript Studies and Diplomatic», 2011-2014 (Grant Agreement N.º 263751). Web del proyecto: <https://github.com/kcl-ddh/digipal/wiki/>; <https://www.digipal.eu/about/digipal/>.

[17] Web de la iniciativa: <https://iiif.io/>; más información en su canal de YouTube: <https://youtu.be/8LiNbf4ELZM?si=gT5pTCWEUFDU2_X>.

[18] Web de la plataforma: <https://readcoop.eu/transkribus/>.

[19] Eso sí, es fundamental no dejarse llevar por el *trending* digital; no perder de vista nuestro objetivo (cualitativo y no meramente cuantitativo) para no perdernos nosotros entre múltiples herramientas cuya implementación igual no es realmente necesaria.

rable de los expertos en escritura histórica vuelva a la Paleografía, Diplomática y Codicología más puras. Como muestra, la propuesta de Elaine Treharne, catedrática de la universidad de Stanford[20], de transformar el concepto de *Manuscript Studies,* que vendría a ser el equivalente en ámbito anglosajón de nuestras Ciencias y Técnicas Historiográficas a *Fenomenología del manuscrito*[21]; esto es, al estudio de *la experiencia humana como parte integral de la historia e identidad del libro,* advocando por una aproximación holística al estudio del manuscrito como un objeto en el mundo para contar la historia de su vida, de su existencia vivida, desde el momento de su producción hasta su uso, recopilación, desintegración, preservación y digitalización. La biografía del objeto textual a través del tiempo y del espacio, estableciendo una conversación entre sus autores, actores y todo aquel que ha interactuado e interactúa con el manuscrito a lo largo de la historia. Volvemos en cierta forma al más puro estilo de la escuela de Petrucci iniciada el siglo pasado[22].

Hasta aquí mi reflexión sobre el primer aspecto, *Innovación.* Antes de pasar a hablar sobre *Transferencia,* me gustaría detenerme brevemente en uno de los avances comentados: el propuesto por el *software* Archetype.

Mi experiencia con Archetype viene derivada de mi estancia en el King's College de Londres como investigador posdoctoral Marie Curie[23]. El proyecto vinculado a ese contrato se centraba en la crítica de la utilidad del *software* para su incorporación como recurso de análisis paleográfico; básicamente como herramienta útil para facilitar el marcado de imágenes y su clasificación sin descontextualizar el objeto de su conjunto, lo que haría la selección de aspectos de interés incomprensible.

En ese momento, estoy hablando del año 2015, el marcado digital era una total novedad; cuando hacíamos un estudio gráfico y queríamos incorporar imágenes de aspectos concretos de un testimonio manuscrito como apoyo a

20 Véase su perfil, especializada en literatura inglesa e historia del libro: <https://english.stanford.edu/people/elaine-treharne>.
21 E. Treharne. «The human experience as an integral part of the history and identity of the book», ponencia presentada en la *Mmmonk School 2023*, 17 November 2023, disponible en YouTube: <https://youtu.be/N-xNFTkKMmI?si=z5EpbgbypnS5p6ow> (<https://www.mmmonk.be/en/news/mmmonk-school-2023-programme-and-registration>). *Idem, Perceptions of Medieval Manuscripts: The Phenomenal Book*, Oxford, Oxford University Press, 2021. Ver resumen en: <https://english.stanford.edu/publications/perceptions-medieval-manuscripts-phenomenal-book>.
22 A. Petrucci, *Alfabetismo, escritura, sociedad*, Barcelona, Gedisa, 1999.
23 Marie Skłodowska-Curie Postdoctoral Research Project «VIGOTHIC Towards a typology of Visigothic script: the Beatus British Library Add. 11695 and its potential for dating and localising Visigothic script manuscript». King's College London 2015-2017 (Grant Agreement N.º 656298). Información institucional: <https://cordis.europa.eu/project/id/656298>.

nuestra argumentación, la única opción disponible hasta el momento era realizar los recortes del elemento en cuestión en algún programa como Photoshop o Gimp, suponiendo que la calidad de la digitalización fuese lo suficientemente alta, para, a continuación, incrustar dichos recortes en nuestro estudio. Archetype, o Digipal, como se denominaba entonces, permite el marcado rápido, el almacenamiento y clasificación de los recortes en bibliotecas, su fácil recuperación y la creación de estadísticas de las particularidades que consideremos relevantes, así como compartir las nuevas imágenes generadas de forma sencilla, incluso directamente en redes. Es más, entre sus múltiples funcionalidades, Archetype permite alterar la visualización de la imagen, por ejemplo creando capas de opacidad para realizar comparativas entre muestras a través de su espacio virtual de trabajo. Y, por si esto fuera poco, además del estudio de la escritura, Archetype también favorece el estudio de lo escrito, integrando la funcionalidad de marcado TEI semiautomático para aquellas fuentes añadidas a la plataforma. Archetype es un *software* de acceso abierto, gratuito y adaptable para cualquier tipo de investigación orientada al análisis de fuentes. Durante el desarrollo del proyecto cree mi propia versión de Archetype dedicada al estudio de la escritura visigótica, tipología gráfica en la que me especializo. Así nació VisigothicPal[24].

Sería complejo condensar aquí toda la funcionalidad y manejo de la plataforma. No obstante, me gustaría invitar al lector a visionar unos vídeos muy breves para brindar un primer acercamiento[25]. Teniendo en cuenta que el objetivo del proyecto era ponderar la utilidad del *software*, elaboré un informe final como Libro Blanco[26] con sus ventajas e inconvenientes. Como mayor inconveniente, la dificultad de encontrar el término correcto para comunicarse con el ordenador: cada uno de los elementos marcados debe describirse con una terminología específica, no paleográfica, para permitir su procesamiento dentro de la plataforma, terminología que hay que definir *ex novo* para cada plataforma Archetype con la gran inversión de tiempo que implica. Como mayor ventaja, la celeridad que le confiere a la propia actividad de marcado y recorte, reduciendo a más de la mitad el tiempo de dedicación necesario para obtener las evidencias de apoyo a la investigación.

---

[24] <https://visigothicpal.com/>. Guía de uso: <https://www.litteravisigothica.com/articulo/introduccion-a-las-plataformas-pal-guia-basica> y siguientes.

[25] Disponibles en el canal de YouTube «Littera Visigothica»: ejemplo de marcado <https://youtu.be/rfRhgkbDWRc?si=pLFsUnFnQNDBY0uc> y ejemplo de búsqueda <https://youtu.be/VrIlVgh7iYE?si=ClOeiNAxhbZPeUIJ>.

[26] A. Castro Correa, «Visigothic script and the Digipal software: Report of WP2 Digital Analysis of BL 11695». Zenodo, <https://doi.org/10.5281/zenodo.12802085>.

3. TRANSFERENCIA

Vistas algunas de las nuevas vías incorporadas a la labor investigadora, me gustaría realizar el mismo ejercicio de autorreflexión para considerar los desafíos, nuevas vías y otros públicos en la labor divulgadora y de transferencia de conocimiento hacia la sociedad. De nuevo, desde mi perspectiva personal y como paleógrafo-medievalista.

El primer aspecto en el que me gustaría incidir es en la dificultad de encontrar el tiempo y la forma para plantear y llevar a cabo una labor de transferencia competitiva, de calidad y que proporcione resultados directos, tangibles o intangibles (impacto económico y social). Es complicado superar la brecha entre teoría y práctica encontrando una forma efectiva de transformar innovación investigadora en soluciones concretas que generen impacto social real, y no hablemos de impacto económico. Creo que esto se debe no tanto a nuestras propias carencias o a las características de nuestro campo de especialidad, sino a la falta de formación y orientación específica para aquellos que nos dedicamos a las Ciencias Históricas, lo que nos dificulta ser capaces de identificar, en primer lugar, qué actividades podríamos realizar y cómo medir su impacto real. Baste analizar los criterios de evaluación de los sexenios de transferencia[27]. Además, si tenemos la suerte de que se nos ocurren ideas potenciales para realizar estas actividades, otro desafío añadido me parece superar la inseguridad, por falta de experiencia y formación, del planteamiento de propuestas para poder conseguir financiación y llevarlas a cabo. Las iniciativas de transferencia a menudo requieren inversiones significativas. Encontrar modelos de financiación sostenibles que permitan la continuidad de estos proyectos es un desafío constante, especialmente en un clima que prioriza otras áreas de investigación. Y es fundamental desarrollar nuevas estrategias de transferencia que faciliten no solo la comprensión pública de la investigación en nuestro campo, sino también su aplicación práctica en otros contextos educativos y sociales; campos que van desde la educación hasta la gestión cultural. Y es de valientes hacerlo en las condiciones en las que lo hacemos, de forma altruista y a base de aprender de nuestros errores.

....

[27] Véase: Proyecto de real decreto por el que se modifican varios reales decretos reguladores de las evaluaciones del personal investigador de los Organismos Públicos de Investigación y del personal docente e investigador de las Universidades públicas, <https://www.ciencia.gob.es/Convocatorias/Participacion-Publica/Audiencia-e-informacion-publica/2024/PRD_modificacionRD_PIO-PI_PDIUP.html>.

Algunas estrategias de transferencia habituales con resultados bastante alentadores son:

- la presencia en plataformas digitales (los tradicionales blogs) y en redes sociales, buscando el equilibrio entre accesibilidad y rigor para que la información sea útil tanto para especialistas como para el público en general;
- la organización de exposiciones y talleres interactivos, trabajando con especialistas en la promoción de actividades culturales para ganar en interacción con el público;
- la creación de documentales, desarrollando narrativas visuales más atractivas;
- la colaboración intersectorial con gestores culturales integrando investigación histórica en la planificación y desarrollo comunitario (planes de desarrollo económico local, conservación del patrimonio);
- y la educación interactiva, implementando herramientas digitales en forma de simulaciones interactivas y juegos educativos en la enseñanza promoviendo que nuestros estudiantes exploren la Edad Media de manera más atractiva y dinámica.

Y me refiero a ellas indicando *resultados alentadores* no por haber sido capaz de medir de forma eficiente el impacto social y económico de las que he llevado a cabo hasta la fecha, sino por la sensación de que, especialmente de cara al público general, tales actividades son bien recibidas.

Continuando el comentario sobre la dificultad de encontrar tiempo y trabajar sin financiación, gracias a un periodo medianamente largo entre contratos pude poner en marcha la web Littera Visigothica[28], portal dedicado a la escritura visigótica, sus manuscritos y contexto. Este portal registra ya más de 4000 visitas en lo que llevamos de 2024, a pesar de que no se actualiza desde hace años por falta de tiempo. La mayoría de las consultas son procedentes de Estados Unidos. En ocasiones, estos usuarios se ponen en contacto para agradecer el recurso, siendo muchos de ellos estudiantes universitarios y aficionados a la historia en general. El canal de YouTube[29] y la cuenta de X/Twitter[30] asociados al portal también registran un impacto considerable, aunque cómo es de real a efectos prácticos es imposible de medir. Considero que la presencia en redes ha sido y es indispensable, al menos para mí, por la capacidad de intercambiar

---

[28] Véase <https://litteravisigothica.com/>.
[29] Accesible en: <https://www.youtube.com/@litteravisigothica>.
[30] Accesible en: <https://x.com/ainoa_castro>.

ideas y mantener redes de contacto internacional. Vía redes también ha sido cómo la exposición «Adulterio, robo, siervos y pagos en especie: la vida secreta de la escritura»[31], organizada en la Facultad de Geografía e Historia de la Universidad de Salamanca del 14 de noviembre de 2023 al 14 de enero de 2024 tuvo más repercusión, ya que presencialmente acudieron menos de un centenar de personas, sin que podamos saber exactamente qué impacto tuvo, mientras que la web registró un número de visitas considerable, además de dar lugar a la formalización de redes de contacto con instituciones dedicadas al patrimonio cultural que vieron en ella un ejemplo a replicar. Es necesario indicar que esta exposición se organizó trabajando de forma conjunta con la Unidad de Cultura Científica y de la Innovación, dependiente del Vicerrectorado de Investigación y Transferencia de la Universidad de Salamanca, por lo que en este caso contábamos con profesionales del sector. Aun así, digamos que fue un éxito relativo. Más interés suscitaron los dos talleres de caligrafía medieval (iniciación a la escritura visigótica e iniciación a la escritura carolina) impartidos por la calígrafa Esperanza Serrano (Alcuino Caligrafía & Arte, Villa del Libro de Urueña), en 2022 y 2024[32]. En ambas ediciones se ofertaron un número de plazas limitadas a 15 estudiantes que no era necesario que fueran académicos (los talleres estaban abiertos al público en general). Dichas plazas se agotaron el mismo día en el que se pusieron en oferta, con reservas hechas de 2022 a 2024. Este es un ejemplo de una actividad ultra específica que funciona, misteriosamente, con creces. También la participación en la Noche Europea de los Investigadores[33] que venimos realizando regularmente, donde podemos comprobar que pequeños y grandes disfrutan experimentando con soportes y útiles de escritura medievales. Resultados menos alentadores están siendo los del proyecto financiado con fondos Next Generation dentro del Plan de Recuperación, Transformación y Resiliencia (Gobierno de España. 2022-2025) bajo el título «Plan de sostenibilidad turística en destino. Sierras de Béjar: Centro de Cultura Serrana», solicitado en colaboración con ADRISS Sierras de Salamanca y la Mancomunidad de municipios Ruta de la Plata que, a pesar de ser concedido y financiado en su totalidad, se encuentra en situación de inactividad por la compleja maraña de agentes privados involucrados.

Cerrando la lista de estrategias de transferencia comentadas y como ejemplo del último tipo, *educación interactiva*, en la Universidad de Salamanca he-

---

[31] Más información en: <https://peopleandwriting.usal.es/es/exposicion-vida-secreta/>.

[32] Más información en: <https://peopleandwriting.usal.es/es/sobre-peopleandwriting/eventos/>.

[33] Más información en: <https://eventos.usal.es/agenda/show_event/103844/noche-europea-de-los-investigadores-2023.html>.

mos implementado en los últimos cursos académicos una gamificación, *Scribe of Ages*[34], fruto de la colaboración entre compañeros medievalistas, paleógrafos y filólogos.

Scribe of Ages es un videojuego[35] orientado a facilitar el aprendizaje de la lectura y contextualización de fuentes manuscritas. Iniciado en el curso académico 2018-2019 como resultado de un proyecto de innovación docente, se presenta como refuerzo para la docencia de la asignatura de Paleografía. En *Scribe of Ages*, el jugador/alumno pone en práctica los conocimientos adquiridos en el aula, explorando testimonios manuscritos de entre los siglos VI al XIII seleccionados por su importancia en el campo de la cultura escrita y, tras una breve introducción histórica sobre ellos y su contexto, perfecciona su destreza en el reconocimiento de cada uno de los sistemas gráficos del periodo a través de una serie de juegos sencillos centrados en acercar las fuentes primarias al alumno de forma amena, didáctica y práctica.

Scribe of Ages se inicia con contenido narrativo en primera persona que expone el objetivo del videojuego, creando un diálogo entre el avatar que adoptará el jugador y este y promoviendo la inmersión en la historia que sirve de marco: el jugador es el héroe al que el monje-robot Odoario recurre para ayudarle en su proceso de aprendizaje. Finalizada la narrativa, se presenta la pantalla principal, donde otro personaje peregrino, Gabriel, recorre un mapa interactivo de la península ibérica mostrando las diferentes etapas disponibles. En su viaje de práctica paleográfica, el jugador podrá explorar, a su propio ritmo y según el orden que decida, ocho centros, uno por cada códice. Partiendo de una contextualización histórica de carácter genérico, cada etapa representa un aspecto concreto, por ejemplo, el paso de la Antigüedad a la Edad Media en relación con la producción escrita y sus tipos, el auge de los monasterios como custodios del

---

[34] Ministerio de Cultura y Deporte. Registro de la Propiedad Intelectual. N.º de asiento registral 00/2023/1447. 2.º premio categoría «Idea Innovadora de Negocio» en el Concurso Iniciativa Campus Emprendedor 2021, Plan TCUE-Transferencia de conocimiento universidad-empresa, organizado por la Fundación Universidades y Enseñanzas Superiores de Castilla y León.

[35] Véase <https://scribeofages.es/>. Aspectos técnicos: *Scribe of Ages* se presenta como aplicación WebGL (ejecutable en cualquier navegador moderno, en cualquier dispositivo) desarrollada mediante el entorno Unity3D, en lenguaje C#. Cuenta con una capa de servidor, mediante tecnologías PHP y base de datos MYSQL para almacenar datos de jugadores, como progreso en el juego y aspecto de avatar, puntuaciones y centro/institución, de forma que cualquier jugador pueda comprobar su progreso. El acceso del jugador y sus datos están protegidos mediante usuario y contraseña, con funciones de recuperación. Mediante un archivo de texto en formato Json, el docente-administrador de la actividad puede alterar la configuración de pruebas y ciudades, lo que permite que los contenidos sean dinámicos y cambien con el tiempo sin tener que actualizar la aplicación. En la configuración se indican los textos e imágenes a usar en cada prueba/ciudad, siendo estos cargados en tiempo de juego mediante la conexión online.

saber, la consolidación de los reinos cristianos o el surgimiento de las ciudades. Además, también se aporta en cada caso información relevante desde el punto de vista filológico, así como datos de carácter paleográfico específicos de cada manuscrito. Todo esto complementado con enlaces a publicaciones, vídeos y apuntes docentes. Una vez superada esta información de bienvenida, el jugador accede a los 5 juegos a resolver: alfabeto, identificación de abreviaturas, identificación de transcripciones, transcripción de un texto corto y transcripción de un texto largo. El monje-robot indica al jugador qué ha de hacer para superar cada uno.

El contenido de los 5 juegos es aleatorio, de forma que cada vez que el jugador accede, este será diferente, aunque ya se haya jugado; no se mostrará la misma combinación de alfabeto, de abreviaturas, ni el mismo texto. El jugador puede dedicar a cada juego el tiempo que necesite, sin penalización, eliminando el estrés que genera la práctica de transcripción en clase. El progreso viene marcado por una puntuación que, al acumularse, permitirá al monje-robot avatar subir de nivel, visualizándose a través de la mejora de sus ropajes; de eremita a monje benedictino. El objetivo es superar las pruebas de cada localización geográfica, pero la tarea no estará exenta de imprevistos dado que otro personaje del juego, Titivillus, enemigo del avatar, le irá incordiando, presentando aleatoriamente otra serie de juegos a superar de forma obligatoria. Vencido el enemigo, este otorgará al jugador un premio en forma de pergamino en el que cuenta su propia historia a modo de biografía, compartiendo con el jugador el origen de su locura y maldad. Obtener los cinco pergaminos supone la finalización del juego.

Como recurso docente, la plataforma se completa con una intranet a través de la que seguir, en tiempo real, el progreso del alumno (etapas superadas, número de intentos y tiempo dedicado a cada juego).

Durante el curso 2019-2020, cuando *Scribe of Ages* se encontraba todavía en fase de desarrollo, pusimos en práctica una versión beta como recurso docente de refuerzo a las clases presenciales e invitando a los alumnos a participar en su mejora. Un poco más de la mitad de los alumnos que lo testearon completaron una encuesta básica valorando diferentes aspectos de la jugabilidad, valor educativo y estética del juego. Todos recomendaron mantenerlo como recurso docente e incluso abrirlo al público en general. Todos coincidieron en remarcar que *Scribe of Ages* les había incentivado en sus ganas de aprender sobre las materias tratadas dentro de la asignatura. De hecho, para nuestra sorpresa, vimos cómo los estudiantes realizaban retos entre ellos durante los descansos entre clase y clase, en la cafetería, en sus casas, por videoconferencia... llegando a un punto en el que nos encontramos con alumnos que pedían poder seguir jugando tras superar la asignatura porque no solo aprendían, sino que les relajaba.

Gracias al apoyo de la Fundación General de la Universidad de Salamanca, el equipo de *Scribe of Ages* continuó trabajando en la mejora de la plataforma. Partiendo de los comentarios aportados por los alumnos, se modificaron los juegos, aumentando o reduciendo su dificultad, añadiendo más y ampliando los materiales de contexto. De esta forma, se desarrolló una nueva versión en acceso abierto implementada progresivamente durante los cursos 2021-2022 y 2022-2023.

En el curso académico 2023-2024 hemos ofrecido nuevamente *Scribe of Ages* al alumnado y realizado una nueva encuesta. Si en la primera (curso 2019-2020) buscamos obtener resultados generales sobre la adaptación de *Scribe* a la docencia, la finalidad detrás de esta segunda se centró en identificar de manera más específica los aspectos que podrían necesitar mejoras de cara al futuro. Uno de los aspectos en los que insistieron fue en la variedad de pruebas ofertadas dentro del juego. Algunos alumnos expresaron el deseo de contar con una gama más amplia y diversa de actividades y desafíos para mantener un interés constante. También enfatizaron la necesidad de profundizar en la inmersión del juego, buscando una experiencia aún más envolvente. Asimismo, señalaron que los elementos visuales y sonoros del juego podrían ser objeto de atención adicional para asegurar una experiencia más atractiva.

Como resultados generales de la incorporación de *Scribe of Ages* a la docencia, hemos de destacar el interés, entusiasmo y agradecimiento mostrado por parte de los alumnos. Interés por entender cómo estaba diseñado y por qué, lo que ha repercutido en un mejor conocimiento de las fuentes materiales en las que se basa. Entusiasmo por contribuir a su mejora. Agradecimiento por no cesar en la innovación docente, buscando proporcionarles herramientas de utilidad en su proceso de aprendizaje. Así, alumnado que suele mostrarse reacio a la asignatura se convirtió en alumnado activo y participativo, en clase y en el juego. Pero este discurso sobre *Scribe* que resulta alentador esconde una reflexión negativa. Los alumnos se han involucrado, han participado, han incorporado, han aprendido, han mejorado en/con el juego. Pero también, curso a curso, han incrementado la demanda de novedad, de interacción, de mejoras que no se puede resolver por la falta de tiempo de dedicación necesario por parte de los desarrolladores, así como por falta de financiación[36]. *Scribe* es una buena idea, funciona, como gamificación y por su diseño no es difícil de mantener, pero no es una tarea a la que realmente podamos dedicarnos.

---

[36] Es necesario incidir en que, a pesar de iniciarse como proyecto de innovación docente, *Scribe* no contó con financiación alguna por parte de la Universidad. Sin el apoyo de la Fundación General no habría sido posible realizarlo.

4. CONCLUSIONES

El viaje a través de las evoluciones metodológicas y tecnológicas en el estudio de la Historia Medieval ilustra una transformación significativa en nuestra aproximación al pasado. Las innovaciones en Paleografía y Humanidades Digitales no solo han revitalizado el campo con nuevas herramientas analíticas y perspectivas interdisciplinares, sino que también han expandido las posibilidades de transferencia y enseñanza. Hoy en día, la interdisciplinariedad se ha vuelto tan esencial que prácticamente todos los proyectos académicos deben extenderse a múltiples disciplinas, hasta el punto de que el concepto de *interdisciplinar* en sí mismo ha perdido su significado. Si un proyecto no abarca varias áreas, pierde relevancia tanto conceptual como en términos de financiación. Esta necesidad de abarcar un poco de todo, aunque profundizando en una disciplina específica, no solo fomenta la colaboración y el debate, sino que también impulsa la creación de nuevas ideas y la exploración de las fronteras del conocimiento. Además, hemos visto un cambio en el método, donde la digitalización se ha vuelto omnipresente, respondiendo a la demanda de los estudiantes por información inmediata y fácil de digerir. Este enfoque digital facilita la interacción y el acceso a la información, aunque también plantea retos relacionados con la superficialidad de la información consumida. El cambio de público es otro factor clave; vivimos en una era de sobreexposición al conocimiento, donde la transferencia de información es constante y a menudo sin el debido contraste, lo que genera sesgos. Esto exige una mayor integración de la investigación en la actualidad y una adaptación a un público que está más informado, pero también más saturado de información que nunca. Cambio de concepto, cambio de método y cambio de público orientan nuestra respuesta a la pregunta planteada: ¿Qué Edad Media hoy?

La Edad Media y la historia pública. Experimentos y comentarios

Sandrine Victor

Institut National Universitaire Champollion

1. INTRODUCCIÓN

El campo de la historia pública se ha abierto recientemente en Francia. Lo que sigue es un intento de explorar la relación entre la Edad Media y la historia pública a partir de experiencias recientes en Albi y su región. Tomando en consideración una serie de preguntas y algunas observaciones contextuales, podremos examinar la manera en que el público no especializado consume una historia de la Edad Media en la vida cotidiana del siglo XXI. Del mismo modo, debemos preguntarnos de qué exactamente habla o quiere oír hablar el público cuando piensa en la Edad Media. Por último, ¿qué tipo de Edad Media producen las personas que, sin ser especialistas, son apasionadas de ella?

Para la mayoría de quienes no son ni especialistas ni apasionados de la historia y, por consiguiente, están alejados de lecturas eruditas o de archivos, la Edad Media es ante todo el conjunto de ideas que tienen tanto sobre los vestigios materiales heredados de los 10 siglos que van del V al XV en Occidente, como sobre las gentes que los crearon y para las que fueron creados[1]. Aunque para los franceses, por poner solo un ejemplo –pero los demás trabajos de la Semana de Estudios demuestran que el fenómeno puede considerarse global–, la Edad Media constituye un mundo imaginario útil para comprender el presente, estos objetos hablan de mundos que ya no existen, y en este sentido se asemejan a mundos ficticios, facilitando la proyección de la imaginación. Así pues, se piensa en el periodo de dos maneras diferentes y a veces contradictorias: la profesional, la del investigador, la del medievalista reconocido, y la pública, la del consumidor asiduo u ocasional de la idea de la Edad Media. Es esta segunda categoría de público la que nos interesa aquí. El problema del periodo medieval consumido por el gran público no es lo que ha legado, sino lo que se

---

[1] J. Rider, «L'utilité du Moyen Âge», *Itinéraires*, 2010-3, 2010, pp. 35-45.

ha conservado. La herencia implica no solo un transmisor, el especialista, sino también la aceptación del legado. En resumen, la herencia plantea la cuestión de la apropiación, teniendo en cuenta las trampas de la falsa familiaridad[2].

Así pues, el público actual es menos heredero de la Edad Media que su reciclador, y el sucesor de los recicladores anteriores. Ha conservado y extraído ciertos aspectos en detrimento de otros, combinándolos de nuevas maneras con materiales ajenos a la época, creando un objeto original que es «su» Edad Media. El público francés entra a diario en contacto con la Edad Media., pero ¿quién sabe? El pasado se recompone constantemente. Ha sido filtrado por el uso, transformado por los caprichos del tiempo, luego reinterpretado, clasificado y distorsionado por cada sociedad para adaptarlo a sus propias necesidades. Estos objetos visibles son, por tanto, indescifrables; hay que deconstruirlos para que resulten inteligibles al paseante curioso.

2. ELEMENTOS DE CONTEXTO

Hay que decir que la Edad Media está de moda, aunque, como escribió Bernard Guenée hace unos años, nació del desprecio. Pero para el gran público, a menudo inmerso en la cultura pop, la idea de la Edad Media se ha construido a partir de películas de éxito (*Le nom de la Rose*[3], *Robin Hood*[4], *A Knight's Tale*[5], *Monthy Python and the Holy Graal*[6]...), series (*Lords of the Rings*: *Rings of Power*[7], *Game of Thrones*[8], *Vikings*[9], *Kaamelott*[10]...) u objetos de animación (*The Hunchback of Notre Dame*[11], *Clash of Clans*[12]...). En lo que respecta al conocimiento de la Edad Media por parte del gran público, los especialistas se enfrentan a una tarea paradójica:

....

[2] J. Baschet, «Entre le Moyen Âge et nous», en D. Méhu, N. de Barros Almeida y M. Cândido da Silva (dirs.), *Pourquoi étudier le Moyen Âge? Les médiévistes face aux usages sociaux du passé*, Paris, Presses de la Sorbonne, 2012, pp. 215-232. M. Sot, A. Guerreau-Jalabert y J.-P. Boudet, «L'étrangeté médiévale», en J.-P. Rioux y J.-F. Sirinelli (dirs.), *Pour une histoire culturelle*, Paris, Seuil, 1997, pp. 167-182.
[3] Película dirigida por J.-J. Annaud, 1986.
[4] Película dirigida por R. Scott, 2010.
[5] Película dirigida por B. Helgeland, 2001.
[6] Película dirigida por T. Gilliam y T. Jones, 1975.
[7] Serie desarrollada por J. D. Payne y P. McKay, Amazon Prime Video, 2020.
[8] Serie desarrollada por D. Benioff y D. B. Weiss, HBO, 2011.
[9] Serie desarrollada por M. Hirst, History Channel, 2013.
[10] Serie desarrollada por A. Astier, A. Kappauf y J.-Y. Robin, M6, 2005.
[11] Dirigido por G. Trousdale, K. Wise, y los hermanos G. et P. Brizzi, Studios Disney, 1996.
[12] Juego épico de estrategia en tiempo real F2P de defensa de torres social, desarrollado y publicado por el estudio Supercell, 2012.

responder a una moda que no siempre se basa en una curiosidad o un interés genuinos, sino más bien en una mitografía sedimentada a partir de representaciones extraídas generalmente de los medios de comunicación populares.

La década de 1980 fue testigo del declive de las series de televisión puramente históricas y de la aparición de la fantasía, en la que la Edad Media se teñía de magia, una tendencia que se acentuó a partir de la década de 2000, sobre todo con la llegada a las pantallas de la trilogía de *Lord of the Rings*[13] y, en 2011, de *Game of Thrones*. La ficción histórica también interesa mucho a los franceses, que ven en ella un medio especialmente atractivo para conocer la historia, ya sea en películas, series, novelas, parques temáticos o videojuegos, como *World of Warcraft*[14] y sus decenas de millones de jugadores.

Estas obras de ficción, fuertemente teñidas de medievalismo, transmiten una visión muy concreta: la de una Edad Media oscura y violenta, como la de la serie *Vikings*. La idea es que se trata de un periodo bárbaro único, reflejo de la fascinación actual por la violencia, quizá como forma de exorcismo, que también se corresponde con la moda audiovisual de los superhéroes de la franquicia Marvel. Se desarrolla toda una serie de valores «medievales»: la nobleza de los caballeros contrasta con sociedades y poderes totalmente corruptos. El público también recurre a estas ficciones, a veces percibidas como documentos históricos, para abordar los problemas a los que se enfrentan nuestras sociedades actuales[15]: el calentamiento global en *Game of Thrones*[16]o el lugar de la mujer, por ejemplo, en la serie *House of The Dragon*[17], donde las mujeres son cabezas de familia, líderes políticos, madres y amantes, pero también guerreras, como Galadriel en *The Lord of the Rings: The Rings of Power*[18]. Al vincular fuertemente estos tiempos antiguos con los nuestros, el público quiere restringir la intensa alteridad de la Edad Media[19]. Lo interesante, en estos universos donde gravitan dragones y pescadoras, es que el público cuestiona paradójicamente la veracidad histórica de las producciones, preguntándose, por ejemplo, si es pertinente ver señores

13 Adaptación de la obra de J. R. R. Tolkien por P. Jackson.
14 Videojuego MMORPG (juego de rol multijugador masivo en línea) desarrollado por Blizzard Entertainment, 1994.
15 W. Blanc, *Winter is coming. Une brève histoire politique de la fantas*, Paris, Libertalia, 2023. A. Besson, *Les pouvoirs de l'enchantement. Usages politiques de la fantasy et de la science-fiction*, Paris, Vendémiaire, 2021.
16 F. Besson y J. Breton, *Une histoire de feu et de sang : Le Moyen Âge de Game of Thrones*, Paris, Presses Universitaires de France, 2020. C. Larrington, *Winter is coming : les racines médiévales de Game of Thrones*, A. Bourguilleau (trad.), Paris, Passés Composés/Humensis, 2019.
17 Serie televisiva creada por G. R. R. Martin y R. Condal, HBO, 2022.
18 Serie televisiva creada por J. D Payne y P. McKay, Amazon Prime Video, 2022.
19 J. Baschet, «Entre le Moyen Âge...», *op. cit.*, p. 220.

de piel oscura en *House of The Dragon*[20] o si las armas utilizadas son exactas. El cursor del realismo histórico se mueve, por tanto, muy libremente según las concepciones del imaginario medieval, que se ha ido forjando en unos y otros a lo largo del tiempo. Según una encuesta realizada en 2019 a un panel de 3000 personas[21], para el 86% de los encuestados estas series son formas de dar vida a la Historia presentándola a nuevos públicos, y para el 78% de los encuestados, de forma más lúdica, los franceses atribuyen a la ficción un verdadero valor de aprendizaje, ya que el 74% cree que permite aprender realmente los hechos históricos, y el 80% que al menos complementa los hechos aprendidos a través de los canales científicos tradicionales (clases de historia, documentales, revistas, etc.). Sin embargo, todos ellos coinciden también, al menos el 82% de ellos, en que los elementos aprendidos de la ficción deben complementarse o incluso modificarse con hechos científicos procedentes de los canales tradicionales. Esta relación contradictoria entre obras de ficción y recepción histórica ha sido ampliamente explorada por la historiografía francesa reciente[22].

Sin embargo, este gusto por la Edad Media no es solo pasivo, en el sentido de que el consumidor de series de televisión, videojuegos o películas no es el productor de un discurso histórico. El rasgo característico del periodo posterior al año 2000 fue la aparición, en las redes sociales que florecían entonces, de divulgadores históricos que se apoderaron de los canales YouTube, Twitter y luego X, Instagram y más recientemente TikTok, para ofrecer contenidos históricos de calidad muy variable. Entre los más fuertes se encuentran Benjamin Brillaud, cuyo canal de YouTube *Nota Bene*[23] cuenta con más de 2,5 millones de seguidores y que se ha volcado especialmente en la historia medieval, por ejemplo en torno a los vikingos[24], o, sobre todo, Fanny Cohen Moreau, cuyos pódcast *Passion Médiévistes*[25] especializa-

20 M. Alfonsi, «"House of the Dragon", "Les anneaux de pouvoir", "La petite sirène": Les réactions aux héros noirs de ces fictions en disent long sur le racism», *Huffpost*, 18/09/2022, ‹https://www.huffingtonpost.fr/life/article/house-of-the-dragon-les-anneaux-de-pouvoir-la-petite-sirene-les-reactions-aux-heros-noirs-de-ces-fictions-en-dit-long-sur-le-racisme_207826.html›.

21 Encuesta Harris Interactive para *Historia*, realizada en línea del 22 al 25 de febrero del 2019. Muestra de 2996 personas, ‹https://harris-interactive.fr/opinion_polls/les-francais-et-lhistoire/›.

22 J. Breton, *Un Moyen Âge en clair-obscur. Le médiévalisme dans les séries télévisées*, Tours, Presses universitaires François-Rabelais, coll. Sérial, 2023. M. Aurell, F. Besson, J. Breton y L. Malbos (eds.), *Les médiévistes face aux médiévalismes*, Rennes, Presses universitaires de Rennes, 2023. L. Carruthers (dir.), *Tolkien et le Moyen Âge*, Paris, CNRS, 2007. C. Larrington, *Winter is coming...*, *op. cit.*, F. Besson y J. Breton (dirs.), *Kaamelott, un livre d'histoire*, Paris, Vendémiaire, 2018.

23 B. Brillaud, «Nota Bene», en YouTube, ‹https://www.youtube.com/user/notabenemovies›.

24 Nota Bene, «Les Vikings», en YouTube, ‹https://www.youtube.com/watch?v=e6Rnm3z2-20›. *Idem, Les Vikings*, Link Digital Spirit, 2022. B. Brillaud, M. Mariolle y Ch. Paty, *T03: La Mythologie nordique*, Paris, Soleil, 2020.

25 F. Cohen Moreau, «Passion Médiéviste», en ‹https://passionmedievistes.fr/›.

dos en historia medieval hacen las delicias de 2 millones de oyentes. Lo que tienen en común estas dos «superestrellas» de los nuevos medios es que ninguna de ellas es historiadora. En cambio, adoptan un enfoque científico serio rodeándose de un equipo de doctores (*Note Bene*) o dando voz a jóvenes investigadores (*Passion Médiéviste*). Otras cadenas, en cambio, son más discutibles desde el punto de vista científico y cuentan una historia de la Edad Media de derechas, monárquica, conservadora o fantaseada[26]. Sin embargo, para el consumidor de estos contenidos, el filtro crítico necesario para evaluar la seriedad de estos canales no es fácil de adquirir, como tampoco lo son el método y el enfoque necesarios para elaborar una historia de calidad si uno se apasiona por ella pero no está formado en ciencias históricas.

Por último, hay que tener en cuenta un último factor: en Francia, la Edad Media sirve de base ideológica a los partidos populistas de extrema derecha cuya vitalidad es tristemente muy alta en este año de 2024. Las últimas elecciones legislativas[27] y el resultado del Rassemblement National en estas elecciones, así como en las europeas[28], demuestran que las ideas de extrema derecha están resurgiendo en Francia. Estos grupos políticos utilizan una imagen cristiana, blanca y caballeresca de la Edad Media para justificar sus ideas populistas, negacionistas y revisionistas en profundidad cronológica. Al hacerlo, establecen deliberadamente una identificación entre la Edad Media y el siglo XXI con el fin de justificar una supuesta identidad nacional, europea u occidental[29]. Citaremos solo dos ejemplos de esta utilización manipulada de las referencias históricas medievales y de sus usos políticos. El primero es esta cita de Eric Zemmour en la radio RTL en 2014[30]:

> Seules les sociétés homogènes comme le Japon ayant refusé de longue date l'immigration de masse, et protégées par des barrières naturelles, si elles n'ignorent nullement les trafics de mafia, échappent à cette violence de la rue. Notre territoire, privé de la protection de ses anciennes frontières, renoue dans les villes, amis aussi dans les campagnes, avec les grandes razzias, les pillages d'autrefois, les Normands, les Huns, les Arabes. Les grandes invasions d'après la chute de Rome sont désormais remplacées par des bandes de Tchetchènes, de Roms, de Kosovars, de Maghrébins, d'Africains, qui dévalisent, violentent ou dépouillent. Une population française sidérée et prostrée crie sa fureur, mais celle-ci se perd dans le vide intersidéral des statistiques[31].

---

[26] Hemos optado por no hacer publicidad de este contenido citándolo.

[27] 30 de junio y 7 de julio del 2024.

[28] 9 de junio del 2024.

[29] J. Baschet, «Entre le Moyen Âge...», *op. cit.*

[30] E. Zemmour, «Chronique», programa del 6 de mayo del 2014, RTL, <https://www.youtube.com/watch?v=pKNTnzv_jig>.

[31] Esta crónica fue objeto de una intervención del Conseil Supérieur de l'Audiovisuel: <https://www.csa.fr/web/index.php/Reguler/Espace-juridique/Les-textes-adoptes-par-l-Arcom/Les-decisions-du-CSA/Chronique-d-Eric-Zemmour-du-6-mai-2014-RTL-mise-en-garde>.

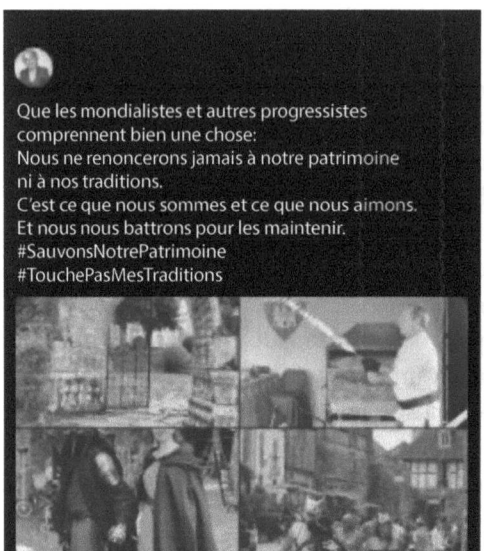

El columnista, desde entonces reconvertido en político, ha sido objeto de numerosas críticas de historiadores profesionales por su utilización de la historia con fines políticos[32].

El segundo ejemplo es una entrada muy reveladora publicada en X. Muestra perfectamente que la Edad Media que sirve de base a las ideas políticas de extrema derecha no es más que una fantasía y una imagen muy distorsionada, sin consistencia científica alguna. Esta señora pone como modelo de valores y tradición a una pareja formada por un elfo y el Rey Brujo de Angmar, personajes del fresco fantástico de Tolkien.

No parece necesario que siga comentando la falaz utilización de una supuesta herencia histórica medieval por parte de estos grupos extremistas. Este enfoque teleológico, en el que la Edad Media solo tiene sentido en la medida en que conduce inevitablemente hasta nosotros, está aquí plenamente asumido. Sin embargo, hay que señalar que, en el caso de Francia, esta recuperación de la historia con fines ideológicos alcanza su punto cumbre con el parque temático de Puy du Fou, en la Vendée, fundado por Philippe de Villiers en 1989. Fundador y presidente del Mouvement pour la France (MPF), partido político soberanista y monárquico, De Villiers defiende las «raíces cristianas» de Francia y se opone a la «islamización» que estaría afectando al país. Ha sido criticado por los

---

[32] Collectivo, *Zemmour contre l'Histoire*, collection Tracts, n.º 34, Paris, Gallimard, 2022.

medios de comunicación y los observadores por una serie de declaraciones consideradas «teorías de la conspiración» y falsedades[33]. Sin embargo, este parque, que se inspira en toda una mitología medieval de una Francia blanca y cristiana que se defiende de las invasiones musulmanas y de otro tipo, atrae cada año a casi 2,5 millones de espectadores[34]. Aunque los historiadores hayan contraatacado, el éxito del parque no ha disminuido. El fenómeno debe considerarse a escala mundial: el Puy du Fou se extiende, y se ha abierto una versión en Toledo, donde se ha adaptado la versión «Reconquista» en los mismos términos.

3. ¿QUÉ ES LA HISTORIA PÚBLICA?

Este es el contexto en el que ha nacido la Historia Pública[35] en Francia.

La Historia Pública es una forma de popularizar la Historia como patrimonio compartido por todos. Como complemento de los métodos tradicionales de difusión, tiene la particularidad de intentar situar al público como actor de la producción, el consumo y la recepción de la historia, y pretende dotar a este nuevo actor de herramientas críticas. Este campo nos llega de Norteamérica, donde se han llevado a cabo tempranas experiencias, en particular para permitir a las minorías –nativos, afroamericanos, comunidades LGBTQI+, etc.– apropiarse del discurso histórico que les concierne, ser testigos y actores en la narración de su historia. La versión europea de la historia pública encuentra así naturalmente su campo de acción en los nuevos medios de comunicación, en las formas de mediatización de los videojuegos y en los actos participativos. En este sentido, podemos decir que es pública y popular. El reto consiste en complementar la labor de los mediadores, guías y animadores del patrimonio, y concebir juntos nuevas formas de peritaje histórico y de aportación de conocimientos.

El historiador público permite a los ciudadanos apropiarse de su historia y compartirla, al tiempo que garantiza un método, un nivel y una pericia en historia. El reto consiste en ayudar a los ciudadanos a dejar de lado las proyecciones irracionales de las categorías de pensamiento contemporáneas y a despojarse de los adornos evidentes de nuestro tiempo para hacer inteligible el mundo

[33] F. Besson, P. Ducret, G. Lancereau y M. Larrere, *Le Puy du Faux. Enquête sur un parc qui déforme l'histoire*, Paris, Les Arènes, 2022.

[34] «Le Puy du Fou bat son record de fréquentation en 2023», *Le Point*, edición en línea, 5/09/2023, <https://www.lepoint.fr/societe/le-puy-du-fou-bat-son-record-de-frequentation-en-2023--05-09-2023-2534081_23.php#11>.

[35] T. Cauvin, «Qu'est-ce l'Histoire Publique?», *Entre Temps*, <https://entre-temps.net/quest-ce-que-lhistoire-publique-i/>. T. Cauvin, *Public History. A Textbook of Practice*, New York, Routledge, 2016.

medieval, tan lejano. En definitiva, la Historia Pública no sustituye la mediación y promoción del patrimonio histórico, sino que las complementa, ofreciendo contenidos creativos, interactivos, artísticos, sensibles y lúdicos.

Con esta idea, desde 2022 se imparte en el Institut National Universitaire Champollion de Albi un máster en Historia Pública[36]. Este máster, que se puso en marcha después del de la Universidad de Créteil[37] y al mismo tiempo que el de la Universidad de Nantes[38], permite a los estudiantes franceses acceder a un campo que hasta entonces habían explorado principalmente los norteamericanos[39] y, en Europa, italianos[40] y españoles[41]. Siguiendo los pasos de Thomas Cauvin[42], que imparte clases en Luxemburgo, se ha creado en Francia una red de cursos de formación, completada recientemente por un Máster de 2.º curso con opción de Historia Pública en la Universidad de Dijon[43], en el ICT de Lille[44], y un Máster de Historia Viva en Nîmes[45].

4. EXPERIMENTOS

En el marco de este máster, se han llevado a cabo varias experiencias de Historia Pública en la ciudad de Albi y en el departamento del Tarn que la rodea. Todos los periodos históricos han sido abordados por los alumnos, pero solo consideraremos los que se refieren a la Edad Media, y por ello proponemos una visión de conjunto de los experimentos realizados.

El primer ámbito de experimentación consistió, clásicamente, en explorar temas de moda e intentar partir de las ideas recibidas para deconstruir y proponer contenidos más cercanos a los avances actuales de la investigación, utilizando al mismo tiempo formatos familiares para el gran público. Este fue el caso, por ejemplo, de un pódcast diseñado y producido por los alumnos titulado «Más que

---

36 <https://www.univ-jfc.fr/masters/histoire-publique> y <https://albihistpubl.hypotheses.org/>.
37 <https://www.u-pec.fr/fr/formation/master-histoire-parcours-histoire-publique>.
38 <https://histoire.univ-nantes.fr/offre-de-formation/master-histoire-parcours-histoire-publique-hp>.
39 National Council of Public History, <https://ncph.org/>.
40 S. Noiret, «AIPH, The Italian Public History Manifesto (English version)», junio 2018, <https://aiph.hypotheses.org/3193>.
41 Asociación Española de Historia Pública (AEHP), <https://www.historiapublica.es/>.
42 T. Cauvin, *Public History. A Textbook of Practice*, New York, Routledge, 2016.
43 <https://formations.u-bourgogne.fr/fr/offre-de-formation/master-XB/master-histoire-LMG-C25V9/histoire-publique-LMGEPHLF.html>.
44 <https://www.flsh.fr/formations-universitaires/masters/master-histoire-publique-et-numerique/programme-master-histoire-publique-et-numerique/>.
45 <https://formations.unimes.fr/fr/catalogue/master-lmd-XB/sciences-humaines-et-sociales-SHS/master-histoire-vivante-KIT1CV36.html>.

un mito: los vikingos»[46] y del vídeo de YouTube «Tapiz de Bayeux»[47]. Estos dos ejemplos se basaban principalmente en la actualidad de la Historia y en temas «de moda»[48]. Los soportes elegidos (pódcasts, vídeos) se han convertido en clásicos, pero aseguran una buena difusión, pues forman parte del modo en que la Historia es consumida por un mayor número de personas, en particular jóvenes.

De hecho, la encuesta de Harris Interactive para Historia ya mencionada[49] muestra que los medios visuales, como las películas o series de ficción (76%) o los documentales (74%), son un poderoso medio para atraer a los franceses hacia la historia. Los libros, ya sean de ficción histórica o biografías de personajes famosos, siguen cautivando a los lectores. Sin embargo, los vídeos de YouTube sobre historia realizados por particulares y los videojuegos que reconstruyen periodos históricos son más recientes y menos arraigados en las costumbres francesas, y han demostrado interesar a casi un tercio de los franceses. Aunque dicen sentirse menos atraídos por otros medios que sus mayores, los más jóvenes se muestran especialmente interesados por estos dos formatos: el 45% encuentra atractivos los vídeos de YouTube y el 48%, los videojuegos.

Otro tipo de experimento respondió a un encargo específico de las instituciones locales relacionadas con el máster: el de poner de relieve el patrimonio histórico de más difícil acceso para un público poco informado, el de los archivos, y en particular los medievales. Por ejemplo, los Archives départementales du Tarn pidieron a un estudiante de máster que encontrara una manera divertida de descifrar un mapa antiguo, la *Carta Pentha*, que data de 1314[50].

El objetivo del proyecto era iniciar la publicación en línea de documentos de los archivos departamentales, a menudo desconocidos para el gran público. Mathieu Leberche, estudiante de máster, creó un mapa interactivo para ayudar al público a orientarse en torno a estos documentos antiguos y comprenderlos mejor, combinando así su gusto por los nuevos medios con las nuevas tecnologías identificadas en la encuesta antes mencionada.

Pero los experimentos sobre los que nos gustaría llamar la atención se están desarrollando en torno al patrimonio construido medieval. La vida cotidiana de las personas en el siglo XXI se desarrolla en un paisaje en el que miles de edificios y construcciones son vestigios de la Edad Media. Albi es un

---

[46] N. Clavere y M. Leberche, «Podcast», <https://albihistpubl.hypotheses.org/podcasts>.

[47] L. Duchaigne, «Reportage», <https://albihistpubl.hypotheses.org/projets-videos>.

[48] «Les Vikings. Une histoire mondiale», *L'Histoire*, Hors série, collection, n.º 98. T. Le Deschault de Monredon, «Une BD au Moyen Âge?», *L'Histoire*, mensuel, 424, junio 2016.

[49] Encuesta Harris Interactive para *Historia*, *op. cit.*

[50] Estudiada por J. Dumasy-Rabineau, «La vue, la preuve et le droit: les vues figurées de la fin du Moyen Âge», *Revue historique*, n.º 668-4, 2013, pp. 805-831.

La *Carta Pentha* et vehuta de la senhoria dalby (1314). Mathieu Leberche.

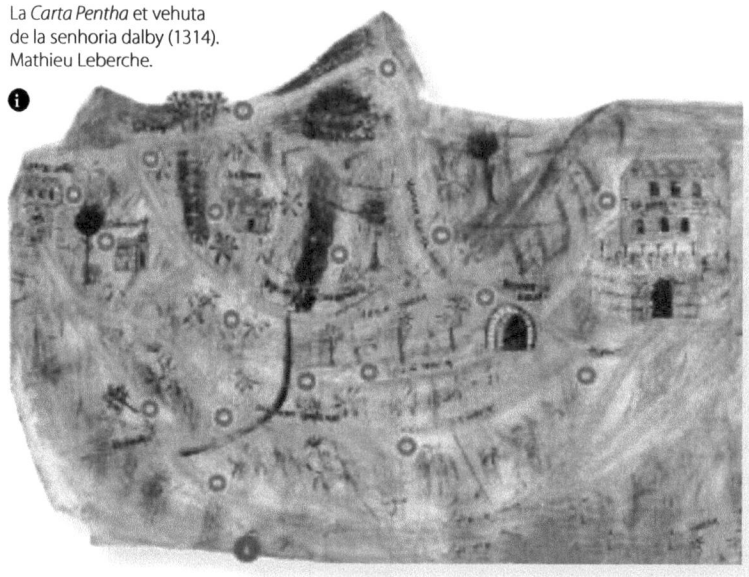

ejemplo típico. Este patrimonio se compone no solo de ruinas visibles (castillo, iglesia) o descubiertas por la arqueología, sino sobre todo de edificios aún en uso, sin olvidar aquellos cuyos orígenes medievales no son perceptibles bajo la capa de revoco. La imagen clásica del pueblo apiñado en torno a su iglesia y su cementerio es, pues, un producto puramente medieval. El mismo fenómeno se produce cuando se trata de ciudades rodeadas por sus murallas, que hacen las delicias de los turistas: el famoso ejemplo de la zona es Carcasona. Siempre según la encuesta de 2019, las visitas a lugares históricos (castillos, lugares de culto, etc., con un 82 %) y las visitas a pueblos históricos (74 %) figuran entre las principales actividades relacionadas con el conocimiento de la historia que atraen a los franceses.

Naturalmente, los estudiantes probaron los nuevos medios de comunicación para poner de relieve este patrimonio local: un reportaje radiofónico, emitido en una cadena local de interés general, sobre el puente viejo de Albi (siglo XI), mediador entre los conocimientos científicos del historiador Jean-Louis Biget[51], y un vídeo en YouTube sobre la catedral de Albi y su famoso Juicio Final (siglo XV)[52].

[51] M. Leberche y J.-L. Biget, «Le pont Vieux», RCF radio, <https://albihistpubl.hypotheses.org/promotion-2022/reportages-radio>.

[52] D. Hayeck, «Cathédrale Sainte-Cécile», <https://albihistpubl.hypotheses.org/projets-videos>.

En los últimos años, sin embargo, los franceses se han interesado cada vez más por su patrimonio, no solo edilicio, sino también constructivo. Por ello, las reconstrucciones con técnicas antiguas se han convertido en una forma popular de conocer la historia para curiosos y turistas. La primera y más famosa es Guedelon[53]. Este proyecto borgoñón, que comenzó en 1996, empezó con una investigación arqueológica y terminó con lo que puede considerarse el primer proyecto público de historia de este tipo. La idea es acoger al público en una obra en construcción para mostrarle las técnicas y los conocimientos de los constructores medievales, con herramientas idénticas, métodos y equipos de elevación reconstruidos y obreros vestidos de gala. El éxito ha sido rotundo: más de 300 000 visitantes[54] han acudido a ver cómo los albañiles erigían los edificios más emblemáticos de la Edad Media: castillos, catedrales y la nueva obra que acaba de abrirse en Guyenne[55], en la misma línea que Guedelon. Desde el punto de vista de la Historia Pública, el reto consiste en atraer al público a una obra en construcción en la que, por definición, al principio poco se puede ver, y ofrecer una forma de mediación que combine el conocimiento técnico de los oficios artesanales con un contexto histórico. Estas actividades *in situ* también han sido puestas en práctica por cuadrillas de constructores que recorren los pueblos de Francia para ofrecer reconstrucciones de obras medievales, con el fin de ambientar una verdadera reconstrucción y renovación, tales como la cuadrilla «Du Moyen Âge à nos jours» de Pascal Waringo, formada por Compagnons du Tour de France des Devoirs Unis[56]. Desde el punto de vista de la Historia Pública, la dificultad estriba aquí en vincular las palabras de los artesanos, pronunciadas por oficiales que dominan un oficio cuyos orígenes remontan a la Edad Media, pero heredado en su mayor parte de los siglos XVIII y XIX o, en cualquier caso, poco documentado antes del siglo XVI, con la mediación histórica sobre las condiciones de trabajo en las obras y las cuestiones políticas, técnicas y económicas implicadas en ellas. Una experiencia de mediación de calidad la ha realizado un doctorando cuya tesis versa sobre las obras medievales del siglo XIV en Toulouse, en el marco de una financiación Cifre[57], al tiempo que aporta una media-

---

53 «Site institutionnel», <www.guedelon.fr>.

54 <https://www.lyonne.fr/treigny-perreuse-sainte-colombe-89520/loisirs/plus-de-300-000-visiteurs-pour-les-20-ans-du-chantier-medieval-de-guedelon_12620918/>.

55 «Site institutionnel», <www.guyenne-medieval.com>.

56 «Site institutionnel», <https://www.batisseurs-medievaux.fr/batisseurs-medievaux>.

57 El programa Conventions industrielles de formation par la recherche (Cifre) permite a las empresas recibir una ayuda financiera para contratar a un joven doctorando cuya investigación, dirigida por un laboratorio público de investigación, desembocará en la defensa de una tesis. El programa Cifre está financiado íntegramente por el Ministerio de Enseñanza Superior, Investigación e Innovación, que ha confiado su ejecución a la Asociación Nacional de Investigación y Tecnología.

ción científica a obras de reconstrucción muy reales, como la fortaleza de Penne, en el departamento del Tarn[58]. El aspecto de arqueología experimental de estas reconstrucciones es también una parte clave del trabajo, como en el caso del grupo Fabri tignuarii[59], dirigido todavía por Clément Juarez y otros. Asistimos aquí a un movimiento inverso en la producción de contenidos científicos: se parte de lo que se ofrece al público y se avanza hacia la experimentación científica y la producción de contenidos por parte de investigadores profesionales[60]. Al final, a los turistas les encantan estas reconstrucciones en las que los trabajadores disfrazados explican las habilidades y los «secretos» de los constructores, y los niños pueden probar suerte en la jaula de las ardillas.

Sin embargo, el público al que se llega aquí es ya un consumidor de historia y turismo.

¿Cómo llegar e implicar a un público alejado del conocimiento histórico y para el que la Edad Media tiene poco significado? ¿Cómo hacerles partícipes de este conocimiento? Porque la implicación del público es esencial en el nuevo enfoque de la historia que propone la Historia Pública.

5. SITUAR AL PÚBLICO EN EL CENTRO DEL DISPOSITIVO HISTÓRICO

Para terminar, consideremos un último ejemplo de experimentación en este campo, un ejemplo muy reciente, de los días 6 y 7 de julio de 2024.

Este experimento de Historia Pública basada en la Edad Media tuvo lugar en la pequeña ciudad de Graulhet (13 000 habitantes), en el departamento del Tarn. Graulhet cuenta con una importante industria del cuero, especializada en marroquinería desde el siglo XIX. Desde finales del siglo XX, la competencia china ha provocado una fuerte desaceleración de esta industria y su posterior declive, dejando a la ciudad en una situación social y económica precaria. La población, en gran parte de origen extranjero o de extracción obrera, está muy alejada del consumo de bienes culturales e históricos tradicionales. El patrimonio construido local, mayoritariamente industrial pero con algunas casas medievales, no se promociona por falta de recursos. El reto ha sido promover la historia local, conseguir que el público, poco proclive al consumo de historia,

---

58 «Clément Juarez, du Moyen Âge à nos jours», *Dépêche du midi*, 6/12/2017. <https://www.ladepeche.fr/article/2017/12/06/2699155-clement-juarez-du-moyen-age-a-nos-jour.html>.

59 «Site institutionnel», <https://www.fabri-tignuarii.com/>.

60 N. Revert y B. Brigaud, «Expérimentation d'un tour à colonne vertical: conception, construction et usage d'une machine d'abrasion rotative de la pierre», *Bulletin de l'Association pour l'expérimentation et la recherche archéologique*, n.º 2, diciembre 2022, p. 71.

participe activamente en esta promoción y, por último, que contribuya a la creación de contenidos históricos compartidos por todos.

Para ello, el Ayuntamiento recurrió al artista Olivier Grossetête[61] cuya especialidad es crear con el público estructuras monumentales y efímeras de cartón. La plaza del Jourdain, en el corazón de la ciudad, estaba dominada por el castillo medieval, del que hoy no queda ni rastro. El proyecto consistía en hacer que los vecinos construyeran el castillo desaparecido como forma de mediar entre la ciudad y su patrimonio medieval perdido, y devolver a la ciudad a su contexto histórico, concienciando así al público de que Graulhet es algo más que su pasado industrial. Laura Pagès, estudiante del máster de Historia Pública en Albi, formó parte del equipo responsable.

La elección del castillo como objeto, aunque pueda resultar caricaturesca, responde a las representaciones que los no especialistas tienen de la Edad Media: rasgo característico de un paisaje medieval, es a partir de este foco de conocimiento que los historiadores públicos han podido trabajar en un discurso histórico estructurado, abordando ideas más complejas, como el poder señorial y feudal, el tejido urbano, la estratificación de las sociedades medievales, etcétera. El castillo de cartón, efímero, representa una historia desaparecida y con escaso significado concreto para la mayoría de la población local.

A lo largo de la semana se organizaron iniciativas cívicas para escolares, trabajadores, familias y ancianos, fomentando el diálogo entre generaciones y comunidades.

---

[61] <https://olivier-grossetete.com/constructions-monumentales>.

Más de 500 voluntarios se turnaron para crear los módulos de cartón que luego se combinaron para construir el castillo medieval de Graulhet en la plaza central, en el marco de un festival de espectáculos callejeros. Los estudiantes del máster de Historia Pública que participaron en el proyecto pudieron actuar como mediadores de este pasado medieval, bastante intangible para estas personas, que a su vez transmitieron el mensaje histórico a sus familias y hogares, en particular a los niños que participaron en la construcción.

El experimento terminó la noche de clausura del festival con un alegre pisoteo de la obra creada. Cabe señalar que el 7 de julio se cerraron las urnas en la ciudad para las elecciones legislativas anticipadas, con un 49% para la Agrupación Nacional (extrema derecha) y un 51% para el Frente Popular y su representante La France Insoumise (extrema izquierda). El acto público centrado en esta historia medieval compartida por toda la población, jóvenes y mayores, emigrantes y residentes de toda la vida, trabajadores, parados y empleados, fue capaz de hacer olvidar durante un fin de semana las profundas desavenencias políticas presentes en esta microsociedad y en el conjunto de la nación.

6. CONCLUSIONES

¿Qué podemos concluir de estas observaciones, experimentos y reacciones?

Por el momento, es difícil saber si la Historia Pública está arraigando en nuestro país. Su implantación es reciente. Sin embargo, las excelentes experiencias de nuestras instituciones colaboradoras –en particular en Créteil con su festival de historia popular y el éxito del festival de Historia Pública de Albi– demuestran que esta oferta de historia de calidad para el gran público, en público y con el público, es atractiva. Los proyectos nacionales, como la creación de una federación francesa de HP, podrían consolidar pronto este campo en el panorama de la historia. En cualquier caso, las primeras observaciones muestran que esta nueva forma de consumir y producir historia, sobre todo medieval, responde a las expectativas de un público curioso y deseoso de implicarse. Es de esperar que este enfoque contribuya a hacer inteligible el periodo medieval al mayor número posible de personas, situándolo en un contexto objetivo, entre la victimización y la idealización.

Digital Methods for Reimagining the Global Middle Ages: A Focus on Immersive Virtual Reality

Roger L. Martínez-Dávila
University of Colorado

1. INTRODUCTION

The global Middle Ages approach reimagines the medieval period as a time of rich, worldwide interactions rather than one confined to Europe[1]. It recognizes that significant exchanges –cultural, intellectual, and technological– spanned continents, connecting Europe with the Middle East, Africa, Asia, and the Americas. By challenging traditional Eurocentric narratives, this approach highlights the importance of interdisciplinary research and emerging digital technologies to explore the medieval world more comprehensively.

This article introduces a digital methodology, the *Eight-Fold Way of Immersive Design*, for scholars to re-envision the global Middle Ages via virtual reality and digital tools[2]. Through the integration of data from various primary sources, such as administrative and ecclesiastical records, and geographic information, it demonstrates how to craft immersive virtual worlds. The text not only offers a detailed, eight-stage process for constructing digital environments but also explores how tools like 3D modeling software can represent medieval spaces and communities. By applying these techniques, scholars can engage with the past in innovative ways, bringing to life historical realities and broadening our understanding of global networks in the medieval era.

For example, by recreating medieval spaces inhabited by religious minorities, such as Sephardic Jews in 15th century Plasencia, Spain, we can generate a more holistic view of life and patterns of residence. The depiction below,

---

[1]   G. Heng, *The Global Middle Ages: An Introduction*, Cambridge, Cambridge University Press, 2021; C. Holmes and N. Standen, «Introduction: Towards a Global Middle Ages», *Past & Present*, 238:13, November 2018, pp. 1-44.

[2]   As a proof-of-concept approach to the digital analysis and virtual model creation process, multiple new artificial intelligence tools were integrated and used in composing this text.

created in SketchUp, presents the Jewish quarter of the city as it was before the destruction of the synagogue in the 1480s, as well as the locations of prominent resident's homes and business (full color texture) as well as Christian buildings and residences within the Jewish neighborhood. The image reveals that Jews did not, as commonly believed, always live in walled-in communities separated from Muslims and Christians, but rather lived amongst other religious groups.

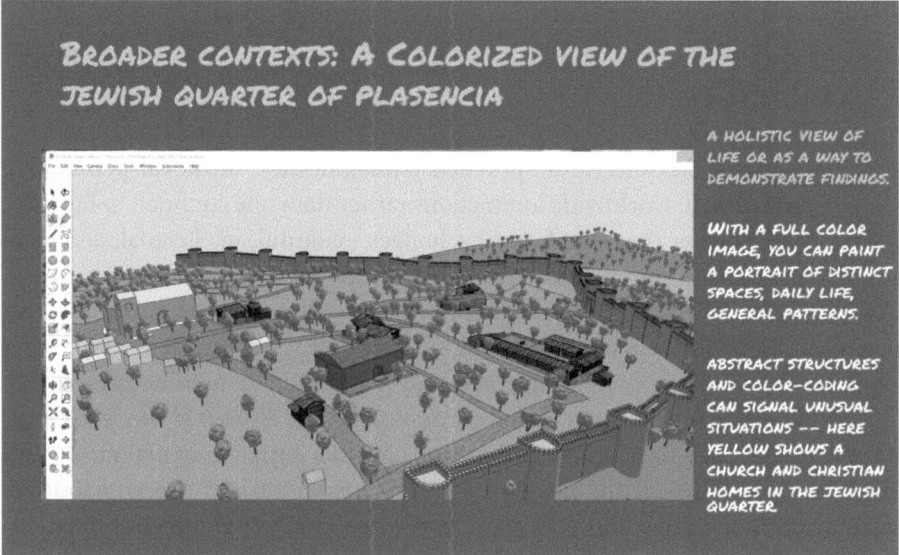

Figure 1. An overview of the Jewish Quarter of Plasencia.

The promise of virtual depictions of the global Middle Ages is the opportunity to expand our understanding and appreciation of not only the multi-centric and nodal nature of the medieval period, but also the opportunity to engage public audiences with compelling and informative cultural content.

2. EIGHT-FOLD WAY OF IMMERSIVE DESIGN

The *Eight-Fold Way of Immersive Design* is a comprehensive framework that guides the creation of virtual worlds. This method encourages researchers to reimagine historical periods through digital technology, bridging the gap between past and present by building immersive environments. The process begins by framing key questions and narratives (Stage One) to guide the research and moves through the visualization of these stories over time (Stage Two). Spatial accuracy is achieved by triangulating historical data with geographical representation (Stage Three). Further stages involve inventorying critical elements for the virtual world (Stage Four), 3D modeling of human-built structures and natural elements (Stage Five), and interdisciplinary analysis of these models (Stage Six). Finally, researchers tell immersive stories through scene composition (Stage Seven) and disseminate their work to public and scholarly audiences using digital tools (Stage Eight). Through this methodical process, scholars and students gain the tools to create, analyze, and share virtual environments that deepen our understanding of the interconnected medieval world.

Stage One
FRAMING VIRTUAL WORLD QUESTIONS AND STORIES

The architecting of immersive narratives is a pivotal in the process of creating a digital virtual representation of the global Middle Ages. This initial stage primarily serves as a planning phase, dedicated to identifying the key themes, narratives, and research questions that will steer the ensuing creation of the virtual world. At its core, it is an exercise in scholarly exploration, requiring extensive reading, critical analysis, and conceptual articulation.

To embark on this process, a researcher should begin with investigative questions to evaluate a historical event, asking: «Who were the key figures involved in the historical event, and how can their roles, perspectives, and experiences be accurately represented in an immersive technology environment?», «What was the nature of the event, and how can its complexities be accurately and comprehensively portrayed through immersive technology?», «When did the event occur, and how can the temporal context and its associated societal, cultural, and political nuances be integrated into the immersive representation?», «Why did the event unfold as it did, and how can the underlying causes and motivations be communicated effectively through the immersive platform?», «Where did the event take place, and how can the geographical location and its distinct characteristics be authentically reproduced in the immersive environment?», and «How did the event unfold, and how can the sequence and interaction of events be dynamically portrayed to the user in the immersive setting?».

An example of this process might be seen in a speculative project aimed at creating a virtual reality (VR) representation of the Islamic medieval city of Córdoba, Spain, during the period of the Second Umayyad Caliphate (929-1031

C.E.) Applying these same questions, the research could propose the following framing questions:

- Who were the key religious figures within the Muslim, Christian, and Jewish communities in Córdoba, and how can their interreligious interactions and contributions to the societal fabric be depicted in the VR environment?
- What were the specific instances of interreligious cooperation, conflict, or exchange in Córdoba, and how can these be effectively represented in the VR narrative?
- When did notable interreligious interactions or events occur during this period, and how can the societal and cultural implications of these moments be integrated into the VR experience?
- Why were there moments of interreligious coexistence, both positive relationships and tensions, and how can the reasons behind these dynamics be communicated effectively in the VR platform?
- Where were the significant spaces or sites of interreligious interaction in Córdoba, and how can these be authentically recreated in the VR setting?
- How did the interfaith dynamics in Córdoba influence its culture, politics, and society, and how can these influences be dynamically portrayed in the VR experience?

The framing of investigative questions is the most crucial element of an immersive project as it will subsequently define, delineate, and ultimately determine its explanatory and didactic contours.

Continuing, a deep dive into existing historical data and sources is necessitated. This includes but is not limited to, primary sources like medieval manuscripts, chronicles, administrative records; material cultural and archaeological sites; and secondary sources such as scholarly articles, monographs, and books. Additionally, a comprehensive survey of current academic debates within the field of medieval studies can shed light on contentious issues, lacunae, and potential areas of focus. The interpretation and understanding of these sources set the tone for the narrative to be constructed and the story to be told. An example of this process might be seen in the Córdoba VR project. Researchers may start by examining historical accounts of Córdoba's rich multicultural history, looking for recurring themes, underrepresented narratives, and pressing research questions.

The framing of questions and stories goes beyond merely understanding historical events. It necessitates considering the historical, social, political, and cultural contexts of the selected period. This holistic approach allows for the creation of a multi-dimensional narrative that not only recounts events but also elucidates the lived experiences of the individuals and communities of the period. In the Córdoba VR project, for example, researchers might consider questions around the interactions of different religious communities, the socio-cultural implications of architectural features, or the effects of political power shifts on daily life. In 10th and 11th century Islamic Córdoba, legal and cultural standards played a significant role in delineating and connecting Jews, Christians, and Muslims. The principle of the «People of the Book» and their status as *dhimmi*, or protected people, under Islamic law granted Jews and Christians the status of protected minorities, allowing them to practice their religions and maintain their communal structures, albeit under certain restrictions and in exchange for a special tax, the *jizya*. Concurrently, a *convivencia* or coexistence, a relative social cohabitation of the three communities, fostered cultural exchanges. The intellectual and cultural life of Córdoba was also characterized by vibrant interreligious interactions, with translation schools, translating Arabic, Hebrew, and Latin works. In Islamic Córdoba, interreligious intellectual efforts involved scholars from diverse religious backgrounds. Key participants included Muslim scholars like Ibn Rushd (Averroes), Jewish thinkers such as Maimonides, and Christian intellectuals like John of Seville. They were often polyglots, capable of translating works across Arabic, Latin, and Hebrew. Despite their distinct legal statuses, these three religious groups were interconnected in a complex societal tapestry, sharing language (Arabic), administrative roles, and physical space. The narrative thus framed would aim to represent the diversity and complexity of life in medieval Córdoba.

A significant part of this stage is to contemplate and frame questions that challenge traditional historical accounts. Researchers should think critically about the gaps in these narratives, especially those concerning diverse perspectives within the same historical moments. By doing so, they can shed light on overlooked or marginalized groups and phenomena, thereby fostering a more inclusive and comprehensive understanding of the period. Returning to the Córdoba project, researchers could consider how the narratives of women, religious minorities, or non-elite groups are often marginalized in traditional accounts of al-Andalus. By integrating these diverse narratives into the VR project, they could create a more nuanced portrayal of life in medieval Córdoba. Contentious topics, such as the execution of Christian narratives depicting the Martyrs of Córdoba, should be evaluated alongside what might be observed as informed speculative facts-on-the-ground of how the city flowed with peoples of many religions. The Martyrs of Córdoba, a series of religiously motivated executions that occurred from 850-859 CE, present a contentious topic in the history of Córdoba. During this period, under the rule of Caliph Abd al-Rahman II and his successor Muhammad I, Christian narratives tell of a group of voluntary martyrs who publicly denounced Islam in defiance of Islamic law. Key figures in this narrative include individuals like Perfectus, a Christian priest executed in 850 CE for insulting the Prophet Mohammed during a conversation with some Muslim customers. Another notable figure was Eulogius, a priest and a prominent intellectual in Córdoba's Christian community, executed in 859 CE for supporting the martyrs and criticizing the Islamic faith. Legal claims involved were primarily blasphemy against Islam. In Islamic Córdoba, the ruling caliphs maintained relative religious tolerance towards non-Muslims, provided they obeyed Islamic rule and refrained from openly criticizing Islam. The martyrs, by publicly proclaiming their faith and rejecting Islam, deliberately violated this agreement.

The outcome was a series of public executions that alarmed the Christian community, ultimately leading to a decrease in such public pronouncements. These events, while not causing a mass revolt or significantly changing the status quo in Córdoba, left an indelible mark on the city's religious history. Using the preserved martyrology of Eulogious, a researcher could immersively depict the events that led up to and included executions to showcase why religious tensions flared up between the communities. When reconstructing the city virtually, these events pose a challenge. The Martyrs of Córdoba should be acknowledged, but a careful balance must be struck between depicting historical events and promoting informed, speculative observations of Córdoba as a city flowing with peoples of many religions. It's essential to depict the complexity and diversity of religious experience within the city, rather than focusing on a single narrative, and therefore a balance should be sought, especially as Muslims and Jews living in Spanish Christian kingdoms experienced similar forms of religious discrimination and violence.

One of the benefits of the use of digital technology is that it offers unique opportunities for engagement and immersion. Advanced VR technology can visually render the intricate detail of medieval architecture, audibly reproduce the diverse languages and sounds, and interactively recreate historical scenarios. This technology can serve to fill gaps left by traditional text-based historical accounts, providing a more immersive and comprehensive window into the global Middle Ages. Concluding with the Córdoba project, the framing of virtual world questions and stories could result in a VR experience that allows users to traverse the streets of the medieval city, engage with its inhabitants, explore its architectural marvels, and witness key historical events. Such an immersive experience would not only provide new insights into life during al-Andalus but also stimulate further research and discourse on this fascinating period.

To summarize, Stage One is a crucial preparatory step in creating immersive digital worlds focused on the global Middle Ages. It necessitates careful analysis, thoughtful question framing, and strategic use of digital technology.

By engaging in this process, researchers can construct compelling narratives that offer new perspectives on the Middle Ages, thereby enriching our collective understanding of this pivotal epoch.

Stage Two
MANIFESTING DIGITAL NARRATIVES: EVENTS OVER TIME

Stage Two is a complex and multifaceted endeavor. This stage is characterized by focusing on the «narrative plane», which guides scholars and practitioners in visualizing and dramatizing the identified narratives in their temporal context. This helps in illuminating changes over time in a manner that is both compelling and immersive. To achieve the goal of illustrating changes over time, the construction of digital timelines, narratives, and characters is paramount. This involves a series of interconnected processes that require a thorough understanding of the historical context, extensive research, innovative design approaches, and effective utilization of technology.

First, we must consider the effective representation of historical events in a digital timeline. This requires selecting key milestones and events that embody the essence of the chosen era. For example, in the context of interreligious dynamics in medieval Spain, one might focus on pivotal moments of cooperation and conflict among Jews, Christians, and Muslims. This could involve highlighting the establishment of translation schools in Córdoba, the emergence of significant religious scholars, the governance of King Alfonso X «The Wise», and regional conflicts over natural resources that impacted religious minorities. Integrating these events into a digital timeline allows viewers to understand historical progression, the ebb and flow of relations among religious communities, and the broader social and cultural implications. To address the question of what elements of medieval society can be brought to life through digital narratives, one must delve into the tangible and intangible aspects that shaped the era. It's essential to humanize the experience, crafting digital characters that embody the diverse perspectives within medieval society. One might create virtual characters representing scholars like Maimonides, Averroes, and Christian translators working together in translation schools. These characters could be part of an immersive experience where users witness the interreligious collaboration and intellectual exchange of the time.

Virtual reality offers a platform to make these narratives tangible and engaging. For instance, a speculative project could involve recreating the city of Córdoba at various stages of its history. Users could navigate through the city, observing architectural, cultural, and societal changes over time. They could interact with digital characters representing different religious communities, gaining insight into their daily lives, beliefs, and relationships. Such an immersive experience could also allow users to explore key sites of interfaith interaction, such as the Great Mosque of Córdoba. Through VR, one could witness the transformation of this architectural marvel, reflecting changes in religious dominance and the shifting dynamics of power and culture.

The technology utilized for these projects must be carefully chosen and tailored to suit the narrative. This might involve the use of 3D modeling for architectural recreations, AI-driven characters for realistic interactions, and augmented reality for enhanced engagement with historical artifacts and documents. The importance of manifesting digital narratives in this manner is manifold. It provides a dynamic and interactive way to engage with history, allowing for a more nuanced and empathetic understanding of complex periods, such as the medieval era. By focusing on the interrelations of Jews, Christians, and Muslims in medieval Spain, such virtual experiences can promote a more inclusive perspective, reflecting the richness and complexity of historical experience. Moreover, this approach fosters a connection between the past and present, encouraging reflection on contemporary interfaith relations.

One approach to developing a digital narrative is to employ the «Digital Narrative Template» depicted in this text, which includes multiple components. They are as follows.

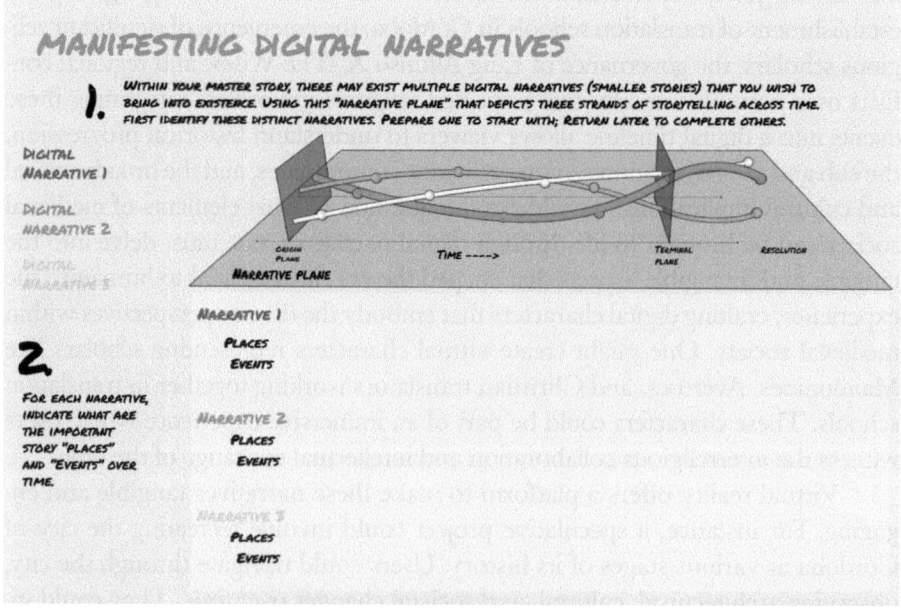

Figure 2. The digital narrative template can be used to organize your story.

- Identify the Primary Story. Begin by defining the overarching theme or overarching story that encompasses the smaller narratives. This could be a historical period, a cultural exploration, or a fictional account. The primary story sets the stage for the individual narratives and provides context.
- Break Down into Smaller Narratives. Within the primary story, identify specific smaller stories or digital narratives that you wish to explore. These could be individual events, character studies, or thematic explorations. Use the template to list these narratives, starting with one and expanding as needed.
- Define Places and Events. For each digital narrative, use the template to outline the important «places» and «events». Places refer to the physical or conceptual locations where the story unfolds, while events are the key incidents or turning points. Be as detailed as necessary to provide a clear understanding of the setting and plot.
- Utilize the Narrative Plane. The template's «narrative plane» is a tool to visualize the progression of the story across time. Plot the origin, terminal plane, and resolution for each narrative, creating a timeline that helps in understanding the flow and interconnections between the narratives.
- Develop Content. With the structure in place, begin developing the content for each digital narrative. This could include writing prose, creating multimedia elements, or designing interactive features. The template serves as a roadmap, guiding the content creation process.
- Iterate and Expand. The template allows for iterative development. Start with one narrative, and as it takes shape, return to the template to develop others. The interconnected nature of the template ensures that the narratives remain cohesive within the primary story.
- Contemplate Digital Mediums. Finally, evaluate how you will translate the developed narratives into the chosen digital medium. This could be a website, an immersive virtual reality experience, or an interactive eBook. The template's clear structure ensures that the digital implementation remains true to the original vision.
- The template is a valuable tool for scholars looking to create complex, multi-layered digital narratives. By providing a clear framework for defining and organizing stories, it facilitates a systematic approach to content creation. Whether used for historical exploration, educational purposes, or creative storytelling, the template aids in manifesting digital narratives that are rich, engaging, and interconnected.

Following is an example of how interreligious history, as in the archival case of Jewish and Christian relations in the medieval city of Plasencia, Spain, can be mapped using the template[3]. The essential history to be told via immersive reality pertains to a detailed account of the political, familial, and interreligious dynamics in Plasencia during the 1420s and 1430s. It highlights the complex power struggles among noble families, including the Carvajal-Santa María confederation, the Álvarez de Toledo, and the Niño clans, over control of resources, jurisdiction, and the Cathedral of Plasencia. The narrative underscores the competitive environment and interfamilial discord, leading to regional conflicts over natural resources and secular leadership. King Juan II's intervention, through Judge Miguel Sánchez de Sepúlveda, reveals the intricate balance of power between royal, municipal, religious, and seigniorial jurisdictions. Tragically, the text also illustrates the precarious position of Plasencia's Jews, who became unwilling pawns in these disputes, with some even losing their lives. This account is vital to understanding medieval history as it offers insights into the multifaceted relationships between nobility, religious institutions, secular authorities, and minority communities. It paints a vivid picture of the societal complexities, legal intricacies, and interreligious tensions of the time, reflecting broader themes of power, authority, conflict, and coexistence that characterized the medieval period.

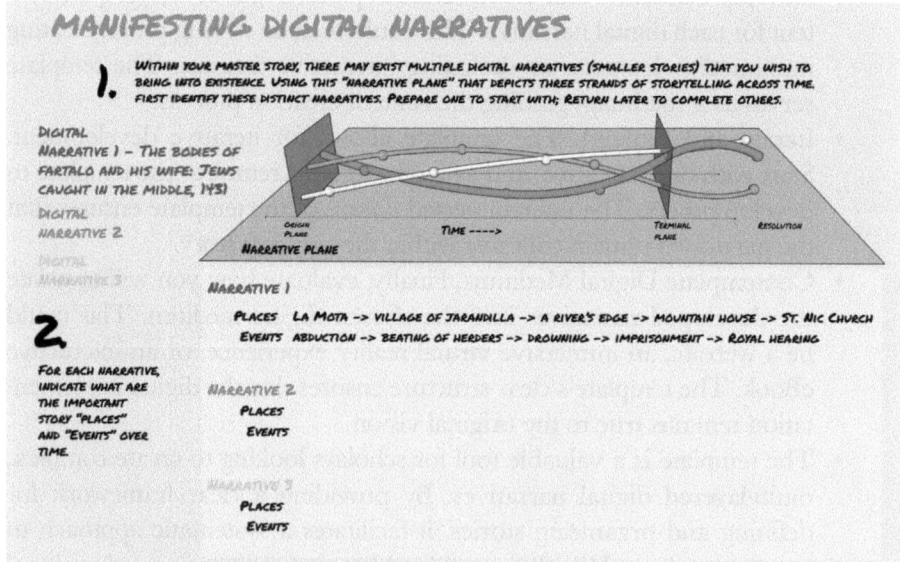

Figure 3. Manifesting digital narratives for Plasencia.

---

[3] Archivo Municipal de Plasencia, España (AMP), s. n., «Pesquisa hecha por Miguel Sánchez de Sepúlveda corregidor de la ciudad de Plasencia, en razón de las *terminus* y otras cosas. Fecha en 3 de septiembre de 1431, ante Martín Fernández de Logroño, escribano de esta ciudad».

The digital narrative might be mapped as follows:
- Primary Story. The primary story revolves around the complex power dynamics and conflicts in the region surrounding Plasencia during the 1420s and 1430s. It involves multiple noble families, the city council, the Cathedral of Plasencia, the king's intervention, and the impact on commoners and Jews.

Digital Narratives

- Digital Narrative 1. The Rise of the Carvajal-Santa María Confederation. This narrative focuses on the consolidation of power by the Carvajal and Santa María families, their control over the Cathedral of Plasencia, and their struggles with other clans during the 1420s through 1430s in Plasencia, Spain.
- Digital Narrative 2. The Regional Conflict over Resources and Jurisdiction. This narrative explores the fierce regional conflict involving the Álvarez de Toledo and Niño clans, the city council, and the disputes over grazing, fishing, and agricultural rights.
- Digital Narrative 3. The Royal Intervention and the Plight of the Jews. This narrative delves into King Juan II's intervention, the investigation by Judge Miguel Sánchez de Sepúlveda, and the tragic impact on the Jewish community, including the deaths of two Placentino Jews.

Narrative Plane

- Origin Time. The late 1420s, when the Santa María and Carvajal families were gathering power.
- Terminal Plane. The appointment of the Estúñiga family as the Counts of Plasencia in 1441.
- Resolution. The complex resolution of jurisdictional disputes, the establishment of boundaries, and the ongoing challenges faced by the Carvajal-Santa María confederation.

Places and Events for Each Narrative

- Digital Narrative 1. Places: Cathedral of Plasencia, city council, broader region. Events: The rise of the Carvajal-Santa María confederation, interfamilial discord, control over the cathedral chapter.
- Digital Narrative 2. Places: Villages near Plasencia, including Jarandilla de la Vera. Events: Coordinated attack on the city council's jurisdiction, regional conflict over natural resources, secular leadership struggles.

• Digital Narrative 3. Places: City council of Plasencia, Church of Saint Vincent, neighboring villages. Events: Judge Sánchez's investigation, the imprisonment and deaths of Placentino Jews, the royal charge, the hearings, and the final ruling.

This adaptation of a historical narrative into the template provides a structured and organized way to explore the multifaceted story of Plasencia during this period. It allows for a nuanced examination of the political, social, and religious dynamics, offering insights into the complex interactions between noble families, local authorities, the king, and the vulnerable populations caught in the middle. Whether for educational purposes, digital storytelling, or scholarly analysis, this template serves as a valuable tool for understanding and communicating this intricate historical tapestry.

In summary, Stage Two of this immersive exploration process is an exciting and innovative way to bring the Global Middle Ages to life, particularly the interreligious dynamics of medieval Spain. Through careful research, thoughtful design, and the intelligent use of technology, historical events, characters, and narratives can be manifested in a compelling and meaningful way. Such projects have the potential to revolutionize our engagement with history, making it more accessible, interactive, and resonant with contemporary audiences.

Stage Three
TRIANGULATING SPACE AND PLACE

The third stage in the development of immersive experiences of the global Middle Ages, termed «Triangulating Space and Place», addresses the urgent need for spatial accuracy and geographic representation in virtual world creation. This stage operates at the intersection of history, geography, and technology, facilitating a more rounded and nuanced understanding of the past.

One approach to developing a digital narrative is to employ the «Triangulating the Space Template» depicted in this text, which includes multiple components. They are as follows.

• Center Point Identification. In the middle of the template where all grid lines converge, identify and name the focal point for your project. In the Córdoba example, this could be the Great Mosque of Córdoba, a symbol of Islamic architecture and culture that was later converted into a Catholic cathedral.
• Recording Prominent Structures. Surrounding this central point, identify and record other major buildings and landmarks. This could include the Jewish quarter, which was known for its synagogues and centers of

Talmudic study, and Christian churches or fortifications. Record each in relative distance to the Mosque-Cathedral, signifying their importance in the community's social and religious life.

- Nature Features and Pathway. Include natural elements like the Guadalquivir River, which played a key role in Córdoba's prosperity. Also mark significant pathways, roads, or bridges like the Roman Bridge, which facilitated both trade and cultural interaction among Córdoba's diverse inhabitants.

- Adding Approximate Distances. It's important to indicate approximate distances between these key landmarks to provide a spatial context. This can be based on historical texts, archaeological findings, or existing urban studies on medieval Córdoba.

- Element Prioritization. Now, prioritize these elements based on your research focus. If you're particularly interested in interreligious dialogue, you might highlight locations where such interactions were known to occur. For instance, places of intellectual exchange among Muslim, Christian, and Jewish scholars could be given prominence.

- Annotations and Notes. Lastly, add notes or annotations that give historical context or significance to each element. For example, next to the Jewish quarter, a note could specify that it was a center of Hebrew scholarship, or near the Mosque-Cathedral, mention that it was once a venue for Muslim-Christian dialogues.

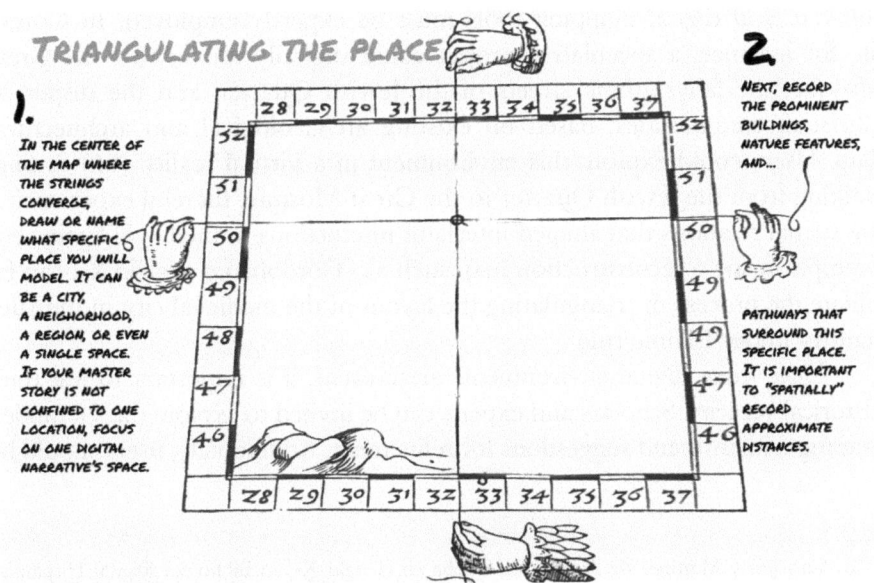

Figure 4. Finding the physical center of your narrative space.

In practice, the first step involves selecting the specific place you wish to model. For example, considering Jewish, Christian, and Muslim interrelations in medieval Spain, one might select the city of Córdoba, with its Great Mosque as the central point where the strings of our historical, geographical, and narrative data converge. Córdoba was once a melting pot of Abrahamic religions and a center for interfaith intellectual exchanges. Focusing on Córdoba allows researchers to explore a myriad of research questions: How did its physical environment shape interactions among various religious communities? What were the key geographic features that influenced its growth as a socio-cultural hub?

Next, one records the surrounding architectural and natural features, noting details like pathways and approximate distances between key locations. For example, Córdoba's Great Mosque, Jewish Quarter, and Christian neighborhoods could be the initial geographic features mapped out. Researchers might also consider including natural features like the Guadalquivir River, which played a significant role in the city's development.

Gathering data for this stage is an interdisciplinary undertaking, involving the use of medieval and early modern maps, archaeological findings, contemporary topographic and terrestrial maps, and even digital mapping software like Google Earth. Collaboration with experts in medieval architecture, geography, and town planning can enrich the model's accuracy and depth. Data from various sources should be critically analyzed and synthesized to construct a detailed digital map that serves as the foundation for the virtual environment.

To breathe life into the spatial narrative, technology like 3D modeling software and digital mapping tools must be expertly employed. In Córdoba, for instance, a speculative project could digitally reconstruct the Great Mosque, the labyrinthine streets of the Jewish Quarter, and the dispersed Christian communities, based on existing archaeological and architectural data. Users could explore this environment in a virtual reality (VR) setting, walking from the Jewish Quarter to the Great Mosque, thereby experiencing the spatial relations that shaped interfaith interactions in medieval Spain. For example, using a reconstruction map such as «Córdoba en el siglo X», can facilitate the process of triangulating the layout of the medieval city in the 10th century under Islamic rule[4].

Once these digital environments are created, it is important to test their historical veracity. Scholars and experts can be invited to explore the VR model, offering criticisms and suggestions for refinement. Additionally, users should be

4   R. Castejón y Martínez de Arizala, «Córdoba en el siglo X», in Biblioteca Digital Hispánica: Biblioteca Nacional de España, <https://bdh.bne.es/bnesearch/detalle/bdh0000226909>.

able to interact with digital characters representing Jews, Christians, and Muslims of medieval Córdoba. These characters can help explore how geography influenced social interactions, religious practices, and even prejudices among these communities.

So why is this stage of triangulating space and place crucial? A historically and geographically accurate model allows both scholars and the general public to engage more deeply with the past. It allows us to explore «what was» in an attempt to better understand «what is». More specifically, when looking at Jewish, Christian, and Muslim relations, a spatially accurate model can offer insights into how urban design and geographic features can encourage or discourage interfaith interactions, a lesson deeply relevant for modern society.

By applying these steps to the Córdoba example, we see how a graphic template can serve as an invaluable resource for envisioning the complex interactions among different religious communities. It enables researchers and students to better understand how the geographical and spatial features of Córdoba facilitated a unique form of interreligious coexistence and intellectual exchange during the medieval period.

In sum, Stage Three of creating immersive digital environments of the global Middle Ages combines meticulous data gathering, interdisciplinary analysis, and cutting-edge technology to offer a rounded, engaging, and enlightening understanding of the past. By focusing on the spatial aspect of history, this stage allows for an exploration of socio-cultural dynamics, interfaith relations, and even urban development, enriching our understanding of periods like medieval Spain, where Jews, Christians, and Muslims once coexisted, for better or worse, in a single, complex, urban tapestry.

Stage Four
INVENTORYING AND PRIORITIZING ELEMENTS OF IMMERSIVE WORLDS

Stage Four is instrumental in creating a richly textured digital environment that can engage users with the layered history of the Middle Ages. Moving toward constructing a digital narrative in immersive reality can be accomplished by using the «Inventorying the Place» template that depicts time across a narrative plane as well as human built structures, persons and communities, objects and artifacts, flora, and fauna.

The process of using a graphic template to visualize a digital narrative over time can be a highly efficient way to inventory and prioritize the elements that need to be modeled in your virtual reality project. In the context of Toledo and its rich interreligious history, focusing on one digital narrative could mean

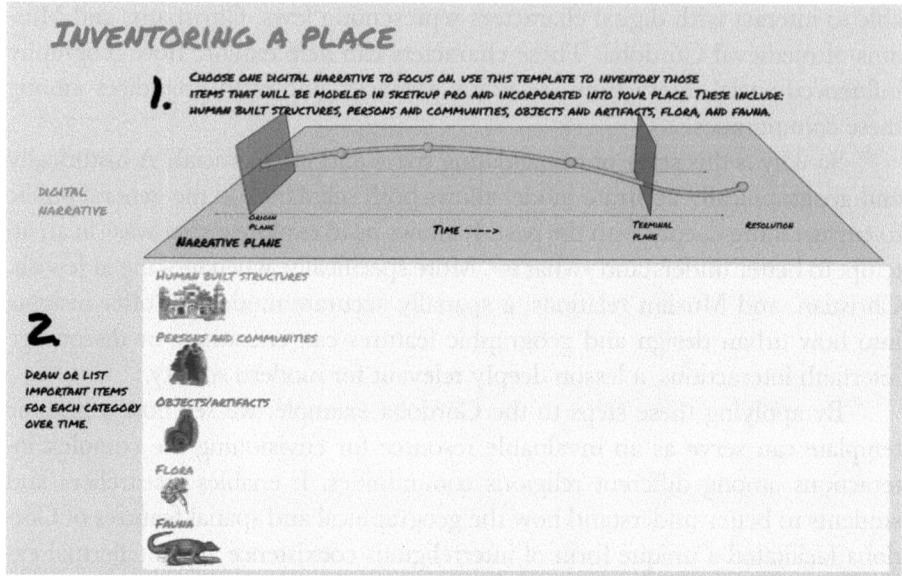

Figure 5. Inventoring a Place.

choosing a specific time period or event, such as the construction and later transformations of the El Tránsito Synagogue in the 14th and 15th centuries.

- Select **Digital Narrative.** Start by choosing one digital narrative that encapsulates the period, the event, or the communities you wish to focus on. For Toledo, this could be «The Evolution of the El Tránsito Synagogue and its Neighborhood».
- **Human-Built Structures.** In your graphic template, list all the relevant human-built structures in the vicinity of the El Tránsito Synagogue. This would include the synagogue itself, founded by Samuel ha-Levi, the nearby Catedral Primada Santa María de Toledo, the Mezquita Bab-al-Mardum, and the Taller del Moro. Each structure can be further broken down into its architectural components for more detail.
- **Persons and Communities.** Identify key individuals like Samuel ha-Levi, religious leaders, artisans, and traders, as well as the broader Jewish, Christian, and Muslim communities of Toledo. Note their significant contributions or actions that have bearing on the narrative.
- **Objects and Artifacts.** Record important objects and artifacts like ritual items in the synagogue, artistic installations in the cathedral that used Muslim artisans, or objects produced at the Taller del Moro. These elements could serve as interactive items in your virtual world to enrich user experience.

- Flora and Fauna. Although often overlooked, the natural environment can add a layer of authenticity to your virtual world. Note any specific trees, gardens, or animals that were relevant during that time, possibly from historical or literary accounts.
- Prioritize Elements. Once you've populated your graphic template with these inventories, it's time to prioritize. Decide which elements are crucial to your narrative and should, therefore, be modeled in greater detail. The architecture of the El Tránsito Synagogue with its intricate stucco work, for example, may require finer detailing compared to other buildings.
- Time Factor. Since your narrative is focused on events over time, make sure your template can accommodate a temporal dimension. This could mean marking phases of construction, renovation, or other significant transformations of the synagogue and its neighborhood.

By structuring your graphic template in this manner, you'll have a comprehensive view of what needs to be modeled and how these elements are connected both spatially and temporally. It aids not just in the design but also in understanding the complex interrelations between the Jewish, Christian, and Muslim communities in medieval Toledo. With this detailed inventory, you'll be better prepared to create an immersive, historically nuanced virtual world that can serve as an invaluable educational and research tool.

This overall process is particularly essential when examining a city like Toledo, a crucible of Muslim, Christian, and Jewish cultures. For example, the focus could be on the Jewish quarter surrounding the El Trá nsito Synagogue, founded by Samuel ha-Levi in the later 14th century, and the manner in which it coexists with other religious sites like the Catedral Primada Santa María de Toledo and the Mezquita Bab-al-Mardum, today known as Mezquita del Cristo de la Luz.

In the inventorying phase, it's pivotal to catalog all elements, both animate and inanimate, that contribute to the narrative richness. Iconic structures like the El Tránsito Synagogue, the Catedral Primada Santa María, and Mezquita Bab-al-Mardum should be meticulously detailed. Additionally, the human characters representing the various religious communities, as well as artifacts, flora, and fauna, must be included. Attention should also be paid to the Taller del Moro (the Workshop of the Muslim), which stands testament to the cathedral's use of Muslim artisans for maintenance, a unique blend of economic and artistic coexistence. For example, using P. de la Escoura's 19th century etching of the Taller del Moro, or the Muslim workshop, alongside contemporary photography allows the researcher to better understand the actual material culture of the period[5].

---

[5]   P. de la Escosura, *España artística y monumental*, Paris, Alberto Hauser, 1842.

Figure 6. Taller de Moro in a 19th century etching.

Given the focus on the Jewish quarter and its proximal vicinity to the El Tránsito Synagogue, elements such as Hebrew inscriptions, the Mudéjar-Islamic style architecture that is a blend of Islamic and Christian artistic traditions, and figures like Samuel ha-Levi would be given precedence. These prioritized elements help answer research questions like, «Which elements are most crucial in creating an immersive and historically credible representation of multi-religious Toledo?».

For illustrative purposes, a speculative VR project, «Wandering through Multi-Religious Toledo». could allow users to virtually explore these sites. As users navigate the narrow alleys of the Jewish quarter, they could virtually enter the El Tránsito Synagogue, engage in conversations with avatars modeled on historical figures like Samuel ha-Levi, walk to the nearby Catedral Primada Santa María, and note the Islamic influence in the artisanship preserved at the Taller del Moro.

The significance of this process is immense. A carefully curated inventory and well-executed prioritization lend an authenticity to the virtual space, ensuring that it transcends being a mere visual simulation to become a meaningful academic exercise. Whether one aims to explore the interfaith dynamics in the artistic collaborations seen at the Taller del Moro or wants to delve into the multi-religious intellectual and commercial life of Toledo, this stage sets the groundwork for a comprehensive, nuanced, and highly interactive virtual world.

To summarize, Stage Four offers a meticulous framework for converting a basic digital framework into an intricate, interactive, and educational environment. Through this, users can immerse themselves not just visually, but intellectually and emotionally, into the complex tapestry that was Toledo in the global Middle Ages.

Stage Five
MODELING HUMAN BUILT STRUCTURE, PERSONS AND COMMUNITIES, OBJECTS AND ARTIFACTS, FLORA AND FAUNA

The process of modeling is arguably one of the most crucial and intricate stages in the development of an immersive digital experience of the global Middle Ages, particularly when trying to reconstitute a world as rich in historical and cultural tapestry as medieval Sevilla. This is where our comprehensive inventory materializes into 3D structures, characters, and interactive objects that form the visual and tactile fabric of our virtual world. The modeling stage presents a confluence of technology, historical fidelity, and research focus, in which the selection of the right tools is vital. Among the pantheon of 3D modeling software, Autodesk Maya, Blender, and Trimble's SketchUp each offer different strengths.

Autodesk Maya is a powerhouse for 3D modeling, highly customizable and capable of intricate detail. This software is best suited for those looking to construct complex structures like La Giralda, where each historical layer of architecture needs to be represented in minute detail. However, its complexity and steep learning curve may make it less accessible for scholars in the humanities who lack extensive training in digital modeling.

Blender, on the other hand, offers a more user-friendly interface with plenty of community support. While also capable of producing highly detailed models, Blender is more suited for those who may not have a background in 3D modeling but still seek a sophisticated end product. For example, when depicting the lives of communities around King Pedro I's Real Alcázar, Blender's simpler interface allows a more straightforward modeling of human characters and artifacts without sacrificing too much in terms of quality or accuracy.

Trimble's SketchUp offers an entirely different user experience focused on simplicity and speed. It's an ideal platform for quickly sketching architectural structures in 3D and making rudimentary models. In a project focusing on the urban layout of the Jewish quarter of medieval Sevilla or the Christian palace of King Pedro I, SketchUp can quickly provide a spatial framework on which more complex models can be built. Its ease of use makes it particularly inviting for scholars in the humanities, who may not have the technical expertise required for software like Maya but still wish to contribute to the spatial design of the virtual world.

The advent of generative artificial intelligence (AI) in the realm of 3D modeling heralds a significant shift in how researchers and creators can approach historical reconstruction. Tools like Midjourney and SkyBox AI promise to streamline the modeling process, potentially generating detailed and realistic landscapes, architectures, and even characters based on data inputs. This not only expedites the process but also opens up new possibilities for intricate and dynamic virtual worlds.

However, the ease and automation brought by AI come with their own sets of challenges, particularly in the realm of historical fidelity. While AI can generate models quickly, it doesn't possess a nuanced understanding of the historical, cultural, or social factors that shaped these elements in reality. There's a real danger here of creating what could be perceived as a 'fictional' past, where the generated models and scenarios don't accurately reflect the complexities of the periods they aim to represent.

Researchers must be especially vigilant when using AI tools. They must continuously cross-reference the AI-generated models with primary and secondary historical sources to ensure that they are not inadvertently creating an ahistorical or anachronistic representation. It's crucial to strike a balance between the capabilities of these advanced technologies and the need for scholarly rigor and historical accuracy. While AI can be a powerful tool for generating virtual worlds, it should serve as a complement to, rather than a replacement for, meticulous historical research and interpretation.

So, which software should you choose, especially as technology is constantly changing? That depends on your project's focus and your level of expertise. If your research is heavily focused on the architectural intricacies of religious buildings that bore witness to a shifting dynamic of power and culture, then Maya's robust capabilities may be justified. If your emphasis is on the social and cultural fabric, the storytelling and human interaction, Blender's balance of complexity and user-friendliness may be more appropriate. And if you're a scholar in the humanities looking to quickly mockup a model of a town square or a specific street in the Jewish quarter, then the simplicity of SketchUp may be your best tool.

At other times, it is important to remember that not all elements of the immersive world need to be modeled as they may already exist in a 3D object collection or repository. For researchers and enthusiasts keen on building an immersive medieval world, there are several platforms offering 3D models that can populate these digital environments with everyday objects. Among these, SketchUp's 3D Warehouse stands out for its seamless integration with Sketch-Up's modeling software, allowing for a wide range of free models to be directly inserted into SketchUp projects. Its user-friendly interface makes it a viable option for those even with limited technical skills. The 3D Warehouse is especially convenient for scholars and enthusiasts who may already be using SketchUp for their 3D modeling, as it offers a rich inventory of domestic items and elaborate buildings suitable for creating a historically accurate medieval setting.

In addition to the 3D Warehouse, platforms like Sketchfab, TurboSquid, and Free3D offer complementary resources. Sketchfab is a versatile platform that hosts a myriad of 3D models, including those that can be utilized for populating a medieval world. From household items to weaponry, Sketchfab offers both free and premium models. Its interactive 3D viewer allows users to inspect models in detail before downloading. The website also supports various file formats, making it compatible with different 3D software. TurboSquid is another extensive repository for 3D models suitable for historical reconstructions. It offers a range of quality-checked models of medieval artifacts, structures, and even characters. While most models are premium, the quality and level of detail are generally high, making it a valuable resource for more professional projects. Free3D focuses on providing free 3D models, including a selection that would suit a medieval setting. Although the range may not be as extensive as other platforms, Free3D is an excellent starting point for hobbyists or scholars on a budget. The models come in multiple file formats, ensuring compatibility with various 3D modeling software. These four platforms together provide a comprehensive range of options, catering to various needs and skill levels for those invested in creating immersive, historically informed medieval worlds.

Each of these software options and online 3D object collections brings its own set of possibilities and constraints, and the choice among them would, ideally, be guided by the research questions you seek to answer. Are you aiming to scrutinize the nuanced architectural layers that reflect Sevilla's complex religious history? Are you looking to recreate the vibrant atmosphere of a bustling medieval marketplace, complete with characters from various religious backgrounds? Or is your aim more straightforward, focused on the broader spatial design of a neighborhood or city quarter? By tailoring your technological choices to your research objectives, you're not just populating a digital canvas with historical artifacts; you're creating a rich, interactive landscape where scholarly inquiry and public engagement can intersect, illuminating the intricate interweavings.

For example, let's consider how one might model Jewish, Christian, and Muslim lives in the vibrant tapestry that was medieval Sevilla. First, consider human built structures. Start with the architectural landmarks. In Sevilla, we have a fascinating blend of Islamic, Jewish, and Christian architecture. For example, La Giralda, initially a minaret for the Great Mosque of Sevilla, was converted into a bell tower for the Catedral de Santa María de la Sede (Cathedral of Saint Mary of the See) following the Spanish Christian Reconquest of southern Iberia.

La Giralda, the iconic bell tower of the Cathedral of Seville, stands as an architectural testament to Spain's complex religious and cultural history. Originally built as an Islamic minaret during the Almohad period, its square-shaped base and geometric patterns are reflective of Almohad architecture. The tower also houses a unique inclined ramp system instead of stairs, designed to allow the muezzin to ascend by horseback for the call to prayer. The intricately etched arabesque motifs on its external facade represent the Islamic decorative art of the period. After the Reconquista, however, the tower underwent significant modifications. A Renaissance-style belfry adorned with Christian bells was added to the top, along with Christian symbols and reliefs like the Giraldillo, a large bronze weathervane in the form of a statue representing Faith. Over the years, elements of Gothic and Baroque architectural styles, complete with specific Christian carvings and sculptures, have been incorporated into the tower. The amalgamation of these elements makes La Giralda not just an architectural marvel but also a compelling symbol of the intersection of Islamic and Christian worlds in Spain. Using 3D modeling software like Autodesk Maya or Blender, you could construct a timeline that allows users to see La Giralda's transformation over the years. Such a project not only provides visual and educational value but also offers a tangible means to evaluate how architectures change as communities transition, a fascinating research question in itself.

The 3D model of La Giralda in Seville, created by Usama Ghufran, provides a fascinating glimpse into how this iconic structure might have appeared as the minaret for the Great Mosque of Seville during the Almohad dynasty's reign in al-Andalus, Moorish Spain[6]. Commissioned in 1171 by Caliph Abu Ya'qub Yusuf, the original minaret was a product of collaborative effort from craftsmen across al-Andalus and the Maghrib. Their expertise in planning, construction, and decoration was integral to the mosque's completion in 1176.

Significant to the minaret's history was the addition of four precious metal spheres, either gold or bronze, at its peak on 10 March 1198. These spheres commemorated al-Mansur's victory over Alfonso VIII of Castile, four years

---

[6] U. Ghufran, «Giralda. Original Minaret, Great Mosque, Seville», in SketchFab, <https://skfb.ly/6TWUY>.

prior, symbolizing a poignant moment in the cultural and political history of the region. This architectural feature serves as a testament to the minaret's role not just as a religious structure but also as a monument of victory and power.

The transformation of this historic structure came after 1248, during the Reconquista, when Seville was reclaimed by the Christians. The mosque was converted into a cathedral, significantly altering the cultural and religious landscape of the city. This conversion marked a critical shift in the use of La Giralda, transitioning from its Islamic origins to a Christian context. Ghufran's 3D model captures the essence of La Giralda's Islamic past, offering a digital window into a pivotal era in Sevillian and Andalusian history.

Next, consider the persons and communities that animated these spaces. King Pedro I's Reales Alcázares de Sevilla palace (also known previously as al-Qasr al-Muriq) for instance, is a masterpiece of Mudejar architecture, created by Muslim craftsmen in Christian kingdoms. While generative AI can create crowds of persons in spaces, the depiction of key historical figures should be accurate and based on primary resources like manuscripts or paintings. For example, a model of the 14th century King Pedro I might be flanked by Muslim artisans, Jewish advisors, and Christian knights, each modeled meticulously from historical descriptions and artistic depictions. The research question here focuses on understanding the pluralism of medieval societies: how did different communities coexist, and what roles did they play?

During the modeling stage, we also want to take into account those objects and artifacts that bring authenticity and completeness to space. In medieval Sevilla, especial-

Figure 7. 3D model of La Giralda Original Minaret at the Great Mosque of Sevilla.

ly in its Jewish quarter, everyday items like pottery, textiles, and religious artifacts, can offer insights into the period's social history. In your VR world, these items can be interactive. They can be picked up, examined, and even used by participants to solve puzzles or unlock further narratives. The «Historium Brugge», a virtual reality exhibition of medieval and Renaissance Bruges, Belgium, offers a good existing example of how objects can be used interactively in a virtual space[7]. For researchers, the emphasis can be on how objects in everyday life signify the interplay between people whether in design, usage, or meaning.

Lastly, the natural environment can add layers of authenticity. While domesticated animals such as horses and cattle could be prevalent in a European medieval city, specific types of trees and plants also have a symbolic or utilitarian role. Researchers can look at questions like: How did the landscape shape the city's development? Did specific flora have symbolic meanings for different religious communities? You might want to model an Andalusian garden, reflecting the Islamic concept of paradise, adjacent to Christian vineyards, each having its own set of plants, decorative fountains, and pathways.

Given the sophistication of current 3D modeling software and generative AI, it's tempting to include a plethora of details. But the key is to prioritize. Not every building needs to be modeled down to the last brick, not every character needs a backstory, and not every alley cat needs to be interactive. Limitations in computing power, budget, and even the cognitive load on the end-user need to be considered. The choice of what to include and exclude is, in itself, guided by your research questions.

If we continue with the case study of medieval Sevilla –are you focusing on religious coexistence? Then the synagogues, churches, and mosques and their interrelations become crucial. Are you interested in commerce? The marketplace and diversity of goods could be your focus. Are you investigating social history? Then the living quarters, pubs, and social gathering places take priority. In summary, the modeling stage is a complex dance of technological capability, historical fidelity, and research focus. By carefully selecting and crafting each element, from human-built structures to objects and living beings, you're not merely creating a world. You're offering a multi-sensory, interactive, and educational platform that allows both the public and scholars to engage with questions that shape our understanding of the past, particularly of a world as rich and varied as medieval Sevilla, where the threads of Jewish, Christian, and Muslim lives were intricately woven into the vibrant tapestry of the city.

---

[7]   Historium Brugge, «Back in time with virtual reality!», in Historium Brugge, <https://www.historium.be/en/discover-historium/vr>.

Stage Six
VISUAL AND INTERDISCIPLINARY ANALYSIS VIA MODELING CHOICES

The recreation of a historical era, especially a complex and layered one like the global Middle Ages, entails more than just the assembly of facts or the simulation of environments. It's about selecting what objects to model, what environments to recreate, and what storylines to emphasize. In particular, the focus here will be on interdisciplinary analysis via modeling choices. One approach to this endeavor is to follow a systematic and step-by-step process such as the following.

- Identify the Models for Review. Begin by identifying which virtual models or representations are subjects for analysis. These could be 3D models of medieval architecture, geographical overlays, or simulations of historical events.
- Assemble an Interdisciplinary Toolkit. Assemble a range of disciplinary lenses through which to examine these models: historical, environmental, cultural, and political. This equips the researcher to understand the multifaceted implications and assumptions behind each model.
- Apply the Principles of Sevilla. The Principles of Sevilla pertain to responsible research and innovation. They advocate for transparency, inclusivity, adaptability, and reflexivity in the research process. Applying these principles at this stage aids in distinguishing between what is known and documentable and what is speculative. Transparency involves clearly documenting the data and processes used in constructing the model. Inclusivity considers different cultural or disciplinary perspectives in the model's design and evaluation. Adaptability requires willingness to revise the model in the light of new findings or perspectives. Lastly, reflexivity reminds us to constantly question your own assumptions and those embedded in the model.
- Historical Accuracy. Examine the historical data that have informed the model. Are they from reliable sources? Is the model consistent with the historical timeline, cultural practices, and technological capabilities of the period?
- Functionality and Purpose. What is the model designed to do? Whether it's a visualization of a medieval cathedral or a simulation of a historical event, assess if the model serves its intended purpose effectively.
- Aesthetic Quality. Especially when dealing with visual representations like 3D models, aesthetic considerations can influence perceptions. Assess the aesthetic choices made and how they might influence the viewer's understanding of the subject.

Perspectives of Place via 3D Visualization

In this visualization, we see a reconstruction of the 15th century synagogue of Plasencia, Spain. Although it no longer exists, architectural details and its location are documented. We can argue this depiction communal life during the 1410s–1440s is highly likely.

Figure 8. Perspectives of place via 3D visualization.

- Address Research Questions. Now, apply your findings to your initial research questions: How do the modeling choices affect the overall perception of the medieval world? How can the modeling process explain why and where specific medieval human-built structures were constructed and at what locations?
- Revise and Refine. Given your analysis, go back to the models and make necessary adjustments. This is an iterative process. Each iteration should make the model more accurate, functional, and aligned with the Principles of Sevilla.
- Document Findings. Finally, compile your findings, offering both a critique of the existing models and suggestions for improvement.

In summary, this stage is critical because it promotes holistic understanding. Using diverse lenses allows for a more comprehensive understanding of the models. It integrates intellectual integrity by applying the International Council of Monuments and Sites' «Principles of Seville», which ensures that the research is conducted in an ethical and responsible manner[8]. Finally, it provides for in-

---

[8] International Council of Monuments and Sites (ICOMOS), «Principles of Seville: International Principles of Virtual Archaeology», in ICOMOS, <https://icomos.es/wp-content/uploads/2020/06/Seville-Principles-IN-ES-FR.pdf>.

PERSPECTIVES OF PLACE VIA 3D VISUALIZATION

1. THIS MODEL OF THE SYNAGOGUE IS COLOR-CODED PER THE AVAILABLE EVIDENCE. ADDITIONALLY, WE REPORT THOSE COMMUNITY MEMBERS THAT ARE RECORDED IN 15TH CENTURY MANUSCRIPTS (1396-1440).

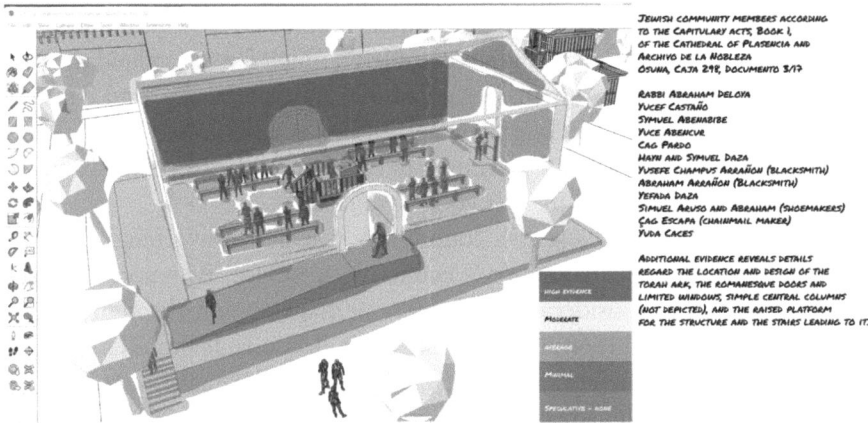

Figura 9. Color-coding gives additional information about the reliability of the model's evidence.

terdisciplinary relevance –a crucial process that enables scholars from different fields to contribute to and benefit from the model, enhancing its academic and practical utility. By carefully executing each of these steps, you not only improve the model in question but also contribute to the methodology of interdisciplinary research.

The manner in which the process might unfold for a case study of medieval Plasencia, such as modeling the 15th century synagogue in Jewish quarter and the Jewish community's relationship to other city residents, begins with research. One would initially consult historical documents to determine its structure, material, and architectural features. Archaeological findings can confirm these textual details, while literature and art from the era can provide cultural and aesthetic context.

When modeling the synagogue, it's essential to refer to principles like the virtual archaeology Principles of Seville, which emphasize the importance of accuracy, fidelity, and proper sourcing of data. This ensures that the model isn't just visually stunning but historically trustworthy. The goal isn't to recreate just the synagogue but the lived experience around it –what it meant for its attendees, its role in the community, its aesthetic appeal, and its function. In the following immersive depictions, we can view a monochrome model of the Synagogue of Plasencia in the early 15th century, which presents a simple view of the size and male membership of the Jewish community discerned from medieval manuscripts, as well as a color-coded one employing the Principles of Sevilla to reveal high, moderate, average, minimal, and speculative evidence.

In the context of the complex interrelations between Jewish, Christian, and Muslim communities in Plasencia, the example of the Jewish converts to Christianity, the Carvajal-Santa María family, offers a nuanced example. This family, unlike the more aggressively dominant noble Estúñiga family, valued their Jewish neighbors in various dimensions –economically, politically, and culturally. Modeling a residential area, for example, could reflect this ideological difference in the layout of the houses, the proximity to different religious centers, and even the quality and diversity of market goods available.

Moreover, Plasencia's Jewish community was not only a religious minority but an essential part of the city's economic structure. Any accurate model should reflect their considerable influence, perhaps shown through property ownership records and economic data like tax collections. It should incorporate the kinds of professions Jews were engaged in, like tailoring, shoemaking, and arms making. Such elements in the model make it dynamic and interactive, inviting the viewer or user to explore various facets of life, beyond just physical structures.

Let's consider how the interreligious relationships could be modeled. In a digitally recreated Plaza Mayor, one might include an interactive dialogue feature between a member of the Carvajal-Santa María family and a Jewish resident. This interaction could showcase the mutual respect and the tensions between the religious communities, elucidating the concept of *convivencia*, or co-existence.

While discussing what should be included, it's equally important to talk about omissions. Not everything can or should be modeled. Some elements may be too speculative due to limited data, or they may overcomplicate the environment without adding value to the understanding of the time and place. In some instances, certain sensitive issues might be consciously omitted or handled carefully to avoid current-day political or social complications. Furthermore, modeling should be iterative; new findings or perspectives should be incorporated to refine the models. For instance, if new data about Jewish population numbers in late 15th century Plasencia were discovered, this could lead to a revisiting and possibly a revision of earlier models.

In conclusion, the modeling process for recreating historical environments, especially as complex as the global Middle Ages, should be both meticulous and expansive. Interdisciplinary approaches offer a more rounded view, balancing historical accuracy with functionality and aesthetic quality. In the case of Plasencia, the challenge is not just to recreate its Jewish synagogue or the market square but to capture the essence of an era –its tensions, its collaborations, and its mosaic of human experience. Through careful modeling, we can aim not just to look back into the past but to step into it, understanding how various elements –whether buildings or social norms– came to exist, and how they interacted in creating the intricate tapestry that was life in the global Middle Ages.

Stage Seven
TELLING STORIES: COMPOSING AND FORMING IMMERSIVE SCENES

After laying down the framework, collecting data, generating models, and assessing their accuracy through the preceding six stages, Stage Seven focuses on the amalgamation of these individual elements into a coherent, immersive narrative. This is the penultimate chapter in the methodological journey towards generating a digital representation of the global Middle Ages, where the elements created so far are orchestrated into compelling storylines that engage users within the virtual environment.

A key component of this state is understanding is the framing of research questions. For example, consider: How can immersive scenes be constructed to effectively tell the story of the global Middle Ages? How does the arrangement of scenes affect the user's understanding? How can the virtual world facilitate the communication of complex historical ideas or events?

Next, let's proceed through a step-by-step process of composing scenes. These are elaborated below.

- Defining Narrative Goals and Objectives. Before diving into the scene-setting, it's important to revisit the key themes, narratives, and research questions that guided the creation of the virtual world in Stage One. What are you trying to communicate through your scenes? These objectives will be your yardstick throughout the scene-composing process.
- Drafting Preliminary Scenes. Create rough sketches or outlines of how you envision the scenes. For example, use the «Laying Out the Scene» template provided in this text. How do the human-built structures, persons and communities, objects, and artifacts come together in the physical and temporal context? Map these out clearly.
- Scene Arrangement. Utilize software like SketchUp to start positioning your digital models into the preliminary scenes you've sketched out. Consider the spatial and proximity relationships among digital models. The arrangement should tell a story and make historical sense. For example, a bustling medieval marketplace shouldn't be situated right next to a quiet monastery unless there's historical evidence or reasoning for it.

- Adding Layers of Complexity. Here, it's time to introduce sound (e.g., music, ambient noise, and voice-over narrations) and lighting (natural and artificial). These elements must not be mere embellishments but should serve the narrative and themes. For instance, the distant tolling of a church bell could signify the role of religion during the medieval period.
- Interactivity. Consider how the user can interact within the environment to deepen their understanding. Can they click on a structure to learn about its history? Or perhaps interact with a character to discover a personal story that reflects larger societal issues?
- Initial Testing. Before finalizing, conduct initial tests to see how your intended audience –scholars in your field of study and students– receives the constructed scenes. Collect feedback about their experiences, the clarity of the narrative, and the accuracy of historical representation.
- Refinement. Refine the scenes based on the feedback and your own assessments. This is an iterative process –multiple rounds might be necessary to get everything right.
- Final Review. Revisit the Principles of Sevilla and other guidelines to ensure your scenes are accurate, inclusive, and ethically responsible. Make sure your final scenes are serving the narrative and research questions you initially set out to explore.

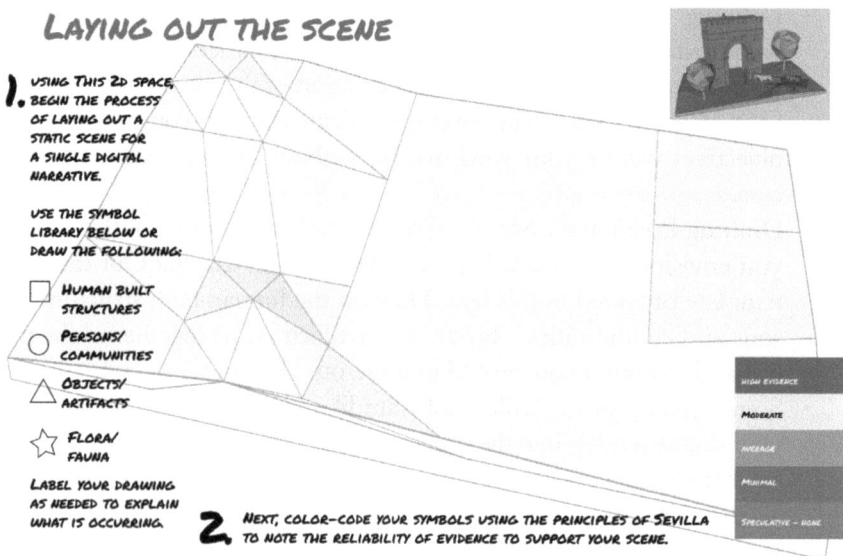

Figure 10. Laying out the scene with symbols and color-coding.

The aim of this stage is to facilitate deep understanding and perhaps even empathy. When done right, the scenes you construct become more than mere dioramas; they turn into dynamic worlds where history comes to life. This has several benefits:

- Engagement. By engaging the user in a well-thought-out narrative, the virtual environment can serve as a powerful educational tool.
- Complexity. Interactivity and multimedia elements can communicate complex ideas more effectively than text alone.
- Inclusivity. A well-designed virtual world can represent diverse perspectives, filling gaps that exist in traditional accounts of history.
- Accessibility. The digital platform can make obscure or underrepresented aspects of history accessible to a broader audience.
- Interdisciplinary Impact. The method incorporates aspects of history, art, literature, environmental science, and more, offering a rounded perspective that single-discipline studies often cannot provide.

The storytelling element becomes an instrumental part of the academic endeavor, especially when dealing with complex historical dynamics. Take, for example, the case of «Honey, Bacon, and Taxes: Reaching an Agreement Between the Church and City Council, *circa* 1428», a historical narrative constructed from primary sources such as municipal and cathedral books of acts and specific physical locations in the medieval city of Plasencia, Spain[9]. This scenario allows us to weave various elements into an engaging narrative while imparting a wealth of historical data, effectively serving multiple objectives.

First, let's consider engagement. Simply stating that a tax agreement was reached between the Cathedral of Plasencia and the city council in 1428 might not captivate a broad audience. However, detailing the struggles and intricacies, such as the roles of the Santa María and Carvajal families, provides layers to the story that pulls the audience in. Highlighting that they were a collaborative group of clans breaking the norm by fostering collaboration instead of jurisdictional battles, gives a more vivid and gripping sense of what was at stake and who the game-changers were. Complexity is another aspect well served by good storytelling. The tax agreement in Plasencia wasn't just a single deal; it was a complex web involving multiple forms of taxation, from church taxes on goods and livestock to royal sales taxes and toll taxes for goods passing through the city. By crafting a narrative, we can better present how these var-

---

[9] R. Martínez-Dávila, *Creating Conversos: The Carvajal-Santa María Family in Early Modern Spain*, Notre Dame, University of Notre Dame Press, 2018, pp. 93-98.

A SIMPLE SCENE

USING THIS 2D SPACE,
BEGIN THE PROCESS
OF LAYING OUT A
STATIC SCENE FOR
A SINGLE DIGITAL
NARRATIVE.

USE THE SYMBOL
LIBRARY BELOW OR
DRAW THE FOLLOWING:

HONEY, BACON, AND TAXES:
REACHING AN AGREEMENT
BETWEEN THE CHURCH AND
CITY COUNCIL, CIRCA 1428

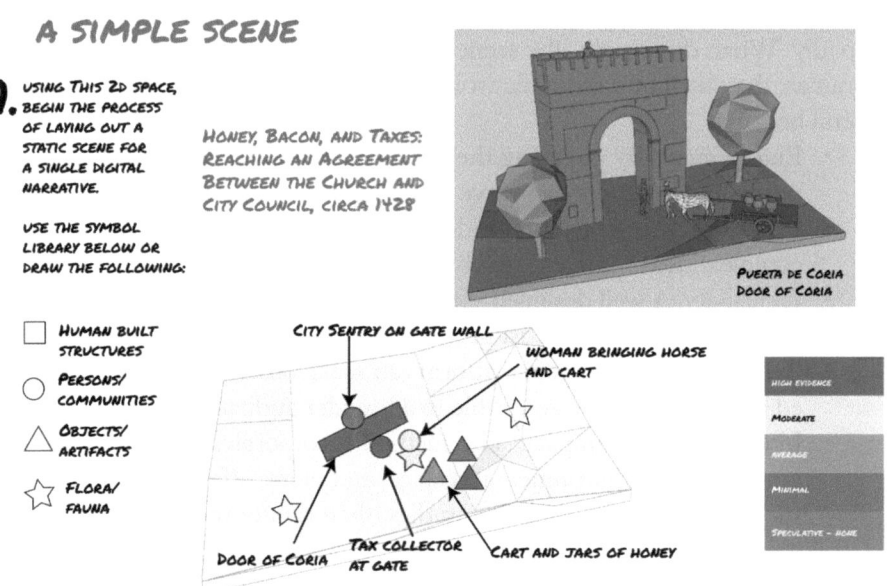

PUERTA DE CORIA
DOOR OF CORIA

☐ HUMAN BUILT
STRUCTURES

○ PERSONS/
COMMUNITIES

△ OBJECTS/
ARTIFACTS

☆ FLORA/
FAUNA

CITY SENTRY ON GATE WALL

WOMAN BRINGING HORSE
AND CART

HIGH EVIDENCE

MODERATE

AVERAGE

MINIMAL

SPECULATIVE – NONE

DOOR OF CORIA

TAX COLLECTOR
AT GATE

CART AND JARS OF HONEY

Figure 11. Symbols and color to tell the story of honey, bacon, and taxes.

ious tax forms intermingled and affected residents, down to the very specifics like the tax levied on slabs of bacon and the different quality of honey. In terms of inclusivity, telling this story can illuminate underrepresented aspects of medieval society, like the importance of local families in governance or the role of the Church in economic matters. While the knight-dominated council is often highlighted in historical records, here we also give voice to the clans and church leaders who played pivotal roles. Accessibility is also amplified by storytelling. By transforming the dense jargon of tax laws and civic agreements into a tale of family alliances, church, and council negotiations, we make the historical details accessible to those who might find tax codices intimidating or dull. Finally, the storytelling process underscores the interdisciplinary impact of the study. The Plasencia example touches upon sociology, economics, theology, and even aspects of material culture like the kinds of goods that were taxed. This nuanced portrayal can attract scholars from various disciplines, providing a rounded perspective that a single-discipline study often cannot offer.

In summary, the storytelling approach, when applied to complex historical dynamics like the tax agreement in Plasencia, not only informs but also engages, illuminates, and even entertains, making the multi-layered tapestries of history accessible, inclusive, and deeply resonant. This is why Stage 7 holds

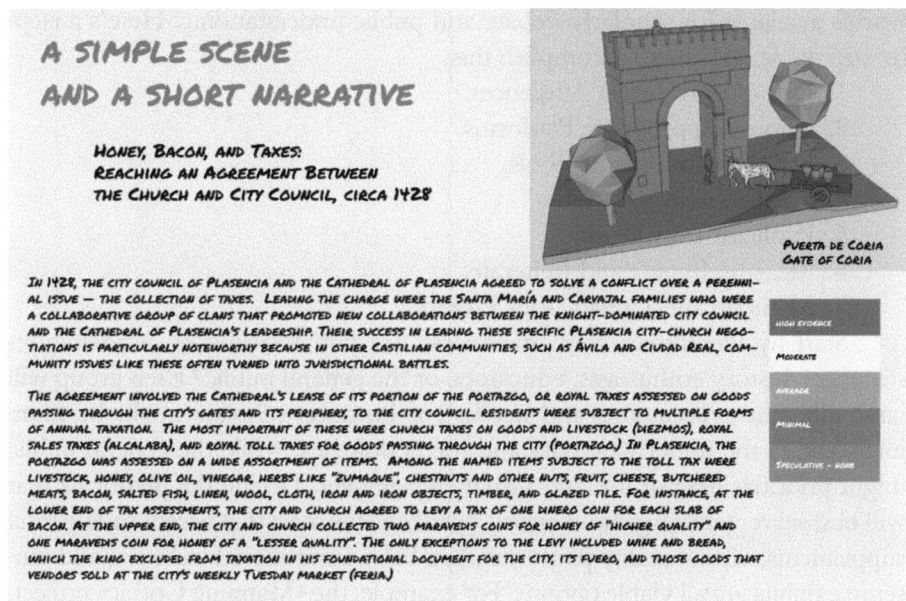

Figure 12. Narrative alongside a simple virtual reality scene.

a critical position in the research methodology for exploring the global Middle Ages through digital virtual worlds. Stage 7 is not just about the 'what' and the 'how' but also about the 'why' of historical events. Its efficacy lies in its ability to bring together various elements into a coherent, engaging, and educational narrative. By taking the user on an immersive journey through well-crafted scenes, it provides not just information but understanding and insight into the complex tapestry of the global Middle Ages.

Stage Eight
DISSEMINATION FOR PUBLIC
AND SCHOLARLY AUDIENCES

The final stage in the development of immersive digital worlds focused on the global Middle Ages –Stage Eight, Dissemination for Public and Scholarly Audiences– is a crucial juncture where academic rigor meets public engagement. This stage takes the intricate narratives and virtual realities constructed in previous stages and translates them into accessible formats. Whether you've sculpted a bustling medieval market or recreated the intricate politics of church and state in a city like Plasencia, the dissemination stage is where you make these worlds available for scholarly debate and public understanding. Here's a step-by-step guide on how to accomplish this.

1. Define Your Target Audiences.
2. Choose Appropriate Platforms.
3. Develop Multimedia Tools.
4. User Testing.
5. Publicize Your Work.
6. Measure Impact and Reiterate.
7. Maintain and Update Your Project.

Start by identifying your audiences. Are you focusing on academic researchers, history enthusiasts, educators, or the general public? Each group will have different expectations and needs. For instance, scholars might be more interested in the underlying data and methodologies, while the general public might prioritize ease of use and visual engagement. Decide the platforms that will best serve your target audiences. Academic journals that accept multimedia supplements, virtual reality platforms, YouTube, institutional websites, and museum exhibits are all viable options. For example, the «Mapping Gothic» project, with its interactive maps and high-quality images of French Gothic structures, caters to both an academic audience through scholarly articles and a general audience through its visually rich interface[10].

Whether it's user-created videos, interactive websites, or virtual reality experiences, pick the tools that will most effectively convey your narrative. The «Immersive Global Middle Ages (IGMA)» website is an effective academic dissemination, offering a rich tapestry of projects that intersect medieval and early modern history with digital humanities[11]. Among these projects are initiatives focused on virtual reality reconstructions, manuscript studies, and citizen science, to name a few. Each project serves as a testament to the transformative power of technology in historical research and education. One standout initiative is Professor Hadeer Aboelnagah's «House of Wisdom». This project, directed by Prince Sultan University in Riyadh, Saudi Arabia, aims to virtually reconstruct the House of Wisdom, a seminal institution in the Islamic Golden Age. The House of Wisdom was established in the 8th century in Baghdad and thrived until the 13th century. It was a hub of intellectual activity, attracting

---

10 S. Murray and A. Tallon, «Mapping Gothic», in Columbia University Media Center for Art History, <https://mcid.mcah.columbia.edu/art-atlas/mapping-gothic>.
11 L. Ramey and R. Martínez-Dávila, «Institute Projects», ei U.S. National Endowment for the Humanities «Immersive Global Middle Ages», Institute for Advanced Digital Humanities, <https://grants.uccs.edu/igma/institute-projects/>.

Figure 13. The House of Wisdom in its desert context.

Figure 14. A top-down view of the House of Wisdom.

Figure 15. Avatars within the House of Wisdom were carefully created to fit the cultural context.

scholars from various parts of the world. These scholars translated, studied, and preserved ancient texts from Greece, India, and other civilizations, thereby serving as a bridge between the ancient and medieval worlds. The institution was instrumental in the fields of astronomy, medicine, mathematics, and philosophy, among others. Its contributions laid the groundwork for the Renaissance and have had a lasting impact on human knowledge.

The virtual model of House of Wisdom is meticulously crafted, offering a speculative yet informed vision of how this intellectual sanctuary might have appeared. The design emphasizes the circular footprint of the site, a choice that is both architecturally and symbolically significant. The model also incorporates traditional Islamic geometric forms, which are deeply rooted in Islamic philosophy and cosmology. These geometric patterns are not merely decorative; they signify the Islamic ideals of unity, order, and the intricate complexity of the universe.

Another form of dissemination is presented by «The Global Middle Ages Project», which is a digital portal dedicated to various interdisciplinary projects[12]. Each project aims to disseminate knowledge and understanding across several domains, from history and archaeology to ethnography and geography. For example, the Black Death Digital Archive Project leverages genetics to understand the spread of the plague across continents, offering a platform where researchers can access databases and share insights. Similarly, the Chinese Gazetteer of Foreign Lands project provides a digital annotated translation of an early 13th century Chinese ethnographic text, complete with GIS maps and links to online resources. The Global Middle Ages site also highlights projects that explore thematic issues, such as «Evil Eye», which delves into the symbolism and protection mechanisms across Abrahamic religions, or «Global Jerusalem», which discusses the city's importance to Jews, Christians, and Muslims. Moreover, there are projects that follow historical voyages, like «Imagining Medieval Narrative: The Travels of Marco Polo», which maps Polo's journeys based on his own writings. The diversity of the projects indicates a commitment to interdisciplinary collaboration. Several include interactive elements, such as maps and 3D models, to further engage the public. This multi-platform approach to public dissemination allows for a nuanced understanding of the subjects at hand, appealing to academics, students, and the general public alike. Through these rich, layered narratives and visual aids, the website fosters a collaborative space for learning and research that serves as an invaluable resource for anyone interested in the complex and interconnected histories of the medieval world.

---

[12] «Featured Projects», in Global Middle Ages, <https://globalmiddleages.org/>.

Before fully launching your dissemination efforts, conduct user testing to ensure that your platforms and tools are user-friendly and meet the needs of your target audience. Make adjustments based on the feedback you receive. Take advantage of social media (youtube.com), academic networks (academia. edu and ResearchGate), and institutional channels to publicize your work. Consider submitting your project for presentation at relevant conferences.

After the initial dissemination, monitor how your audience is interacting with your project. Are they engaging in meaningful discussions about the global Middle Ages? Are scholars citing your work in their research? Use these metrics to refine your project and dissemination methods. Measuring the impact of digital publications in the realm of immersive virtual reality (VR) is a complex task that requires a mix of both quantitative and qualitative approaches. Key metrics for evaluation often include user behavior data, social engagement, and feedback. Platforms like Google Analytics can be customized to work within a VR setting, providing valuable data on aspects like user dwell time, navigation paths, and interaction points. In addition to web analytics, social engagement metrics such as shares, comments, and discussions about the VR experience can provide an important measure of its resonance with the audience. Some VR platforms even offer built-in tracking for these social metrics. To understand user satisfaction and educational value, post-experience surveys and questionnaires can be utilized. These tools can offer rich qualitative data that complements more quantitative measures. Advanced VR headsets equipped with eye-tracking technologies can offer insights into what captures users' attention within the virtual environment. Such data can be visualized using heatmaps that pinpoint areas of high interaction or focus. If your publication is academically oriented, citation analysis can serve as a barometer for its scholarly impact. For more commercial applications, straightforward metrics like download counts, user reviews, sales, and generated revenue can be particularly instructive. Finally, A/B testing with different versions of the VR experience can help pinpoint what elements most contribute to engagement and knowledge retention. Combining these various tools and metrics can provide a holistic view of how impactful your digital publication is in the realm of immersive virtual reality.

The digital world is ever-changing, and to keep your project relevant, you need to commit to periodic updates, whether it's adding new research or improving user interface based on evolving technologies and user feedback. As you go through these steps, consider some pivotal questions:

- How can digital virtual worlds be effectively disseminated to a wide audience?
- How can digital narratives best be translated into user-created videos or web content?

- How can these tools be used to engage the public and scholars in meaningful discussions about the global Middle Ages?

Digital humanities projects offer unparalleled avenues to enrich our understanding of the past. They allow us to engage with history in a more interactive, comprehensive way, pulling us into worlds that once were, making the past a living, breathing entity accessible to all. Stage Eight is the bridge that takes these academic endeavors out of the labs and libraries and brings them into mainstream dialogue, enriching society's collective knowledge and appreciation of the global Middle Ages.

3. CONCLUSION

The Eight-Fold Way of Immersive Design is a structured approach for creating digital environments that re-envision the medieval period as a time of global interactions. This comprehensive framework can serve as a guide for researchers, walking them through stages of framing narratives, spatial accuracy, modeling, and interdisciplinary analysis, enabling the construction of immersive virtual worlds. By following this method, scholars can integrate diverse historical data, create engaging narratives, and effectively disseminate their work, thus offering innovative ways to understand and explore the complexities of the global Middle Ages. Overall, this process fosters interdisciplinary collaboration, enhances public engagement, and challenges traditional Eurocentric narratives, revealing how digital tools can be used to depict historical events, communities, and interactions more inclusively and dynamically.

Histoire médiévale et Moyen Âge rêvé : quelques défis de la diffusion de la recherche en France

Catherine Rideau-Kikuchi

Université Paris-Saclay, UVSQ, DYPAC

1. INTRODUCTION

Le Moyen Âge connait un paradoxe dans sa présence dans l'espace public et médiatique. Il s'agit d'une période largement dépeinte sous des traits sombres, obscurantistes, un repoussoir pour notre monde contemporain. Pour autant, il s'agit aussi d'une période qui fascine, largement utilisée dans les productions culturelles de tout ordre, et qui peut être mise en avant comme modèle dans certains discours politiques, notamment réactionnaires. Ces éléments ont été largement analysés dans les études médiévalistes, extrêmement dynamiques ces dernières décennies : l'utilisation de l'histoire médiévale dans les productions culturelles et dans les médias a fait l'objet de travaux toujours plus nombreux et dans le cadre d'un champ de recherche de plus en plus structuré. Depuis une petite vingtaine d'années en France, les médiévistes historiens et littéraires ont investi ce champ de recherche, et les dernières années ont donné lieu à des publications qui questionnent notamment le rapport entre les études médiévales et médiévalistes[1].

---

[1] Je ne cite ici que certaines des plus récentes références générales dans le domaine français : T. di Carpegna Falconieri, P. Savy et L. Yawn (dirs.), *Middle Ages without borders: a conversation on medievalism : Medioevo senza frontiere : una conversazione sul medievalismo / Moyen Âge sans frontières : conversation sur le médiévalisme*, Rome, Publications de l'École française de Rome, 2021 ; M. Aurell, F. Besson, J. Breton et L. Malbos (dirs.), *Les médiévistes face aux médiévalismes*, Rennes, Presses universitaires de Rennes, 2023 ; S. Sagnes, P. Fraysse, D. Alexandre-Bidon, Y. Chanoir et G. Régimbeau, *Vivre et faire vivre le Moyen âge*, Montpellier, Presses universitaires de la Méditerranée, 2023 ; F. Besson, P. Ducret et F. Bièvre-Perrin (dir.), « Passés politisés », *Frontières. Revue d'archéologie, histoire & histoire de l'art*, 9, 2023. Un peu plus ancien, on citera également D. Méhu, N. de Barros Almeida et M. Candido da Silva, *Pourquoi étudier le Moyen Âge ? les médiévistes face aux usages sociaux du passé*, Paris, Publications de la Sorbonne, 2012 ; J. Morsel, *L'Histoire (du Moyen Âge) est un sport de combat...*, Paris, LAMOP, 2007.

L'image que le Moyen Âge peut avoir pour le grand public interroge les médiévistes. D'une part, le médiévalisme semble omniprésent ; le Moyen Âge apparaît comme un passé révolu mais malgré tout familier. Il est reconnaissable à quelques éléments topiques que l'on retrouve systématiquement, quelques traits facilement distinguables : un château en pierre, un chevalier en armure, parfois un dragon[2]. On peut chercher à évaluer ce succès populaire voire économique[3]. Mais on peut également observer, d'autre part, que cette médiatisation ne se traduit pas toujours par un intérêt pour l'histoire médiévale en tant que telle[4]. Le Moyen Âge de fiction est davantage un rêve qu'une réalité, une vision d'un temps dépassé, dans lequel on peut aimer se faire peur[5]. Sa puissance d'évocation ne coïncide pas toujours avec une réelle historicité.

Partant de ce constat, cet article s'apparente à un retour d'expérience, partiel et partial, s'appuyant sur les réflexions de la recherche sur le médiévalisme contemporain et proposant différents éclairages issus de ma propre pratique d'historienne. Les exemples que je prendrai seront principalement français, même si de nombreux travaux et de nombreuses initiatives de ce type fleurissent dans d'autres contextes : leur recension dépasserait largement le cadre de ce texte.

Pour cette raison, je me permets de situer en quelques mots la position à partir de laquelle j'écris. Je suis actuellement maîtresse de conférences en histoire médiévale depuis 2018, donc titulaire d'un poste fixe. J'ai été engagée de façon importante dans des activités de diffusion de la recherche durant ma thèse (2012-2016), en particulier avec la création et l'animation jusqu'en 2019 du blog *Actuel Moyen Âge* et sa présence sur les réseaux sociaux, en collaboration avec plusieurs autres collègues. En dehors de ce cadre, j'ai participé à différents formats de diffusion de la recherche (émissions de radio et podcasts, conférences grand public, YouTube, chaîne Twitch...) et je suis évidemment enseignante

2   A. Besson, W. Blanc et V. Ferré (dirs.), *Dictionnaire du Moyen âge imaginaire : le médiévalisme, hier et aujourd'hui*, Paris, Vendémiaire, 2022. Voir également M. Conti, A. Desbrest et S. Rozanès (dirs.), « Le Moyen Âge, fabrique de stéréotypes ? », *Essais. Revue interdisciplinaire d'Humanités*, 20, 2023.

3   A. Besson, I. Olivier et M. White-Le Goff (dirs.), «Le Moyen Âge fait-il vendre ?», *Belphégor. Littératures populaires et culture médiatique*, vol. 22, n.º 2, 202., <https://journals.openedition.org/belphegor/6314>.

4   J.-C. Geslot, « Enquête sur le goût de l'histoire chez les étudiantes et étudiants de l'UVSQ (2) Les quatre périodes canoniques », dans le carnet *Histoire et culture au XIXᵉ siècle*, <https://hisculture19.hypotheses.org/976> ; « Atelier 1. Comment rendre présent le Moyen Âge aujourd'hui », dans M. Aurell, F. Besson, J. Breton et L. Malbos (dirs.), *Les médiévistes face aux médiévalismes, op. cit.*, pp. 151-158.

5   Voir notamment L. Broche, « "Nouveau Moyen Âge" et "apocalypses sans royaume" : investigation sur des scénarios catastrophistes (1870-XXIᵉ siècle) », *Interrogations*, 26, 2018, <https://www.revue-interrogations.org/nouveau-Moyen-Age-et-apocalypses>.

à l'université depuis mes années de thèse. Dans le cadre de mes activités éditoriales, je suis également impliquée dans cette diffusion, que ce soit dans le cadre d'un comité de rédaction de revue scientifique ou dans la co-direction d'un manuel d'initiation aux études historiques à destination des étudiants et étudiantes[6]. Ces travaux ont été un très grand enrichissement personnel, même si mon implication a tendance à avoir décru depuis quelques années, du fait des charges administratives liées au fonctionnement universitaire. Tous les projets auxquels je ferai référence dans cet article sont profondément et intrinsèquement collectifs, même si le point de vue que je propose ici n'engage évidemment pas les personnes avec qui j'ai pu travailler dans ce cadre. Je signalerai enfin que je ne suis affiliée à aucun parti, mais engagée à gauche, ce que mes choix en matière de diffusion de la recherche reflètent en partie.

2. DÉCONSTRUIRE UN MOYEN ÂGE FANTASMÉ

2.1. Le Moyen Âge « obscur » : le repoussoir de notre modernité

Parler du Moyen Âge dans l'espace public implique nécessairement de se positionner par rapport aux images et aux stéréotypes du public auquel nous nous adressons. Ces idées reçues sont souvent très ancrées et on ne surprendra personne en affirmant que l'idée prédominante consiste à présenter le Moyen Âge comme une période immobile, sans évolution ; un monde pré-global, insulaire, casanier, pour le pire comme le meilleur.

De cette idée découle plusieurs positionnements, parfois diamétralement opposés. Le plus évident considère que le Moyen Âge est « obscur », « obscurantiste », « arriéré ». Il en devient le repoussoir de notre modernité, qui au contraire innoverait et serait particulièrement ouverte sur les autres. Cette image, héritée des humanistes et des Lumières[7], reste encore profondément ancrée dans la conception que nous avons de notre histoire et de notre société, à tel point que l'expression « retour au Moyen Âge » exprime l'idée même d'une régression incompréhensible. C'est ce que l'on peut observer dans les journaux, dans les déclarations des politiques, sur les réseaux sociaux... Florian Besson avait réalisé en

---

[6] R.-M. Bérard, B. Girault et C. Rideau-Kikuchi (dirs.), *Initiation aux études historiques*, Paris, Numérique Premium, 2020, <https://lib.isiaccess.com/process/reader/book.php?ean=9782380941210>.

[7] Voir entre autres nombreuses références J. Baschet, *La civilisation féodale : de l'an mil à la colonisation de l'Amérique*, Paris, Aubier, 2004, pp. 24-29. Voir quelques nuances concernant cette vision du Moyen Âge par les Lumières dans M. Bertholet et J.-L. Kastler, « Les Lumières et le Moyen Âge : une révolution ? », *La Révolution française*, 25, 2023, <https://journals.openedition.org/lrf/7779>.

2018 une recherche systématique des tweets comportant le terme « Moyen Âge ». Leur nombre était particulièrement important – plusieurs dizaines de messages par jour – et le Moyen Âge était quasi systématiquement utilisé comme un repoussoir, selon différentes tendances : « une période marquée par la bêtise, la superstition, la saleté et, globalement, par le règne de l'irrationnel », « une époque violente », « une période anti-technologique » ou encore une période utilisée « pour critiquer un discours jugé rétrograde sur la sexualité[8] ». L'expression « retour au Moyen Âge » peut ainsi être utilisée pour exprimer un anathème « tout-terrain », décrivant en creux une certaine vision de la société moderne idéale[9].

Si, dans l'imaginaire collectif, le Moyen Âge est associé à cette image immobile voire immobiliste, beaucoup de travaux de diffusion de la recherche cherchent à casser cette image. Il s'agissait de l'un des objectifs d'*Actuel Moyen Âge*, un projet au long cours entamé en 2016 avec Florian Besson, Pauline Guéna et Annabelle Marin, qui se poursuit encore aujourd'hui. Il consiste en un blog Wordpress, qui publiait des articles hebdomadaires ; il est accompagné de comptes sur les réseaux sociaux, en particulier Twitter/X qui a fini par devenir un outil à part entière. Beaucoup des articles que nous avons publiés traitaient d'aspects du Moyen Âge peu connus du grand public et suscitant ce type d'idées-reçues, en particulier les questions de transformations techniques et technologiques. Un article de Florian Besson sur les robots au Moyen Âge (ou plutôt les automates) avait donné lieu à une reprise à la radio et permettait de montrer que ces évolutions technologiques entraînaient aussi des transformations sociales : ainsi, les horloges transforment fondamentalement le rapport des hommes et des femmes au temps[10]. La crise du Covid avait donné lieu à une série d'articles sur la peste, qui permettait aussi de casser l'image d'un Moyen Âge qui aurait subi l'épidémie sans chercher à la comprendre et à la combattre de façon rationnelle[11]. Enfin, pour contre-

---

8   F. Besson et C. Rideau-Kikuchi, « Terre plate et Âges obscurs. De Twitter aux amphis, que faire des clichés médiévaux ? », dans N. Budin (dir.), *Les Clichés dans l'histoire. Actes du colloque Fest'Ain d'histoire 2018*, Paris, Didaskalie, 2020, pp. 101-118, pp. 102-107.

9   L. Broche, « "Nouveau Moyen Âge", "Retour au/du Moyen Âge" et consorts : réflexions sur des formules persistantes (début XIXᵉ-XXIᵉ siècle) », dans T. di Carpegna Falconieri, P. Savy et L. Yawn (dirs.), *Middle Ages without borders, op. cit.* <https://books.openedition.org/efr/28002?lang=fr>.

10   F. Besson, « Robots médiévaux », dans le blog *Actuel Moyen Âge*, <https://actuelmoyenage. wordpress.com/2016/11/17/robots-medievaux/> ; « Les robots du Moyen Âge et la gauche d'aujourd'hui », dans l'émission *La Vie numérique* (France Culture), <https://www.radiofrance.fr/france-culture/podcasts/la-vie-numerique/les-robots-du-moyen-age-et-la-gauche-d-aujourd-hui-1387424>.

11   F. Besson, « Épidémie, 22/ Mettre les malades en quarantaine », dans le blog *Actuel Moyen Âge*, <https://actuelmoyenage.wordpress.com/2021/04/01/epidemie-22-mettre-les-malades-en-quarantaine/>.

balancer cette image qui infuse tous les discours publics, nous avions écrit plusieurs articles permettant de questionner le statut des femmes et le rapport à la sexualité au Moyen Âge, abordant des sujets tels que la contraception[12], les pratiques sexuelles[13] ou l'orgasme[14]. Il s'agissait de contrer l'image d'un Moyen Âge prude, durant lequel les femmes seraient irrémédiablement soumises à la domination masculine.

En ce sens, partir des stéréotypes peut constituer un « outil pédagogique puissant[15] », que ce soit sur internet ou dans les salles de classe, comme en témoignent d'ailleurs nombre de collègues, de vulgarisateurs et vulgarisatrices[16]. Le risque serait de peindre l'image d'un Moyen Âge rose, idéal selon des critères qui nous sont propres aujourd'hui ; pour couper court aux raccourcis « moyenâgeux », on pourrait verser vers un Moyen Âge trop proche de nous. Cet écueil n'a pas toujours été facile à éviter et cela a pu nous être reproché[17]. Pourtant, restaurer sa complexité, et donc son intérêt, à une période historique, permet sans conteste de mieux appréhender les transformations contemporaines.

Ces parallèles et idées reçues sur un Moyen Âge rétrograde ne relèvent pas seulement d'une simple méconnaissance mais peuvent aussi être instrumentalisées. Ainsi, le président de la République française, Emmanuel Macron, avait expliqué à la sortie de la crise du Covid qu'il s'agissait désormais de sortir du Moyen Âge :

> [la pandémie de Covid-19] est la métaphore de notre époque. On revit des temps au fond très moyenâgeux : les grandes jacqueries, les grandes épidémies, les grandes peurs... [...] Je relierais la période que nous vivons à la fin du Moyen Âge et au début de la Renaissance. C'est l'époque de phénomènes

---

12 M. Piccoli-Wentzo, « Quelles contraceptions au Moyen Âge ? », dans le blog *Actuel Moyen Âge*, <https://actuelmoyenage.wordpress.com/2021/09/16/quelles-contraceptions-au-moyen-age/>.

13 P. Guéna, « La femme, le prêtre et le sextoy », dans le blog *Actuel Moyen Âge*, <https://actuelmoyenage.wordpress.com/2019/05/16/la-femme-le-pretre-et-le-sextoy/>.

14 E. Bonnafoux, « "T'as joui ?" : de l'importance de l'orgasme féminin au Moyen Âge », dans le blog *Actuel Moyen Âge*, <https://actuelmoyenage.wordpress.com/2018/09/14/tas-joui-de-limportance-de-lorgasme-feminin-au-moyen-age/>.

15 M. Conti, A. Desbrest et S. Rozanès, « Le Moyen Âge, fabrique de stéréotypes ? Avant-propos », *art. cit.*, *Essais. Revue interdisciplinaire d'Humanités*, 20, 2023, <https://journals.openedition.org/essais/12494>.

16 *Idem*, « Le Moyen Âge, de l'université au grand public », *Essais. Revue interdisciplinaire d'Humanités*, 20, 2023, <https://journals.openedition.org/essais/12876> ; « Quatrième partie : Médiévalismes et médiévistiques », dans M. Aurell, F. Besson, J. Breton et L. Malbos (dirs.), *Les médiévistes face aux médiévalismes*, *op. cit.*, pp. 161-210.

17 A. Fossier, « Le Moyen Âge doit-il nous ressembler ? », *La Vie des idées*, 19 décembre 2019, <https://laviedesidees.fr/Le-Moyen-Age-doit-il-nous-ressembler>.

qui forgent un peuple, je dirais même de la réinvention d'une civilisation. C'est aussi un moment de tensions qui travaillent le pays, entre Etat central et des féodalités. C'est enfin un temps où la question européenne se pose, sans oublier le rapport entre les religions. La capacité à embrasser le futur, à se projeter, est alors déterminante pour le rebond que prend le pays. C'est ce qui me rend très confiant[18].

Le fantasme de la sortie du Moyen Âge servait ici clairement un projet politique : le nom du mouvement d'Emmanuel Macron s'appelle d'ailleurs Renaissance depuis 2022. Florian Besson, via le compte d'*Actuel Moyen Âge*, avait ainsi réagi : « E. Macron livre ici une vision fantasmée de l'histoire qui sert avant tout à se présenter comme le "président de la Renaissance", après les temps sombres du Moyen Âge/covid[19] ». Dans cette réutilisation de l'histoire comme dans beaucoup d'autres, le Moyen Âge sert de repoussoir. L'épidémie est reléguée à une sorte de mauvais souvenir, un reliquat du passé. Pourtant, sa diffusion comme sa gestion sont éminemment contemporaines. Rejeter dans un passé lointain une épidémie, et surtout sa gestion politique, permet de dédouaner les responsables politiques qui n'auraient ainsi été que les victimes d'une histoire qui est passée. Le même phénomène se retrouve lors des dénonciations du terrorisme, quand certains renvoient les attentats à un Moyen Âge religieux et violent[20]. Ce Moyen Âge repoussoir fantasmé empêche ici de penser que cette violence est profondément contemporaine. « Cela revient à dire que cette violence est hors de notre temps, donc qu'il s'agit simplement de la faire disparaître, au lieu de chercher à comprendre pourquoi, ici et maintenant, dans nos sociétés, elle est apparue[21] ».

Le Moyen Âge est un contre-modèle facile, qui permet de se projeter dans un univers radicalement autre et finalement de se défausser de nos responsabilités collectives : plusieurs médiévistes l'ont relevé. Valentin Groebner

---

[18] « Avec le Covid, "on revit des temps très moyenâgeux", juge Macron, "très confiant" pour la France », *Le Parisien*, édition numérique, 26 mai 2021, <https://www.leparisien.fr/politique/avec-le-covid-on-revit-des-temps-tres-moyenageux-juge-macron-tres-confiant-pour-la-france-26-05-2021-XHGU7XBGSNGRJCDOP2VLZBRHTM.php?at_creation=Le%20Parisien%20Politique&at_campaign=Partage%20Twitter%20CM&at_medium=Social%20media>.

[19] <https://x.com/AgeMoyen/status/1397482375135866880>. J'avais également réagi à cette position sur mon compte personnel, pour essayer d'expliquer pourquoi cette utilisation politicienne du Moyen Âge et de la Renaissance agace tellement les historiens et historiennes, mais ces tweets ont disparu depuis la suppression de mon compte en 2022.

[20] C. Kikuchi, « Vivre, mourir, tuer pour Dieu : pourquoi ? », dans le blog *Actuel Moyen Âge*, <https://actuelmoyenage.wordpress.com/2016/03/24/vivre-mourir-tuer-pour-dieu-pourquoi/>.

[21] F. Besson et C. Rideau-Kikuchi, « Terre plate et Âges obscurs. De Twitter aux amphis, que faire des clichés médiévaux ? », *art. cit.*, p. 108.

parlait du Moyen Âge comme « kaléidoscope d'altérité[22] » et Joseph Morsel de « médiévalgie », une « pathologie sociale » qui invoque le Moyen Âge pour se détourner de toute tentative de transformation sociale[23]. L'image « moyenâgeuse » renvoie à une altérité fondamentale, ce qui permet de ne pas réfléchir aux causes et aux responsabilités des phénomènes que l'on exclut finalement de notre réalité contemporaine.

2.2. Le Moyen Âge « paradis perdu »

Selon le point de vue que l'on adopte, le Moyen Âge, y compris un Moyen Âge immobile et loin de notre modernité, n'est pas toujours un repoussoir. Il peut au contraire jouer le rôle d'un véritable paradis perdu. Cette image permet de mettre en avant des aspects supposément manquant dans notre contemporain.

Ce phénomène n'est pas nouveau et connait une forte continuité sur certaines thématiques, notamment la question du travail et de son organisation. Modèle rêvé des corporations et d'un « socialisme de guilde[24] », visage humain du travail et nostalgie de petites communautés pour le fascisme italien et Vichy[25], ou encore âge d'or des communs : le Moyen Âge a pu être vu comme un temps d'avant l'industrialisation, un temps populaire, moins aliénant[26]. On en retrouve des résurgences contemporaines notamment dans certains courant féministes ou altermondialistes qui font du Moyen Âge une période précapitaliste, qui aurait été épargnée par l'exploitation de la nature ainsi que de celle des hommes et par l'exploitation et la persécution des femmes par les chasses aux sorcières[27]. On en trouve encore des traces dans la volonté de construire

....

[22] V. Groebner, *Das Mittelalter hört nicht auf*, Munich, Beck, 2008, pp. 148-160.

[23] J. Morsel, *L'Histoire (du Moyen Âge) est un sport de combat…, op. cit.*, pp. 58-61.

[24] P. Guillemet, « Le monastère contre l'usine : une généalogie du contre-modèle social médiéval de la modernité industrielle (Grande-Bretagne, Allemagne fin XVIIIᵉ-début XXᵉ siècle) », *Essais. Revue interdisciplinaire d'Humanités*, 20, 2023, <https://journals.openedition.org/essais/12710>.

[25] R. Greci, *Corporazioni e mondo del lavoro nell'Italia padana medievale*, Bologne, CLUEB, 1988, pp. 17-35.

[26] T. di Carpegna Falconieri, « Chapitre VI. Le peuple et les saltimbanques : un Moyen Âge anarchique et de gauche », dans *Médiéval et militant : Penser le contemporain à travers le Moyen Âge*, Paris, Éditions de la Sorbonne, 2015, pp. 111-128 ; T. di Carpegna Falconieri, « Les médiévalismes politiques : quelques comparaisons entre la France et l'Italie », *Perspectives médiévales. Revue d'épistémologie des langues et littératures du Moyen Âge*, 40, 2019, <https://journals.openedition.org/peme/15707>.

[27] C'est en particulier la thèse du livre de S. Federici, *Caliban et la Sorcière*, Paris, Entremonde, 2017, 2ᵉ édition, qui connait un très grand succès médiatique et militant. Certaines de ses affirmations sans fondements sont parfois même reprises dans certains travaux d'origine universitaire : voir

un imaginaire politique « de gauche » en revisitant de grandes figures telles que Jeanne d'Arc, héroïne féministe et décoloniale[28], ou encore le passé fantasmé des communes médiévales[29].

Aujourd'hui, cette vision du Moyen Âge comme « paradis perdu » est surtout abondamment utilisée par l'extrême droite et cristallise les tensions entre histoire savante et réappropriations. Un Moyen Âge identitaire parfaitement anhistorique promeut l'image d'un monde d'ordres, où les femmes ont leur rôle, différent de celui des hommes, des chevaliers virils et masculinistes, dont la violence est non seulement acceptée mais valorisée ; un monde sans homosexualité et plus largement sans LGBT ; un monde sans immigration, une Europe blanche, sans mouvement, par opposition à notre monde contemporain et au fantasme du « grand remplacement »[30]. Cette vision du Moyen Âge dépasse bien sûr largement la France. On retrouve des éléments semblables dans l'utilisation de l'histoire par la Russie de Poutine, en Hongrie, ou encore aux États-Unis, et sans doute en réalité dans la plupart des pays occidentaux voire également dans le monde musulman[31]. On voit facilement les ressorts racistes, homophobes et misogynes de cette vision du Moyen Âge et il est aisé de démontrer qu'il s'agit là d'images absolument fausses pour certaines, ou nécessitant des nuances très fortes pour d'autres.

....

notamment C. Taraud (dir.), *Féminicides : une histoire mondiale*, Paris, La Découverte, 2022. On se réjouit de disposer à présent de la synthèse de M. Zancarini-Fournel, *Sorcières et sorciers, histoire et mythes*, Paris, Libertalia, 2024.

[28] « Jeanne d'Arc, la Gauchiste – Episode 7 », sur la chaîne YouTube *Blast, Le souffle de l'info*, <https://www.youtube.com/watch?v=3qLSAV_QIaU>. Voir la réaction de William Blanc à ce sujet : <https://x.com/HMedievale/status/1810275835825291535>.

[29] P. Vey, « République ou commune de Marseille ? Des usages politiques médiévalistes révélateurs de la construction de l'objet historique », *Frontières*, 9, 2023, <https://journals.openedition.org/frontieres/1787>.

[30] Entre autres exemples, on peut citer les vidéos de Julien Rochedy (reprise ici par Florian Besson : <https://x.com/AgeMoyen/status/1458445240486989830>), de Thaïs d'Escuffon (reprise ici par Florian Besson : <https://x.com/AgeMoyen/status/1648221744254054400>). Pour une mise au point récente sur les usages politiques du passé, voir F. Besson, P. Ducret et F. Bièvre-Perrin, « Introduction », *Frontières. Revue d'archéologie, histoire & histoire de l'art*, 9, 2023. Pour une courte synthèse, voir F. Besson, « Tueries de masse et Moyen Âge d'extrême-droite », dans le blog *Actuel Moyen Âge*, <https://actuel-moyenage.wordpress.com/2020/09/10/tueries-de-masse-et-moyen-age-dextreme-droite/>.

[31] Sur cette question hors de France, voir notamment L. R. Grigoli, « Memories of the Medieval in the Age of White Supremacy », dans K. C. Alvestad (dir.), *21st century medievalisms. Between the global and individual*, Budapest, Trivent Publishing, 2023, pp. 335-358 ; A. S. Kaufman et P. B. Sturtevant, *The Devil's Historians. How Modern Extremists Abuse the Medieval Past*, Toronto, University of Toronto Press, 2020 ; A. Bozoki, « Mainstreaming the Far Right », *Revue d'études comparatives Est-Ouest*, 47-4, 2016, pp. 87-116 ; N. Werth, *Poutine : historien en chef*, Paris, Gallimard, 2022 ; E. Smelyansky, *Medievalisms and Russia. The Contest for Imaginary Pasts*, Amsterdam, ARC Humanities Press, 2024. Voir également les autres contributions dans ce volume.

On aurait tort cependant de limiter l'impact de cette utilisation de l'histoire à une fachosphère plus ou moins confidentielle. En France, elle est en réalité présente dans des médias de très large diffusion[32] et infuse dans les représentations, au point où elle apparaît comme une sorte de « bon sens ». À titre d'exemple, la négation de la diversité ethnique du Moyen Âge et des migrations est une idée reçue très communément partagée, y compris chez les étudiants et étudiantes. Dans le contexte d'un cours universitaire, il est loisible de partir de ce point de départ pour le désamorcer progressivement, surtout quand un climat de confiance peut s'établir entre étudiants et enseignants. Ayant donné pendant plusieurs années un cours de troisième année de licence sur « Étrangers et migrations, XIIᵉ-XVᵉ siècle », j'avais construit mon cours en partant de cette idée reçue d'un Moyen Âge immobile. Les premiers cours visaient à montrer aux étudiants et étudiantes que le Moyen Âge n'est pas immobile et que toutes les strates de la population se déplaçaient à plus ou moins grande distance. Les bases purement factuelles étant posées, il était ensuite possible de construire un savoir solide et de poser des questions problématiques plus complexes, en se demandant ce que veut dire être étranger au Moyen Âge, comment les individus s'intégraient aux sociétés locales, pourquoi ils décidaient de migrer... « et faire ensuite un retour sur des questionnements brûlants aujourd'hui, auxquels les sociétés médiévales apportaient d'autres réponses que les nôtres[33] ». Les réactions des étudiants et étudiantes à ce cours ont généralement été très positives et ont permis d'ouvrir vers des discussions historiographiques mais également civiques, qui me semblent essentielles dans la formation universitaire.

Étant donné le contexte de réutilisation politique dans lequel nous nous trouvons, le premier cours visait également à remettre la question en contexte et à poser un cadre. J'avertissais très clairement les étudiants et étudiantes de mon intention en proposant ce cours – déconstruire un discours d'extrême-droite sur le Moyen Âge et sur la production historique en général – tout en rappelant les bases de la méthode de la recherche historique, en me fondant notamment sur une double citation. La première est de Gérard Noiriel :

> Dans son dernier livre, intitulé *Destin français*, Zemmour a accusé les historiens comme moi d'obéir à une « logique mafieuse », de tenir « les manettes

---

[32] À l'image en France de l'émission *La Belle Histoire de France* dirigée par Marc Menant et Franck Ferrand sur CNews.

[33] J'avais déjà évoqué ce cours dans F. Besson et C. Rideau-Kikuchi, « Terre plate et Âges obscurs. De Twitter aux amphis, que faire des clichés médiévaux ? », *art. cit.*, pp. 110-114.

de l'Etat » [...] À ma connaissance, aucun de ces journalistes n'a demandé à Zemmour quelles étaient les preuves qu'il pouvait produire à l'appui de ces accusations contre les historiens[34].

La seconde est de Patrick Boucheron : « Dire la vérité en histoire, c'est simplement rappeler des exigences de méthode[35] ». Le parallèle de ces deux citations me permettait de leur expliquer et de leur justifier l'importance d'une prise de position politique, en l'occurrence contre l'extrême-droite, qui ne soit pas pour autant incompatible avec une éthique de recherche.

Cette question est particulièrement brûlante et a fait l'objet de nombreuses réflexions en France, notamment de la part de chercheurs et chercheuses engagées dans l'espace public[36]. À l'heure où la présence de l'extrême droite dans les universités est de plus en plus forte[37], il est probable que ce type de cours rencontre des oppositions de plus en plus frontales. Par leur durée et la relation privilégiée entre enseignants et étudiants, ils sont cependant à même de faire comprendre à de nombreux étudiants la malhonnêteté de certaines réappropriations historiques, tout en transmettant des connaissances et des méthodes fondamentales pour des études en histoire.

En dehors des salles de cours, le rythme et la violence des réseaux sociaux rendent très difficile ce travail de déconstruction qui est pourtant essentiel. Alors que je donnais ce cours, j'en avais proposé au fur et à mesure du semestre un résumé sur Twitter à partir de mon compte personnel. Les commentaires niant absolument la réalité de ces migrations était particulièrement nombreux : la mention de travaux d'historiens et d'historiennes ou la citation de sources sur la question étaient accueillies par des accusations de monter en épingle un phénomène minoritaire, de proposer une vérité partielle, déformée par idéologie. J'ai longtemps essayé de répondre systématiquement à ces commentaires, avant de faire le constat d'une réelle impasse. Il me semble que l'on

---

[34] Entretien avec Gérard Noiriel, « Eric Zemmour légitime une forme de délinquance de la pensée », *Le Monde*, édition numérique, 8 septembre 2019, <https://www.lemonde.fr/idees/article/2019/09/08/gerard-noiriel-eric-zemmour-legitime-une-forme-de-delinquance-de-la-pensee_5507923_3232.html>.

[35] « Quelles frontières pour le récit national ? », dans l'émission *La Grande Table (2e partie)* (France Culture), 11 janvier 2017, <https://www.radiofrance.fr/franceculture/podcasts/la-grande-table-2eme-partie/quelles-frontieres-pour-le-recit-national-1315240>.

[36] A. Fossier, « La tenaille de l'histoire. Entre exigence de vérité et illusion de neutralité », *Zilsel*, 11-2, 2022, pp. 11-25 ; G. Mazeau, *Histoire*, Paris, Anamosa, 2020 ; L. de Cock, M. Larrère et G. Mazeau, *L'histoire comme émancipation*, Marseille, Agone, 2019.

[37] G. Filoche, « Coup d'éclat ou coup de poing : l'extrême droite étudiante gagne les campus », *Mediapart*, édition numérique, 5 mai 2024, <https://www.mediapart.fr/journal/france/050524/coup-d-eclat-ou-coup-de-poing-l-extreme-droite-etudiante-gagne-les-campus>.

trouve ici les limites de l'utilisation pédagogique des stéréotypes : certains sont tellement ancrés et idéologiquement chargés qu'il est impossible de les déconstruire sur des interactions courtes comme sur les réseaux sociaux.

3. QUELLES MODALITÉS POUR QUELLES FINALITÉS ?

3.1. Espace scientifique, espace public

Ces quelques exemples soulignent l'importance d'une réflexion sur la stratégie à adopter selon le medium et le public, une réflexion que les professionnels de l'histoire publique connaissent bien et mettent en œuvre dans de multiples contextes[38]. Selon les choix que l'on opère, la position historienne est parfois difficile à affirmer. Le statut d'universitaire et de scientifique se perçoit diversement et peut parfois être un véritable repoussoir.

Nous souffrons en ce moment d'un discrédit important de la parole scientifique, qui s'est elle-même éloignée de la population. L'anti-intellectualisme ne concerne pas que la France et touche de plein fouet la validité des travaux universitaires, dont beaucoup de nos concitoyens ne perçoivent ni l'intérêt, ni les étapes de construction. Il ne s'agit pas de les blâmer : les politiques tiennent un discours souvent ambigu sur ces questions et les scientifiques se sont parfois désintéressés de la parole publique[39]. En France, nous vivons depuis les années 2000 un puissant retour de bâton, avec l'utilisation de l'histoire par des idéologues[40] sans que les historiens ne parviennent à être audibles et sans que nos tutelles ne prennent toujours la mesure du danger, quand celles-ci n'encouragent pas ces dérives. Une ministre de l'enseignement supérieur, Frédérique Vidal, a ainsi commandité une enquête sur la présence d'un supposé « islamo-gauchisme » dans l'université en France, face à la pression de certaines personnalités publiques qui discréditaient les travaux de recherche sur le genre ou le passé colonial notamment. Cette enquête a été bruyamment annoncée mais n'a finalement jamais vu le jour[41]. Dans ce contexte, comment retrouver le crédit, la proximité, l'intérêt public nécessaires ?

---

[38] Voir l'intervention de Sandrine Victor dans ce volume ainsi que T. Cauvin, *Public history : a textbook of practice*, New York, Routledge, Taylor & Francis Group, 2016.

[39] É. Anheim, *Le travail de l'histoire*, Paris, Éditions de la Sorbonne, 2018, p. 181.

[40] W. Blanc, C. Naudin et A. Chéry, *Les historiens de garde : de Lorànt Deutsch à Patrick Buisson, la résurgence du roman national*, Paris, Libertalia, 2016.

[41] S. Le Névé, « Enquête sur "l'islamo-gauchisme" à l'université : histoire d'une vraie fausse annonce », *Le Monde*, édition numérique, 29 mars 2023, <https://www.lemonde.fr/societe/article/2023/03/29/enquete-sur-l-islamo-gauchisme-a-l-universite-histoire-d-une-vraie-fausse-annonce_6167488_3224.html>.

Encore aujourd'hui, les travaux de diffusion de la recherche sont peu valorisés par nos pairs, peu pris en compte dans les carrières. L'« impact sociétal » est parfois une dimension nécessaire dans les dossiers de financement, mais on sait également la part d'artificialité qu'engendre ce type de demandes imposées. Ces travaux sont encore souvent traités avec un peu de condescendance de la part de certains collègues comme des projets peu sérieux – en tout cas, moins que l'écriture d'une monographie. L'équilibre dans les différentes tâches des enseignants-chercheurs est, de fait, difficile à trouver ; plus encore quand ils et elles ne bénéficient pas de la sécurité institutionnelle d'un poste fixe. La dimension politique peut servir d'excuse facile pour les disqualifier. Ces critiques me semblent relever davantage d'une réticence à quitter le monde des débats scientifiques, dont nous maîtrisons les enjeux et les codes, pour s'adapter à d'autres modalités de communication.

Face à cette accusation récurrente, dans le champ académique comme en dehors, de « faire de la politique », il me semble important de rappeler que faire de l'histoire ou parler d'histoire est politique à de multiples niveaux. L'un d'eux est mis en lumière par l'une des vidéos de *Nota Bene* dans le contexte de la campagne électorale française de 2024[42]. *Nota Bene* est la plus importante chaîne YouTube française en histoire et cette vidéo fait suite à des menaces récurrentes que son créateur, Benjamin Brillaud, subit, et qui ont également visé ses enfants. On lui reproche le choix de certains sujets historiques, mais surtout de montrer comment on fait de l'histoire, avec ses méthodes mais aussi ses inconnues ; d'expliquer comment un discours scientifique rationnel peut se construire, par opposition à d'autres discours qui ne s'appuient sur rien de concret. Les critiques ont monté en violence et en virulence du moment que l'histoire qu'il présentait cessait d'être un discours lisse. Dès lors qu'il parlait des incertitudes, certains se sont engouffré dans la brèche pour considérer qu'il n'était plus digne de confiance. Les évolutions de la chaîne *Nota Bene* et l'analyse qu'en fait Benjamin Brillaud dans cette vidéo me semblent symptomatiques des enjeux de la diffusion de la recherche en histoire aujourd'hui. Parler d'histoire telle qu'on la fait, c'est aussi parler d'esprit critique, de doutes, de discussion contradictoire : autant de choses que l'extrême droite ne supporte pas et partant, a tôt fait d'accuser de militantisme. La violence des attaques que reçoivent les personnes impliquées dans ce travail est croissante[43].

---

[42] « Il y a un problème avec l'Histoire et on va faire le point », sur la chaîne YouTube *Nota Bonus*, <https://www.youtube.com/watch?v=e54yi6YxWfM>.

[43] Voir en particulier « Atelier 2. Les médiévistes face aux non-médiévistes. Tensions et attentions », dans M. Aurell, F. Besson, J. Breton et L. Malbos (dirs.), *Les médiévistes face aux médiévalismes, op. cit.*, pp. 173-180.

3.2. Les « interventions »

J'aimerais expliciter ces différents points à partir de deux modalités de diffusion de la recherche dans ce contexte. Celles-ci s'appuient sur mon expérience personnelle et sont donc bien entendu non exhaustives – et non spécifiques à l'histoire médiévale.

La première consiste à réfléchir sur le format d'« intervention » dans l'espace public, au sens de réaction à une situation particulière d'instrumentalisation de l'histoire. Le temps de réaction peut être très court dans le cas de Twitter/X, plus long quand il s'agit véritablement d'un travail de recherche, comme ce que certains collègues ont fait sur le parc d'attraction réactionnaire Le Puy du Fou[44] ou d'autres sur la résurgence de l'image de Charles Martel comme pourfendeur des invasions musulmanes[45].

J'ai à titre personnel participé à ce type de réalisation dans le cadre de la réaction contre l'instrumentalisation de l'histoire d'Éric Zemmour. Cet éditorialiste, devenu candidat à la présidence française, a en effet développé une rhétorique historique particulièrement poussée. Son livre *Destin français*, publié en 2018, passe en revue l'histoire de France pour la relire à l'aune de son obsession islamophobe et anti-immigrationniste[46]. Dans le cadre d'*Actuel Moyen Âge*, Florian Besson et Simon Hasdenteufel avaient proposé une reprise systématique de son chapitre sur les croisades pour en dénoncer les approximations voire les mensonges[47]. Co-animant avec Florian Besson le compte Twitter du blog, nous avions ainsi passé de nombreuses heures à répondre aux attaques venant de l'extrême-droite et à observer – pour la première fois à l'époque – les insultes que nous pouvions recevoir à ce titre. Nous avions décidé à ce moment de toujours répondre aux critiques tant qu'elles n'étaient pas insultantes, afin de d'occuper l'espace du réseau et de proposer des arguments et des réponses aux personnes qui tomberaient sur cette discussion. Cependant, comme pour d'autres types d'interactions sur Twitter et étant donné les évolutions actuelles de la plateforme depuis son rachat par Elon Musk, je suis aujourd'hui plus réservée sur l'utilité de ce type d'intervention.

La situation me semble différente sur les interventions de fond et sur des réactions moins « à chaud ». L'ouvrage collectif *Zemmour contre l'histoire* consti-

---

[44] F. Besson, P. Ducret, G. Lancereau et M. Larrère, *Le Puy du faux : enquête sur un parc qui déforme l'histoire*, Paris, les Arènes, 2022.

[45] W. Blanc et C. Naudin, *Charles Martel et la bataille de Poitiers : de l'histoire au mythe identitaire*, Paris, Libertalia, 2015.

[46] É. Zemmour, *Destin français*, Paris, Albin Michel, 2018.

[47] « Éric Zemmour et les croisades : *fact-checking* », dans le blog *Actuel Moyen Âge*, <https://actuelmoyenage.wordpress.com/2018/09/27/eric-zemmour-et-les-croisades-fact-checking/>.

tuait une réaction d'un collectif d'historiens et d'historiennes dans le contexte
de la candidature d'Éric Zemmour à la présidentielle française. Il s'agissait de
la conséquence d'une situation déjà ancienne, la surmédiatisation d'Éric Zemmour par certains grands médias et grandes fortunes françaises[48]. Durant cette
campagne, l'instrumentalisation et la déformation de l'histoire étaient patentes.
Nicolas Offenstadt, André Loez et Florian Besson, qui ont orchestré ce projet,
ont ainsi rassemblé une équipe d'historiens et d'historiennes, d'horizons, de
générations et de positionnements politiques divers, afin d'écrire rapidement un
« Tract Gallimard », c'est-à-dire un petit livre composé de très courts chapitres,
chacun consacrés à une manipulation historique précise. Nous l'avions accompagné d'un travail de diffusion, dans les médias (journaux, radio), à travers
des conférences dans divers cadres, et avec l'aide de Youtubeurs (Manon Bril,
Nota Bene notamment)[49]. Dans le même temps, plusieurs autres projets ont vu le
jour : Laurent Joly publiait simultanément un petit livre sur le rapport de Zemmour et des droites à Vichy[50] ; Cécile Alduy traitait de la question sous l'angle
de la linguistique, soulignant comme la manipulation s'ancre dans des termes
et un usage de la langue spécifique à travers un « Libelle Seuil » percutant et
efficace[51] ; on peut également penser aux analyses de Clément Viktorovitch sur
différents médias, décryptant ces discours politiques[52] ; enfin, d'autres collègues
publiaient *Le grand détournement : comment Zemmour falsifie l'histoire*, dont le projet
était très similaire au nôtre dans un format un peu plus développé[53].

    Le public visé par ce type d'intervention pose nécessairement question. Je
ne pense pas que qui que ce soit puisse prétendre qu'un livre peut convaincre

---

48 R. Bacqué et A. Chemin, « Comment Vincent Bolloré mobilise son empire médiatique pour peser
    sur la présidentielle », *Le Monde*, édition numérique, 16 novembre 2021, <https://www.lemonde.
    fr/m-le-mag/article/2021/11/16/l-opa-de-vincent-bollore-sur-la-presidentielle_6102316_4500055.
    html>.

49 A. Aglan, F. Besson, J.-L. Chappey, V. Denis, J. Foa, C. Gauvard, L. Joly, G. Lancereau, M. Lar-
    rère, A. Loez, G. Noiriel, N. Offenstadt, P. Oriol, C. Rideau-Kikuchi, V. Sansico et S. Thénault,
    Zemmour contre l'histoire, Gallimard, 2022. Manon Bril était d'emblée associée au projet et a réalisé
    cette vidéo : « Les historiens debunkent Zemmour », sur la chaîne YouTube *C'est une autre histoire*,
    <https://www.youtube.com/watch?v=QR3BCuJwjA4>. *Nota Bene* nous a interviewé à cette oc-
    casion, Florian Besson et moi : « Zemmour manipule l'Histoire ? », sur la chaîne YouTube *Nota
    Bonus*, <https://www.youtube.com/watch?v=VoZinbeE6E0>.

50 L. Joly, *La falsification de l'histoire : Éric Zemmour, l'extrême droite, Vichy et les juifs*, Paris, Grasset, 2022.

51 C. Alduy, *La langue de Zemmour*, Paris, Seuil, 2022.

52 Voir par exemple cette analyse de la vidéo de lancement de campagne : C. Viktorovitch, « Éric
    Zemmour : les ressorts émotionnels de sa vidéo de candidature analysés », dans l'émission *Entre
    les lignes* (France Info), <https://www.francetvinfo.fr/replay-radio/entre-les-lignes/eric-zemmour-les-
    ressorts-emotionnels-de-sa-video-de-candidature-analyses_4846243.html>.

53 P. Brioist, S. Boulouque, R. Branche, V. Duclert, F. Mazel, C. Morelle, L. Rosell, P. Serna, F. Thé-
    baud et S. Weil, *Le grand détournement : quand Zemmour falsifie l'histoire*, Neuilly, Atlande, 2022.

quelqu'un d'extrême droite que sa vision du Moyen Âge est un pur fantasme. Il s'agit surtout de proposer des arguments à des personnes qui seront amenées à discuter avec d'autres : des politiques, des journalistes, des personnes lambda mais qui ont des membres de leur entourage tentés par ces discours historiques simplistes et dangereux. Le risque est parfois de donner de la visibilité à des discours, ce qui nous a en effet beaucoup questionné. En 2022, sa présence médiatique n'avait pas besoin de nous : elle bénéficiait de la nécessité d'un égal temps de parole entre candidats durant la campagne présidentielle. N'était-ce pas alors déjà trop tard ? Il me semble qu'il est utile dans ces cas-là de rééquilibrer le débat public, de proposer un contre-discours à des propos qui sont porteurs d'une idéologie de haine et d'un refus de l'esprit critique et du débat. Que cette parole puisse être entendue n'est pas une évidence dans le dispositif médiatique actuel[54]. L'utilité concrète reste difficile à prouver et les retours – que l'on regarde par exemple les commentaires aux deux vidéos de *Nota Bene* et de Manon Bril – sont évidemment contrastés, entre les nombreux remerciements et les tout aussi nombreuses accusations de malhonnêteté intellectuelle. Cependant, je reste persuadée que ce type de travail est nécessaire et a pu donner des arguments et des outils à certains ou certaines.

3.3. Le travail de fond : discuter d'histoire comme elle se fait

Ce travail d'intervention comporte de nombreuses limites et ne peut pas être le seul moment où les historiens se font entendre, même si c'est sans doute le dispositif durant lequel la fenêtre médiatique est la plus facilement ouverte. Le format des interventions nécessite malgré tout un positionnement d'« expert », habilité à porter une parole légitime sur un certain nombre de sujet. Ce recours croissant aux experts a pu être vu comme l'un des facteurs favorables pour la médiation des sciences[55]. Cependant la dilution de la figure de l'expert médiatique a pu rendre extrêmement confus le principe même de l'expertise scientifique. Ce positionnement est impossible et inaudible si, par ailleurs, il n'existe pas un effort pour faire comprendre comment le travail scientifique se réalise. Ce travail que de nombreuses personnes, historiennes de métier ou non, cherchent à faire, est essentiel si l'on veut améliorer la compréhension et la ré-

54 P. Bourdieu, *Sur la télévision*, Paris, Raisons d'agir, 1996 ; C. Sécail, *Touche pas à mon peuple*, Paris, Seuil, 2024.
55 S. Rouquette, « Présentation générale. Sciences et médias : un changement de logique », dans S. Rouquette (dir.), *Sciences et médias*, Paris, CNRS, 2011, pp. 9-38.

ception des travaux historiques dans la société. Il est plus facile de proposer des vérités toutes faites ; la fabrique de l'histoire, ses sources, ses débats et ses évolutions, est plus difficile à transmettre. Ce n'est pas ce que le tempo médiatique recherche et il s'agit d'une gymnastique intellectuelle moins immédiatement accessible. Pourtant, cet aspect doit à mon sens irriguer toute la production de diffusion de la recherche, sous peine de ne jamais donner des outils pour résoudre la crise de la parole scientifique que nous vivons.

L'enjeu ici est démocratique et dépasse les barrières disciplinaires. Nous sommes pourtant mal armés pour le relever. En tant qu'universitaire, et sauf exception, nous ne sommes pas des professionnels du monde médiatique et une simple question de temps et de compétence technique nous empêche souvent de monter nos propres projets. Cependant, il existe à mon sens de multiples manières de participer à ce travail.

Dans le cadre universitaire d'abord, il me semble important d'essayer de ne pas seulement proposer des vérités toutes faites, mais également de passer par la fabrique de l'histoire. Ce travail, que nous faisons tous et toutes dans nos cours, nous avions essayé de faire à travers un manuel pour le supérieur, qui n'était pas un manuel factuel, mais proposait un état des lieux des méthodes et outils pour comprendre l'histoire et sa fabrique[56]. Ce projet, initié par Christian Delporte, et co-dirigé par Reine-Marie Bérard, Bénédicte Girault et moi-même, visait à initier les élèves, étudiants et étudiantes à l'histoire comme discipline, en donnant notamment une grande place aux différents types de sources que l'historien ou l'historienne peut mobiliser, aux techniques nécessaires pour les traiter, mais aussi aux problèmes épistémologiques et concrets que l'on peut rencontrer. Ce manuel est en libre accès, numérique et interactif, ce qui a pour intérêt de pointer vers différentes ressources disponibles en ligne et donc de ne pas proposer un discours clos sur lui-même. Le lecteur ou la lectrice peut être active dans sa lecture, construire son propre parcours en fonction de ses questions et intérêts, avec également des exercices prévus pour chaque chapitre et qui pouvaient servir d'inspiration pour les enseignants et enseignantes. Nous voulions surtout éviter de proposer un discours sur le passé prêt à l'emploi : cette vision pratique et dynamique de la discipline historique nous semblait manquer dans le paysage éditorial du premier cycle universitaire. De façon relativement inattendue, ce travail a particulièrement infusé en dehors du cadre universitaire, avec des collègues du secondaire qui nous ont souvent fait des retours enthousiastes. De façon similaire, des collègues mènent ce type de réflexion dans la production de manuels scolaires,

---

[56] R.-M. Bérard, B. Girault et C. Rideau-Kikuchi (dirs.), *Initiation aux études historiques, op. cit.*

ce qui peut également donner lieu à une réflexion sur la vision de l'histoire proposée dans ces productions éditoriales[57].

Dans les grands médias, ce travail est difficile même si l'émission de Patrick Boucheron sur *Arte*, *Faire l'histoire*[58], est une exception notable, donnant la parole à des historiens et des historiennes et centrant chaque épisode sur un objet particulier. La série « L'histoire de France dessinée » a également ce parti pris de laisser une large place à la discussion – souvent magnifiquement mise en scène –, aux sources et aux historiens et historiennes, chaque volume étant co-écrit par un historien ou une historienne et un dessinateur ou une dessinatrice[59]. Le format numérique offre sans doute plus de liberté, pour un public nécessairement plus jeune : la floraison de chaînes YouTube puis Twitch traitant d'histoire montrent un réel engouement, avec des producteurs et productrices qui font un important effort pédagogique et qui donnent la parole à des chercheurs et chercheuses[60]. C'est également le principe des podcasts de Fanny Cohen Moreau qui laisse la parole à des jeunes chercheurs et chercheuses de différentes périodes[61]. Certains producteurs font relire leurs scripts, voire en commandent l'écriture, ce qui donne également d'autres portes d'entrée pour entrer en discussion avec ces professionnels de la transmission de l'histoire[62]. Très modestement, et loin des audiences des émissions tout juste citées, je participe à l'animation d'une chaîne Twitch avec d'autres historiens et historiennes, qui s'intitule *Ça coule de sources*[63]. Cette émission est née de l'envie de ne pas partir des résultats de la recherche, mais de notre matière première : les sources, les documents, le ma-

---

[57] F. Besson, « Un médiévalisme scolaire : le traitement de la période médiévale dans les manuels scolaires de classe de seconde, édition 2019 », *BUCEMA*, 25-2, 2021, <https://journals.openedition.org/cem/18574>.

[58] <https://www.arte.tv/fr/videos/RC-020782/faire-l-histoire/>.

[59] Collection de bande-dessinées dirigée par Sylvain Venayre et éditée chez La Découverte et La Revue Dessinée.

[60] Entre autres nombreuses chaînes, on peut penser bien sûr aux entretiens de *Nota Bene*, mais également ceux de *Rivenzi*, *D'histoires en Histoire* en histoire, ceux du *Collectif Conscience* hors de l'histoire. Sur les effets de la segmentation de l'information scientifique, notamment en ligne, voir S. Rouquette, « Présentation générale. Sciences et médias », *art. cit.*

[61] <https://passionmedievistes.fr/>.

[62] À titre d'exemple, j'ai écrit le script pour une vidéo de *Nota Bene* : « Comment être sûr de la fiabilité de ce que je regarde ? Que croire en Histoire ? », sur la chaîne YouTube *Nota Bonus*, <https://www.youtube.com/watch?v=mSbJv1V7IyM>. Je relis également les scripts de la série *Historio* de la chaîne *D'histoires en Histoire* : voir le premier épisode, « C'est quoi l'histoire ? | HISTORIO #1 », sur la chaîne YouTube *D'histoires en Histoire*, <https://www.youtube.com/watch?v=V4fJcksAbf8>.

[63] Voir la chaîne Twitch : <https://www.twitch.tv/ca_coule_de_sources> ; et la chaîne YouTube : <https://www.youtube.com/channel/UCwM6KW85e8CYf5Q3NyVdiuA>.

tériau historique[64], et la façon **dont** on peut s'en saisir pour comprendre les sociétés du passé. Les défis sont nombreux et nous peinons encore à trouver le bon ton, les bonnes modalités, et le temps nécessaire. Mais ce projet a d'ores et déjà rassemblé des enseignants-chercheurs, doctorants et doctorantes, étudiants et étudiantes, bibliothécaires, autour de l'idée qu'on peut s'amuser en discutant des traces du passé[65].

On peut poursuivre ce travail partout, et surtout hors des territoires qui nous sont déjà acquis, même s'il est souvent personnellement et logistiquement plus facile de se reposer sur des espaces sociaux déjà connus. Mais sortir d'un cadre institutionnel permettrait d'aller vers des publics qui nous sont moins acquis et donc de faire véritablement œuvre utile. Dans ces espaces, la question de la forme de des interventions est cruciale. Beaucoup de professionnels ou de chercheurs et chercheuses ont réfléchi à la question du positionnement dans la diffusion de la recherche, une réflexion qui me semble plus avancée dans le contexte des sciences de la nature qu'en sciences humaines et sociales. Une des questions récurrentes est de savoir ce que l'on veut faire et pourquoi. Ces dernières années m'ont convaincue que si la transmission de savoirs a bien entendu son intérêt, le travail de fond dont je parle ici doit aussi passer par un dialogue beaucoup plus pratique, où la transmission des connaissances n'est en réalité pas le but principal. La « transmission verticale et descendante de connaissances » n'est pas la seule option : il est possible de faire en sorte que la diffusion de la recherche ou la médiation scientifique crée du lien, de la créativité ou des réflexions autonomes de la part du public et des participants. C'est en particulier la position de Tania Louis, médiatrice scientifique et docteure en biologie[66]. À sa suite, il me semble en effet que la situation politique et démocratique actuelle rend moins urgent l'accroissement de connaissances historiques, mais davantage la discussion autour

---

[64] Le terme à employer est débattu depuis quelques années, même si le nom de notre chaîne ne se réfère pas explicitement à ces discussions : J. Morsel, « Les sources sont-elles "le pain de l'historien" ? », *Hypothèses*, 7-1, 2004, pp. 271-286 ; É. Anheim, « La matière de l'histoire. Du texte à l'objet », dans M. Roustan (dir.), *La recherche dans les institutions patrimoniales : Sources matérielles et ressources numériques*, Villeurbanne, Presses de l'ENSSIB, 2019, pp. 154-169 ; M. Zimmermann, « L'histoire médiévale coule-t-elle de source ? », *in La langue des actes*, 2004, <http://elec.enc.sorbonne.fr/CID2003/zimmermann>.

[65] « Les cuisines de la recherche : un entretien avec l'équipe de "Ça coule de sources" », *Entre-Temps*, 27 septembre 2022, <https://entre-temps.net/les-cuisines-de-la-recherche-un-entretien-avec-lequipe-de-ca-coule-de-sources/>.

[66] Je me permets de la remercier ici de nos riches échanges sur Mastodon autour de ces questions, ainsi que de m'avoir indiqué son billet, dans lequel j'ai puisé plusieurs des références citées ici : T. Louis, « C'est quoi la "vulga" ? », 13 décembre 2022, <https://tanialouis.fr/2022/12/13/cest-quoi-la-vulga/>.

de ce qu'est une discipline scientifique, notamment en histoire, et la manière dont nous cherchons à construire ces connaissances pour contribuer au bien commun. La méconnaissance et la méfiance qui se sont installées entre les universitaires et le reste de la société doit être comblé par un dialogue dans lequel il s'agirait à la fois de démystifier notre travail de recherche – il n'y a pas de « complots », nous ne cherchons pas à maintenir le secret autour de nos méthodes et nous sommes aussi conscients des faiblesses du système de validation scientifique – tout en lui redonnant sa véritable place – les connaissances historiques n'apparaissent pas sans un patient effort et demandent une forme d'expertise qui se construit sur un temps long. La différence avec une forme descendante de transmission est d'insister sur le fait que tout le monde peut se saisir des outils critiques utilisés par les historiens et historiennes, et de proposer un effort intellectuel accessible à tous et toutes. Cette posture a le mérite d'acter le fait que les disciplines scientifiques n'appartiennent pas uniquement à celles et ceux qui en font leur profession et de les promouvoir comme un outil d'esprit critique, d'« empowerment[67] ». Mathilde Larrère, Laurence de Cock et Guillaume Mazeau ne disent pas autre chose en parlant de l'« histoire comme émancipation » :

> La méthode historienne elle-même se conçoit, dans sa définition la plus classique, comme un acte d'arrachement et de désobéissance, une défiance permanente envers l'ordre établir du passé que chaque nouvelle question, chaque nouvelle situation invite à destituer et dont les chercheurs sont invités, par leur fonction, à renverser[68].

De même pour Guillaume Mazeau :

> [L'histoire est] une démarche à tout moment capable de fourbir des armes contre ceux qui nient les causes et la réalité du changement climatique, mais aussi contre le déterminisme ou les identités assignées. [...] Le meilleur service que les historiens peuvent aujourd'hui rendre à la démocratie, c'est plutôt de donner les outils pour la faire vivre comme un espace critique[69].

Cette approche est d'autant plus importante pour le Moyen Âge spécifiquement, que cette période, connue par un certain nombre de lieux communs largement partagée, est convoquée dans un récit des racines hautement pro-

---

[67] G. Crenn, « Vulgarisation », *Publictionnaire. Dictionnaire encyclopédique et critique des publics*, 12 novembre 2018, <https://publictionnaire.huma-num.fr/notice/vulgarisation> ; P. Rasse, « Le musée forum des sciences ? », dans C. Leboeuf, N. Pelissier et J.-V. Pioli (dirs.), *Communiquer l'information scientifique. Éthique du journalisme et stratégies des organisations*, Paris, L'Harmattan, 2003, pp. 105-120.

[68] L. de Cock, M. Larrère et G. Mazeau, *L'histoire comme émancipation, op. cit.*, p. 43.

[69] G. Mazeau, *Histoire, op. cit.*, pp. 73-77.

blématique. Contre ce récit des origines, plusieurs voix se sont élevées pour construire un autre discours, voire un autre récit. Zrinka Stahuljak dans un essai récent, propose une approche « connectée » de la littérature médiévale qui nous invite, nous contemporains, à considérer d'autres manières de faire advenir une société[70]. Littérature et histoire peuvent faire rêver, et des historiens aujourd'hui s'emploient à proposer des récits alternatifs à ceux remplis de haine et de violence de l'extrême-droite[71]. Les récits proposés sont puissants car ils puisent dans le passé des ressources pour des possibles qui ne sont pas figés. Cependant tenir ensemble le récit et la méthode est une tâche ardue, qui encore reste largement à inventer.

L'attention aux méthodes et aux outils caractérise la plupart des projets de diffusion de la recherche auxquels je participe ces dernières années, quitte à effacer une approche strictement périodique pour aborder l'histoire dans une perspective plus globale. Cependant, j'ai encore très peu expérimenté des formats véritablement participatifs ou horizontaux, qui me semblent absolument fondamentaux dans le contexte actuel. De nombreuses initiatives fleurissent depuis quelques années, dans le sillage du développement de l'histoire publique et de l'histoire participative[72]. Il me semble urgent que les historiens et historiennes y participent, sans les préempter et avec humilité car il ne nous est plus possible de nous comporter avec l'arrogance d'intellectuels sûrs de notre savoir et de notre statut social. Ce type de projets nécessite de véritables collaborations qui sortent du champ académique, ainsi que du temps. C'est peut-être ce qui nous fait le plus défaut aujourd'hui.

[70] Z. Stahuljak, *Médiéval contemporain : pour une littérature connectée*, Paris, Éditions Macula, 2020.
[71] G. Gressani et F. Louis, « "Oui, ça ira". Une conversation fleuve avec Patrick Boucheron, co-auteur de la cérémonie d'ouverture des JO de Paris 2024 », *Le Grand Continent*, 30 juillet 2024, <https://legrandcontinent.eu/fr/2024/07/30/oui-ca-ira-une-conversation-fleuve-avec-patrick-boucheron-co-auteur-de-la-ceremonie-douverture-des-jo-de-paris-2024/>.
[72] Sandrine Victor en propose plusieurs exemples dans son intervention dans ce volume. Je me permets également de citer le travail de Sylvain Hilaire qui anime depuis plusieurs années un atelier d'histoire participative dans les Yvelines : <https://www.bib.uvsq.fr/ateliers-histoire>.

Juego de Cronos: Edad Media y ocio digital

Juan Francisco Jiménez Alcázar

Universidad de Murcia

1. COMENCEMOS...

La complejidad de interpretar el pasado es enorme a partir del mismo momento en que las variables son múltiples: desde el origen de las fuentes hasta su análisis, con el traspaso de la exposición de esa labor a un contexto social que, en ocasiones, es receptivo, y, en otras, totalmente cerrado para comprenderlo o aceptarlo. En este sentido, es clave el medio de transmisión, por cuanto el interlocutor se manifiesta decisivo para la divulgación y transferencia de esos mensajes, iconografías o desarrollos históricos. Sin duda alguna, el ejemplo del buen maestro es el mejor que puedo emplear en esta ocasión, pues esa pedagogía, a veces por enrevesada o por simple, genera más confusión que claridad para terminar de entender tiempos pretéritos[1].

Los historiadores poseemos un balcón privilegiado desde donde visionar con retrospectiva todo ese pasado para observarlo a través de un telescopio o un microscopio, metafóricamente hablando. Para ello, manejamos las dife-

---

[1] Merece la pena advertir sobre algunas cuestiones previas. Por un lado, no trato de hacer una mención detallada de todos los títulos existentes en el mercado cuando aluda a algún tema específico. No tendría sentido ni es el propósito de este trabajo. Por lo tanto, mencionaré algunos títulos representativos, consciente de que hay muchos más sobre el mismo contexto histórico. En segundo lugar, es un reto por cuanto es muy complicado hablar de videojuegos para quien conoce el medio, para quien no lo conoce, para quien tiene referencias de oídas... Será inevitable utilizar léxico especializado, aunque lo explicitaré cuando lo considere necesario. Las alusiones sobre los títulos se ceñirán a cuestiones específicas y necesarias para el análisis, y eludiré cualquier atisbo de destapar la trama o el final del videojuego en cuestión: en resumen, no habrá espóiler o destripe del guion. También he de aludir a que muchas de las referencias visuales de los videojuegos citados se pueden localizar en las pestañas *Galería* y *Coleccionismo* de la web <https://www.historiayvideojuegos.com>, portal del Grupo de Transferencia del Conocimiento «Historia y Videojuegos» de la Universidad de Murcia que dirijo. Todas las referencias de direcciones *online* han sido comprobadas con fecha 21 de febrero de 2025.

rentes herramientas que nos proporcionan las ciencias auxiliares, así como el conjunto de las Humanidades, con el fin de comprender comportamientos y desarrollos de personas que vivieron épocas pasadas más o menos lejanas en el tiempo, o al menos intentarlo. Pero una vez se han realizado todas estas tareas de captación informativa y análisis e interpretación de fuentes, llega el momento de comunicarlo a nuestro contexto, que es el que nos exige el compromiso como historiadores. Y aquí es donde comienza un proceso que termina por encarnar un factor fundamental en lo que hacemos: si el conocimiento queda restringido a uno mismo, solo alimenta una vanidad tóxica para nuestro entorno, además de ser inútil. La divulgación de esas investigaciones forma parte esencial de nuestra tarea, tanto por la utilidad que le den los demás como para mostrar información que es básica para el espíritu crítico que cimenta una sociedad en libertad.

En esta situación es donde hay que enmarcar el fenómeno del videojuego. Rehúyo una definición muy concreta de videojuego, no solo porque puede resultar complejo por las aristas que genera sus múltiples expresiones audiovisuales en los niveles a los que ha llegado la tecnología digital –y que seguirá haciéndolo–, sino porque es más sencillo exponer que se trata de un medio de ocio digital. La diferencia es para quien lo escucha, pues ya se tiene una idea, distorsionada o no, particular o tergiversada, de lo que realmente es. Para unos, el videojuego, simplificando el concepto, es un juego para adolescentes y se trata de un conjunto de imágenes con sonido gestado por un sintetizador, que en el mejor de los casos es alienante, caso de un *Pac-Man* o de un *Tetris*, y que en el peor se concibe como un medio gestante de personas violentas en potencia. Para otros, un entretenimiento sin más, y para todos los usuarios que han tenido la oportunidad de experimentar con alguno de los títulos, es parte de su propia cultura, en tanto que se ubica en su esfera de posibles diversiones y pasatiempos. Independientemente de lo que pueda significar para las diferentes personas, una cuestión es indiscutible, y es el sustrato cultural que guarda el medio «videojuego». Ya pasaron los tiempos de píxeles simples que aparecían en la pantalla con movimientos previsibles, casi sin guion y dependiendo simplemente de respuestas del usuario. Para su confección en la actualidad es necesaria una narrativa, audiovisual y textual, que precisa un cimiento de aportes de elementos culturales identificables, sean procedentes de un pasado más o menos lejano, o de un mundo de ficción. Un ejemplo claro lo tenemos en la franquicia *Halo* (diversos estudios desde 2001, y distribuido por Microsoft), un *shooter*, de disparos, en primera persona en un mundo de ciencia ficción. El *Masterchef* como el guerrero perfecto, John 117, está inspirado en el versículo 1, 17 del Apocalipsis de san Juan: «Y cuando le vi, caí como muerto a sus pies. Y Él puso Su diestra sobre mí, diciéndome: "No temas: yo soy el primero y el último"». Es una de las series más vendidas, superando los 80 millones de copias vendidas de los diversos productos y secuelas del juego[2]. Con la generación de contenidos en otros medios –como el cómic, el cine, la televisión y una amplia mercadotecnia–, el personaje ocupa muchas estanterías de videojugadores como parte de su cultura personal, compartida con otros videojugadores y que conforman lo que conocemos como *Halo* Nation. Es un icono casi comparable a Mario, de Nintendo, a Geralt de Rivia, de la serie *The Witcher* (CD Projekt Red), o Link, de *The Legend of Zelda* (Nintendo).

Aquellos juegos de arcade como *Tetris, Pac-Man* (Comecocos), *Space Invaders* (los «marcianitos»)... son videojuegos, claro, pero solo guardan similitudes con *Kingdom Come: Deliverance* (WarHorse, 2018) en que son producciones de ocio digital. Es interesante la tendencia *retro*, que tiene su nicho de mercado –incluso su prensa especializada– y que se basa en títulos con una interfaz como la de los primeros videojuegos, donde el pixelado es lo característico. ¿Nostalgia? Puede ser, pero reconozco que lo veo con añoranza, pero sin melancolía. Cualquier tiempo futuro siempre será mejor. Muchos de aquellos títulos originales se pueden localizar en webs de *abandonware*, pero otros se crean de modo expreso justamente para cubrir esa demanda, como *Fit For a King* (Brent Ellison, Tanya X. Short, 2019), un título emulador de Enrique VIII de Inglaterra.

Hay dos conceptos básicos que definen el medio «videojuego» de manera clara: la interactividad y su carácter inmersivo. El hecho de que el usuario sea protagonista de lo que sucede en el desarrollo del juego, sea de acción, aventura gráfica donde se maneja algún personaje, estrategia por el papel de dirección y gestión, o por cualquier otro tipo de intervención, hace que el canal de comunicación sea efectivo. Los del género *sandbox* o de mundo abierto encarnan el más claro ejemplo, aunque la circunstancia de que no exista un objetivo específico –como cumplir una misión, conquistar determinados territorios, llegar a algún lugar concreto– puede derivar en que el usuario lo contemple como algo poco creativo; como contrarréplica, se puede argüir que es precisamente esa libertad de juego lo que genera y desarrolla esa creatividad, caso de *Minecraft* (Mojang Studios, 2011). En definitiva, la interacción la podemos resumir en el protagonismo que se le ofrece al usuario como agente activo en lo que sucede en el videojuego. No es un elemento pasivo que ve, escucha o lee un producto cultural que han generado otros: el videojuego lo es

---

[2] M. Galán, «Xbox revela millonaria cifra de copia de Halo vendidas desde su estreno», *Level Up*, 21 de noviembre de 2021, <https://www.levelup.com/noticias/649761/Xbox-revela-millonaria-cifra-de-copias-de-Halo-vendidas-desde-su-estreno>. Supongo que el número habrá crecido estos tres últimos años.

porque ha sido jugado, de una forma u otra, a título personal o grupal, pero que ha adquirido «vida» por la intervención y acción de alguien. Una película o una novela permanecen inalterables desde que sus creadores la terminan. El videojuego no. El guion o su narrativa, su infografía, sus diálogos y sonidos quedan implementados en el *software* y en el *hardware* disponible, pero su dinámica completa solo se logra con esa intervención protagonizada por el usuario, por cada uno de manera individual[3], o compartida si es un juego colaborativo cuando no multijugador en línea.

El factor de inmersión de lo que el videojugador ve, oye y percibe en su dispositivo, o de forma virtual por la realidad aumentada en su entorno, se nos muestra igualmente decisivo, pues origina un fenómeno paralelo al de protagonizar la acción a la que me acabo de referir anteriormente, y es la de la emoción. Menciono en este momento y de forma específica la realidad virtual como culminación de este carácter inmersivo, y que es merecedora de un análisis más desarrollado que unos breves apuntes en este estudio. Pero no es preciso llegar a esta tecnología para afirmar que un videojuego deja de ser un simple entretenimiento cuando tiene repercusiones emocionales, culturales e incluso de identidad. Reflexioné en un trabajo específico sobre esta última cuestión, la de la importancia de elegir facción en un videojuego histórico[4]. El videojugador elegirá un bando, una nación, una región, un equipo o un personaje con una preferencia que no será objetiva. Puede tener diversas razones, incluso de tipo cultural, o de predilección en ocasiones de rara explicación, pero en absoluto es gratuita la elección. En este contexto cabe aludir a la realidad virtual, por cuanto es un medio que busca la implicación absoluta del usuario mediante una tecnología cada vez más perfeccionada, y lo traslada virtualmente a un universo digital que reconstruye un mundo en 360º, y que permite «vivir» la experiencia de una manera muy personal y única. Hay muchos títulos que tienen un fin puramente educativo, con visitas sencillas como las de determinados edificios y entornos en el canal de YouTube. Pero me centro sobre todo en las producciones de procesos históricos del Medievo. Solo mencionaré el desembarco en el puerto de Brujas en el siglo XIV como un ejemplo de lo que puede ofrecer esta tecnología: *Historium VR. Relive the history of Bruges* (Sevenedge Interactive Media,

---

[3] En el texto promocional en Steam del videojuego *Refind Self: The Personality Test Game* (Lizardry, 2023), se puede leer: «Como pasa con todos los juegos, la forma de avanzar y las decisiones tomadas varían según la persona. No hay dos personas que jueguen exactamente del mismo modo. Así que sí, la personalidad de una persona se refleja en su forma de jugar».

[4] J. F. Jiménez Alcázar, «Factions and nations: Identity and Identification in the Historical Video Games set in the Middle Ages», *Imago Temporis*, XV, 2021, pp. 451-489 (en castellano en pp. 558-586).

2016), aunque lo más extendido son aplicaciones de visitas virtuales a escenarios muy identificados con la época medieval, caso de *VR Historical Journey to the Age of Crusaders*, *VR Marco Polo's Travelling in Medieval Asia (The Far East, Chinese, Japanese, Shogun, Khitan... revisit A.D. 1290)* o *VR Time Machine Travelling in History: Medieval Castle, Fort, and Village Life in 1071-1453 Europe* (todos de William at Oxford y publicados en 2020). Por lo tanto, si hablamos de inmersión, es obligada la referencia a la realidad virtual.

2. HACIA EL VIDEOJUEGO HISTÓRICO

El equipo de desarrollo de cualquier producto, compuesto por un número variable de personas, desde un individuo hasta los que se consideren necesarios para su resultado final, va a recurrir a diversas fuentes de las que dispone, pues el guion es preciso para la narrativa, sea de ficción o no. Y aquí radica lo que genera mayor interés, pues quien se encargue –o quienes se ocupen– de diseñar el contexto del juego puede tener una iconografía específica, configurada a lo largo de sus años vividos, tanto por formación como por asimilación cultural de su entorno: lo que escuchó, vio por televisión o cine, leyó, aprendió..., pero en su propósito tendrá un objetivo de cómo quiere diseñar ese producto, y aquí es donde es posible que recurra a informaciones que le son precisas para el resultado final del videojuego deseado. En este sentido, no cabe duda de que este medio de ocio digital comparte con el cine, con la novela y con el conjunto de artes que reflejan un hecho, un personaje o un proceso del pasado ese mismo factor: comprobar cómo eran, o creemos que eran, las cosas en un tiempo que ya pasó. El videojuego es un medio mixto, y va a recuperar elementos de esos medios para ser original.

Es evidente que los creativos son libres de generar el producto que desean, en la mayoría de las ocasiones con lógicos fines lucrativos y, por ello, es fundamental tener presente que la demanda de los destinatarios finales condiciona ese proceso de creación. Expondré a lo largo del presente trabajo cómo uno de los factores inéditos para cubrir la petición de determinados nichos de mercado es la autenticidad en el guion, siempre con el condicionante de otro factor, el de la «jugabilidad»; no olvidemos que es una producción para el ocio, para entretener, no para aburrir. Este esquema es perfectamente aplicable a cualquier videojuego histórico, aunque insistiré en el que identifiquemos como «medieval». Mi propósito no solo es mostrar el extenso mercado de estos títulos, con el universo del videojuego muy asentado en nuestra cultura, sino el de presentarlo como uno de los canales de comunicación de mayor peso específico para determinadas generaciones.

Procede, antes de continuar, fijar el concepto de qué considero que es un «videojuego histórico». Ya establecí mi propio criterio hace unos años[5], y que considero vigente aún. Para que un videojuego sea incluido en la categoría de «histórico», es decir, que su guion o narrativa esté ambientado en cualquier época del pasado, debe cumplir **cuatro** premisas:

- Ha de tener contenidos **visuales** o textuales *veraces*, en mayor o menor medida y cantidad, incluidos los mapas.
- De igual modo, la verosimilitud de los elementos, procesos históricos, personajes y actitudes que aparezcan en el videojuego debe guardar algún gradiente de este factor.
- En tercer lugar, la información que incluya, mucha o poca, tiene que responder a relatos históricos de cuestiones que en la actualidad tenemos por más o menos ciertas. Puede ser un texto sobre la guerra en la Edad Media, sobre determinado oficio o cualquier otro tema, y en una extensión variable. Debemos tener presente que este factor ha mejorado conforme las posibilidades tecnológicas permitieron la ampliación de memorias en los equipos y en la gestión del *software*.
- Y en cuarto y último lugar, un factor que es igual de importante que los otros tres anteriores, y es la libertad para jugarlo. Si no existe esa interacción e inmersión, y esa independencia personal del juego, no es un videojuego. Puede que el guion sea abierto, o en el caso de los títulos de estrategia, que finalmente no se corresponda la historia que «vemos» con la que pasó, pero precisamente ese es uno de los atractivos del medio, además con la posibilidad de gestar desarrollos contrafácticos.

De esta forma, podemos **aislar** del innumerable catálogo los títulos y producciones específicamente **referidos** a cuestiones históricas. La cuestión que plantea la «calidad histórica» del videojuego es algo que está presente diría que desde que se fue consciente de que el guion precisaba de un contenido, y la historia la ofrece a raudales. Uno de los primeros juegos ya recurría a la «Ruta de Oregón» norteamericana del siglo XIX, *Oregon Trail* (Consorcio de Educación Computacional de Minnesota, 1971), aunque es cierto que con un objetivo claro de ser una herramienta educativa[6]; se co-

5 J. F. Jiménez Alcázar, «Qué es un videojuego histórico», 6 de abril de 2013, ‹https://www.historia-yvideojuegos.com/que-es-un-videojuego-historico/›. Volví sobre la cuestión en «La historia vista a través de los videojuegos», en *Juego y ocio en la Historia*, Valladolid, Univ. Valladolid-Instituto de Historia «Simancas», 2018, pp. 158-160.

6 En 2022 se publicó una versión moderna del juego: *The Oregon Trail* (Gameloft). Hay unas notas muy interesantes sobre el original en Quber, «Retro Review de The Oregon Trail», *NoSoloBits*,

mercializó en 1985[7]. La distribución del videojuego en descarga es relativamente reciente, y lo habitual era la venta física en comercios especializados, en diversos formatos, con cajas y estuches llamativos donde se daba todo tipo de información sobre el título en cuestión; no me refiero a los diferentes soportes –*floppies* de 5 ¼, de 3,5, CD, DVD...–, sino al estuche contenedor de ese elemento físico que tenía el *software* del juego. En algunos casos, no solo se insistía en la contracarátula en el valor de los contenidos históricos del videojuego, como en *Crusader Kings* (Paradox, 2004), o en *Crusaders. Thy Kingdom Come* (Neocore Games, 2009[8]), sino que se añadía el logotipo de «Canal de Historia» para refrendarlo como divisa de calidad; fue el caso de este último título, *Crusaders. Thy Kingdom Come*, el de *Great Battles: Rome* (Slitherine, 2007) o el de *Great Battles: Medieval* (Slitherine, 2011). Las dudas surgen a la hora de valorar históricamente alguno de estos productos, como *Crusades. Quest for Power* (Zono, Inc., 2003), que deja mucho que desear en cuanto a esa bondad de reflejo histórico; otra cuestión es si el logo «Canal de Historia» es por sí mismo una garantía.

Puede que queden lagunas históricas que no han sido blanco de alguna iniciativa para gestar un videojuego centrado en ese momento del pasado, pero cada vez son más escasas. Una razón evidente es que las posibilidades de producir un título son más sencillas, por lo tecnológico y por la distribución, tanto si se trata de una iniciativa independiente o *indie*, como si es fruto de una inversión mayúscula por parte de alguna multinacional del ramo. Otra causa es la ampliación de los títulos originales a través de expansiones o DLCs (DownLoadable Content, contenido descargable), que permite inclusiones de escenarios específicos en una producción más amplia. Un ejemplo claro es el de *Wars Across The World* (Strategiae, 2017), donde el usuario puede jugar en un campo de batalla específico, como la primera batalla de Bull Run (o Manassas para los confederados) en 1861 durante la Guerra de Secesión norteamericana, Waterloo –1815–, Berlín –1945–, Bouvines –1214–, Mar del Coral –1942–, Bosworth –1485– o el levantamiento de Pascua de Dublín en 1916,

---

22 de noviembre de 2020, ‹https://www.nosolobits.com/es/publicacion/1599/recordando/retro-review-de-the-oregon-trail›.

[7] En el capítulo 14 de la temporada 3 de la serie de televisión *El joven Sheldon* (Chuck Lorre y Steven Molaro, CBS, 2017-2024), un *spin-off* de *The Big Bang Theory*, podemos ver al protagonista frente a su PC con este título en la pantalla. Ante la pregunta de su hermano sobre qué está haciendo en esos momentos, literalmente contesta: «Jugar a un juego históricamente fiel que se llama *La Ruta de Oregón*».

[8] Este título fue reeditado por FX Interactive bajo la denominación *Las Cruzadas* al año siguiente, e incluso con posterioridad en otros recopilatorios como *Grandes Batallas Medievales. Anthology* (2013).

hasta campañas como la de la **Guerra Civil española**, las operaciones en Namibia durante la Gran Guerra, la «Guerra de los Seis Días», o la «Segunda *Chimurenga*» de Rhodesia, conflicto civil también que derivó en el establecimiento de la dictadura de Robert Mugabe.

De todas formas, hay épocas históricas que los usuarios demandan en mayor medida, hecho que repercute en que hay más oferta de títulos. Tres casos paradigmáticos son el de la **Antigüedad**, sobre todo con la Roma clásica, el de la II Guerra Mundial[9] y el del **periodo** medieval, en su más amplio espectro. Dejamos a un lado todos los referidos al resto de etapas históricas, así como a los de la Edad Antigua –con ejemplos como *Old World* (Mohawk Games, 2022), *Sumerians* (Decumanus Games, 2023) o *The Fertile Crescent* (Wield Interactive, 2024) para los ambientados en el Creciente Fértil mesopotámico, *Assassin's Creed. Odyssey* (Ubisoft Quebec, Montreal, Bucarest, Singapur, Montpellier, Kiev y Shanghái, 2018), *A Total War Saga: Troy* (Creative Assembly, 2021), o *Builders of Greece* (BLUM Entertainment-Strategy Labs, 2024) para la Grecia homérica y clásica, *Pharaoh. A New Era* (Triskell Interactive, 2023), *Los niños del Nilo* (Tilted Mill, 2004) o *Total War: Pharaoh* (Creative Assembly, 2023) para el Egipto faraónico–, donde ya he especificado el protagonismo del imperio romano[10] y los ambientados en la II Guerra **Mundial**.

Existen diversos títulos que utilizan la evolución histórica, en general, como base de su desarrollo como juego. Ejemplos los tenemos, con diversa fortuna e impacto entre los usuarios, pero que son parte de la historia del vi-

....

9   A. Venegas Ramos, *La II Guerra y el videojuego*, Cáceres, Servicio de Publicaciones, 2022.

10 Si para los casos anteriores he indicado **tres** títulos, más o menos representativos, para Roma es más complicado por su número: la serie *Caesar* (desde el I, publicado en 1993, hasta el IV, en 2006), *Imperivm* (los tres títulos de Haemimont Games, el *Online*, más los tres de *Imperivm Civitas* reeditados en Steam como *Grand Ages. Rome*), los ya clásicos I y II de *Total War: Rome* (Creative Assembly), *Age of Empires: The Rise of Rome* (Ensemble Studios, 1998, que es una expansión de *Age of Empires*, centrado en el último tramo de la Prehistoria para avanzar por las antiguas civilizaciones mesopotámicas, egipcia, minoica, persa, griega, fenicia, hitita...), *Europa Universalis. Roma* (Paradox, 2008), *Civcity Roma* (Firaxis-Firefly, 2006), *Assassin's Creed. Origins* (Ubisoft Montreal, 2017), *Legion Arena* (Slitherine, 2005), *Pax Romana* (Dream Catcher, 2003), *Alea Iacta Est. El imperio romano en guerra* (Ageod, 2012), *Praetorians* (Pyro, 2003), *Ancient Battle: Rome* (HexWar Games Ltd, 2017), *Blocks!: Julius Caesar* (Avalon Digital, 2019), *Expeditions: Rome* (Logic Artist, 2022), *Glory of Rome* (Simon Codrington, 2022), *Imperator: Rome* (Paradox, 2019), *The Age of Decadence* (Iron Tower Studio, 2015), *Aggressors: Ancient Rome* (Kubat Software, 2018), *Imperium BCE* (Wildercroft, 2022), *Last Day of Rome* (Hamsters, 2019), *A Legionary's Life* (Alessandro Roberti, 2019), *The Legions of Rome* (The Tambourine, 2016), *Ludus* (Cheesecake Dev, 2020), *Mare Nostrum* (Turnopia, 2017), *Pax Romana: Romulus* (Locus Ludus, 2019), *Romopolis* (Lonely Troops, 2009), *Ryse: Son of Rome* (Crytek, 2014), el reciente preestreno de *Citadelvm* (Prologue, Abylight Barcelona, 2024)... y así continúa una larga lista.

deojuego, como *Empire Earth* (Stainless Steel Studios, 2001)[11], de estrategia en tiempo real, que tenía como referente *Age of Empires*, pero la posibilidad de iniciar la partida desde la Prehistoria. Sin duda alguna, ha sido la serie *Civilization* la que ha tenido un éxito comercial mucho más prolongado en el tiempo desde que fue publicado el primer título en 1991 de manos de su creador Sid Meier, al punto de que acaba de estrenarse su séptima edición en febrero de 2025[12]. Por el azaroso negocio de las empresas del videojuego, la franquicia fue cambiando a lo largo de los títulos incluso de distribuidora. Han seguido otros, como *Humankind* (AMPLITUDE Studios, 2021), o el reciente *Ara: History Untold* (Oxide Games, 2024), con lo que considero que el género tiene larga vida, y que hay que mencionar por incluir el periodo medieval como ineludible en el desarrollo de la partida para progresar desde épocas prehistóricas o antiguas hasta la contemporaneidad.

Me centraré en la repercusión que tiene el videojuego histórico ambientado en la etapa medieval sobre el usuario que lo juega, en sus más diversas perspectivas, aunque vinculadas más a los matices de realidad histórica, sin que aparezcan en el texto alusiones a títulos con evidente trasfondo legendario o fantástico, pero que sí lo haré si así lo precisa el análisis y la exposición.

3. EL VIDEOJUEGO HISTÓRICO MEDIEVAL

Hace tres lustros apareció publicado mi primer artículo sobre este tema que titulé de forma genérica «Videojuegos y Edad Media»[13], donde abordé lo que ya era una realidad manifiesta; años más tarde actualicé los contenidos de ese trabajo en el capítulo de una monografía, con un título muy directo: «Videojuegos y Edad Media 2.0»[14]. Muchos años han pasado, con el sostén de una

---

[11] Con una expansión aparecida al año siguiente, *Empire Earth: The Art of Conquest*, el segundo título de la serie, fue publicado en 2005 y el tercero, dos años después. Contamos también con una producción específica del mismo estudio, *Empires: Dawn of the Modern Word* (2003), que iniciaba la partida en la Baja Edad Media.

[12] A los seis títulos existentes, y el séptimo ya publicado, hay que añadir otros de la misma serie, pero que no guardan el ordinal, como *Civilization Revolution* (2008), destinada fundamentalmente para consolas y dispositivos móviles, y *Civilization: Beyond Earth* (2014), el único que tiene a un futuro posible como trasfondo narrativo, de ciencia ficción, no vinculado al pasado histórico.

[13] J. F. Jiménez Alcázar, «Video games and the Middle Ages», *Imago Temporis*, 3, 2009, pp. 311-365. Versión en castellano: pp. 551-587.

[14] J. F. Jiménez Alcázar, «Videojuegos y Edad Media 2.0», en *De la Edad de los Imperios a la Guerra Total: Medievo y videojuegos*, Murcia, Centro de Estudios Medievales de la Universidad de Murcia-Ed. Compobell-IGN España, 2016, pp. 11-73. De hecho, el presente trabajo podría haberlo titu-

línea de investigación específica sobre el tema[15], y desde hace 15 años observo una misma realidad, y es que nos situamos en un contexto de civilización tan específico que no es extraño que consideremos que estamos inmersos en un momento de cambios, o aún más, en un cambio de época. Desconozco si habrá que denominarla Era Digital, Era de la Información, Era Informática o Era del Conocimiento, pues serán nuestros sucesores quienes terminen por generar ese consenso del concepto. Pero lo cierto es que las transformaciones que vemos a nuestro alrededor desde hace unas décadas son tan profundas que la sociedad se ha visto abocada a asumir una serie de realidades impensables hasta hace bien pocos años.

Este fenómeno es básico entenderlo, pues hay determinadas iconografías y modelos que ya son genéricos, compartidos por todo usuario de cualquier canal de comunicación y expresión cultural. Sin duda, uno de esos iconos, en realidad es uno múltiple, es el de «lo medieval». Pero lo más interesante es plantearse si esa «imagen», sea visual o textual, responde a lo que fue en su momento. Vuelvo a traer a colación los conceptos de veracidad y verosimilitud a los que me referí con anterioridad. Qué duda cabe de que hay determinadas imágenes que son relacionadas por cualquier persona con el periodo, aunque no tenga idea precisa, a veces ni cercana, de lo que fue, significó o aconteció. Casos paradigmáticos son los de un caballero ataviado con una armadura sobre una cabalgadura con gualdrapa, o a pie con yelmo, escudo y espada, o un castillo en cualquiera de sus representaciones –con foso, sin él, sobre una colina...–. En realidad, este concepto de lo que es «medieval», tanto si se trata de algo veraz o de fantasía, solo guarda ventajas, pues supone un punto de partida desde el que abordar la cuestión. Si la perspectiva peyorativa del momento está instalada en la cultura occidental desde el mismo momento del humanismo renacentista, y ha convivido desde entonces con otra mirada de admiración más o menos pasional, es hasta cierto punto normal que sea una época atractiva para un público que demanda contenidos por razones diversas, y la primera es por esa misma polaridad con la que se observa el Medievo. Si la segunda es la de la profunda raíz cultural de casi todos los territorios europeos, reafirmada por los movimientos nacionalistas del siglo XIX, tenemos los ingredientes ideales para gestar un contexto que demande «contenidos medievales».

....

lado tranquilamente «Videojuegos y Edad Media 3.0», pues la dinámica de avances tecnológicos aplicados al videojuego, además de las transformaciones y adaptaciones narrativas y visuales en el medio, son tan rápidas en el tiempo, incluidas las nuevas producciones ambientadas en el periodo medieval que no dejan de publicarse, que las actualizaciones son precisas para no quedar obsoletas las conclusiones de los trabajos previos.

15 Toda la producción se puede descargar en abierto en <https://www.historiayvideojuegos.com>.

Estas cuestiones, en un principio, pueden parecer alejadas del propósito de este trabajo. Y nada más lejos de la realidad. El videojuego, como medio de expresión cultural, lo que hace es reflejar el tejido de esa cultura que lo genera, además, conformada por un bagaje que procede la tradición artúrica, de los libros de caballería bajomedievales y renacentistas, de las obras teatrales clásicas tanto en la cultura anglosajona con Shakespeare como en la castellana de Lope de Vega, que pasó por los inicios de la novela histórica del Romanticismo, el fenómeno del localismo, regionalismo y nacionalismo decimonónico, la influencia de la literatura gestada al amparo de los eruditos del tiempo –opúsculos teatrales de ensalzamiento de leyendas medievales de muchos lugares, a los que recurrió Muñoz Seca para la genial *La venganza de don Mendo*–, el indudable influjo de la pluma de Tolkien y Lewis, las producciones cinematográficas y de forma más reciente las televisivas..., sin perder de vista el impacto de George R. R. Martin, o, en menor medida, las novelas de Andrezj Sapkowski sobre Geralt de Rivia con su correspondiente producción para cine, televisión y saga de videojuegos.

Con todas estas influencias, y casi desde el inicio del desarrollo de la industria de *software* para el entretenimiento, el periodo medieval ha sido un recurso de referencia habitual, con un crecimiento en los títulos comercializados sostenido en el tiempo hasta la fecha; no podemos decir que esta tendencia haya disminuido, por cuanto las empresas, grandes y pequeñas, anuncian con anticipación sus productos, muchos de ellos aún en desarrollo, con el fin de financiarlos a través de campañas de *crowdfunding* o distribuidos como ediciones Demo para testearlos. Ya tuvimos anuncios con mucho eco entre los usuarios como *Kingdom Come: Deliverance II*, anunciado por WarHorse para principios de 2025, y que a las dos semanas de su comercialización ya lleva dos millones de copias vendidas según el propio estudio en su cuenta de X.

La veracidad convive en este universo del videojuego con la fantasía, procedentes todos los títulos de esos aportes culturales citados y por la propia investigación histórica más ortodoxa, en este caso proporcionado por una demanda de guiones históricamente verosímiles o, al menos, más cercanos a la certeza de cómo fue y qué sucedió en el pasado. No pensemos que lo legendario y lo onírico desplaza en el mundo del ocio digital a la narrativa más cercana a la realidad histórica, sobre todo en los últimos años, donde la demanda de lo auténtico ha crecido de una forma espectacular.

4. LA EVOLUCIÓN

Este apartado busca sintetizar el panorama que el mercado del videojuego ofrece a los usuarios que desean jugar a un título con guion histórico de lo que se podría considerar medieval, en sentido laxo. Hago la precisión nuevamente de lo que es un videojuego histórico con mayor o menor grado de veracidad, verosimilitud e información, pues soy consciente de que la cantidad de títulos que se han inspirado en iconografía y modelos «medievales» –vuelvo a insistir en lo que se piensa qué es y qué no es–, pero que responde, en muchas ocasiones, a que los desarrolladores atienden una demanda de lo que el videojugador conoce. Muchos jugadores no admiten sorpresas y quieren ver magia, dragones o situaciones imposibles, y dejan de lado cualquier tipo de aportación histórica más o menos verídica, por el simple hecho de que no les interesa.

Una precisión necesaria también es la de localizar geográficamente ese concepto de «lo medieval». El acercamiento a otras culturas ajenas al escenario europeo de forma casi abrupta en las últimas décadas debido al efecto de la globalización, donde el videojuego tiene mucho que decir y proponer, ha repercutido en que muchos usuarios se planteen qué sucedía en esos lejanos territorios mientras gobernaba Carlomagno, los cruzados ocupaban Jerusalén, o se producían los movimientos sociales de la «Jacquerie». Se puede decir que solo ha tenido repercusión en el videojuego la historia oriental asiática, como la china, la coreana o la japonesa, cuestión a la que me referiré más adelante.

Si a comienzos de la década de 1980, *Dragon's Lair* (Advanced Microcomputer Systems, 1983, en formato *laserdisc*), con Kirk el Afortunado como protagonista y con Daphne como la princesa que tenía que rescatar, era un referente en las salas de juego arcade al punto que actualmente, y junto a *Pong* y *Pac-Man*, están en exhibición en la Smithsonian Institution de Washington D.C.[16], en 1986 se publicó *Defender of the Crown* (Cinemaware, originalmente para Commodore Amiga, aunque al año siguiente se adaptó para el resto de *hardware* del momento, como MS-DOS, Atari ST, Macintosh y Commodore 64). El contexto histórico era el de la Inglaterra en pleno conflicto socio-político entre normandos y sajones. Pero fue *La abadía del crimen* (Paco Menéndez y Juan Delcán, 1987), una producción española que aprovechaba el éxito de crítica y público de la novela de Umberto Eco *El nombre de la rosa*, la que ha supuesto un hito en lo que se conoce como Edad de Oro del *software* español[17]; fue la película dirigida por

---

[16] Es el juego al que los protagonistas de la serie *Stranger Things* (Netflix, dirs. Hermanos Duffer), ambientada en los primeros años de los 80 en un pueblo del estado de Indiana, juegan en el «Palacio Arcade», en el primer episodio de la segunda temporada. En realidad juega Dustin Henderson, y los demás miran. Este detalle es importante para entender también lo que significa el entorno social del videojuego.

[17] En un artículo de redacción, en la sección «Cultura Retro» de *Micromanía*, 334, 2023, se encuentra entre los diez de esta «Edad de Oro»: «10 juegos clave de la Edad de Oro del *software* español», p. 70. «Para muchos es el juego por el que se recordará la Edad de Oro del *software* español y, sin duda, la obra culmen de Paco Menéndez, que a saber dónde habría llegado de no ser por su prematura desaparición. Siempre será conocido como el juego de «El nombre de la rosa», aunque

Jean-Jacques Annoud en 1986 la que inspiró realmente el videojuego, pues se usaron sus protagonistas pixelados y se realizó en una perspectiva isométrica de resultado muy atractivo. Se puede ver a Guillermo de Occam –Guillermo de Baskerville en la novela y en la película– «dibujado» como el protagonista que lo interpretó en el cine, Sean Connery. El juego fue merecedor de un minipliego filatélico por parte de la Sociedad Estatal de Correos y Telégrafos española, emitido en 2017, en conmemoración de los 30 años de la publicación del juego.

La siguiente referencia a la que hay que aludir es a la serie *Castles*, sobre todo al segundo título, *Castles II: Siege & Conquest* (Quicksilver Software, 1992), un juego de estrategia ambientado en los primeros años del siglo XIV en Francia, con diversas facciones que se disputaban el control de los territorios delimitados por un tablero virtual, y donde tenía que recibir el plácet del papa para conseguir el trono de Bretaña. La interfaz pixelada continuaba como protagonista –la tecnología no permitía mucho más–. Se podía diseñar y construir castillos, reclutar peones, arqueros y caballeros, y se incluían pequeños vídeos cinematográficos con escenas «medievales».

Pero hemos de saltar a uno de los títulos que en sí mismo representa el videojuego histórico medieval por excelencia, por cuanto su publicación supuso un giro radical para esa percepción de contenidos históricos. Me refiero a *Age of Empires II: the Age of Kings* (Ensemble Studios, 1999), un juego de estrategia en tiempo real, y sus correspondientes expansiones y ediciones, que se inició con *The Conquerors* y ha terminado, de momento, con la *Edición Definitiva* en 2019 (Forgotten Empires, Tantalus Media, Wicked Witch y World's Edge). ¡Que a día de hoy, 25 años después, sea uno de los videojuegos más conocidos es la mejor muestra de lo dicho! De hecho, ha sido uno de los títulos que más investigadores ha atraído al tema, sobre todo análisis hechos desde la perspectiva de la educación[18]. Pero lo que más interesa indicar ahora es que se incluía, ya

no contara con su licencia oficial. Su consideración de obra maestra de la época se debe a un diseño absolutamente rompedor en la narrativa y el desarrollo, con elementos inéditos dentro y fuera de nuestras fronteras. Su complejidad, su maravillosa dirección artística y el haber sido capaz de meter todo su contenido en los micros de la época lo convierten en una auténtica obra maestra». Existe una monografía colectiva de análisis sobre este título: J. Esteve (coord.), *Obsequium. Un relato cultural, tecnológico y emocional de «La Abadía del Crimen»*, Barcelona, Ocho Quilates, 2014.

18   A. E. Negro Cortés, «Representaciones de la guerra en la actualidad: el caso de *Age of Empires II* y su campaña del Cid», *Roda da Fortuna*, 1-1, 2014, pp. 590-610. S. Pérez Lajarín y G. F. Rodríguez, «Temporalidades históricas y temporalidades jugadas. El tiempo en los videojuegos de estrategia: *Age of Empires II* y *Medieval Total War II*», en J. F. Jiménez y G. F. Rodríguez (coords.), Videojuegos e Historia: entre el ocio y la cultura, Murcia, Editum, 2018, pp. 73-86. M. Fernández Cárcar, Í. Mugueta Moreno y F. I. Revuelta Domínguez, «*Europa Universalis II* vs. *Age of Empires II*: cotejo de aprendizajes históricos sobre la Baja Edad Media a partir del trabajo didáctico con los videojuegos de estrategia en 2.º de la ESO», en J. Rodríguez y S. López (coords.), *Los videojuegos en la*

que la tecnología lo permitía, unos textos específicos explicativos de contenido histórico, además de que los gráficos daban un salto cualitativo. Junto a las campañas de Juana de Arco, William Wallace[19], Federico I Barbarroja y Saladino, localizamos la de Gengis Khan, y entre las batallas históricas disponibles están las de Kurikara en 1183 entre los clanes Minamoto y Taira durante las guerras Genpei en Japón, Manzikert en 1071, o la del Lago Poyang en 1363 entre los clanes Ming y Han para suceder a la dinastía Yuan. La inclusión de estos encuentros bélicos abrió la puerta a que se «incorporasen» al concepto de Edad Media europeo otros sucesos que coincidieron en el tiempo, pero no en el territorio. Puede parecer una conclusión simple, pero lo cierto es que, por primera vez y de forma masiva, los siglos «medievales» de Oriente y Occidente se convertían en una unidad: efectos de la globalización. Pero aún más interesante es que, en el apartado de «Historia» en el que se incluyen textos de carácter histórico, se encuentran los pueblos birmano, chino, etíope, indio, japonés, jemer, coreano, malayo y vietnamita, además de los propiamente europeos.

Se iniciaba el siglo y el milenio con un título de estrategia en tiempo real, con una jugabilidad muy alta habida cuenta los buenos resultados que tuvo el primer videojuego de la serie, y que derivaron en una continuidad de producciones a lo largo de los años posteriores. Me refiero a *Stronghold* (Firefly Studios, 2001). Del género estrategia en tiempo real, arranca en 1066, aunque serán los siguientes títulos los que contengan una cantidad de información histórica más apreciable, incluido el monográfico *Stronghold: Warlords* (FireFly Studios, 2021), centrado en campañas de Extremo Oriente con Vietnam, China y Japón como referencias. Se encuentra como DLC también la campaña *Rise of the Shogun* (2021), con las guerras Genpei como trasfondo histórico.

En 2002, y como continuación del que fue el primer título de la serie «Total War» desarrollada por el estudio británico The Creative Assembly –*Shogun: Total War*, 2000, ambientado en el Japón de la Era Sengoku–, se publicó *Medieval: Total War*. Juego de estrategia por turnos sobre un mapa de la Europa pleno y bajomedieval, incluida África septentrional y Oriente Medio, significó un nuevo hito en el videojuego histórico medieval; de hecho, su denominación original era *Crusader Total War*[20], aunque el concepto «medieval» era tan poderoso para

---

escuela, la universidad y los contextos sociocomunitarios, Barcelona, Octaedro, 2021, pp. 151-189. N. Toso Fernández, «Localización y divulgación histórica, un problema multidisciplinar: el caso de *Age of Empires II*», en R. Méndez González y A. Calvo Porrúa (coords.), *Nuevas voces investigadoras en el ámbito de la localización de videojuegos*, Valencia, Tirant lo Blanc, 2023, pp. 29-51.

[19] Sin duda alguna, aprovechó el impacto cinematográfico de *Braveheart* (dir. M. Gibson, 1995).

[20] «*Crusader Total War* Announced», 3 de agosto de 2001, *IGN*, <https://www.ign.com/articles/2001/08/03/crusader-total-war-announced>.

la identificación por el videojugador que la empresa consideró que era lo que había de acompañar al de Guerra Total[21]. La posibilidad de manejar huestes en batallas tácticas en 3D hizo que fuese un éxito comercial entre los usuarios, con facciones más ajustadas a la realidad histórica que su segundo título, donde todo se resumía en un escueto «españoles» que aglutinaba, de forma anacrónica, a castellanos, navarros y aragoneses. *Medieval II: Total War* (The Creative Assembly, 2006) tomaba el esquema de juego de *Rome: Total War* (The Creative Assembly, 2004), donde se ponderaba el control de los núcleos más que el de los territorios, con lo que el mapa no se componía de un puzle de demarcaciones, sino de un rosario de enclaves que había que conquistar y desarrollar; nuevamente hay que mencionarlo en este breve repaso por los videojuegos históricos medievales más significativos, ya no por su jugabilidad, sino porque transgredía los ortodoxos límites temporales de la Edad Media al incorporar la campaña mesoamericana y la batalla histórica de Otumba. Su expansión *MTW: Kingdoms* (2007) igualmente ofrecía al usuario la posibilidad de jugar una campaña americana específica, con los españoles (*sic*), aztecas, mayas, tribus apaches, chichimecas, tlaxcaltecas y tarascos, más franceses e ingleses coloniales.

El mismo año en que se comercializaba este último título, 2007, se sube otro peldaño en el desarrollo del medio: llega la tercera generación de consolas, Xbox-360, de Microsoft, y PlayStation 3, de Sony, con otro título que abría una de las series más conocidas y que mayor repercusión ha tenido en la cultura del videojuego: *Assassin's Creed* (Ubisoft, 2007). Ambientado en 1191, en el contexto de la III Cruzada, la producción del estudio francés suponía una auténtica revolución, pues lo que se podía ver en la pantalla daba un salto espectacular gracias al avance en tecnología gráfica. Perteneciente al género de acción-aventura y con un factor de ciencia ficción, involucraba no solo el escenario de Tierra Santa, sino la Orden Templaria. Altaïr, el personaje que maneja el videojugador, entró a formar parte de la iconografía cultural del videojuego con un éxito abrumador. Saltó al cómic, a la novela, al cine... a una oferta de mercadotecnia con una variedad que pretende cubrir una demanda voraz. Los siguientes personajes que aparecen en el resto de títulos de la serie se incluyen en la «familia de Assassin's Creed», como Ezio Auditore de Firenze, Connor,

---

[21] T. Walker, «Next Total War game renamed», *GameSpot-UK*, 5 de noviembre de 2001, <https://web.archive.org/web/20121010111130/http://uk.gamespot.com/news/next-total-war-game-renamed-2822707>. En el artículo de Wikipedia sobre el juego, se recogen unas declaraciones de Michael de Plater, director del estudio de desarrollo del juego, aparecidas también en el portal *GameSpot*, con fecha 6 de diciembre de 2001, que merece que señale aquí por la referencia de la iconografía de «lo medieval» a la que aludí con anterioridad: «queríamos que tuviera grandes castillos y asedios increíbles». <https://es.wikipedia.org/wiki/Medieval:_Total_War>.

Jacob y Evie Frye, Aveline de Grandpé, Élise de la Serre, Haytham y Edward Kenway, Bayek, Arnó Víctor Dorian, Eivor, Basim Ibn Ishaq… pero ninguno tan asumido y establecido como referente como Altaïr.

Con anterioridad se habían estrenado diversas producciones que tuvieron diferente acogida y alcance comercial, como *Knights of Honor* (Black Sea Studios, 2004), cuyo triunfo le llegó en el segundo título de la serie bajo la denominación *Knighs of Honor II: Sovereing* (2022). Es un caso muy similar al ya citado de *Crusader Kings*, un juego de estrategia con una cantidad de información más que intensa, que ha crecido en el segundo y tercer título de la serie y sus numerosos DLCs. *Mount & Blade* (TaleWorlds Entertainment, 2008), incluido entre los de rol de acción y ambientado en un reino ficticio, Calradia, en un tópico siglo XIII de la Europa septentrional, ha tenido igualmente sus correspondientes reflejos en desarrollos siguientes, como *M&B: Warband* (2010), una expansión independiente, *M&B: With Fire & Sword* (2011, enmarcado históricamente en el siglo XVII europeo), y un DLC para el original, *Viking Conquest Reforged Edition* (2014)[22], así como *M&B II: Bannerlords* (2022), que continúa el primer título, aunque con evidentes mejoras gráficas. Este reino de ficción, pero inspirado en contextos y espacios verosímiles, es comparable a otra de las producciones que también han sido referencia en el ámbito del videojuego histórico medieval. Cito el primer *Chivalry: Medieval Warfare* (Torn Banner Studios, 2012), un multijugador de combate en primera persona ambientado en el reino de Agatha[23] y que tiene continuación con el segundo título de la serie, publicado en 2022, con un logrado lenguaje cinematográfico.

Como los anteriores, y clasificado entre los títulos de rol, contamos con *Medieval Dynasty* (Render Cube, 2021), que podemos compararlo con otros del mismo tipo como *Medieval Trader Simulator* (DNA Army Gaming, 2021), el reciente *Bellwright* (Donkey Crew, 2024), *Ironsmith Medieval Simulator* (The EpicLore, 2022), o los de la serie *The Guild* (desde el primero, 4HEAD Studios, 2002). Pero es *Kingdom Come: Deliverance* (Warhorse Studios, 2018) el que significa un contrapunto respecto a otros de clara inspiración de un tiempo legendario y onírico, con raíces en la literatura de fantasía medieval, como *World of Warcraft* y su reino de Azeroth, *Guild Wars* y el de Tyria (ArenaNet, 2005), *Black Desert* (Pearl Abyss, 2017), o las adaptaciones de *Juego de Tronos* al videojuego, como *A Game of Thrones: The Board Game - Digital Edition* (adaptación del juego de mesa homónimo, Dire Wolf, 2020), o *Game of Thrones Winter is Coming* (Youzu –Singapur– PTE, Ltd.,

----

22 También hay un segundo DLC, publicado dos años antes que el aludido sobre los vikingos, y está ambientado en la época napoleónica: *Napoleonic Wars* (2012).

23 En el DLC *Chivalry: Deadliest Warrior* (2013), el escenario se amplía a otros combatientes históricos, como samuráis, ninjas o espartanos.

2019). El equipo liderado por Daniel Vávra (WarHorse, *Kingdom Come: Deliverance*) tenía un propósito claro de autenticidad histórica, siempre con la atención puesta en la jugabilidad. La meta era que el videojugador viviera una experiencia inmersiva en la Bohemia de principios del siglo XV, de manera que era imprescindible que los escenarios se correspondiesen con la realidad. El éxito comercial del segundo título de la serie a los pocos días de su publicación es ya un hito y buena muestra de lo que expongo. En esta producción el equipo incluyó unos textos de información histórica espectaculares, a los que me referiré más adelante.

Un año antes de la pandemia del SARS-CoV-2 se publicó otro de esos referentes para el videojuego histórico medieval, con la casualidad de que el trasfondo del juego era una Francia en el inicio de la epidemia de Peste Negra de 1348. Me refiero a *A Plague Tale: Innocence* (Asobo Studio, 2019). El segundo título de la serie, *A Plague Tale: Requiem* (2022), es la continuación de la aventura gráfica del primero, donde las ratas tienen un protagonismo específico como amenaza constante, junto a la Inquisición. Interesa insistir en lo de los roedores, pues es uno de los iconos más reconocidos, junto al esqueleto vestido con túnica y una guadaña en la mano como símbolo de la muerte, del cambio de parámetros culturales que se produjo en el siglo XIV. Pero además de esa lectura iconográfica, lo que hay que subrayar en la comparación entre una producción de estas características y las de hace dos o tres décadas es el plano gráfico. Ya he advertido acerca de lo que supuso para la mejora en el aspecto visual de la serie de *Assassin's Creed* desde 2007, pero ya está completamente asumido que la memoria de la imagen, algo que no es original de nuestro tiempo, sí encuentra en el medio videojuego uno de sus canales más efectivos, lo mismo que en su momento fue el cine o la televisión.

Para concluir este apartado hay que aludir a dos títulos, también de reciente publicación, que si no son referencias genéricas, o al menos uno de ellos no, sí son representativos en cuanto a los contenidos ofrecidos de carácter histórico para el usuario. El primero es *Age of Empires IV* (Relic Entertainment y World's Edge, 2021). La inclusión de pequeñas «píldoras» de vídeo, además de textos, con información específica sobre algún tema concreto del periodo medieval relacionado con el juego, evidentemente, es una novedad que complementa las campañas incluidas en el título –angevinos desde Hastings, Guerra de los Cien Años, Gran Ducado de Moscú y el imperio mongol, además de la específica de la expansión *The Sultans Ascend* (2023)–. No hay que salir del juego para buscar contenido en YouTube, lo que muestra el interés de los desarrolladores por satisfacer la demanda creciente del videojugador por este tipo de aportaciones con veracidad histórica. Y el segundo videojuego es *Manor Lords* (Slavic Magic, 2024), ambientado en la Franconia centroeuropea del siglo XIV, un título que generó unas expectativas muy altas entre los usuarios desde que se anunció y se lanzó la beta; de hecho, su creador, Greg Styczen –*Slavic Magic* es un pseudónimo–, avisó de este exceso[24]. La dinámica del juego, una simbiosis entre el género de estrategia y el de construcción y gestión, aporta la novedad de haber sido gestado por una sola persona con el mismo objetivo que en su momento mostró el mencionado Daniel Vavra, que no era otro que el de mantener un rigor histórico, con influencia del clima, de la demografía y de las afectaciones que una guerra puede tener sobre el desarrollo del núcleo.

De manera consciente, he dejado de lado una infografía específica que reflejan algunos títulos desde unos pocos años, y es la utilización de modelos de miniaturas medievales para ofrecer al usuario una experiencia de inmersión iconográfica total. Son los casos de *Pentiment* (Obsidian Entertainment, 2022) (fig. 1), *Apocalipsis* (Punch Punk Games, 2018), *Inkulinati* (Yaza Games, 2024), *Scriptorium. Master of Manuscripts*, del mismo estudio que el anterior, previsto para 2025, o en la cinemática del comienzo de *Fields of Glory. Kingdoms* (Ageod, 2024), aunque no es el único que las emplea, pues también las podemos encontrar en *Fields of Glory II. Medieval* (Byzantine Games, 2021) o en algunas secuencias de *Total War: Attila*, expansión carolingia, ya citado.

Figura 1. *Pentiment* (Obsidian Entertainment, 2022).

---

[24] A. Martín, «"Puede decepcionar a algunas personas": es uno de los juegos más deseados de Steam, pero el creador de Manor Lords advierte sobre las expectativas», *Vida Extra*, 23 de abril de 2024, <https://www.vidaextra.com/estrategia/puede-decepcionar-a-algunas-personas-uno-juegos-deseados-steam-su-creador-advierte-expectativas>.

He aludido de manera breve a los escenarios externos al teatro europeo donde aparecen campañas en videojuegos históricos medievales con protagonismo oriental. Esa «Edad Media» no europea llama la atención a muchos usuarios por dos razones: por un lado, por el atractivo de estas culturas de Extremo Oriente, sobre todo Japón; y, por otro, por la sorpresa que supone para muchos de ellos que exista «otra Edad Media» distinta a la de su idea preconcebida. Pensar que en el siglo XII se produce uno de los conflictos más decisivos de los destinos nipones genera un interés ponderado entre el videojugador que busca el videojuego histórico y esas producciones con historia japonesa. No es el caso de la Era Sengoku, ni el nombre de Oda Nobunaga, como ejemplos de la gran cantidad de títulos sobre el momento concreto[25], más reconocidos y reconocibles para el usuario medio a través, por ejemplo, de batallas históricas que ya aparecían en el primer título de referencia para esta cuestión: *Age of Empires II: The Age of Kings*, ya mencionado. Mención específica merece el DLC *Rise of the Samurai* (2011) de *Total War: Shogun 2* (Creative Assembly, 2011), que se centra específicamente en las guerras Genpei.

He realizado un somero repaso, pues faltan muchísimos, pero era una muestra de cómo ha sido la evolución en la oferta del videojuego histórico medieval para exponer que no se trata de producciones aisladas u orientadas a un nicho de mercado pequeño. La demanda de este tipo de títulos no deja de crecer, además con una gran heterogeneidad, ya que no he mencionado otra vasta cantidad de videojuegos de fantasía medieval que no son objeto de este estudio.

Si solo lo contemplamos como otra forma más de entretenimiento, no deja de ser un mero canal de ocio digital sin repercusión cultural alguna. Pero miremos las consecuencias a tenor del asiento del videojuego como un ingrediente añadido a nuestro patrimonio.

5. LA INFORMACIÓN

He mencionado de manera constante el concepto «información histórica» contenida en los videojuegos, con diferente grado por cantidad y calidad. La tecnología, qué duda cabe, ha ayudado al fenómeno, sobre todo por la evolución de las memorias gráficas, específicamente, pero incluimos el conjunto del *hardware*, sea en un PC o en una consola. No hay ningún límite por el momento, y el plantea-

---

[25] Destaco el de *Nobunaga's Ambition: Sphere of Influence* (Koei Tecmo Games Co., Ltd., 2015). Un estudio excelente sobre el juego, el contexto histórico y su influencia cultural lo tenemos en la monografía de Cl. Bonillo Fernández, *El videojuego como Historia, Arte y Cultura. La «Era de los Estados Combatientes» en Nobunaga's Ambition*, Mar del Plata, Univ. Nacional Mar del Plata, 2023.

miento que traigo a colación es que el videojuego es una fuente de información impresionante.

La diversidad de títulos que tienen su base en un guion o iconografía medieval es muy amplia[26]. Si dejamos de lado los de carácter más general, caso de *Age of Empires II* y *IV, Total War: Medieval I* y *II*, o *Field of Glory II: Medieval*, copan muchas de las épocas propias del periodo, como la tardoantigüedad después de la disolución política del Imperio romano de Occidente y las invasiones bárbaras[27], la época carolingia[28], vikingos[29], Cruzadas y templarios[30] y Guerra de los Cien Años[31].

Hay ejemplos muy numerosos a los que puedo recurrir para mostrar esta potencialidad del medio, pero voy a acudir solo a tres. En primer lugar, hago referencia al inicio de la campaña de los carolingios en *Crusader Kings III* (Paradox Development Studio, 2020). En la pantalla se ven los territorios que ocupaba el antiguo imperio carolingio, pero ahora dividido entre el sector occidental, liderado por Carlos el Calvo, el oriental septentrional por Luis el Germánico, colindando al sur con el del príncipe Carlomán, en la zona septentrional de la actual Italia por el rey Luis II, y en la Lotaringia por el rey Lotario II. El año de inicio es el 867. La concreción cronológica se centra en la situación generada tras el tratado de Verdún, pero como solo quedaban tres territorios en el 843, es posible que el desarrollador considerase que para la jugabilidad sería más conveniente com-

....

[26] Enumero un muy seleccionado elenco de títulos sobre cada tema, pues el catálogo es enorme, sobre todo en el referido a los vikingos y a las Cruzadas.

[27] *Total War: Attila* (Creative Assembly, 2015), DLC *Empire Divided* (2017) de *Total War: Rome II* (Creative Assembly, 2013), *Grandes Invasiones. Las invasiones bárbaras 350-1066 dC.* (Indie Games, 2007).

[28] *Crusader Kings III* (Paradox, 2020), DLC *Age of Charlemagne* de *Total War: Attila* (2015).

[29] Expansión *Viking Invasion* (2003), de *Medieval Total War* (2002), trilogía *The Banner Saga* (Stoic, desde 2013), *Vikings. Wolves of Midgard* (Games Farm, 2017), *Expeditions: Viking* (Logic Artists, 2017), *Northgard* (Shiro Games, 2018), *Ancestors Legacy* (Destructive Creations, 2018), *Age of Viking Conquest* (Memoïd Apps, 2018), *Assassin's Creed. Valhalla* (Ubisoft Montreal, 2020*), The Viking Way* (Ice Lava Games, 2020), *Aery-Vikings* (EpiXR Games UG, 2022), *Viking Rise: Valhalla* (IGG Singapore Pte., Ltd., 2024), *Total War Saga: Thrones of Britannia* (Creative Assembly).

[30] *Cruzadas* (Wanadoo, 1997), *Assassin's Creed* (Ubisoft, 2007), *Ancient Wars: Medieval Crusades* (Jotasoft Studios, 2024), *Stronghold Crusader I* y *II* (FireFly, 2002 y 2014), *The King's Crusade* (Paradox, 2011), *Crusaders. Thy Kingdom Come* (Neocore Games, 2008), *The Cursed Crusade* (Kylotonn, 2011), *El Primer Templario* (Haemimont, 2011), *Knights of the Temple: Infernal Crusade* (Starbreeze Studios, 2004). J. F. Jiménez Alcázar, «Cruzadas, cruzados y videojuegos», *Anales de la Universidad de Alicante. Historia Medieval*, 17, 2011, pp. 363-407.

[31] *Dos Tronos. Desde Juana de Arco a Ricardo III* (Paradox, 2003), *Juana de Arco. Wars & Warriors* (Enlight, 2004), *Bladestorm: The Hundred Year's War* y *Bladestorm: Nightmare* (Koei Tecmo Games Co., Ltd., 2007 y 2015), *Great Battles Medieval* (Slitherine, 2011), *100 Year's War* (HexWar Games, 2019), *A Plague Tale: Innocence* y *A Plague Tale: Requiem* (Asobo Studio, 2019 y 2022), *Crown Wars. The Black Prince* (Artefacts Studio, 2024).

plicar las facciones, de manera que, transcurridos unos pocos años más, la fecha elegida cumplía con la expectativa, y así se recurrió a la división del territorio que le había correspondido al primogénito de Luis el Piadoso, Lotario I, en Verdún. Lo dividió entre sus hijos en sus últimos días, en el denominado tratado de Prüm (855), con los líderes en sus respectivos territorios tal y como lo he nominado anteriormente: Luis II, el mayor, que heredó la zona meridional de la Lotaringia, ya con los Estados Pontificios consolidados; Lotario II, el mediano, en el sector norte; y el menor, Carlos, que se quedó con la zona de la Provenza. Pero este último no aparece. La razón es que falleció en el 863 y sus territorios se repartieron entre sus dos hermanos. Cuando murió Lotario II, su patrimonio se dividió a su vez entre sus tíos Carlos el Calvo y Luis el Germánico, pero eso sucedió en el 870, en el tratado de Mersen, 3 años después de lo que aparece en el juego. Solo nos queda por identificar al príncipe Carlomán, duque de Baviera. Era hijo de Luis el Germánico y recibió el mando de las marcas orientales dependiente de su padre. Sabemos que falleció en el 880, una vez hubo sido entronizado como rey de Baviera a la muerte de su progenitor en el 876, y un año después rey de Italia al fallecimiento de Carlos el Calvo, y ya tenemos el mapa que ofrece el juego. ¿Y todo esto es el planteamiento de un videojuego? Pues sí.

El segundo ejemplo que traigo a colación es una serie de informaciones textuales que podemos localizar en *Kingdom Come: Deliverance*. Son breves textos de diversos temas: políticos, biográficos, muchos de vida cotidiana e institucional, de actividades artesanales, agrícolas... A continuación expongo alguna muestra, aunque hay que advertir que los textos han pasado por lo que se conoce en videojuegos como el proceso de localización, es decir, por un traductor especializado, que en ocasiones cae en errores de anacronismo. Están todos centrados en información del territorio donde se desarrolla el guion del juego, la Bohemia de 1403:

Carros y carromatos

En la Edad Media, los carromatos se usaban para el transporte, el trabajo agrícola y para fines bélicos. Uno de los más simples era un carro de dos ruedas, aunque también se veían los carros de heno. Los carros más viejos con ruedas alta tenían un eje central conectado al tren de rodaje. A partir del siglo XIV, comenzaron a utilizarse carromatos de dos ejes y cuatro ruedas. El eje delantero no era orientable, lo que resultaba en un radio de giro muy amplio. Los carromatos no tenían asiento para el cochero, que montaba a horcajadas sobre uno de los caballos o caminaba junto al carro. En tiempos de guerra, un carromato podía convertirse en una empalizada de campo móvil, una estrategia que se hizo famosa especialmente durante las guerras husitas, cuando la estrategia de «muros de carromatos» ganó más de una batalla para los calixtinos (fuerzas husitas).

Concilio ecuménico

Los concilios ecuménicos fueron asambleas eclesiásticas de representantes que debatían sobre el tema de la fe y la administración de la Iglesia. Por ejemplo, el gran Concilio de Constanza (1414-1418), que duró 4 años y trató los asuntos de la reforma y el cisma papal, también condenó al predicador Jan Hus por herejía, lo que derivó en su ejecución en la hoguera.

Como estos textos, podemos encontrar en el juego capítulos sobre acampada de los ejércitos, el consumo de alcohol y la embriaguez, cómo eran las aldeas y las viviendas, las cocinas, los comerciantes, la apicultura, el aseo, las cárceles, la comida, su conservación y consumo, el cuidado animal, la industria artesana del curtido, el dinero, la fiscalidad, tanto el diezmo como las finanzas municipales, las crónicas, las escuelas, la situación lingüística de Bohemia en el siglo XV, el funcionamiento de los gremios, de las escuelas y la enseñanza en general, el trabajo de herrería, las labores agrícolas y pecuarias, la ropa y la moda, las instituciones de gobierno, la situación de las mujeres, el contexto de la minoría judía en la zona, la labor de los boticarios, fe y devoción, el mobiliario..., así como acontecimientos históricos, caso de la batalla de Nicópolis de 1396[32], la conquista de Kutná Hora en 1402 por el rey Segismundo, biografías como las de Albert IV de Habsburgo, Jobst de Moravia, Carlos IV, Wenceslao IV, los papas implicados en el Cisma de Occidente –Benedicto XIII, Bonifacio IX y Clemente VII–... ¿Y todo eso aparece en un videojuego? Pues sí.

El tercer ejemplo es el de las pantallas de investigación que aparecen en la serie «Total War», aunque me voy a centrar en el DLC *Age of Charlemagne* (2016) de *Total War: Attila* (The Creative Assembly, 2015). Recordemos que estos títulos son del género de estrategia, con las batallas tácticas en 3D. Para la evolución de la facción se precisa marcar determinadas casillas de desarrollo militar y civil, conforme avanza la partida, y en ellas podemos leer de lo que se trata y consta el edificio, la tecnología, el avance militar o el hecho cultural. Los desarrollos contribuyen a la victoria, de manera que no son contenidos que se deban o puedan obviar. En este caso voy a reproducir un texto que ofrezca una idea aproximada de los contenidos expuestos, y que se recogen en la «Encyclopaedia». Para la facción del Emirato de Córdoba, existe la opción «Gran Califato», donde se puede leer lo siguiente:

Los califas originales, o Rashidum, fueron elegidos como los sucesores de Mahoma, la paz sea con él, y líderes de los musulmanes árabes. El primero decretado para suceder al Profeta fue Abu Bakr, pero el proceso sucesorio no

---

[32] Sobre sus repercusiones, véase el trabajo de P. Martínez García, «La construcción del "otro turco". La batalla de Nicópolis y el cautiverio de Johannes Schiltberger», *Clío & Crimen*, 19, 2022, pp. 25-46.

tardó en romperse y aquellos ansiosos por hacerse con el poder conspiraron entre ellos para imponerse. El primer califa no Rashidun y primero de los Omeyas fue Muawiya I y, bajo su gobierno, el imperio se expandió rápidamente hasta llegar a al-Ándalus. El legado de los Omeyas llevó a un aumento de la conversión al Islam, pero fueron criticados por hacer cambiado el sistema de elección del califa, que pasó a convertirse en una monarquía hereditaria por sanción divina.

El resto de facciones tienen contenidos del mismo estilo: informaciones breves de interés divulgativo a la vez que constructivo, como la «Lex salica» de la facción carolingia, o el arte prerrománico de la asturiana. Es un sistema de contenidos que caracteriza a la serie, con aportaciones cada vez más explícitas. Por ejemplo, en *A Total War Saga: Thrones of Britannia* (Creative Assembly, 2018), en la casilla «Granja» se puede leer incluso la razón que se esgrime para explicar la migración nórdica hacia las tierras fértiles británicas[33].

Las anotaciones breves de carácter histórico que aparecen en los títulos de *Assassin's Creed* no tienen el mismo objetivo que los anteriores. En estos casos persiguen una meta más informativa al usuario que no compromete el transcurso de la partida.

No obstante, el caso de información histórica más notable por su prolongación en el tiempo es la conocida como «Civilopedia»[34], de la serie *Civilization* de Sid Meier, que no ha frenado su crecimiento conforme se estrenaban ediciones. Acaba de ser estrenada la séptima edición del juego, tal y como he mencionado anteriormente, y continúa el aumento del corpus de contenidos de esta enciclopedia de historia adscrita a un videojuego.

He elegido un número muy escogido de ejemplos, con el objetivo de exponer no una posibilidad, sino una realidad de los contenidos históricos

---

[33] «La agricultura no solo determinó las tareas diarias de los individuos que se asentaron en las islas británicas en la temprana Edad Media, sino que también marcaba el paso del tiempo en lo referente a las estaciones agrícolas en las que se sustentaban. El historiador del siglo VIII Bede [Beda el Venerable] representó un paisaje de tierras fértiles, variadas y abundantes, que habían sido cultivadas durante mucho tiempo por un sinnúmero de colonos de todas las épocas. El espacio de cultivo, o la falta de él en el contexto escandinavo, se considera constituyó uno de los motivos para la migración vikinga a Britania, pues se sabe que en aquella época se estaba produciendo un aumento de población en zonas como Jutlandia y Noruega. Varios registros históricos también mencionan una especie de lotería que practicaban los hombres del norte, que se piensa fue implementada para evitar la sobreexplotación agrícola en sus tierras debido a la superpoblación, con la consiguiente expulsión de los perdedores al extranjero en busca de nuevas formas de subsistencia».

[34] Está activa la web para *Sid Meier's Civilization VI* (Firaxis Games, 2016), <https://www.civilopedia.net/es/gathering-storm/concepts/intro>, aunque exista otra recopilatoria en Fandom-Civilization Wiki, <https://civilization.fandom.com/es/wiki/Civilopedia>.

que ya incorporan muchos de los títulos, además con una intención clara de los equipos de desarrollo de cubrir una demanda creciente por parte de los usuarios.

6. LOS PROCESOS HISTÓRICOS REFLEJADOS EN EL VIDEOJUEGO

Como en el más rancio de los tópicos, entre otros muchos, está asentada la idea de que el Medievo era un continuo batallar de caballeros ataviados con complejas armaduras y yelmos, con grandes espadas cuando no con mazas plagadas de puntas de hierro. De hecho, el videojuego también cubre esa demanda, con títulos como *Half Sword* (Half Sword Games, de próxima publicación, aunque contamos con una demo[35]), *Epic Knight* (Archor Wright, 2022), *For Honor* (Ubisoft Montreal, 2017), o el mencionado *Chivalry: Medieval Warfare* (los dos de la serie).

Pero lo más interesante, y sorprendente para quien no conoce el medio, es el potencial de divulgación para quien no es historiador, de la misma manera que afecta a la comprensión histórica para quien tiene el primer acercamiento a asuntos del pasado[36]. No es nueva esta cuestión, ya que se asume sin ningún tipo de complejo lo que supuso para generaciones el cine, por no hablar de la novela histórica, que actualmente casi se tiene como forjadora de relato histórico, ficción por delante de la realidad del pasado o, al menos, de lo que suponemos que fue. Paradigmáticas resultan las palabras de Manuel González Jiménez a este respecto; ante la respuesta a una falsedad histórica, «...si la denuncia procede de un novelista de fama, el mensaje llega a la gente y se acepta sin grandes dificultades»[37]. O aún más clarificadoras respecto a la posición del historiador sevillano es el texto sobre esta cuestión:

> [Ante el éxito de la novela histórica] lo malo es que por ese camino la Edad Media está siendo reinventada por una legión de escritores y de escritoras que, armados de un bagaje histórico bastante elemental, se han lanzado sobre ella

---

[35] También, y en la actualidad, finales de septiembre de 2024, cabe la posibilidad de unirse al testeo del juego en el portal de Steam.

[36] J. F. Jiménez Alcázar, «*Medievalist gamer*. Un nuevo tipo de historiador», en *De la Edad de los Imperios a la Guerra Total: Medievo y videojuegos*, Murcia, Centro de Estudios Medievales de la Univ. Murcia, 2016, pp. 195-218, <https://historiayvideojuegos.com/wp-content/uploads/attachments/51.pdf>.

[37] M. González Jiménez, «Percepción académica y social de la Edad Media. Un siglo de historia e historiadores», en *La Historia Medieval hoy: percepción académica y percepción social*, Pamplona, Gobierno de Navarra, 2009, p. 62. La monografía responde a una de las ediciones de estos mismos cursos de Estella, concretamente la trigésimo quinta, celebrada en 2008.

como un filón inagotable de temas y de sugerencias. El resultado ha sido, por lo general, lamentable y deleznable. Por ello, la novela histórica no puede en modo alguno sustituir a la Historia; pero a ver quién le dice a los lectores que las cosas fueron de otra forma, que esa imagen que la novela histórica es falsa por los cuatro costados.

Y el maestro González Jiménez concluye, tirando de ironía final:

> Si se han recogido bien sus palabras, es un puro disparate decir, como ha declarado Ángeles de Irisarri, autora de una novela sobre el viaje de la reina de Navarra doña Toda a Córdoba [*El viaje de la reina*, ed. Salamandra, 2001], en tiempos de Almanzor, que, dado que la historia «está totalmente tergiversada», «se puede aprender mucho de estas novelas basadas en la historia real». No sé cómo el novelista puede acceder a esa historia real, si como parece deducirse de sus palabras, los historiadores somos unos embaucadores y unos tergiversadores, aunque, por fortuna, ahí están los novelistas para contarnos lo que ha sucedido. Vivir para ver[38].

He querido recuperar el texto de don Manuel pues lo podemos trasladar a todas y cada una de las críticas que, de forma espontánea, se suelen hacer desde foros de historiadores al medio que analizo en este estudio. Mi aportación: el videojuego no pretender sustituir en ningún caso el trabajo del historiador, sino servirse de él. Además de forma manifiesta. Otra cosa es que, al ser una producción de creación, el desarrollador, director, guionista o equipo que decide detalles grandes o pequeños de un título en concreto desee emplear los contenidos históricos a los que tiene acceso para confeccionar lo que quiere publicar. Ya he aludido al creciente nicho de mercado compuesto por usuarios que demandan contenidos veraces en las producciones que adquieren, con *Kingdom Come: Deliverance* como gran referente, pero también con algunos otros de reciente publicación, como *1428: Shadows over Silesia* (KUBI Games, 2022), ambientado en el periodo posterior a la ejecución de Jan Hus en el Concilio de Constanza[39], y que abrió el conflicto socio-religioso en Centroeuropa durante unas décadas. Hablamos de las guerras husitas como guion principal del juego, además indicadas desde el mismo inicio del título en la cinemática del comienzo, con el uso de miniaturas medievales para explicar todo el proceso que da inicio a la disputa.

---

[38] *Ibid.*, p. 61.
[39] En la «Galería» de capturas de este título en <https://galeria.historiayvideojuegos.com/galerias-h-y-v/1428-shadows-over-silesia/>, situé la cubierta de la monografía de J. Macek, *La revolución husita*, Madrid, Siglo XXI, 1975.

Por ello, en este apartado se plantea el objetivo de exponer el canal videojuego como medio de reflejar procesos y desarrollos históricos complejos, de
una forma muy visual y, lo más importante, con y por la intervención directa
del usuario[40]. Un ejemplo muy claro es el de considerar la Edad Media como
un bloque uniforme y monolítico, y la sorpresa, algo que se comparte con las
pirámides egipcias de Guiza, es mostrar que había castillos en ruinas en pleno
Medievo. Lógicamente. Muchos años pasaron en lo que consideramos como
periodo medieval, de forma que un edificio que se construyese en el siglo XI,
para el XIV habían transcurrido tres siglos, tiempo suficiente como para que se
hubiera arruinado, aunque solo fuese por abandono y falta de cuidados y reparaciones. Si uno de los primeros puntos que hay que referir es la evolución del
gráfico, que ha pasado de la figura pixelada al de una imagen fotorrealista en
4K, solo baste comparar una captura de *Castle II* a una de *A Plague Tale: Requiem*,
otro es el que contemplar en este último título precisamente una fortaleza medieval abandonada y descuidada, con un deterioro evidente; recordemos que
la aventura de Amicia y Hugo, los protagonistas de los dos títulos de Asobo
Studio, se desarrolla en la mitad del siglo XIV francés.

La imagen se muestra en todo momento como una ventana, una fotografía
no fija, y por eso tanto debe el videojuego al cine parte de su lenguaje de comunicación –y viceversa, desde que está la posibilidad de emplear la tecnología
digital en el fotograma–, de manera que se logra generar una memoria histórica
de lo que fue, cierta o no. Por eso hay que insistir que ahí radica la importancia
en que lo que se refleja en el videojuego adquiere un valor formativo e informativo que hemos de ponderar en su justa medida. Como especialistas tenemos la
obligación moral de no perder el norte ante lo que sucede a nuestro alrededor,
pues las quejas posteriores se quedarán en ejercicios de plañideras que no satisfarán a nadie. En el ejemplo anterior, pero en el primer título de la serie *A Plague
Tale*, en *Innocence*, vemos, literalmente, cómo Amicia guía a su hermano menor
hasta una aldea castigada ya por la epidemia de Peste Negra y, en ella, podemos
«compartir» visión de puertas de hogares marcadas con una X que cubre toda la
hoja para señalar que esa vivienda está infestada. Ya tenemos una imagen compartida de nuestra cultura: se trata de la memoria ejemplar a la que se refiere
A. Venegas Ramos[41]. En ocasiones se recurre a una iconografía ya consolidada

---

[40] A. Venegas Ramos, «Seeing and playing the Middle Ages: Problems and Limitations in the Virtual and Video-play Reconstruction of the Medieval Past», *Imago Temporis*, XVI, 2022, pp. 433-448.
[41] *Idem*, «El videojuego histórico como memoria literal y memoria ejemplar», *Historiografías, revista de
historia y teoría*, 18, 2019, pp. 30-54. Del mismo autor, y con un planteamiento más genérico, «La
problemática de la imagen como forma de transmisión histórica en la cultura digital», *Caracteres.
Estudios culturales y críticos de la esfera digital*, 7-2, 2018, pp. 36-56.

que los desarrolladores no dudan en conservar, precisamente a la búsqueda de la conformidad del usuario que quiere encontrarse con lo que conoce. Hay que referir la reconstrucción virtual de escenarios, incluso de hechos, que terminan por consolidar ese recuerdo que actúa como referente para la construcción cultural del individuo. No olvidemos que lo ve, lo oye, lo memoriza... Un caso claro es el de *Assassin's Creed. Unity* (Ubisoft, 2014), que contiene dos prototipos de lo que indico. Por un lado, el videojuego se inicia en plena ejecución de Jacques de Molay el 18 de marzo de 1314, una vez ya disuelta la Orden templaria en 1312 por el papa Clemente V. Lo habíamos leído y construido en nuestra imaginación a través de la pluma de Maurice Druon en el primer volumen, *El Rey de Hierro*, capítulo 8 de *Los Reyes Malditos*[42], y analizado por diversos especialistas[43] y libros de divulgación[44]; ahora ya tenemos una imagen construida y con un nivel gráfico excelente. ¿Veraz, imaginada? Verosímil. Por otro, y ya ambientado en donde se desarrolla el núcleo de la acción del juego, en la Francia revolucionaria de finales del XVIII, se puede contemplar al protagonista Arnó no solo por la Sainte-Chapelle parisina, sino por el símbolo medieval de la capital gala, ahora reconstruida tras el incendio de 2019: la catedral de Notre-Dame. En el videojuego se puede ver la imagen de la fábrica tal y como lucía a finales del siglo XIX después de la intervención del arquitecto Eugène Viollet-le-Duc, con su característica aguja de 96 metros en el crucero y que, obviamente, no existía en 1789. Este es el conflicto que se genera a la hora de fijar modelos del pasado que no existieron o que entran en el plano del anacronismo. Los desarrolladores hacen a menudo el ejercicio de reproducir ciertos edificios tal y como los conoce el usuario buscando una comercialización más sencilla, aunque considero que precisamente es la sorpresa de lo auténtico la mejor manera de representar el pasado.

Esta oportunidad del videojuego de permitir al usuario que no es historiador «caminar virtualmente» por aquellas calles o paisajes de hace centurias convierte al medio no solo en una herramienta educativa, aunque sea de forma tangencial, sino de divulgación de primera magnitud. Pasear por las calles del Bagdad del siglo IX en *Assassin's Creed. Mirage* (Ubisoft Bordeaux, 2023 [fig. 2]), por las de la Florencia de 1478 (*Assassin's Creed II*, Ubisoft Montreal, 2009), por la Estambul de 1511, con la posibilidad de compartir mesa de juego con el

---

[42] He manejado la edición de «Círculo de Lectores» (Barcelona, 2004).

[43] A. Beck, *El fin de los templarios: un exterminio en nombre de la legalidad*, Barcelona, Península, 1996, y, sobre todo, Ph. Josserand, *Jacques de Molay. Le dernier grand-maître des Templiers*, París, Les Belles Lettres, 2019.

[44] M. Dos Santos, *Jacques de Molay: el último Gran Maestre templario*, Madrid, Aguilar, 2006.

Figura 2. Bagdad. *Assassin's Creed. Mirage* (Ubisoft Bordeaux, 2023).

príncipe Solimán (*Assassin's Creed. Revelations*, Ubisoft Montreal, 2011)… termina siendo un privilegio.

La empresa gala consideró adecuado aprovechar la oportunidad que tenía el medio como canal de llegar a un público vetado por la clasificación por edades europea (PEGI), y con una clara funcionalidad educativa a través de los *Discovery Tour*; de hecho, se pueden adquirir sin el juego original. En la web oficial de Ubisoft se encuentra el siguiente texto:

> La serie *Discovery Tour* se compone de juegos independientes que permiten a los jugadores recorrer libremente la antigua Grecia, el antiguo Egipto y la era vikinga para conocer mejor su historia y su vida cotidiana. Estudiantes, profesores, no jugadores y jugadores habituales pueden descubrir estas épocas a su propio ritmo o embarcarse en visitas guiadas e historias supervisadas por historiadores y expertos[45].

Comenzó en la edición del juego *Origins* (Ubisoft Montreal, 2017), ambientado en el Egipto ptolemaico de los tiempos de Cleopatra, donde la información sobre la cultura egipcia antigua se complementaba con imágenes, fotografías y aportaciones textuales varias, como la reproducción de algunas ilustraciones de la monografía de divulgación de Jean Claude Golvin y Aude Gros de Beler,

---

[45] <https://www.ubisoft.com/es-es/game/assassins-creed/discovery-tour>.

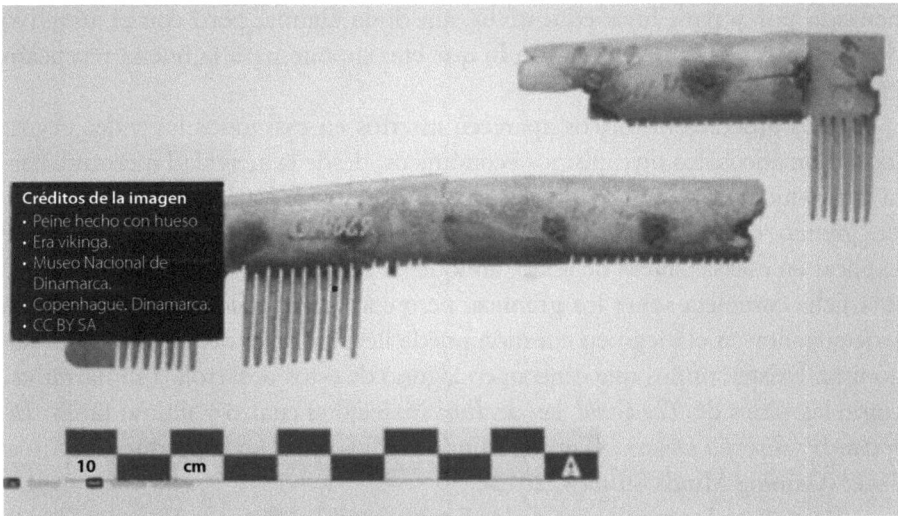

Figura 3. Peine vikingo. *Discovery Tour: Viking Age* (2021).

editado en España por Desperta Ferro Ediciones en 2016 –edición original en francés en 1999–. El trazado ortogonal de Alejandría, acceder a la biblioteca alejandrina, la ciudad de Menphis... entrar en una de las grandes pirámides... son particularidades del juego, pero que en la edición de *Discovery Tour: Antiguo Egipto* a la que me refiero, diseñado para «pasear» por esa cultura, se puede entretener el usuario de una forma más pausada.

El esquema fue repetido en la edición *Odyssey* (Ubisoft Quebec, 2018), que nos llevó a la Grecia clásica. No está ambientada en el periodo medieval, pero nos muestra un ejemplo excelente para la cuestión de las imágenes pertenecientes a la memoria estética: el usuario puede andar por los restos de la casa de Ulises, con los restos de los frescos que quedan en unos muros derruidos como «fotografía mental» que quedará entre los recuerdos del usuario. Al año siguiente, *Discovery Tour: Ancient Greece* fue puesto en abierto. En el último título publicado por Ubisoft de la serie *Assassin's Creed*, el *Valhalla* (Ubisoft Montreal, 2020), es donde ponemos nuestra atención debido a que el título se centra en la cultura vikinga de la época de Alfredo el Grande, es decir, en lo que venimos considerando época medieval. Su edición de *Discovery Tour: Viking Age* se incluía gratuitamente en título original, aunque se publicó en 2021, y en ella podemos ver incluso piezas arqueológicas explicadas de manera conveniente y muy divulgativa, como un peine localizado en el Museo Nacional de Dinamarca, en Copenhague, con la indicación incluso de su referencia (fig. 3). Mitología, urbanismo, procesos históricos, como la explicación que se ofrece sobre la migración escandinava hasta tierras lejanas...: es un producto pensado por y para fines educativos, sin duda alguna, pero con el atractivo de que procede de un juego, con lo que ello supone para la buena recepción entre los usuarios.

Esos procesos históricos aparecen insertos en casi todos los videojuegos: los diplomáticos, los mecanismos económicos, desde la actividad mercantil hasta la productiva artesanal y de extracción, la de organización del trabajo, caso del gremio, o el progreso o ruina del linaje... son fenómenos complicados de explicar en escasas líneas de texto, aunque en *Kingdom Come: Deliverance* aparece una ficha completa sobre los gremios, pero con la inmersión e interacción del videojugador en el juego en cuestión puede llegar a entenderlo y ser su protagonista. Existen títulos que centran en alguno de estos desarrollos su narrativa, como las series de *The Guild*, las de *Patrician* (elijo el cuarto y último título: *Patrician IV: Rise of a Dynasty*, Gaming Minds Studios, 2011) o la producción *Rise of Venice* (Gaming Minds Studios, 2013).

Respecto a las maniobras de los linajes, posiblemente sea *Crusader Kings* la serie más representativa, desde el primero aparecido en 2004 y que ha tenido su continuación en el segundo y tercer título, publicados en 2012 y 2020 respectivamente, y los ejercicios de desarrollo local están siendo la base del éxito de *Manor Lords*. Me refiero a evoluciones históricas complejas de entender y explicar, pero que se disponen al videojugador de una forma que asume esa «responsabilidad y competencia» para llevarlas a cabo. Sobre este tema hice dos incursiones y centré el objetivo en la repoblación hispánica[46] y en los movimientos mercantiles en la Edad Media[47]. Retomo una de las ideas expuestas con anterioridad y es el ejemplo de uno de los juegos de comercio bajomedieval más conocidos, *Rise of Venice,* que acabo de mencionar; centrado en la Venecia del momento y su red de intercambios en el Mediterráneo oriental, se generó un DLC titulado *Beyond the Sea*, publicado el mismo año que su juego matriz, 2013, y que ampliaba el espacio de juego al Mediterráneo occidental. Para el caso hispánico, su interés para el videojugador es que se ofrecía la posibilidad de que sus naves comerciasen con puertos peninsulares, como Barcelona, Valencia, Cartagena, o insulares, caso de Palma. Para el comercio hanseático tenemos *Patrician*, con puertos que se distribuyen desde Novgorod

---

[46] J. F. Jiménez Alcázar, «"Decido repoblar León": las posibilidades del ocio digital para la comprensión del proceso histórico», *Homenaje al Dr. Carlos Estepa Díez*. En prensa.

[47] *Idem*, «Ocio y negocio: comercio y mercados medievales en los videojuegos históricos. Aproximación a su análisis», en M.ª I. del Val, J. C. Martín Cea y D. Carvajal (eds.), *Expresiones del poder en la Edad Media. Homenaje al profesor Juan Antonio Bonachía Hernando*, Valladolid, Ediciones Universidad de Valladolid, 2019, pp. 545-554.

hasta Londres, por todo el Báltico y el mar del Norte. La inmersión se logra en este sentido cuando se incluyen en el tablero simulado del videojuego elementos o referencias reconocidas para quien juega, o al menos cercanas a su ubicación geográfica. Hablamos de una cuestión identitaria a la hora de abordar el hecho de jugar, donde la emoción entra en la ecuación ocio-dedicación del tiempo libre. El videojuego deja de ser un simple medio de entretenimiento para convertirse en un elemento de sublimación cultural al asumir un papel presentista en un pasado lejano: somos «castellanos» que ganamos tal o cual batalla, o «ingleses» que ganaron tal otra. Otro ejemplo muy claro es el de la aparición en el videojuego inspirado en *Los pilares de la Tierra de Ken Follet* (Daedalic Entertainment, 2017) de Aliana, la protagonista, a la búsqueda de Jack por la geografía peninsular, desde Santiago de Compostela, siguiendo el Camino, hasta Toledo. Para un usuario español, la identificación con los lugares visitados es distinta que si se trata de una geografía ajena, y termina metiendo en el mismo saco Trebisonda y Mordor. Pero si continuamos con el ejemplo anterior, veremos que añadir algún elemento erróneo puede provocar la consolidación de un fallo histórico, como la aparición de Bilbao[48] en el mapa por donde marcha Aliena, junto a Pamplona, Burgos, Puente la Reina, Logroño o Zaragoza. No es un descuido del equipo de desarrollo, pues vuelve a aparecer en el mapa que continúa por el Camino hacia León, Ponferrada y finalmente Santiago; Astorga no está inserta en la carta geográfica del juego, aunque sí merece un cuadro específico.

El fenómeno de los *mods* se puede integrar en este apartado, pues la demanda concreta de un determinado grupo de usuarios, que puedan estar diseminados por todo el mundo, hace que se generen expansiones realizadas al margen del título publicado: «Los *mods* son una alteración de cualquier tipo hecha por un usuario al *software* original»[49]. Habrá videojugadores que quieran que aparezca tal elemento y otros que quieran justamente lo contrario. En este contexto es donde hay que incluir que el videojuego histórico brinda la oportunidad de ofrecer contenidos con un grado variable de veracidad, verosimilitud e información, y que el videojugador lo quiera ampliar, variar, recortar... en

---

[48] La actual capital vizcaína fue fundada por el don Diego López de Haro V en 1300 (C. González Mínguez, «La urbanización del litoral del Norte de España (siglos XII-XIV)», en J. I. de la Iglesia (coord.), *III Semana de Estudios Medievales*, Logroño, Instituto de Estudios Riojanos, 1993, pp. 57-58), lejos de los años del siglo XII donde se desarrolla la novela de Follet y, por ende, el videojuego y hasta la serie de televisión homónimos.

[49] J. F. Jiménez Abad, «Mods. Cuando el juego no es suficiente», *e-tramas*, 12, 2022. <http://e-tramas.fi.mdp.edu.ar/index.php/e-tramas/article/view/104>.

Figura 4. En la Frontera de Granada, sector de la Banda Morisca. *Total War: Medieval II* (Creative Assembly, 2006). *Mod La España Medieval* (2016).

definitiva, adaptar a su propia experiencia de juego, en tanto que este medio se puede precisar que es la culminación del bien de consumo personalizado. El hecho de que existan voluntades de emplear tiempo y esfuerzo particular por «perfeccionar» históricamente un videojuego es solo el reflejo de esa pretensión por el conocimiento de un pasado más veraz. Hay numerosos ejemplos, por lo que elijo uno como paradigma del fenómeno, y es el de *La España medieval* (2016)[50], *mod* para *Total War: Medieval II* (Creative Assembly, 2006). Bastará la reproducción del texto del contenido de sus cuatro campañas para entender cuáles eran los deseos de quienes lo han hecho posible:

> La primera campaña es de mediados del siglo XI, cuando el Califato de Córdoba ya está dividido en reinos de taifas y en la zona cristiana es cuando hay más facciones distintas por la división del reino de Fernando I tras su muerte. Es una época de inestabilidad y tensiones, donde los pactos cobran vital importancia; aparte de que en África se están expandiendo con fuerza creciente los almorávides.
>
> La segunda campaña comienza cuando el Cid Campeador, ya desterrado y actuando por libre, toma la ciudad de Valencia. Allí establece sus propios do-

---

[50] Enlace para descargar: <http://www.twcenter.net/forums/showthread.php?675757-MOD-Hispania-in-the-Middle-Ages>.

minios independientes desafiando a los almorávides, que han invadido la mitad de la península ibérica e intentarán seguir conquistando territorios.

La tercera campaña ya es de finales del siglo XII, cuando los reinos cristianos han ido avanzando hacia el sur. Pero, tras la caída de los almorávides, ahora el poderoso Imperio Almohade tiene el control del norte de África y el sur de la península. Los cristianos verán frenado su proceso de reconquista e incluso pueden peligrar sus fronteras si no hay un consenso entre ellos mismos.

La cuarta campaña se desarrolla en el siglo XIV, en la cual los reinos cristianos se encuentran frente a otro intento de invasión de la península ibérica. Después del desembarco en la península del ejército meriní, los reyes de Castilla y Portugal se unen para combatir la nueva amenaza. Mientras, los meriníes se alían con el reino nazarí de Granada.

Particularmente preferí la última campaña, pues me prestó la oportunidad de jugar en la Frontera de Granada (fig. 4), una línea de investigación que mantengo desde hace muchos años, y mezclar investigación y *hobby* ya confirmo que es una vivencia excepcional. Sospecho que los universitarios que colaboraron con el diseño de *Kingdom Come: Deliverance* tuvieron una experiencia, si no similar, sí al menos parecida.

7. CONCLUSIONES: HACIA EL MEDIEVO GLOBAL

Ha sido un verdadero reto concentrar en estas páginas lo que ya es un fenómeno masivo, de usuarios que se cuentan por miles, por millones, y en un canal de expresión cultural que ha llegado para quedarse entre nosotros como uno de los iconos de identidad generacional, además como una manifestación global y sin fronteras.

El tema del videojuego es amplísimo y muy complejo, por cuanto su análisis precisa de abordajes desde el propio guion hasta el obligado de la tecnología empleada, tanto por su *software* como por el *hardware*. Al ser un medio surgido de la evolución de los avances y desarrollos digitales, no se puede obviar el soporte físico, aludido cuando es imprescindible en el estudio, pues lo importante es el plano de su narrativa.

Como lo que se ve, se oye y se maneja en el videojuego tiene un trasfondo narrativo, sea plano o no, y todo queda en manos de la creatividad, la Historia surge como un escaparate excelente para tomar ideas con las que construir cuentos, epopeyas, semblanzas, hechos..., todo un fecundo catálogo de posibilidades para los guionistas. No olvidemos que incluso la ciencia ficción y la leyenda tienen sus raíces en una tradición que toma referentes de un pretérito cierto. De esta manera, las producciones de videojuegos han bebido de una fuente iconográfica inmensa desde que la tecnología lo permitió.

El pasado se nos ha mostrado a los individuos, generalmente de manera grupal, con un fin claro de generar relatos que construyeran cultura e identidad. El videojuego, en tanto que es un canal de expresión cultural, se ha incorporado a este engranaje de consolidar un marco global iconográfico que ha terminado por identificar civilizaciones y referentes históricos, ya reconocidos de forma global por la acción previa del cine y la televisión, formatos audiovisuales que llevaban esas imágenes a un mundo cada vez más «pequeño». Lo que ha sucedido con el fenómeno del ocio digital es que ha crecido de manera vertiginosa en paralelo a la revolución de las comunicaciones, derivada de la aplicación de una tecnología que ha acercado culturas a la par que ha establecido sus límites, al punto que sabemos identificar qué es típicamente oriental, antiguo, romano, medieval o contemporáneo solo con ver fotos fijas, convertidas ya en estereotipos.

Ese sustrato de aportación cultural desde los diversos canales de expresión y recogidos de manera original por el videojuego es lo que ha convertido este medio en un impactante aporte de sustrato identitario, no solo para el propio usuario, sino para lo que este identifica como su entorno y su exterior. Qué duda cabe de que lo que termina por definir como su propio pasado, o su preferencia por otro ajeno, es lo que desea manejar, experimentar con él, disfrutarlo, padecerlo, sufrir con él: es el factor emotivo de la Historia lo que condiciona el hecho del juego, donde está implícito el guion con un cimiento de épocas pasadas, más o menos lejanas. En esta ocasión, y consolidado que existe una variedad de formas de jugar por la diversidad de tecnología empleada y por las características del medio, en calidad de categorías y géneros, pues no se juega igual a un título de estrategia que a uno de aventura gráfica, había que iniciar el estudio no solo con el abordaje de lo que era y suponía para la cultura del siglo XXI el videojuego en general, sino con la especificación de que existe un tipo concreto de producciones, situadas bajo el parámetro de lo que podemos denominar «videojuego histórico», definido por el cumplimiento, en diverso grado, de su aportación de veracidad, verosimilitud e información sobre una etapa histórica, siempre con la omnipresencia del factor de libertad para jugarlo: si no, no es un videojuego.

La compartimentación de periodos históricos hecha por la cultura occidental del Renacimiento tuvo un éxito del que hoy somos reflejo permanente. Identificamos la Antigüedad casi de la misma manera que lo hacemos con el Medievo, y por ello, lógico es que el videojuego histórico tenga su manifestación específica con el empleo para su desarrollo de esa iconografía ya muy cimentada, y que ayudó el siglo XIX a consolidarla aún más, si cabía esta opción.

No sorprende, pues, que exista una categoría de lo que podemos identificar como «videojuego histórico medieval», definido por ser una producción de ocio digital cuya narrativa y guion se ciñen a los parámetros iconográficos de lo que fue el periodo más prototípico, cuando no tópico, aunque habría que matizar el grado de fantasía, muchas veces intrínsecamente vinculada al concepto de lo «medieval». Quienes nos dedicamos a investigar esos siglos nos quejamos en muchas ocasiones de las ideas oníricas que están diseminadas por la sociedad, cuando no se tiene el carácter peyorativo que está igual de arraigado en nuestra cultura occidental desde el mismo instante de su origen, agrandado tras la racionalidad del siglo XVIII. Pero contrariamente a lo que se pueda pensar que compartimos esa posición de molestia incómoda por la inexactitud histórica, abogo por tener ese punto de partida para corregir, a quien quiera escuchar, esas ideas erróneas.

De esta manera, el videojuego se nos ofrece como una espléndida base desde la que partir, casi a efectos «evangelizadores», con el objetivo claro de aprovechar sus posibilidades, tanto por el carácter interactivo del medio, donde se logra hacer copartícipe de la historia que se vive en la pantalla del dispositivo –que pueden ser lentes de realidad virtual en un visor–, como por el inmersivo, que consigue generar la emoción de lo experimentado.

La narrativa de un Medievo imaginado, legendario, figurado o no, ha derivado en el empleo de esas imágenes reconocibles de forma general en el videojuego, en primera instancia recolectada en el ancho campo de la cinematografía y el ámbito televisivo, y que ha pasado a configurar un trasvase multidireccional de lenguajes iconográficos entre estos canales, de manera que no es extraño contemplar escenas imposibles de rodar antes de la aplicación de la tecnología digital, de la misma manera que el videojuego ha usado la forma de contar historias de esos medios. Un castillo, como paradigma de un Medievo global, ha asumido el papel de representar toda una época, o una etapa inspirada en ella. Posiblemente sea la imagen más característica, y aunque la podemos imaginar en nuestra mente a través de una lectura en *Juego de Tronos*, por poner un caso, la hemos «visto» en su producción televisiva. La novedad la tenemos en que en el videojuego la podemos «vivir». En el portal de descargas de videojuegos Steam tenemos la etiqueta específica de juegos «medievales», junto a otros como «bélicos», «históricos», «Primera Guerra Mundial», «Segunda Guerra Mundial», «historia alternativa», «Roma» o «Guerra Fría». Y ahí es donde más de una vez nos llevamos una sorpresa, pues hay quien califica como «medieval» títulos que en absoluto tienen que ver, ni tan siquiera la inspiración de sus imágenes, con el Medievo[51]. ¿Confusión? ¿Caos iconográfico? Posiblemente.

Pensar que el medio no influye en la conformación de ideas sobre el pasado es engañarse, pues es tan potente la atracción del videojuego que no es extraño que desde el sector educativo se hayan acercado casi desde los inicios de su desarrollo para aprovecharse de ese potencial; recordemos los orígenes de *The Oregon Trail*, producido por la iniciativa de una institución de enseñanza, el Consorcio de Educación Computacional de Minnesota en 1974. No obstante, pienso que aún queda camino, cada vez menos, para que el videojuego pueda ser integrado en una docencia reglada en determinados grados educativos, básicamente porque los futuros docentes son los actuales videojugadores. Nuestro empeño debe dirigirse hacia la muestra de interés ante las dudas, la admiración, o el simple acercamiento del conjunto social hacia el medio, pues si no bajamos a la arena, esa labor divulgadora de los contenidos históricos la realizarán otros, con mayor o menor acierto. Las quejas entonces serán de plañideras que llorarán por una situación irreversible, cuando aún hay posibilidad de intervención como investigadores. Las posibilidades de las redes y de los canales de distribución de contenidos digitales, caso de YouTube, están ahí para ser usadas. Un ejemplo: «El Escocés Gamer» es un canal dedicado al análisis de videojuegos. Pues bien, desde hace un tiempo son habituales las píldoras informativas como *shorts* en el canal con información sobre cuestiones específicas del Medievo, desde anécdotas diversas hasta aclaraciones de actitudes y acciones de vida cotidiana, pasando por puntualizaciones sobre hechos concretos, como batallas, vidas de reyes, etc. Tiene casi medio millón de suscriptores. Pensar que somos competidores es ponernos una venda en los ojos. Sí, es historiador, pero si nos quejamos podemos traer de nuevo las palabras del profesor González Jiménez sobre la repercusión que tiene lo que personas dedicadas a la novela histórica, hoy actualizado a las que tienen alta actividad en redes y canales de comunicación masiva en internet y que actualicé con el concepto de *medievalister*[52], y que son quienes crean contenidos masivos para

---

[51] *Conqueror's Blade* (Booming Tech, 2020), un título de combate multijugador masivo, se define como: «un juego de acción táctica *online*, ambientado en la Edad Media. Como señor de la guerra, estarás al mando de tus tropas medievales y sus poderosas armas en épicas batallas de asedio de 15 contra 15. ¡Conquista los territorios y escribe tu propia historia!». Una vez iniciado el juego, te puedes encontrar, efectivamente, con catafractas, caballeros, mosqueteros, infantería con naginatas, bombardas, falanges de hoplitas... todo «muy medieval». Aparece categorizado como «Medievales».

[52] J. F. Jiménez Alcázar, «*Medievalister*: el medievalismo en la encrucijada de la revolución digital», *RiMe. Rivista dell'Istituto di Storia dell'Europa Mediterranea*, 11/I, 2022, pp. 51-67.

consumo generalista sobre temas relacionados con el Medievo. Las quejas las dejamos para mañana, que hoy es momento para la acción. No caigamos en el simplismo. No se trata de decir que la clave está en la transferencia y la divulgación: lo correcto es ver el proceso en su conjunto. Es básica la investigación más ortodoxa, pues de ahí beberán los contenidos que, posteriormente, aprovecharán otros para los guiones: los creadores de contenidos se servirán de esas investigaciones, por lo que el videojuego se aprovechará de la Historia, en el mejor sentido. A continuación, una buena transferencia, adecuada a la divulgación de esos análisis históricos, conseguirá que sean investigaciones que antes tenían una repercusión cerrada a los especialistas. De esta forma, esos contenidos históricos del Medievo llegarán a más rincones de la sociedad a través de lo que aporta el videojuego como aliciente, la curiosidad innata de desear el conocimiento, de saber más. Aceptemos el reto y juguemos la partida, y luego, si procede y hay tiempo, pues encendamos la consola o el PC y dediquemos horas a nuestro título favorito.

The Business of Communication: Medieval History in the Modern World

Jonathan Phillips

Royal Holloway, University of London

This paper will consider aspects of the public-facing purposes of what we, as academic historians of the medieval period, do and how we do it. It will argue that we need to inform, influence, enrich and at times, to entertain. A positive agenda, but not one entirely embraced by all colleagues and sometimes enacted unevenly according to location and circumstance. Yet from a broad perspective, between us we can and probably should, collectively, do all of these things across a variety of outlets or platforms. One part of this paper will comment on some of the public-facing opportunities now apparent to us. Alongside this (reflecting the wish to inform and influence) is the need to provide effective and clear analysis of historical events in the light of contemporary public concerns. Recent examples of this in the United Kingdom are De-Colonising the Curriculum, or Black Lives Matter. Two different instances are covered here, namely the contrasting legacy of the Crusades in the West and the Near East, and the place of women in the teaching of medieval history in schools. This latter topic leads to a discussion of our responsibility to engage far more with the grass roots of our subject, meaning most importantly, schools and related organisations[1]. In this educational context, by way of an exemplar, the essay will discuss a specific project.

The public appetite for medieval history, in so many different forms, seems greater than ever. To reference this at a conference in Estella, with its energetic festival celebrating the medieval period, is to state the very obvious indeed. We see an endless flood of popular books, known as 'trade' books in the UK; of magazines such as *BBC History*, *BBC History Extra*, and *History Today*. A large range of comparable titles are visible in newsagents and bookstores in Italy, Spain and France amongst others. Podcasts abound, along with a myriad of programmes

---

[1] In this context, meaning the Historical Association and the Schools History Project.

on multiple satellite channels and online outlets. In the UK, the significant profile of the *History Hit* organization is powerful evidence of this. At the time of writing in October 2024 it had over 500 videos, over 1000 podcasts episodes and over 5000 history and related travel articles on its website[2].

The staging of major exhibitions, such as that on the Mongols, *Chinggis Khan: How the Mongols changed the World* in Nantes in 2023, or *Medieval Women in their own Words* at the British Library, which opened in October 2024, are further signs of prominent public interest. Medieval history can reach the theatre too. David Eldridge's *Holy Warriors* was a play about the medieval crusades and their legacy that ran at the Globe Theatre, London in 2016. Further afield, for example, the Enana Dance Theatre presents highly energetic plays on the history and heritage of the Middle East, including the Sultan Saladin's defeat of the Franks and his recovery of Jerusalem in 1187, or the life of Queen Dayfa Khatun, female regent of Aleppo, 1236-1242[3]. In the cases of *Holy Warriors* in London and *Saladin* in Damascus, the contrasting messages of a missed opportunity for peace and the celebration of a great victory over invaders reflects the different contexts in which each was written and performed. To these instances, one could add the permanent spectacle offered by the historical theme park of Puy du Fou near Poitiers with 2.3 million visitors in 2022, soon to be joined by an equivalent in Spain. At a local level, as we see so vividly and effectively in Estella itself, countless towns, castles and other historic sites stage re-enactments, fairs and displays that all speak to the allure of the medieval period.

Historical dramas set in medieval times make for very popular television, ranging from the fantasy world of *Game of Thrones* to the loosely historical *Vikings* and *The Last Kingdom*. In countries such as Syria and Egypt dramas on historical figures such as the Mamluk Sultan Baibars, the man who broke the strength of the crusader states in the 13th century, or the Sultan Saladin, carry a clear political message alongside their entertainment value[4]. In 2024, a heavily fictionalized multi-series drama on the life of Saladin topped the ratings in Turkey and Pakistan with many millions of viewers. Here, again, a particular message is being articulated with Saladin's role as a pious holy warrior taking a dominant role, a depiction in line with the religious-leaning regime of President Erdogan. Alongside Saladin's undoubted devotion to Islam, the less comfortable issue of

---

[2] <https://www.historyhit.com/about/>.
[3] <http://enanadance.com/>.
[4] J. Skovgaard-Petersen, «The Crusades in Arab Film and TV. The Case of Baybars», in K. Villads Jensen, K. Salonen and H. Vogt (eds.), *Cultural Encounters during the Crusades*, Odense, University Press of Southern Denmark, 2013, pp. 299-312.

him usurping the lands of his patron Nur al-Din is neatly glossed over by the latter adopting Saladin as an infant. This helps to obscure Saladin's Kurdish origins too; again, something pertinent in the contemporary political context.

Another massive conduit for the profile of our period –and one that academics need to recognize as hugely influential– is that of computer games where medieval themes have a considerable presence. As Robert Houghton has noted, «these games have introduced a vast and largely untapped audience to this period of history». Such games are primarily for entertainment, but those on the crusades, for example, can often channel complex and controversial events into a simple Christian-Muslim binary. They may be underpinned by limited, often outdated, research; they can also repeat popular cliches about a subject, reinforce stereotypes and in the worst-case scenario, encourage extremism. On the other hand, *Assassin's Creed* at least offers a non-western perspective and *Crusader Kings II*, for example, has some sense of nuance in its treatment of the Eastern Mediterranean[5].

Taking all these cases together, we can see that medieval history possesses considerable profile and appeal. But, without wishing to state the obvious, there is a lot more History out there beyond just the medieval period. We are, in one way, competing with other historical periods (and other subjects too, of course). Referencing the refrain of inform, influence, enrich and entertain, we medievalists need to engage actively with the wider public, the media and/or schools to help sustain and, in our own way, to nurture and to grow this interest. From the paragraphs above, in some respects, medieval history can be judged to be in rude health, but if we are not careful, this may change. One area of particular concern is education: in the UK there is pressure on the space allocated for History in the schools' curriculum (pupils can drop the subject at age 14) or in undergraduate and postgraduate courses offered; within that the space for medieval history is getting tighter. In the university sector, for example, not replacing medievalists who retire is increasingly common, while some institutions no longer offer medieval history at all[6]. Not wishing to overdramatize this, but

---

5   R. Houghton, «Introduction», in R. Houghton (ed.), *Engaging the Crusades. Vol. 5*, Abingdon, Routledge, 2021, pp. 1-3; T. Lecaque and J. Call, «Knives in the Dark and the Death of History: Validating the Far-Right's Middle Ages through Assassin's Creed», *The Crusades and the Far Right in the Twenty-First Century*, in C. Gauthier (ed.), *Engaging the Crusades, Vol. 9*, Abingdon, Routledge, 2024, pp. 78-100.

6   The same point certainly applies to historians of other periods too. See the Royal Historical Society briefing paper *The Value of History in UK Higher Education and Society*, October 2024, <https://blog.royalhistsoc.org/2024/10/30/the-value-of-history-a-new-briefing-from-the-royal-historical-society/#:~:text='The%20Value%20of%20History'%20explores,risk%20losing%20if%20cuts%-20continue>.

at the same time extrapolating it out to (eventually) the wider public, our period may get left behind. It could begin to ossify, to be relegated to a backwater and/or overwhelmed by other subject areas and stunted by poorly researched and outdated ideas.

So, how might we address this? As academics, we should be able to communicate. Full-on research must continue; that is the essence of what we all strive so hard to do, but we must make our research, or versions of our research, accessible. There needs to be a universal, proactive wish to engage more widely and on multiple fronts; perhaps a cultural change is needed in some quarters or in some countries? But this is not an either/or situation. It is perfectly possible to write heavily academic articles and books *and* to convey this material to other audiences, be they the wider public, school and college teachers, or governments and public bodies. In many instances, rightly, this requirement is built into some grant applications now.

It should be recognised that engaging in such work outside the strict confines of academia can be immensely rewarding, enjoyable and occasionally remunerative. But there is another side of the coin that academics often forget or are not aware of. All book publishers, popular magazines, podcast makers and TV production companies *need* content. Self-evidently, they cannot survive without it –so if it is not us who provides it, then who? At this point, there is a danger that a non-specialist using Wikipedia, or else a researcher who finds old books that are free on the internet can step in. Of course, many journalists and writers do a fine job and are enviably skilled at assimilating information and conveying it accurately and effectively. Equally, however, some are not; things can go badly wrong, meaning that incomplete, outdated and unbalanced material emerges.

Engaging with this is perhaps less forbidding and difficult than it used to be. We are talking, sharing and writing about what we love. We should remember that we have some of the very best stories too! Doing this also forces us to acquire or develop new skillsets, surely something essential to remaining fresh over the course of what may be a career of several decades. As a speaker and as a writer you can learn. Conceiving concise answers for a radio show or podcast, for example; listen to any good broadcasters; they may not be historians. Speaking to a classroom of 16-year-olds in West London, a committee of civil servants, or conducting an interview with a podcaster, all require thought and flexibility. One can get it wrong: a wry comment about George W. Bush's limited intellectual abilities may play well at a conference or literary event in the UK, but is best removed from a talk in Knoxville, Tennessee (lesson learned).

Trade history writing is manifestly different to that required for a research monograph and we can learn from academics who are especially effective at it. Some have made the jump easily –Mary Beard and Peter Frankopan being two obvious examples[7]. But there are other authors of mainstream history books who are not academics yet have an immense impact on the wider public's consumption of history. Writers such as Dan Jones and Bettany Hughes, for example, have a significant following[8]. A few academics are dismissive of such authors (perhaps a touch of jealousy or a reflection of their own non-productivity?) but they should recognize that these books are seriously researched, use modern scholarship and require considerable skill to convey their message to a broad audience. Fast-pacing, an eye for a good anecdote or character, are all part of the package. More to the point, for those of us in the university system, books by these writers have to be recognized as another way that potential students are attracted to our subject.

The move from academic books, or textbooks, to the trade market is not without its challenges and is not for everyone, but open-mindedness is surely crucial. A trade book will likely involve money, which means editors have a greater degree of influence than in an academic environment. Not to say that they are unimportant in the latter because a sharp-eyed editor can be immensely helpful in bringing out the best in a book. But a trade book is, potentially, more of a balance between the assumed academic expertise and cutting-edge research (the things that a trade publisher signing an academic is buying into), as against a wish to produce something that will appeal to a bigger reading public and, ultimately, will make money. Academic authors have to bear in mind that the editor knows more about trade publishing than they do. Some compromises are relatively easy –footnotes to endnotes is not really a sacrifice. The text looks clean, but the underpinnings are there should someone wish to dig further and the author's academic credibility is on display should it be required. Yet there can be flashpoints: issues and approaches upon which an author cannot compromise in order to retain his or her integrity as a scholar or that they need to insist upon to reflect their true view of a subject, theme or issue. An editor can, rarely, exhibit an excessively interventionist approach, driving an overemphasis on simplification and sensationalism. There is usually a mid-ground to be found, but just occasionally not. Such cases are thankfully few and far between, but when you have to part ways, then so be it. It is, after all, your name on the volume when it goes out into the big wide world and there it will remain forev-

---

[7] P. Frankopan, *The Silk Roads*, London, Bloomsbury, 2015; M. Beard, *SPQR: A History of Ancient Rome*, London, Profile Books, 2015; *Emperor of Rome: Ruling the Ancient Roman World*, London, Profile Books, 2023.

[8] D. Jones, *Crusaders: An Epic History of the Wars for the Holy Land*, London, Head of Zeus, 2019; *Idem, Powers and Thrones: A New History of the Middle Ages*, London, Head of Zeus, 2021; B. Hughes, *Istanbul: A Tale of Three Cities*, London, Weidenfeld and Nicholson, 2018.

er. That's a long time to feel you need to disown something. Ideally an editor will have the capacity to be sufficiently detached from a project to be able to see a bigger picture and to help bring out key themes and ideas. Such relationships –or at their best, partnerships– can be enjoyable, exciting and broaden the skillset of a writer, vastly enhancing the quality of the book.

Another dimension of trade publishing is that of marketing. Again, wider communication skills are required. Public relations likely involve popular magazine articles and multiple podcasts. Learning how to boil ideas down into short interview answers, or to give a talk at a public history or book festival is something that requires a different approach to the academic environment. Watching and appreciating those who are good at it is well worth the time.

Broadly speaking, television operates under similar parameters, albeit with a greater profile. The need to be brief, but engaging, yet at the same time not abandoning academic rigour is an interesting balancing act; a recognition of the realities and constraints of broadcasting makes this easier. Again, occasionally, pressure from a director or limitations of time can be awkward. On the other hand, many directors are breathtakingly skillful and have the ability to deliver their story alongside the myriad technical and practical elements involved in recording a show. It is relevant to note that emerging generations of scholars are much more used to filming and recording themselves (via phones) than those of us longer in the tooth; Public History options at undergraduate level and MA courses help too.

There is also a broad moral obligation to make our expertise available for a wider public purpose. At times we must use our research to contextualize and to complicate. This work can feed into popular historical writing, newspapers and magazines, podcasts and social media, and possibly into other media such as films and gaming. It can also filter into educational materials and curricula, as well as extending into engagement with government bodies. Taking the crusades as an example, it can mean officials seeking advice on terror plots and radicalization of all sorts. The history of the Crusades is open to a range of powerful, but dangerous misinterpretations across both the contemporary Muslim world and the West, and can be appropriated and misused by extremists from all quarters. For these reasons, scholars of the subject bear a responsibility to engage widely and to set out a proper historical context.

Crusading continued until the 16th century with popes calling for or endorsing expeditions against opponents of the Catholic Church in forums as diverse as the Spanish Armada attacking England in 1588 to the ongoing struggles against the Ottoman Empire in the Balkans. Historians regard what we might call 'real' or 'proper' crusades, understood as a papally-authorized holy war for a spiritual reward, to be effectively at an end by the late 16th century.

The effects of the Reformation and then the Age of the Enlightenment brought the crusades into disrepute, but memories and interpretations inevitably persisted. The movement had been a durable and important part of the history of western Europe since the late 11th century with expeditions in the Holy Land, the Baltic, Iberia, against Cathars, Mongols, Eastern Christians and Ottomans. These campaigns had involved the people of the West in many different ways and cast a profound influence across the Latin Christian world. This did not vanish. When, in the late 18th century, interest in the medieval age revived, the word and associated imagery of 'crusade' resurfaced strongly[9]. Most notably, this was in the context of westerners once more exerting a direct military and political influence in the Eastern Mediterranean lands, often identifying themselves as returning crusaders. In Europe itself the emergence of nationalism encouraged a looking back to the past and seeing crusading as a time of unity and heroism. Similarly, the blossoming of romantic literature and wider cultural fields of the time, such as opera, theatre and art all brought the crusades to prominence, often being perceived as something heroic and worthy. The contribution of Sir Walter Scott's novels, such as *The Talisman* (1825), a hugely successful and widely translated book, are worthy of special note too. World War I saw considerable use of crusading imagery in a straightforward military context, both on the Western Front, but even more so with the Allies' capture of Jerusalem from the Ottomans in December 1917 where the parallels to the medieval crusades proved highly attractive to the popular press. The Spanish Civil War also saw the use of crusade language and imagery when General Franco drew support from the Catholic bishops. Further instances of invoking the crusades in a conflict situation can be adduced, but as a generalization, the sharper edge of the word receded in a western context[10].

Outside of this, the word is in reasonably common usage in everyday language in the UK. A quick dip into online newspapers will reveal its presence in multiple everyday or sporting contexts, or in a political struggle (a 'crusade' to keep Winter Fuel Allowances in 2024), or a good cause (Queen Camilla's crusade against cancer). These are largely harmless; the medieval ancestry of the crusades is disregarded or seen as very distant, as something from centuries ago and with no link or relevance to the present. In a direct sense, this is,

9 J. P. Phillips, *Holy Warriors: A Modern History of the Crusades*, London, Bodley Head, 2009, pp. 276-311.
10 E. Siberry, *The New Crusaders: Images of the Crusades in the Nineteenth and Early Twentieth Centuries*, Aldershot, Ashgate, 2000; M. J. Horswell, *The Rise and Fall of British Crusader Medievalism*, c.1825-c.1945, Abingdon, Routledge, 2019.

of course true. And it is important to remember that the word 'crusade' had been deployed in a secular context since the 18th century, with early examples including Thomas Jefferson calling for a crusade to improve education in 1786. But this more benign usage is not universal. The rise of the far-right has created a particularly sharp forum for the memory of the crusades to reappear as the ideal of a fight against Muslims or those seen as inimical to 'traditional' values. Crusade-related language and imagery are a staple of this[11]. The rhetoric of Jair Bolsonaro, former president of Brazil, offers one such example. The populist politician Nigel Farage announced he was on a crusade when he decided to stand for Parliament in the 2024 election. In this instance, Farage was leaning into the image of St George and his obvious awareness of Reform party voters' views on immigration, attitudes that often shade into the rhetoric of the far-right, meant it is likely that there was a knowing undercurrent in play.

Far more extreme was the case of Anders Breivik whose manifesto, *A European Declaration of Independence*, derived from a warped interpretation of the 12th century Knights Templar and was part of his justification for killing 77 innocent people in Norway in 2017. Likewise, New Zealand is not known for a crusading heritage in any shape or form beyond a few refences to ANZAC troops at Gallipoli and a 'crusade' for good health in the 1930s. Yet this changed in 2019 with the Christchurch massacre when a far-right terrorist murdered 51 Muslims in a mosque. The gunman's weapon had inscriptions referencing, amongst others, the siege of Acre in 1189 (part of the Third Crusade). Suddenly an awareness of the toxic legacy of the crusades, centuries past and thousands of miles away on the other side of the globe, surfaced. Prior to this, the more harmless and secular invocation of the word or label crusader had existed in an entirely neutral context in New Zealand. The Canterbury Crusaders are perhaps the best club side in the world. Prior to their games riders dressed as crusaders would gallop around the pitch as part of the pre-match build-up. In the aftermath of the shooting, a parade that seemed to celebrate crusading (which was almost certainly not the original intention of the club) looked badly out of touch and highly insensitive. The displays were duly withdrawn. There was a debate about removing the name entirely, but this was not implemented and it remains in place.

But an awareness of the far more toxic resonance of the word should intrude in the West. In comparison to the generally secular and benign understanding of 'crusade', a very different memory of the crusades exists in Muslim

---

[11] *The Crusades and the Far-Right in the Twenty-First Century*, in C. Gauthier (ed.), *Engaging the Crusades. Vol. 9*, Abingdon, Routledge, 2024; A. B. R. Elliott, *Medievalism, Politics and Mass Media: Appropriating the Middle Ages in the Twenty-First Century*, Woodbridge, Boydell, 2017.

or Arab communities across the world, especially in the Eastern Mediterranean. Historians used to argue that Saladin, and by extension, the crusades, were largely forgotten in the Near East. Recent work has demonstrated the complete opposite[12]. Saladin was, in reality, certainly remembered down the centuries in narratives, poems, sermons, travelogues, court cases, buildings, etc. Likewise, in the case of the Sultan Baibars, another form of evidence is in play, the *Sirat Baibars*, a late 13th century folk-epic performed on streets and in cafes across the Eastern Mediterranean for centuries, even as recently as 1980s Cairo[13]. To undertake such work, to give a proper perspective on the centuries-long toxicity of the crusades, seen as a shorthand for westerners invading lands and killing the inhabitants, is manifestly important. Likewise, the memory and legacy of Saladin is widely used across the Muslim Near East as a symbol of unity and he is celebrated for ejecting invaders. Of course, as our job requires, we have to contextualise and to complicate the history, in one way seeming to cloud the picture, but actually providing a deeper understanding.

Whenever westerners threatened to re-appear in the Levant in the 16th, 17th or 18th centuries, the locals recalled the crusades as returning. When, as we noted above, this happened on a more permanent basis in the 19th century, there was a reservoir of memory to be tapped into. That, coupled with the emergence of, in very simplistic terms, Arab Nationalism, Islamism, and the Zionist movement, all gave it a far greater resonance. By the latter decades of the 10th century, leaders such as Gamal al-Nasser, Saddam Hussein, Hafiz al-Asad and Yasser Arafat were all invoking Saladin and the crusades on a regular basis. In the immediate aftermath of the horror of 9/11 and George W. Bush's disastrous comment «this crusade, this war on terror is going to take a while», al-Qaeda's leader Osama bin Laden had a simple opening to argue that the president had confirmed what he himself had been saying for years, that the West was on a crusade against Islam[14]. IS have used crusade imagery too, while more recently, President Reycip Erdogan of Turkey is keen to link himself to Saladin.

It is clear, therefore, that the subject of the crusades needs to be better presented to the wider public and this is for us, as scholars, to do. At the same time, we have to recognize that different regions and cultures have different memories of the crusades. They can interpret this legacy in different ways,

....

12 J. P. Phillips, *The Life and Legend of the Sultan Saladin*, London, Bodley Head, 2019, pp. 311-392.
13 M. C. Lyons, *The Arabic Epic: Heroic and Epic Story-Telling*, 3 vols., Cambridge, Cambridge University Press, 1995. My thanks to Professor Taef El-Azhari (University of Helwan, Egypt) for the Cairo observation.
14 Phillips, *Life and Legend of the Sultan Saladin*, pp. 383-386.

usually for presentist purposes. In some instances, governments direct history, or restrain or stand over historians[15]. In 2009 in Damascus, for example, at a conference organized by the Danish Consulate, there was a requirement from the Syrian government to provide brief summaries of each paper. One delegate's paper was not to their taste and, with two days' notice, the speaker was forced to withdraw or else the whole conference was to be cancelled. In his/her place an eminent Syrian academic, Professor Soheil Zakkar, was drafted in. He spoke about the Sultan Saladin, as he was manifestly qualified to do, only repeatedly to intersperse his lecture with entirely out of place denunciations of Israel. The audience contained a number of enthusiastic young Syrian men who cheered at each point. At the end of the paper, they led an embarrassed Zakkar away, much to the disappointment of visiting scholars who would have conversed with a man whose editorial work is widely admired. These same young men sat through all the other papers, responding to queries about their interest in the subject with cheerful smiles, well aware that the audience all knew they were there just to keep an eye on us. Such intimidation is, of course, relatively mild compared to the pressure put on many academics within authoritarian regimes.

A 2021 study by the German scholars, Felix Hinz and Johannes Meyer-Hamme brilliantly brought out the diversity of national perspectives by asking academics from 27 countries to write a brief outline as to how the crusades were remembered in their own lands. Naturally, one could say that this only represented a single view from each country (although the brief was to try to be as representative as possible), but the results were illuminating. They ranged from statements as to the damage wrought by imperialist forces from the West, to not mentioning the Holy Land at all. For those in the Baltic States, the centuries of domination by the Teutonic Knights was the prime focus of their imagery. In Iberia the ongoing relationship between ideas of crusade and Reconquista continue to stir debate. In Greece, the Fourth Crusade's sack of Constantinople was of prime interest. In western European countries such as France and Britain, a mix of nostalgia and nationalism look back to the medieval period, often with a fairly rose-tinted view[16].

Taken together, the paragraphs above represent a brief attempt to understand and to summarise the legacy of the crusades, and to see the many different

---

[15] A. Zouache, «Écrire l'histoire des croisades, aujourd'hui en Orient et en Occident», *Construire la Méditerranée, penser les transferts culturels: Approches historiographiques et perspectives de recherche*, R. Abdellatif, Y. Benhima, D. König and E. Ruchaud (eds.), Munich, Oldenbourg Verlag, 2012, pp. 120-147.

[16] «*Controversial Histories –Current Views on the Crusades*», in F. Hinz and J. Meyer-Hamme (eds.), *Engaging the Crusades. Vol. 3*, Abingdon, Routledge, 2021.

ways in which one especially potent element of the medieval age is remembered and used or misused. As historians we have to try to convey the complexities, contradictions and contexts of this to the best of our ability. As suggested by the opening paragraph of this paper, this means getting these ideas across to the wider public, educators, school pupils and governments.

So much for the crusades, perhaps a (sadly) pertinent example. But the immense range of current academic research can run alongside or within other concerns of contemporary society. A considerable body of work now acknowledges and/or engages with subjects such as gender, cultural diversity, climate change and health, and it is manifest that these can be of relevance and interest beyond academia.

While this is all forward facing, one looks to see what medieval history is taught in schools, especially at Key Stage 3 (ages 11-14), but also noting that it is a low priority at GCSE (aged 15-16) and 'A' level (aged 17-18) as well. Furthermore, what is in place now is often desperately in need of refreshing because it reflects the academic concerns of decades long gone and a social and cultural context that is not appropriate for the 2020s. Where do we, as academics, fit into this now?

The relationship between academia and schools has very often been one of distance; both sides tend to feel too busy and under too much pressure to interact beyond, perhaps, university recruitment events. From the academic side, there is the viewpoint that textbooks are not research, and hence are looked down upon. Textbooks are often very out-of-date, in part because they are not often the priority for an academic author. They can and should, of course, reflect current research, though. They do not figure in promotion criteria either. It is not being suggested that they should be the top priority for academics, but perhaps at some point in a career, a sense of responsibility might induce everyone to do this or, as we will see below, engage via the modern counterpart, a website. Right now this means that research often takes a long time to filter down into textbooks. They are also expensive to buy; hard-pressed schools cannot afford to replace older books, or to introduce a new subject area that would require training and investment. Adjacent to this, exam boards are subject to the wishes of politicians in having to fit into the National Curriculum, although the emergence in England of Academy Trusts has given a greater scope for freedom. When the National Curriculum has not been revised extensively for many years, the sense of stagnation is palpable, especially in contemporary society with its fast-evolving priorities and preferences.

Turning this around, however, there is a huge thirst for up-to-date academic input from teachers and educators. They spend all day talking to pupils and delight in being on the receiving end of ideas and information. They are (mostly) hugely passionate about their subject in the first instance, hence their career path. Again, academics and university managers might wish to recognize this to a greater extent than before.

Talking and sharing knowledge with teachers is something that will build and sustain our subject from the grassroots up. And now the digital world gives us all opportunities to record podcasts and provide texts so much more easily than writing a textbook (not to say that the latter are unimportant –as the exam boards tell us, they certainly are). In doing so we can help deliver vital interpretive and communication skills for the historians of the future, and to enable those who want to study history to see the interest and value of the subject as a springboard to future careers. From the perspective of medieval history in particular, we need to show how interesting, engaging and relevant our subject is, to allow it to hold its own in such a crowded popular and educational environment.

With this in mind, a group of academics and teachers have formed Teaching Medieval Women. This is a partnership between a small group of university academics and schoolteachers which is designed to address a chasm in educational provision in the UK. In doing so, it hopes to benefit pupils and teachers and, a step further along, to improve the profile and prospects for medieval history as a whole. Anecdotally, teachers repeatedly report that at Key Stage 3, women are almost entirely invisible; perhaps a week on Eleanor of Aquitaine. Manifestly this is a total failure of equality. It is also very bad history. To fail to represent half the population is astonishing. It also has the effect of greatly diminishing the interest of girls who have almost no one to identify with in the medieval content. There is also the matter of geographical, religious and ethnic diversity, issues at the forefront of concerns today and, given the incredibly polyglot school population in some areas of the UK, if left unaddressed, also has the potential to disengage large parts of the student body (boys and girls) at a young age. Teaching Medieval Women has conducted research to underpin the anecdotal sense noted above, revealing scandalous levels of inequality between the presence of men and women in, for example, examination questions[17].

The launch (in October 2024) of a Curriculum Review by the Labour government is significant. Evidence such as that just cited is crucial, but regardless of this Teaching Medieval Women is looking to address this abysmal situation and to provide a wide range of materials to exam boards and teachers and anyone else interested. Academics have the up-to-date knowledge of the subject,

[17] <www.teachingmedievalwomen.org>.

the teachers have the skills and ability to deliver this to the particular age categories. Both groups can learn from the other; again, a fruitful experience for all concerned.

We have understood that teachers need podcasts, perhaps 10-15 minutes long, to provide a brief overview of a character. Many teachers have not studied medieval history before and require some kind of introductory material to be able to understand the context in which the events in question took place. Likewise, a broader survey of the subject as a whole, discussing concepts of power and the different ways in which women exercised power in the medieval period is important. Similarly, podcasts on historiography featuring, for example, the «Beyond the Exceptionalist debate» have been very welcome too[18]. Teachers have also asked for shorter, 5-7-minute podcasts to use in the classroom. In all of these instances, the most engaging format is a conversation between two speakers, and in the case of those for the pupils, based around a structure of «three things you need to know about X». Shorter podcasts with definitions, such as the different sorts of queen (queen regnant, dowager queen, etc.) have been requested too. Other helpful information can be conveyed by maps, again something we have to produce ourselves. For younger pupils, animations have emerged as a significantly effective form of pedagogical material. Music is a further avenue of resource under exploration too.

Taking all the ideas raised in this paper, coupled with contemporary interests and concerns, this is an exciting moment for scholars of the medieval world to step forwards. Let us hope enough of us do.

---

[18] Referencing the discussion in H. Tanner (ed.), *Medieval Elite Women and the Exercise of Power, 1100-1400: Moving beyond the Exceptionalist Debate*, Cham, Palgrave, 2019.

La Edad Media de Vasconia para los nuevos públicos

Alberto Santana

UNED. Bergara

Desde hace poco más de una década –desde 2013– escribo, codirijo y presento una serie documental de historia titulada «Baskoniako Historia bat – Una Historia de Vasconia» que se emite en versiones de euskera y castellano en tres canales de la televisión pública vasca: ETB[1].

Soy medievalista por especialización académica y, por decisión propia bien meditada, he dedicado total o parcialmente más de la mitad de los capítulos de la serie a temas propios de la Historia Medieval de Vasconia. Es una decisión poco habitual en los canales televisivos y en los documentales especializados de Historia, en los que dominan mayoritariamente los temas populares de Historia de la Antigüedad (Egipto y Roma) o de Historia Contemporánea del siglo XX, en particular sobre los grandes conflictos bélicos denominados Guerras Mundiales. Los únicos temas de la Edad Media que reciben alguna atención reiterada por parte de los medios de comunicación audiovisuales son las Cruzadas (1096-1291), la Edad Vikinga (800-1050) y las narraciones metaliterarias vinculadas al Ciclo Artúrico, aunque en todos ellos prima la ficción fantaseada con ingredientes de fácil éxito comercial, muy por encima de la información o veracidad histórica académicamente contrastada.

Los capítulos documentales de «Una Historia de Vasconia» son largos y densos de contenido. Tienen una duración mínima de 1 hora y una media de 40 folios de texto de guion escrito. En estos documentales domina la palabra, pero un montaje ágil, unas localizaciones con imágenes bellas y una música envolvente con acentos épicos hacen que el mensaje casi ininterrumpido de la voz sea digerible con agrado por el gran público. Porque esta es una de las singularidades de esta serie de Historia, que aunque está oficialmente catalogada como «documental de interés científico», se emite para el gran público en horario de

---

[1] <https://www.eitb.eus/es/television/programas/una-historia-de-vasconia/>.

máxima audiencia, después de los informativos de la noche, y compitiendo con éxito en audiencias con los principales programas de entretenimiento de otras cadenas de televisión.

La cadena de televisión que produce y emite «Una Historia de Vasconia» es EiTB, una televisión pública de un territorio pequeño –la Comunidad Autónoma de Euskadi–, con una población y un público potencial limitado – 2 233 309 personas censadas en junio de 2024– y con un presupuesto ridículo si se compara con las grandes corporaciones de la comunicación audiovisual de masas en estos tiempos de la gran globalización[2]. Esta televisión no vive de los contratos publicitarios comerciales y no «compite» en el mercado económico de los medios de comunicación[3], pero sí en el de los públicos y audiencias locales, que pueden elegir qué medio de información o entretenimiento prefieren.

EiTB se financia con cargo a los Presupuestos Generales de la Comunidad Autónoma del País Vasco y depende directamente del Departamento de Cultura del Gobierno Vasco. Se estima que cuesta 140 euros por hogar familiar al año, lo que la convierte comparativamente en la televisión pública más cara de España. Es un medio que cumple una función de servicio público –en buena parte cultural, formativo y educativo– y que por lo tanto resulta idóneo para la transferencia y divulgación del conocimiento de calidad. Su misión como servicio público no comercial encaja perfectamente en la Directiva de la Unión Europea de servicios de comunicación audiovisual (Directiva 2010/13/UE) que considera los servicios públicos de comunicación audiovisual como «servicios culturales» antes que como simples actividades económicas, «porque son portadores de identidades, valores y significados y, por consiguiente, no deben tratarse como si solo tuvieran un valor comercial».

....

[2] 3,22 billones de dólares es el valor de mercado de Apple –el mayor creador de contenidos audiovisuales del mundo– en septiembre de 2024 (<https://www.investopedia.com/stock-analysis/021815/worlds-top-ten-media-companies-dis-cmcsa-fox.aspx>), mientras que el grupo de la radio-televisión pública vasca EiTB ha recibido 192,1 millones de euros, el 52 % del presupuesto anual del Departamento de Cultura y Política Lingüística del Gobierno Vasco, para todo el ejercicio del año 2024.

[3] El alcance de la competencia de EiTB y otras televisiones autonómicas por los contratos publicitarios comerciales es una cuestión disputada. Alejandro Echevarría Busquets, expresidente de Telecinco y de UTECA (Unión de Televisiones Comerciales Asociadas) aseguraba que la competencia es real y perjudicial para sus intereses económicos: «Es una batalla a largo plazo, que ganaremos porque no se tiene de pie el hecho de que se haya eliminado la competencia desleal de la televisión pública estatal nacional y no se elimine la competencia desleal que tiene, por ejemplo, ETB con relación a los medios de comunicación privados que existen en Euskadi o en el resto de España» (<https://www.eldiario.es/vertele/videos/actualidad/tv-autonomicas-cuestan-millones-euros_1_7748850.html>).

El nuevo público al que pretende llegar e interesar la serie documental «Una Historia de Vasconia» es, en principio, un público universal, generalista y abierto. El mismo al que se ha comprometido a llegar EiTB en su contrato-programa vigente[4] para garantizar, como servicio público, «el acceso a todas las personas, a través de los diferentes soportes de EiTB, a todo tipo de contenidos y géneros respondiendo así a la pluralidad de la sociedad vasca, para satisfacer sus necesidades de información, cultura, educación y entretenimiento, tanto en euskera como en castellano».

A nadie se le oculta que siendo EiTB una sociedad pública dependiente de la Administración de la Comunidad Autónoma Vasca, el director general del Ente Público Radio Televisión Vasca es nombrado por el Gobierno Vasco y que, al igual que el propio Gobierno, tiene una orientación política nacionalista vasca. Sin embargo, tengo que decir que nunca he recibido orientaciones políticas, ni me he sentido presionado por la dirección de EiTB para alterar el contenido de estos programas de Historia, y que solo en una ocasión he vivido un episodio de censura previa de contenidos por parte de uno de los directores, que me prohibió narrar que Ignacio de Loyola, cuando era poco más que un adolescente, casi con toda certeza histórica, violó a una mujer durante las fiestas de Carnaval de Azpeitia[5].

Y, también sin embargo, sí puedo decir que los programas de la serie, que revisan críticamente la narración histórica de muchos episodios del pasado medieval de Vasconia, casi nunca han resultado acordes con los mitos fundacionales vascos con los que se construyó la identidad nacional a fines del siglo XIX[6]. Y ello ha provocado que la serie haya sido objeto de reclamación política en comparecencia en comisión parlamentaria, y que se hayan recogido firmas y adhesiones públicas para exigir al Gobierno Vasco su prohibición, porque, según

....

4   <https://www.euskadi.eus/contenidos/informacion/eitb/es_eitb/adjuntos/2022-2025-contrato-pro-grama_Censurado.pdf>, art. 3.6.1.
5   [5]Este es el texto original del guion que fue censurado: «Aunque establecido ya en Ávila, se sabe que [Ignacio de Loyola] volvió una última vez a Azpeitia para salir con su hermano cura, Pedro, en los carnavales de 1515. Los acontecimientos de aquella noche no están muy claros: la versión más extendida dice que los oñacinos debieron de provocar alguna gran pelea; pero lo más probable es que violaran a una o varias mujeres del pueblo. Estas palabras corresponden a la orden de arresto con la que fue acusado en Pamplona, a donde huyó: «delitos calificados y enormes [...] cometidos de noche y de propósito, con asechanza y alevosía».
6   No hay nada nuevo, ni mucho menos singular, en este comportamiento social de la burguesía de la segunda mitad del siglo XIX de construir la identidad nacional de las naciones modernas sobre-explotando el significado fundacional y eterno de oscuros, cuando no simplemente inventados, episodios del pasado altomedieval europeo. Lo expuso con claridad Patrick J. Geary en 2001 «The Myth of Nations: The Medieval Origins of Europe».

alegan algunos talibanes exaltados, «"Una Historia de Vasconia" menoscaba la autoestima del pueblo vasco».

Tengo que decir que la dirección de EiTB, aunque en algún momento ha tenido dudas y ha llegado a insertar un *banner*/mensaje vergonzoso en el capítulo más polémico, titulado «Euskalduntze berantiarra / La euskaldunización tardía» afirmando que ETB «no comparte necesariamente los contenidos de este documental», sin embargo nunca ha cedido a las presiones intolerantes que pedían la prohibición del programa y ha continuado apoyando con decisión la continuidad de la producción hasta la actualidad, en que esperamos terminar el proyecto el año próximo de 2025. Creo que es una actitud de valentía y también de madurez de valores democráticos. En España, y hasta donde sé tampoco en el resto de Europa, dudo de que haya ninguna televisión, ni pública ni privada, que se atreva a acometer una revisión integral de su Historia tan crítica y actualizada como la que estamos llevando a cabo en «Una Historia de Vasconia».

El perfil del público que, temporada a temporada, sigue estos documentales de historia de Vasconia desde hace una década está bien estudiado y segmentado por las agencias de control de audiencias, porque su medición es importante para la contratación de distintas tipologías de anuncios publicitarios (aunque, insisto, EiTB no depende de ellos económicamente) que tienen como diana a públicos diferenciados por edad, sexo, nivel económico y cultural.

Es un público que declara que habitualmente ve poca televisión. Es, por lo tanto, un nuevo público que selecciona lo que desea ver y no consume indiscriminadamente cualquier producto audiovisual de la programación. El prototipo ideal de este nuevo público está integrado mayoritariamente por mujeres (64 % de la audiencia del programa) maduras e independientes, o que han completado el ciclo de la maternidad, con estudios medios e ingresos propios, y habitualmente de centros de población de tamaño medio/grande. No es ningún secreto que este es el motor y el núcleo duro del consumo cultural de nuestro tiempo: el que llena los grupos de lectura, el que participa en los viajes y actividades culturales, el que compra literatura, el que asiste a exposiciones, conferencias y conciertos, el que se matricula mayoritariamente en las aulas universitarias de la madurez o de la experiencia.

Los 42 capítulos, de una hora de duración, que se han emitido hasta la fecha de «Una Historia de Vasconia» tienen un tono docente y persuasivo, pero no pretenden ser complacientes ni frecuentan tópicos comunes. Son exigentes con el público, requieren su atención y estimulan su juicio crítico.

Son críticos con muchas visiones tradicionales y populares de la Historia y se alimentan de la investigación más reciente. No ofrecen al público pábulo intelectual procesado y reciclado de viejos proveedores. Se nutren directamente de los productos frescos suministrados por los creadores de conocimiento académico[7], a veces incluso adelantándose a la publicación científica revisada por pares o a la lectura de la tesis doctoral de jóvenes investigadores. La serie incorpora numerosas entrevistas en profundidad a expertos académicos de prestigio pero, en semejanza de condiciones, prefiere entrevistar a más mujeres que hombres y a investigadores más jóvenes que el propio autor antes que a autoridades veteranas.

Los objetivos, el tratamiento y los recursos de la representación narrativa de «Una Historia de Vasconia» están bien establecidos por nuestra parte. Pretendemos presentar una historia del pasado de Vasconia sin nostalgias impostadas ni melancolía, que ayude a interpretar el presente, pero sin intentar condicionar, y mucho menos predeterminar, el futuro. Que ayude a comprender cómo hemos llegado hasta aquí, pero sin pretender establecer cómo debemos ser a partir de aquí. Planteamos al público que podemos hacer preguntas al pasado desde la actualidad, pero no debemos esperar respuestas actuales desde el pasado.

Tratamos de facilitar al público actual la comprensión de la narración histórica, pero sin caer en el anacronismo, ni en el presentismo. Los comportamientos humanos básicos del pasado son muy similares a los nuestros y pueden parecernos muy actuales, pero su sistema de valores socio-culturales era muy diferente.

Aunque tratamos de presentar una historia local, con nombres y localizaciones próximas para el público vasco, para que el mayor número de personas pueda reconocerse en ella, esta historia está entretejida en lo global y se explica contextualizada en los grandes procesos históricos europeos. Huimos del campanilismo identitario y del excepcionalismo umbilicotropista.

También excluimos como fuente principal de referencia a los relatos cronísticos y las epopeyas nacionales, excepto para analizarlos críticamente exponiendo su intencionalidad más o menos declarada. Por el contrario, tratamos de integrar un repertorio amplio de fuentes primarias poco accesibles para el público no especializado, reinterpretándolas con ayuda de expertos académicos. Entre las fuentes novedosas que están renovando íntegramente nuestro conocimiento de la Historia Medieval de Vasconia, destaca en sobremanera la aportación de la arqueología. Prácticamente la totalidad de los capítulos medievales de la serie incluye la presentación de nuevos hallazgos arqueológicos explicados por los propios arqueólogos.

---

[7]   Es un orgullo decir que algunos de los miembros del Comité Científico de esta Semana Internacional de Estudios Medievales de Estella, lo mismo que otro centenar de los mejores investigadores y profesores cualificados de las universidades de Navarra, Pau y el País Vasco (entre otras instituciones), han contribuido con sus explicaciones a esta nueva forma de transferencia y de proyección social de su trabajo.

La arqueología, la cultura material, la arquitectura medieval y la lectura estratigráfica o diacrónica de los paisajes históricos de Vasconia son un componente central e imprescindible de esta serie documental audiovisual. La cuidada selección de estas imágenes, que requiere un conocimiento exhaustivo del territorio y un gran esfuerzo físico, material y de talento en la producción, es sin duda una de las razones fundamentales que explican el éxito de «Una Historia de Vasconia» entre extensas capas de nuevo público.

Más allá de la brillante forma visual, el contenido es lo importante. Entendemos que para interesar a estos nuevos públicos en la Historia Medieval es necesario ampliar el foco de los temas de investigación para incluir las voces y experiencias de grupos tradicionalmente marginalizados en los estudios medievales, como las mujeres, las minorías étnicas y religiosas, y las clases populares. Frente a una historia cronística de príncipes y batallas que exalta la épica nacional, optamos por explorar temas de la nueva historia social y cultural, que examina de cerca la vida cotidiana y las estructuras sociales, incorporando la arqueología medieval como fuente de información interpretable, pero no manipulada intencionalmente, y añadiendo una relectura crítica de las fuentes documentales clásicas. De este modo aspiramos a ofrecer una visión más poliédrica, inclusiva y varia del periodo medieval, que posibilite que la historia resulte más relevante y accesible para un nuevo público actual, desafiando los tópicos acomodados de la narrativa tradicional y confrontándolos con contradicciones paradójicas que despierten la atención del público.

Una relación brevemente comentada de los títulos y temas de historia medieval de Vasconia que hemos desarrollado en los documentales hasta la fecha puede dar una mejor idea de cómo hemos logrado atraer el interés de nuevos públicos hacia diferentes aspectos poco frecuentados de la Edad Media de Vasconia o a explorar desde una perspectiva poco usual algunos temas populares que creían ser más conocidos.

1. La euskaldunización tardía. Sin duda, el capítulo que más controversia e irritación ha generado en algunos sectores del público. Desarrolla la hipótesis de que no hay evidencias de que la lengua vasca fuera la lengua indígena prerromana de los actuales territorios de Bizkaia, Álava y Gipuzkoa, sino que pudo haber sido difundida en la tardoantigüedad (siglos V-VII) por las élites guerreras que ocuparon el territorio aprovechando el vacío de poder a la caída del Imperio romano y a las que francos y visigodos empezaron a denominar «vascones».

2. Juegos de reyes y reinos. Trata sobre la configuración de las primeras estructuras políticas y territoriales de la Alta Edad Media de Vasconia, con sus identidades fluidas y fronteras cambiantes, en contraste con la visión esencialista e inmutable de la visión política contemporánea.

3. Caminando a Santiago por el **País de los Vascos**. Una revisión crítica de las fuentes clásicas sobre la **peregrinación** jacobea a su paso por las tierras de Vasconia, interpretando su autoría e intencionalidad, así como desmontando la falsa **historicidad** de otros itinerarios alternativos para llegar a Santiago de Compostela por la costa vascocantábrica.

4. Otoño de sangre. En lejano homenaje al título clásico del maestro Joseph Huizinga[8] se interpretan los **conflictos** bajomedievales conocidos como las Guerras de Bandos, o Banderizas, despojándolos de cualquier connotación caballeresca, de confrontación ideológica o de defensa del honor familiar.

5. La última bandera. Un análisis **actualizado**, con presentación de nuevas fuentes documentales, del **proceso** de la Conquista de Navarra (1512-1529), desmontando los **argumentos** que pretendieron justificarla en su tiempo y valorando la **participación** de otros territorios vascos en los acontecimientos.

6. La hora de las brujas. Es el episodio con mayor éxito de público de la serie y el largometraje propio con mayor audiencia acumulada de la historia de EiTB, con 4,7 millones de visualizaciones en el canal de YouTube. Trata de la epidemia social de brujomanía vivida en Vasconia entre los siglos XV y XVII, con **una** propuesta de identificación de sus causas, motivaciones, características y consecuencias, que desmonta muchos de los mitos, tanto **clásicos** como contemporáneos, sobre la brujería vasca.

7. El honor de los vascos. Plantea **una** revisión del tema clásico de la identidad jurídica vasca de la **hidalguía** colectiva o universal y el infanzonazgo, con sus derivadas sociales, económicas y jurisdiccionales en el sistema foral de Vasconia y en la configuración de algunos aspectos singulares de la personalidad jurídico-política del grupo mayoritario de los labradores propietarios.

8. El mar externo. En contra de lo **que** suele suponerse, antes y después de la romanización de Vasconia, no hay evidencias de que los vascos del Cantábrico practicasen la navegación marítima. El desarrollo de su potencia naval fue un proceso **pleno** y sobre todo bajomedieval, que toma pie en el renacimiento y **urbanización** de los puertos romanos abandonados durante siglos.

8 J. Huizinga, *Herfsttij der Middeleeuwen* (1919). Traducido al castellano como *El otoño de la Edad Media* (1930).

9. Mitos y religión de los vascos. Una propuesta de análisis histórico de los personajes de la mitología vasca recogidos por la etnografía moderna, identificando sus fuentes no en un remoto pasado de creencias indígenas prerromanas, sino en los discursos cultos y moralizantes de la iglesia católica de fines de la Edad Media y comienzos de la Edad Moderna.

10. *Xalom!* Los judíos de Vasconia. Se reivindica la huella y la enorme importancia del componente étnico-religioso judío en la sociedad vasca medieval frente al negacionismo oficial elaborado en el siglo XVI que pretendía que la identidad infanzona vasca siempre había estado limpia de sangre de moros, judíos y herejes.

11. Grandes iglesias, grandes pecados. Inspirado por la obra divulgativa de Cesare Marchi *Grandi peccatori. Grandi cattedrali* (Milán, 1987), se ofrece un recorrido analítico por las principales iglesias del arte gótico vasco, entreverado con las prácticas de la piedad religiosa bajomedieval y el temor al castigo por los 7 pecados capitales cometidos por sus promotores.

12. La unidad perdida de Vasconia. Se presenta un análisis del nacimiento de las monarquías feudales implicadas en la organización y gobierno de los territorios de Vasconia entre los siglos XI y XIII y su sentido patrimonial del reino, resaltando el anacronismo de interpretarlo en sentido nacional.

13. La voz de los monjes. Una historia cultural del monacato en Vasconia, desde sus orígenes en la ascesis anacoreta emilianense hasta las grandes ciudades de Dios de los monasterios benedictinos reformados de Cluny y el Cister; combinada con una interpretación actualizada sobre las artes del prerrománico y el románico vasco.

14. El señor de los valles. El señor de los valles atlánticos vascos es el caserío, como arquetipo singular de arquitectura vernácula regional y unidad de vida familiar y de explotación económica de unos recursos silvoagropecuarios limitados. Se expone una hipótesis propia sobre su origen medieval, sus técnicas de construcción y sus transformaciones y adaptaciones sucesivas hasta el siglo XIX.

15. Los vascos y el sexo. Una historia de la sexualidad en Vasconia, tanto de las reglas de la vida heterosexual normativa en el ámbito del matrimonio católico, como de la sexualidad transgresora perseguida por la iglesia y los poderes públicos (homosexualidad masculina, lesbianismo, bestialismo, estupro y violación del celibato eclesiástico) basada en fuentes primarias del derecho civil y criminal, manuales de confesores, sermones y actas de procesos judiciales de derecho penal y canónico.

16. Qué comen y beben los vascos. Una historia sociocultural de la alimentación en Vasconia, desde la producción, intercambio y transformación de los ingredientes, cambiantes a través del tiempo, hasta los hábitos de preparación y consumo en los distintos grupos sociales: campesinos, pescadores, eclesiásticos o miembros de las élites. Un análisis desmitificador de los productos y recetas de la cocina vasca *de toda la vida*, en la estela del maestro Massimo Montanari.

17. Los señores del hierro. Una nueva interpretación de la historia de Vasconia en la larga duración, utilizando el ciclo de la producción y comercialización del hierro como espina dorsal de la construcción narrativa, explorando las ventajas de la revolución tecnológica medieval de la mecanización de las ferrerías hidráulicas alimentadas con carbón vegetal, y descubriendo quiénes fueron los mayores beneficiarios de la cadena de explotación del más importante recurso natural del territorio vasco través de la historia.

18. *Euskaldun fededun*. La cristianización de Vasconia. Se replantea el debate sobre los ritmos y profundidad de la cristianización de los territorios de Vasconia en base a nuevas evidencias documentales y arqueológicas, incidiendo tanto en los aspectos organizativos territoriales de la estructura eclesiástica, como en la influencia del cristianismo en la historia de las mentalidades de la población vasca del pasado.

19. El mito del matriarcado vasco. Una malinterpretación de las fuentes clásicas de la Antigüedad, de leyendas folclóricas desubicadas en el tiempo histórico y de ciertos comportamientos diferenciales de la presencia de las mujeres en los actos privados de la sociedad vasca tradicional han llevado a construir el mito de que esta se configuró como una sociedad matriarcal en la que las mujeres ostentaron un poder y protagonismo único en Europa. Este capítulo desmonta críticamente este relato mixtificado, al tiempo que subraya y explica históricamente algunos rasgos singulares del empoderamiento femenino en Vasconia.

20. Los honrados mercaderes. Se expone el relevante protagonismo de los mercaderes bajomedievales de Vasconia en el desarrollo de la vida urbana, en el crecimiento económico de la sociedad vasca y su apertura a las redes de contactos con los centros comerciales y financieros de la fachada atlántica europea, explicando su organización social, su régimen jurídico privativo y sus organismos de representación, gobierno y defensa de sus intereses, como componentes a menudo ignorados de la poliédrica identidad vasca.

Como puede entenderse por la variedad y especialización de los temas abordados y por los métodos y fuentes empleados en su realización, series documentales audiovisuales de amplia y duradera difusión como «Una Historia de Vasconia» son ejercicios sociales de Historia Pública; esto es, medios de trasladar la investigación e interpretación del conocimiento histórico fuera del ámbito académico y compartirlo con la sociedad. Es historia medieval de calidad, hecha por académicos y con metodología académica, pero no destinada exclusivamente a otros colegas especialistas, sino, por el contrario, orientada a seducir a un nuevo público generalista que demanda información novedosa y contrastada para comprender mejor y disfrutar más de su propio entorno vital. Coincido así con el diagnóstico de quien me ha acompañado en esta tribuna, el profesor Francisco Jiménez Alcázar, cuando afirma que «cada vez hay mayor demanda de conocimiento sobre lo auténtico del relato histórico, y el medievalista se enfrenta a ese reto con un compromiso que le debe hacer asumir responsabilidades si no quiere comprometer su propio significado en la sociedad digital»[9].

Efectivamente, fuera del nicho académico, en esa sociedad digital fluida y difusa, existe una demanda potencial de estos conocimientos sobre la Edad Media cuya verdadera dimensión nos resulta desconocida, no solo a los autores de contenidos, sino incluso a los propios programadores de los medios audiovisuales, que solo son capaces de medir el impacto del estreno en pantalla, pero que no llegan a controlar nunca las reproducciones a través de internet. Estos son los novísimos públicos de la historia medieval en la era digital: el día de su estreno, un capítulo en castellano de «Una Historia de Vasconia» podía ser visto, como máximo, por 130 000 espectadores, pero al cabo de unos años la audiencia acumulada de visualizaciones en el canal de YouTube de un solo capítulo de la serie ha llegado a 4,7 millones de personas. Esto es el doble de la población total de la Comunidad Autónoma de Euskadi[10].

Hay unos nuevos públicos de esta aldea global de las comunicaciones digitales que se interesan por la historia de calidad, aunque sea la historia de este pequeño rincón de la Europa Medieval que fue Vasconia. Solo hace falta excitar su imaginación con el conocimiento de calidad aportado por los nuevos

---

9   J. F. Jiménez Alcázar, «*Medievalister*: el medievalismo en la encrucijada de la revolución digital», *RiMe Rivista dell'Istituto di Storia dell'Europa Mediterranea*, 11/I, diciembre 2022.

10 En este caso, la gran mayoría del público virtual de este capítulo está localizada en América Latina, con Chile, Argentina y México aportando el mayor contingente de las visualizaciones. La serie nunca ha sido traducida ni emitida en inglés, lo que sin duda limita mucho su potencialidad de difusión y captación de nuevos públicos. Al tratarse de una producción de una pequeña televisión pública, no hay interés en la explotación comercial de sus productos audiovisuales.

historiadores. Así lo pedía hace ya más de 40 años el maestro Georges Duby: «Imaginemos. Es lo que siempre están obligados a hacer los historiadores».

Y añadimos, imaginemos, sí, pero no inventemos nuevos mitos pseudo-históricos ni fantasías anacrónicas como entretenimiento de fácil consumo aprovechando las posibilidades de la tecnología digital. Esa es nuestra responsabilidad como historiadores. Parafraseando, o parodiando, al gran John Ford en *El hombre que mató a Liberty Wallace*, cuando uno de sus personajes dice que «A la hora de elegir entre la verdad y la leyenda, escribe siempre la leyenda», en «Una Historia de Vasconia» hacemos justamente lo contrario y actuamos como historiadores que utilizan el cine, la televisión y las plataformas digitales para llegar a públicos mucho más amplios, y tratamos de exponer de forma atractiva la veracidad factual de las fuentes primarias y los hallazgos arqueológicos, desnudándolos del relato heroico, esencialista y legendario.

Para el historiador medievalista responsable, que se siente comprometido en abrirse a los nuevos públicos digitales, imaginar significa, en su estricta literalidad, representar en la mente –a través de la pantalla– imágenes de las cosas reales de la Historia.

La Edad Media de Navarra y los jóvenes navarros del siglo XXI (Generación Z). Itinerario educativo, conocimientos e intereses

Íñigo Mugueta Moreno
Universidad Pública de Navarra

1. INTRODUCCIÓN

El análisis de la enseñanza de la **Edad Media** en las etapas educativas de Primaria, Secundaria y Bachillerato en España ha sido acometido hace no muchos años por Jorge Sáinz Serrano desde aspectos diversos[1], y también desde el punto de vista curricular, por Víctor Muñoz y Juan Manuel Bello[2]. Si en la Semana de Estudios Medievales de Nájera de este mismo año Roberto González Zalacaín bromeaba con la escasa presencia del Medievo en los currículos escolares[3], la realidad es que nos **queda** un escaso margen para aportar algo diferente al hablar de Educación y **Edad Media** en Navarra. En cualquier caso, una década de experiencia profesional en el área de Didáctica de las CCSS me invita a tratar de aportar algunas perspectivas que pueden resultar novedosas, sobre todo este panorama de trabajos **académicos** recientes e interesantes en torno a la enseñanza de la Edad Media.

Partimos de la premisa –constatada durante años de contactos con el profesorado de diferentes etapas educativas– de que la práctica totalidad del profe-

---

[1] J. Sáiz Serrano, «¿Qué historia medieval enseñar y aprender en educación secundaria?», *Imago temporis: medium Aevum*, 2010, pp. 594-607; *Idem*, «Pervivencias escolares de narrativa nacional española: Reconquista, Reyes Católicos e Imperio en libros de texto de historia y en relatos de estudiantes», *Historia y memoria de la educación*, 6, 2017, pp. 165-201; *Idem*, «La península ibérica medieval y las identidades en los actuales libros de texto de historia de 2.º de ESO», *Iber: Didáctica de las Ciencias Sociales. Geografía e Historia*, 70, 2011, pp. 67-79.

[2] V. Muñoz Gómez y J. M. Bello León, «Tres reformas después: enseñar Historia Medieval en la educación secundaria de Canarias del siglo XXI (una panorámica a partir de los textos legales)», *Revista de Historia Canaria*, 198, 2016, pp. 231-252.

[3] La XXXIV Semana de Estudios Medievales de Nájera, con el título «Enseñar Historia Medieval hoy» se celebró entre los días 8 y 12 de julio de 2024, y por tanto sus conferencias (en fase de publicación) resultan muy interesantes para nuestro tema de estudio.

sorado universitario y de Secundaria reflexiona de manera ordinaria sobre su propia práctica docente, y que en un porcentaje muy amplio, además el profesorado trata –año tras año– de mejorar, innovar y probar metodologías docentes con las cuales motivar más a su alumnado[4]. Sin embargo, constatamos también cómo una parte de la sociedad[5] y del alumnado[6] acusa de manera reiterada al profesorado de estancarse en prácticas docentes ancestrales y anacrónicas.

Con estos planteamientos iniciales, este trabajo se divide en dos partes: una desde el punto de vista estrictamente educativo; y otra desde el punto de vista disciplinar, es decir, puramente histórico o historiográfico. En la primera se tratará de analizar las características educativas generales (relacionadas con los estudios de Historia), de las generaciones de estudiantes que en los últimos años están cursando los estudios de Secundaria y Bachillerato (la llamada Generación Z), y los conocimientos de Historia Medieval de Navarra que están recibiendo en estas etapas educativas. En la segunda parte se tratará de analizar cómo se podría abordar el estudio de la Historia Medieval de Navarra en Secundaria y Bachillerato, atendiendo a los cambios que la disciplina histórica ha producido en los últimos años, especialmente en Navarra.

2. LA GENERACIÓN Z: ITINERARIO EDUCATIVO, CONOCIMIENTOS E INTERESES

La generación Z («Gen Z» o «centennials») es el grupo demográfico que sigue a los *millennials*. Se refiere generalmente a las personas nacidas entre mediados de los años 1990 y 2009[7]. Aunque estas etiquetas generacionales resultan poco

....

[4] En diferentes contextos, existen estudios que testimonian esta misma realidad para el profesorado de Historia (C. Muñoz Labraña, «Percepciones de los profesores de Historia y Ciencias Sociales de su profesión: un estudio fenomenológico», *Horizontes educacionales*, 11/1, 2006).

[5] Prats señala que existe una visión social de la Historia como una disciplina erudita (J. Prats, «Dificultades para la enseñanza de la Historia en la Educación Secundaria: reflexiones ante la situación española», *Revista de Teoría y Didáctica de las Ciencias Sociales*, 5, 2000, pp. 71-98).

[6] F. J. Merchán Iglesias, «El papel de los alumnos en la clase de historia como agentes de la práctica de la enseñanza», *Didáctica de las Ciencias Experimentales y Sociales*, 21, 2007, pp. 33-51; C. Fuentes Moreno, «La visión de la Historia por los adolescentes: revisión del Estado de la cuestión en Estados Unidos y el Reino Unido», *Enseñanza de las Ciencias Sociales*, 1, 2002, pp. 55-68.

[7] Recogen las diferentes categorizaciones generacionales E. Álvarez Ramos, H. Heredia Ponce y M. Romero Oliva, «La generación Z y las redes sociales. Una visión desde los adolescentes en España», *Revista Espacios*, 40(20), 2019; también S. A. Olivares y J. A. González, «La generación Z y los retos del docente», en I. J. Velasco-Áragón y M. Páez-Gutiérrez (eds.), *Los retos de la docencia ante las nuevas características de los estudiantes universitarios*, México, Proceedings, 2016, pp. 116-133.

operativas desde un punto de vista académico y científico (pues hay factores cualitativos más relevantes que los cuantitativos en la definición de las características generacionales), la utilizamos para aportar una comprensión general del tema propuesto. Por tanto, en realidad nos estamos refiriendo simplemente al alumnado que en los últimos años ha llegado a la Universidad y con el que estamos trabajando en la actualidad en los estudios de Grado y de Máster.

2.1. Itinerario educativo

Para sintetizar una cuestión bien estudiada, afirmaremos que en la actualidad la enseñanza de la Historia Medieval de Navarra se agrupa en tres asignaturas a lo largo de las etapas educativas de Educación Secundaria y Bachillerato: la Geografía e Historia de segundo curso de la ESO, la Historia de España de segundo curso de Bachillerato, y la asignatura optativa de Geografía e Historia de Navarra, que es elegible tanto en primer como en segundo curso de Bachillerato[8]. Veamos qué ocurre, *grosso modo*, con cada una de ellas.

2.1.1. *Geografía e Historia en la ESO*

Si bien los currículos educativos han ido cambiando a lo largo de las últimas décadas, la enseñanza de contenidos de Historia Medieval está asentada en torno al segundo curso de Educación Secundaria (ESO), en el marco de la asignatura de Geografía e Historia. Esta asignatura, que se imparte en tres sesiones semanales de 1 hora, tiene una progresión temporal entre el primer curso, donde se comienza con el estudio de la Prehistoria, y el cuarto, que concluye el repaso histórico con el estudio de la Edad Contemporánea. Sobre este esquema se superpone la diversidad autonómica del Estado Español, que permite a las diferentes Autonomías concretar el currículo con contenidos propios, en este caso de la Historia regional. También es el caso de Navarra, que ha incluido siempre temas históricos propios: pueblos prehistóricos (vascones), yacimientos romanos locales, la particularidad medieval del Reino de Pamplona, primero, y del Reino de Navarra, después, y finalmente, el acomodo institucional de

---

8   Utilizamos para nuestro análisis el Decreto Foral 71/2022, de 29 de junio, por el que se establece el currículo de las enseñanzas de la etapa de Educación Secundaria Obligatoria en la Comunidad Foral de Navarra (publicado en el Boletín Oficial de Navarra de 4 de agosto de 2022); y el Decreto Foral 72/2022, de 29 de junio, por el que se establece el currículo de las enseñanzas de la etapa de Bachillerato en la Comunidad Foral de Navarra (publicado en el Boletín Oficial de Navarra de 4 de agosto de 2022).

Navarra a la Corona de Castilla y, desde el siglo XIX, la integración política e institucional en el Estado liberal español[9].

Sobre este esquema, el actual Currículo Educativo de la LOMLOE (Ley Orgánica de Modificación de la Ley Orgánica de Educación) presenta algunas novedades[10] que quizás a largo plazo puedan impulsar modificaciones de este esquema tradicional, pero que deberían ser fomentadas por iniciativas complementarias para el cambio de las prácticas docentes y la creación de nuevos materiales educativos. Siendo conscientes siempre de que las prácticas docentes, finalmente, son las que más tiempo necesitan para producir cambios o asentar las innovaciones didácticas[11].

Previamente conviene aclarar que este currículum ha incorporado buena parte de las innovaciones educativas que el colectivo de especialistas en Didáctica de las CCSS venía solicitando desde tiempo atrás: la incorporación del concepto de «pensamiento histórico» y su desglose en diferentes competencias[12]; el trabajo crítico a partir de «situaciones-problema» y «temas socialmente relevantes»[13]; el desa-

---

9 Las editoriales educativas han editado cuadernillos específicos sobre Navarra que completan los libros de texto con los contenidos curriculares específicos de la Comunidad Foral (los textos de Navarra en la última edición de la editorial Anaya, de 2016, fueron realizados por Juan José Calvo, Román Felones e Íñigo Mugueta).

10 Aplicado a las Ciencias Sociales: C. Fuster García, «La enseñanza de las ciencias sociales en el marco de las competencias específicas de la LOMLOE», *Iber: Didáctica de las ciencias sociales, geografía e historia*, 113, 2023, pp. 22-27; y A. Fraile Vicente, «La LOMLOE y la geografía e historia: incertidumbres y oportunidades», *Iber: Didáctica de las ciencias sociales, geografía e historia*, 113, 2023, pp. 34-39; Y en un análisis más amplio del nuevo currículo: F. López Rupérez, «El enfoque del currículo por competencias. Un análisis de la LOMLOE», *Revista Española de Pedagogía*, 80(281), 2022, pp. 55-68; y C. Coll i Salvador y E. Martín Ortega, «La LOMLOE y la apuesta por un proceso de modernización curricular», *Aula de innovación educativa*, 305, 2021, pp. 33-38.

11 F. Gil Cantero, «Educación con teoría. Revisión pedagógica de las relaciones entre la teoría y la práctica educativa», *Teoría de la Educación. Revista Interuniversitaria*, 23(1), 2011, pp. 19-43; C. Álvarez Álvarez, «Teoría frente a práctica educativa: algunos problemas y propuestas de solución», *Perfiles educativos [online]*, 37(148), 2015, pp. 172-190.

12 Un análisis de la presencia de las competencias de pensamiento histórico en el currículo de la LOMCE es el de J. Monteagudo Fernández y R. López Facal, «Estándares de aprendizaje y evaluación del pensamiento histórico, ¿incompatibles? Análisis de currículos, programaciones, exámenes y opinión de expertos en España», *Perfiles educativos*, 40(161), 2018, pp. 128-146; por contraste, un análisis similar del currículo actual se puede ver en: J. R. Moreno Vera, R. A. Rodríguez Pérez y J. Monteagudo Fernández, «Competencias de pensamiento histórico en Bachillerato: análisis de los niveles cognitivos en los criterios de evaluación», *Áreas. Revista Internacional de Ciencias Sociales*, 45, 2023, pp. 89-107.

13 J. Pagès, «La formación del pensamiento social», en P. Benejam y J. Pagès (coords.), *Enseñar y aprender Ciencias Sociales. Geografía e Historia en la Educación Secundaria*, Barcelona, ICE/Horsori, 2008, pp. 151-172; y J. Pagès, «La enseñanza de las Ciencias Sociales y la educación para la ciudadanía en España», *Didáctica Geográfica*, 9, 2007, pp. 205-214.

rrollo de la «educación patrimonial»[14]; y una concepción integradora del currículo para poder conectar la Geografía y la Historia con otras CCSS[15]. Además, el nuevo currículo ha incorporado la noción de «situaciones de aprendizaje», que supone la creación de actividades prácticas donde se apliquen y evalúen aprendizajes, y donde al mismo tiempo el alumnado comprenda la utilidad de lo aprendido[16].

En este aspecto se suscitó un importante debate social[17] sobre la ausencia de «contenidos históricos» en el currículo de la LOMLOE. Se oponía este currículo al anterior (de la LOMCE), que se articulaba en torno a los «contenidos», los «criterios de evaluación» y los llamados «estándares de evaluación» que definían un amplio conjunto de contenidos sustantivos obligatorios, esto es, un extenso temario teórico que debía ser conocido por el alumnado y evaluado por el profesorado. Lo cierto es que el nuevo currículo de la LOMLOE ha optado por no concretar los contenidos y por dejar abierta la elección de estos para el profesorado, poniendo sin embargo el acento en la consecución de 9 competencias específicas para cuya consecución se fijan unos «criterios de evaluación» de dificultad creciente para cada uno de los cursos de la Educación Secundaria. Es decir, se ha cambiado un currículo más prescriptivo y teórico por uno más flexible y práctico[18].

---

14 J. L. De los Reyes Leoz y R. Méndez Andrés, «La función educativa de las ciencias sociales en la LOMCE. El ejemplo de la educación patrimonial en la enseñanza primaria», *Revista Educación, Política y Sociedad*, 1(2), 2016, pp. 125-144.

15 J. Prats, «Disciplinas e interdisciplinariedad: el espacio relacional y polivalente de los contenidos de la didáctica de las ciencias sociales», *Iber Didáctica de las Ciencias Sociales, Geografía e Historia*, 24, 2000, pp. 7-17.

16 P. Pérez Esteve, «Las situaciones de aprendizaje en el corazón de la LOMLOE», *Aula de secundaria*, 49, 2022, pp. 35-39; J. Moya Otero y F. Luengo Horcajo, «Un currículo escolar basado en situaciones de aprendizaje», en J. Moya Otero y F. Luengo (coords.), *Educar para el siglo XXI: reformas y mejoras: LOMLOE, de la norma al aula*, Madrid, Anaya, 2021, pp. 131-140; y aplicado a la Historia, véase: R. López Facal y B. M. Castro Fernández, «Situaciones de aprendizaje para enseñar y aprender historia», *Iber: Didáctica de las ciencias sociales, geografía e historia*, 113, 2023, pp. 16-21.

17 El debate social surgió en torno a la misma filosofía pedagógica que sostenía la nueva ley (C. Novella-García y A. Cloquell-Lozano, «La LOMLOE y sus controversias ante la ausencia de un pacto educativo en España», *Revista sobre la infancia y la adolescencia*, 21, pp. 31-43, <https://doi.org/10.4995/reinad.2021.15519>). Este debate que se arrastraba ya en el ámbito científico desde la ley anterior (R. López Facal, «La LOMCE y la competencia histórica», *Ayer*, 94(2), 2014, pp. 273-285; C. Fuster, «Los estándares de aprendizaje de la LOMCE: ¿Mejorarán la enseñanza y el aprendizaje de la Historia?», *Revista de Didácticas Específicas*, 12, pp. 27-47; R. De Miguel González, «Geografía y currículo escolar en la ESO y el Bachillerato con la LOMCE: historia de un desencuentro», en R. Sebastián Alcaraz y E. M.ª Tonda Monllor (coords.), *La investigación e innovación en la enseñanza de la Geografía*, Alicante, Universidad de Alicante, 2016, pp. 57-70), lo cual se plasmó en las negociaciones para la nueva LOMLOE (A. Delgado, «La enseñanza de la Historia y los debates parlamentarios en la reforma educativa de la LOMLOE», *Ayer. Sección: Hoy*, 127(3), 2022, pp. 337-352).

18 J. Moya Otero y F. Luego (coords.), *Educar para el siglo XXI. Reformas y mejoras: LOMLOE, de la norma al aula*, Madrid, Anaya, 2021.

Las críticas surgidas a este **currículo** han sido básicamente dos: la falta de contenidos (que se relaciona con un descenso de la exigencia educativa)[19], y la dificultad para la evaluación de las competencias.

Sobre el primer aspecto, conviene señalar que en el ámbito científico el famoso debate social entre contenidos y competencias está sobradamente resuelto[20]: no es posible desarrollar un aprendizaje competencial en Historia prescindiendo de los contenidos, que aportan a la Historia su consustancial concreción espaciotemporal. Por tanto, para el desarrollo de las competencias de pensamiento histórico es necesario plantear el aprendizaje tanto de conceptos sustantivos o de primer orden, como de conceptos estratégicos o de segundo orden[21]. Así pues, el debate es más social que científico, y en este sentido no tiene mayor recorrido en nuestra opinión.

Sobre el segundo aspecto sí parece oportuno señalar que la evaluación competencial resulta especialmente complicada. El currículo propone algunas soluciones, pero lo cierto es que estamos lejos de contar con fórmulas de evaluación eficaces para las diferentes competencias que define la ley. Los loables intentos de los especialistas en didáctica de las CCSS en los últimos años por evaluar la adquisición de competencias de pensamiento histórico entre el alumnado están aún en fase de investigación[22], y a pesar de las pistas que el currículo oficial

---

[19] A este respecto sirva de ejemplo el artículo a colación de la publicación de los currículos oficiales de la LOMLOE en el periódico *La Razón*, de Manuel Alejandro Rodríguez de la Peña, catedrático de Historia Medieval, Universidad CEU San Pablo, titulado «Reducir las Humanidades es un deliberado plan del Gobierno para borrar la historia de Occidente» (27 de diciembre de 2021). Conviene recordar que en el marco de la publicación de los currículos oficiales se difundió en diferentes medios de comunicación la idea de que la LOMLOE suprimía la cronología en el estudio de la Historia, algo que fue pronto fue desmentido por numerosos especialistas.

[20] Como ejemplo cabe citar este interesante trabajo de divulgación científica, publicado por varias investigadoras e investigadores de ámbitos diversos vinculados a la educación: A. Serantes *et al.*, «¿Sirve de algo debatir entre competencias y contenidos?», *The conversation* (5 de enero 2023), <https://theconversation.com/sirve-de-algo-debatir-entre-competencias-y-contenidos-196838>. Sobre esta cuestión, aplicada al ámbito de las Ciencias Sociales, véase C. J. Gómez Carrasco y P. Miralles Martínez, «Los contenidos de ciencias sociales y las capacidades cognitivas en los exámenes de tercer ciclo de educación primaria ¿Una evaluación en competencias?», *Revista complutense de educación*, 24(1), 2013, pp. 91-121, <http://dx.doi.org/10.5209/rev_RCED.2013.v24.n1.41193>.

[21] C. J. Gómez Carrasco, J. Ortuño Molina y S. Molina Puche, «Aprender a pensar históricamente. Retos para la historia en el siglo XXI», *Revista Tempo e Argumento*, 6(11), 2014, pp. 5-27, <http://dx.doi.org/10.5965/2175180306112140>; y C. J. Gómez Carrasco, «Pensamiento histórico y contenidos disciplinares en los libros de texto. Un análisis exploratorio de la Edad Moderna en 2.º de la ESO», *ENSAYOS. Revista de la Facultad de Educación de Albacete*, 29(1), pp. 131-158, <https://doi.org/10.18239/ensayos.v29i1.498>.

[22] J. Domínguez *et al.*, «Primeros resultados de una prueba piloto para evaluar el pensamiento histórico de los estudiantes», *Clío & Asociados*, 24, 2017, pp. 38-50; J. Domínguez Castillo, «Enseñar y evaluar el pensamiento histórico: competencias, conceptos y destrezas cognitivas», *Iber: Didáctica de las*

nos aporta (los criterios de evaluación), este nuevo tipo de evaluación supondrá un importante reto para el profesorado en los próximos años.

En este aspecto debemos hacer dos consideraciones: la primera, que es preciso insistir y profundizar en este tipo de trabajo de evaluación; y la segunda, que será necesario crear materiales o propuestas concretas de evaluación de estas competencias para que el profesorado no tenga que cargar con la tarea de diseñar «situaciones de aprendizaje», «rúbricas de evaluación de competencias», etc. Por tanto, para continuar esta línea de trabajo conviene tanto una sustancial inversión en materiales y formación del profesorado, como la cooperación entre docentes. En caso contrario, la propia ambigüedad en la redacción de esta ley permitirá continuar con las prácticas docentes previas[23].

En cuanto a los «contenidos» de Historia Medieval, el nuevo currículo ofrece una posibilidad interesante: el planteamiento de un recorrido no cronológico, sino temático, por la Historia, vinculando estos temas con el presente. Esto permitiría abordar contenidos de Historia Antigua, Medieval y Moderna en diferentes cursos académicos, al tratar temáticas diferentes. Frente a esto, hasta el momento el alumnado estudiaba los contenidos de Historia Medieval exclusivamente en el segundo curso de la ESO, es decir, cuatro años antes de ingresar en la Universidad (puesto que los contenidos propiamente «medievales» de la asignatura de Historia de España eran muy limitados).

Otra consecuencia de la implantación del currículo de la LOMLOE es la desaparición de la adaptación curricular en la Comunidad Foral Navarra, que en este caso no ha añadido ninguna mención a los contenidos históricos propios de Navarra, como se había hecho en currículos anteriores[24]. Dadas las caracte-

....

ciencias sociales, geografía e historia, 82, 2016, pp. 43-49; *Idem, Pensamiento histórico y evaluación de competencias*, Barcelona, Graó, 2015; N. Monfort, J. Pagès y A. Santisteban, «¿Cómo evaluar el pensamiento histórico del alumnado», en P. Miralles, S. Molina y A. Santisteban (eds.), *La evaluación en el proceso de enseñanza y aprendizaje de las ciencias sociales*, Murcia, Asociación Universitaria de Profesorado de Didáctica de las Ciencias Sociales, 2011, pp. 221-232; J. Sáiz Serrano C. Fuster García, «Memorizar historia sin aprender pensamiento histórico: las PAU de Historia de España», *Investigación en la escuela*, 84, 2014, pp. 47-57; C. Gómez Carrasco y A. Chapman, «Pensamiento histórico y evaluación de competencias en el currículo de Inglaterra y España. Un estudio comparativo», en R. López Facal (ed.), *Ciencias sociales, educación y futuro. Investigaciones en didáctica de las Ciencias Sociales*, Santiago de Compostela, 2016, pp. 432-441; J. R. Moreno Vera, R. A. Rodríguez Pérez y J. Monteagudo Fernández, «Competencias de pensamiento histórico en Bachillerato», *op. cit*; D. Miguel-Revilla, «¿Cómo evaluar las competencias históricas en la escuela? Desafíos, nuevos marcos teóricos y avances en la evaluación del pensamiento histórico», *Revista San Gregorio*, 40, 2020, pp. 132-144.

23 C. Monereo Font, «¡Saquen el libro de texto! Resistencia, obstáculos y alternativas en la formación de los docentes para el cambio educativo», *Revista de Educación*, 352, 2010, pp. 583-597.

24 El currículo oficial de Navarra desarrollado para la LOMCE (Decreto Foral 24/2015, de 22 de abril. BON 127, de 2 de julio de 2015) establecía como contenidos propios de Navarra en 2.º de la ESO los siguientes ítems: Vascones y romanos; Los Fueros; El reino de Pamplona y de Navarra;

rísticas de este currículo, parece una medida oportuna, puesto que los contenidos quedan a la libre elección de los docentes.

En el caso de la editorial Anaya (que adaptaba los contenidos de sus libros de texto a cada Comunidad Autónoma), esta circunstancia ha provocado que, por primera vez tras varias reformas educativas, se haya tomado la decisión de no reeditar los contenidos de la adaptación curricular de Navarra que conformaban un pequeño cuadernillo. Puesto que no hay instrucciones precisas por parte de la administración educativa, la editorial ha decidido no invertir en la renovación de sus adaptaciones curriculares y continuar con los materiales previos. Por tanto, el cuadernillo está configurado como hasta el momento en 6 páginas: 2 para la alta Edad Media y 4 para la Plena y Baja Edad Media: 1.1. Ocupación musulmana del territorio; 1.2. El avance cristiano; 1.3. El esplendor del Reino de Pamplona; 2.1. Del Reino de Pamplona al Reino de Navarra; 2.2. Las dinastías francesas (1234-1425); 2.3. El Fuero General de Navarra; 3.1. Las guerras civiles; 3.2. La conquista castellana[25].

Como se puede apreciar, los contenidos de Historia de Navarra en el libro de texto de Anaya, fijados por los currículos de las leyes educativas previas, son básicamente sustantivos, de naturaleza política en su mayor parte, y con poca o nula presencia de contenidos estratégicos o secundarios.

2.1.2. *Geografía e Historia de Navarra (Bachiller)*

La segunda asignatura que se ocupa del estudio de la Edad Media Navarra es la Geografía e Historia de Navarra, asignatura optativa de 4 horas semanales que los alumnos de cualquier rama de bachillerato pueden seleccionar tanto en el primer como en el segundo curso de esta etapa educativa. Eso sí, esta optativa compite con la segunda lengua extranjera y con asignaturas propuestas por el propio centro educativo.

El currículo oficial de Navarra desarrolla ampliamente esta asignatura por medio de 7 competencias específicas y tres bloques de contenidos:

• De las 7 competencias específicas, 4 son las que atañen directamente a la enseñanza de la Edad Media: la primera hace alusión a la comprensión de los cambios y continuidades; la segunda se refiere a la noción de progreso, atendiendo al bienestar social y la sostenibilidad; la tercera

---

Las dinastías francesas; La conquista y anexión del reino de Navarra; Algunos ejemplos de arte medieval navarro; Las leyendas. Estos contenidos se concretaban, además, en siete diferentes «criterios de evaluación» y doce «estándares de aprendizaje evaluables».

25 J. J. Calvo, R. Felones e Í. Mugueta, *Geografía e Historia. 2.º ESO. Navarra*, Madrid, Anaya.

propone incorporar la perspectiva de género en la Historia; y la cuarta trata sobre la educación patrimonial, es decir, el conocimiento y valoración del patrimonio cultural en el entorno cercano del alumnado.

- Los tres bloques de «saberes básicos» se subdividen en un total de 18 ítems, 6 para la Geografía, 9 para la Historia, y 3 para el último bloque, sobre memoria, identidad y patrimonio. De los 9 bloques de Historia, uno pertenece a la Prehistoria, uno a la Antigüedad, cuatro a la Edad Media (siglos V-VIII; siglos VIII-X; siglos XI-XIII; siglos XIII-XV), 1 a la Modernidad y 2 a la Edad Contemporánea (uno para el siglo XIX y otro para el siglo XX). Esto supone que el grueso de esta asignatura es la Historia, y dentro de ella, la Edad Media.

Aunque este planteamiento teórico resulte aparentemente satisfactorio para un medievalista que desee fomentar la formación histórica del alumnado, la realidad es bien distinta. Interrogado el profesorado de Bachillerato a través de una breve encuesta, los resultados nos han permitido constatar que esta asignatura es elegida por un pequeño número de alumnos y alumnas, y que en muchos centros su impartición se vincula a la existencia de un número mínimo de estudiantes, que no se logra todos los años.

Es decir, en el curso anterior (2013-2014) fueron varios los centros navarros en los que ningún alumno pudo cursar esta asignatura. Con los datos obtenidos a partir de 16 diferentes centros educativos, hemos podido calcular que en torno a un 26,28 % del alumnado la habría cursado. Esta asignatura fue aprobada en el curso 2013-2014 por un 96 % del alumnado en castellano y un 99,1 % del alumnado que la eligió en euskera. La nota media del alumnado en castellano fue de 7,22 y en euskera, casi un punto superior, 8,18[26]. Es decir, estamos ante una asignatura que, al ser optativa, resulta relativamente fácil de aprobar.

Los profesores dedican a la Edad Media un número muy variable de sesiones dentro de esta asignatura, que fluctúa entre 9 sesiones (en el menor de los casos), y 50, en el que más (lo cual supondría dedicar 12 semanas, es decir, 3 meses a la Edad Media). La media entre todos los centros se sitúa en torno a las 25 horas, es decir, unas 6 semanas de clase.

En cuanto a los materiales utilizados, la mitad de los centros encuestados aseguran utilizar el único libro de texto existente para impartir esta asignatura, que es el editado por Anaya y redactado por Román Felones, Fermín Miranda y

---

[26] Agradezco a Merche Osés el acceso a los datos de oficiales de calificaciones de esta asignatura en la Red Pública de Educación del Gobierno de Navarra.

Juan José Calvo[27]. La otra mitad de los centros utilizan materiales de procedencia variada y un 25% utilizan materiales elaborados por el profesorado del centro. En cuanto a materiales complementarios, una obra se menciona por encima de las demás (en un 30% de los casos), *Legajos en la mochila*, editada por Sílex y desarrollada como proyecto de investigación financiado por la Fundación Obra Social La Caixa y Fundación Caja Navarra a través de la convocatoria de proyectos de investigación del Centro Asociado de la UNED en Pamplona, que se realizó en colaboración con el Archivo General de Navarra[28].

Sobre estas dos obras cabe hacer varias observaciones. El libro de texto de Anaya fue editado por vez primera en el año 2000, y con posterioridad se ha reeditado con cambios poco relevantes (salvo quizás en la parte de Geografía, que necesitaba de una actualización de determinados datos propios de la Geografía Humana). Los contenidos de Historia Medieval se condensaron en las Unidades 9 a 12, en un total de 45 páginas, redactadas por uno de los grandes especialistas en Historia Medieval de Navarra, Fermín Miranda. Aunque sus contenidos no plantean errores que sea necesario corregir, algunos de ellos sí cabrían ser completados con datos aportados por la investigación con posterioridad (por ejemplo, el libro es anterior a todos los hallazgos, sustanciales, de la maqbara de la plaza del Castillo de Pamplona), o con enfoques actualizados sobre las cuestiones de género. Además, estos contenidos ya no se ajustan a las necesidades impuestas por el nuevo currículo educativo. La editorial Anaya no ha actualizado esta obra y, dado el escaso número de alumnos que la cursan en la actualidad, es poco probable que lo vaya a hacer en el futuro. Por tanto, surge aquí una necesidad que sería importante cubrir para facilitar que los docentes tengan materiales para impartir una asignatura que asegure la adquisición de las competencias específicas propuestas por el currículo.

Sobre la obra *Legajos en la Mochila*, editada en 2020, cabe señalar que el propio currículo de Navarra la propone como un material para el desarrollo de la competencia sobre «cambios y continuidades en la Historia», y sobre «debatir problemas actuales». En este aspecto, el proyecto *Legajos en la mochila* surgió para aportar fuentes primarias de archivo al estudio de diferentes temas socialmente relevantes a lo largo de la Historia, como el trabajo, la educación, la emigración, la familia y el matrimonio, la vivienda, la sanidad y el ocio. En total fueron 39 los documentos analizados y presentados de manera didáctica, para fomentar el

[27] R. Felones Morrás, F. Miranda García y J. J. Calvo Miranda, *Geografía e Historia de Navarra. Bachillerato*, Madrid, Anaya, 2010.

[28] Í. Mugueta Moreno (dir.), *Legajos en la mochila. Textos comentados para una historia social de Navarra en educación secundaria*, Madrid, Sílex, 2020.

trabajo en el aula por medio de la estrategia del comentario de texto. Para ello se proporcionaban algunas pautas de análisis y de evaluación, con la finalidad de que resultasen útiles para el desarrollo del pensamiento histórico del alumnado. En este sentido, la obra encaja a la perfección con el espíritu del currículo de la LOMLOE, editado en 2022.

Cabe añadir que los materiales del libro *Legajos en la mochila* se combinan con las fichas para estudiantes que se pueden descargar en la web del Archivo Real y General de Navarra, donde también hay otros materiales didácticos elaborados desde el área de Didáctica de las CCSS de la Universidad Pública de Navarra. Estas fichas han querido acercar

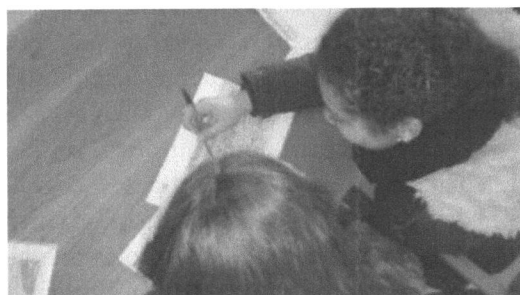

Figura 1. Fotografía de uno de los talleres realizados a partir de las fichas didácticas elaboradas entre la Universidad Pública de Navarra y el Archivo Real y General de Navarra.

al alumnado las fuentes primarias de archivo de época medieval con lo que denominamos «juegos paleográficos», que en las sesiones de prueba desarrolladas en el propio Archivo General con varios centros educativos dieron un resultado excelente, en particular con la motivación del alumnado y el interés desarrollado en la investigación histórica[29].

2.1.3. *Historia de España. 2.º de Bachiller*

La tercera asignatura que nos afecta aquí es la Historia de España de 2.º de Bachiller, que además tiene una mayor relevancia por ser una asignatura que se incluye en la actual PAU (Prueba de Acceso a la Universidad). Si bien desde este año la asignatura de Historia de España es optativa (el alumnado puede elegir en la PAU hacer el examen de Historia de España o el de Filosofía), hasta esta última convocatoria había sido una de las asignaturas obligatorias. En este primer año de optatividad (junio de 2024), en Navarra 2202 estudiantes eligieron Filosofía y 2048 Historia, es decir, un 52 % frente a un 48 %, según los datos de la Universidad Pública de Navarra.

---

[29] El acceso a todos estos materiales se realiza a través de la web del Archivo Real y General de Navarra, actualmente en la siguiente dirección web (30/9/2024) <http://www.navarra.es/home_es/Temas/Turismo+ocio+y+cultura/Archivos/Archivos/Archivo+General+de+Navarra/Historia/Didactica.htm>.

Esta asignatura vuelve a vincularse directamente con la noción de pensamiento histórico, y se desglosa en 8 competencias específicas: la primera propone reflexionar sobre la noción de libertad y su evolución histórica; la segunda se refiere a la diversidad identitaria de España; la tercera, a la noción de progreso en términos de bienestar social y sostenibilidad; la cuarta pretende estudiar los cambios y continuidades en la Historia; la quinta, las ideologías a partir del estudio de fuentes primarias; la sexta propone la conexión de la Historia de España con la Historia global; la séptima, incorporar la perspectiva de género en el análisis de la Historia de España; y finalmente, la octava propone el conocimiento y valoración del patrimonio histórico. Por tanto, un esquema muy similar al de las competencias de la asignatura de Geografía e Historia de la ESO[30].

En cuanto a los saberes básicos, el currículo ministerial proponía tres bloques, siendo el primero el que recogía una Historia cronológica que nos puede servir para aquilatar el peso de la Historia Medieval. En este primer bloque, el Ministerio propone 14 ítems, que comienzan directamente en la Edad Contemporánea, tras un repaso por los «usos públicos de la Historia» y las «interpretaciones historiográficas» en el primero de los ítems. Eso sí, en segundo de estos ítems (1 de 14), se habla de estudiar el «el legado histórico y cultural» de la península ibérica (no de España), y «las raíces de la historia contemporánea».

La inclusión de este ítem ha dado lugar a la controversia entre las Comunidades Autónomas que estiman que los contenidos anteriores a la Contemporaneidad quedan excluidos de esta asignatura, y quienes no lo consideran así. En Navarra se ha dado la situación paradójica de que entre la preparación del primer examen de la PAU y la salida de la adaptación curricular de la Comunidad Foral surgieron dudas de interpretación que han conducido a una importante incongruencia. El legislador navarro entendió que –como hasta ahora– los contenidos anteriores al siglo XIX debían incluirse, e introdujo en el currículo oficial un ítem (el A3), donde se recogían los temas navarros tradicionales que se preguntaban en la PAU: Vascones; Romanización; Reino de Navarra; Dinastías Francesas; Conquista de Navarra. Mientras tanto, los coordinadores de Bachillerato y Universidad estimaban que el espíritu de la ley era restringir el examen a la época contemporánea y, por tanto, suprimieron las preguntas tradicionales anteriores al siglo XIX. Como consecuencia, aunque el currículo navarro recoge expresamente la inclusión de contenidos navarros medievales, finalmente estos no se incorporaron en la EBAU de 2024. Por tanto, este año por vez primera

---

[30] Decreto Foral 72/2022, de 29 de junio, por el que se establece el currículo de las enseñanzas de la etapa de Bachillerato en la Comunidad Foral de Navarra, publicado en el Boletín Oficial de Navarra de 26 de agosto de 2022.

los centros educativos no han incluido estos temas en sus programaciones y el alumnado, también por vez primera desde hace muchos años, ni ha estudiado ni se ha examinado en la EBAU de contenidos de época medieval[31].

En el momento de entregar este texto, la situación aún no ha quedado resuelta. Desde la Administración central se propuso un proceso de homogeneización de los exámenes de todas las Comunidades Autónomas que ha motivado un importante retraso en el diseño de las pruebas de junio de 2025. En consecuencia, los estudiantes han iniciado diversas acciones de protesta, como manifestaciones y huelgas, reclamando la inmediata publicación de los modelos de examen de la PAU[32].

Recordemos que existe un largo debate sobre la pertinencia de incluir en la evaluación de acceso a la Universidad todo el temario de Historia de España, desde la Prehistoria a la época Contemporánea[33]. Los especialistas en didáctica de las CCSS se habían manifestado en contra de este tipo de examen[34], así como muchos docentes de Educación Secundaria, que argumentaban que era impo-

---

[31] En las Comunidades Autónomas de Castilla León, Aragón, Murcia y Madrid, por ejemplo, el examen de junio de 2024 mantuvo las preguntas relativas a las épocas anteriores a la Edad Contemporánea, como se puede comprobar fácilmente en el repositorio de exámenes de las pruebas de acceso en las Universidades de Zaragoza, Murcia y Complutense de Madrid. La opción contraria fue adoptada en las Comunidades de Cantabria, País Vasco, La Rioja, Cataluña o la Comunidad Valenciana, al igual que en Navarra. Está por ver si la uniformización propuesta por el Ministerio de Ciencia, Innovación y Universidades va a tener su efecto a la hora de homogeneizar este importante aspecto del examen y del temario de la asignatura de Historia de España.

[32] Así se refleja en la prensa de las últimas semanas: M. Olazarán, «Unos 500 estudiantes salen a la calle en Pamplona para exigir la publicación inmediata de los nuevos modelos de la PAU», *Noticias de Navarra* (11/10/2024), <https://www.noticiasdenavarra.com/sociedad/2024/10/11/500-estudiantes-salen-calle-exigir-8796254.html>; Á. Soto, «Miles de estudiantes en huelga para exigir los modelos del examen de Selectividad», *El Correo* (11/10/2024), <https://www.elcorreo.com/sociedad/educacion/miles-estudiantes-huelga-exigir-modelos-examen-selectividad-20241011132459-ntrc.html>.

[33] A. Pérez Boldó, «La prueba de Historia de España del bachillerato LOGSE: un caso particular especialmente significativo», *Tarbiya: revista de investigación e innovación educativa*, 43(2), 2014, pp. 177-193.

[34] J. Ruiz Lázaro, C. González Barberá y J. L. Gaviria Soto, «La prueba de Historia de España para acceder a la universidad: análisis y comparación entre comunidades autónomas», *Revista española de pedagogía*, 81(286), 2023, pp. 579-600; R. Méndez, Á. Chaparro Sainz y J. Guerrero Vicente, «La Prueba de Acceso a la Universidad de la asignatura de Historia de España en Andalucía (2008-2021). Análisis y evolución», *Áreas. Revista Internacional de Ciencias Sociales*, 45, 2023, pp. 109-127; X. M. Souto González, C. Fuster García y J. Sáiz Serrano, «Un camino de ida y vuelta: revalidas y selectividad en las rutinas escolares de la enseñanza de la Geografía e Historia», en *Una mirada al pasado y un proyecto de futuro: investigación e innovación en didáctica de las ciencias sociales*, vol. II, Barcelona, Servicio de Publicaciones de la Universidad Autónoma de Barcelona, 2014, pp. 157-165.

sible estudiarlo con solo 4 horas semanales. Los docentes navarros, además, cuentan con una 1 menos que otras Comunidades Autónomas, con lo cual el problema se acentúa[35]. Tras este debate latía una cuestión ideológica de fondo que se ha planteado en diversas ocasiones en la escena pública: ¿Cuándo nace España? ¿En la Prehistoria, en la Antigüedad, con los RRCC, o con el Estado Liberal? La concepción tradicional fue la de considerar que la Historia de España no se podía dividir y, a pesar de la evidente imposibilidad de preparar un temario tan extenso en un solo curso, se mantuvo el examen entre la Prehistoria y la actualidad[36].

Para incluir los contenidos de época Antigua, Medieval y Moderna, se arbitraban fórmulas poco didácticas que implicaban el estudio de todo lo anterior a la época contemporánea por medio de preguntas cortas pactadas, que el alumnado memorizaba a partir de la redacción realizada por los profesores. Con el paso del tiempo, en Navarra las preguntas cortas fueron modificándose, con mayor o menor presencia de preguntas de Historia política (batallas, reyes, acontecimientos) en función de los vaivenes organizativos de los propios exámenes de Selectividad[37]. Igualmente cambiaron tanto el número total de términos o preguntas a estudiar, como la optatividad o su peso en el conjunto del examen[38]. Con los años, la tendencia ha sido reducir el número de términos a estudiar, incrementar la optatividad y aumentar el valor de esta parte en el conjunto del

---

[35] En 2023 se hizo una solicitud de ampliación de este horario por parte del profesorado de Historia de todos los centros educativos navarros, y que no fue atendida desde el Departamento de Educación del Gobierno de Navarra.

[36] Explica la cuestión con detalle, incidiendo tanto en la excesiva extensión del temario como en sus planteamientos ideológicos: R. López Facal, «Identificación nacional y enseñanza de la historia: 1970-2008», *Historia de la Educación*, 27, 2008, pp. 171-193; e *Idem*, «La LOMCE y la competencia histórica», *Ayer*, 94, 2014, pp. 273-285.

[37] Resulta imposible realizar aquí una comparativa de los vaivenes de estas preguntas cortas, que podrían ser analizadas en una publicación separada. Su evolución podría resultar, sin duda, sorprendente, pues no siempre se avanzó en una dirección esperable hacia contenidos más abiertos e integradores, sino que se podría detectar un incremento de los términos de historia política en los últimos años, con respecto a épocas anteriores.

[38] En el último año que estuvieron vigentes, las preguntas cortas o términos a definir fueron 25, de los cuales 5 eran propios de la Comunidad Foral Navarra: 1. Pueblos prerromanos; 2. Vascones; 3. La conquista romana de Hispania; 4. Romanización; 5. Andelos; 6. Monarquía visigoda; 7. Califato de Córdoba; 8. Reinos de Taifas; 9. Mozárabes; 10. Expansión territorial de los reinos cristianos; 11. Reino de Pamplona; 12. Formación y estructura de la Corona de Aragón; 13. Cortes medievales; 14. Unión entre el reino de Castilla y la Corona de Aragón; 15. Conquista de Navarra e incorporación a Castilla; 16. Expulsión de los judíos; 17. Casa de contratación; 18. Herencia territorial de Carlos I; 19. Diputación del Reino de Navarra; 20. Validos; 21. Expulsión de los moriscos; 22. Paz de los Pirineos; 23. Guerra de sucesión española; 24. Decretos de Nueva Planta; 25. Despotismo Ilustrado.

examen. Esta tendencia se consolidó con la pandemia, donde se generalizó el modelo de examen llamado «Covid», que se mantuvo hasta la última convocatoria de 2024[39].

Tabla 1. Evolución del peso de las preguntas cortas, anteriores a la época contemporánea, en el examen de Historia de España de Selectividad/EBAU en la Comunidad Foral de Navarra

Año	Preguntas	Optatividad	Puntos	N.º términos
2015	5	0%	2	25
2016	5	0%	2	25
2017	5	0%	4	35
2018	5	0%	4	32
2019	5	0%	4	32
2020	4	33%	3	25
2021	5	35%	4	25
2022	5	35%	4	25
2023	5	35%	4	25

En 2018, como consecuencia de la puesta en marcha del currículo que proponía la LOMCE, que establecía un elevado número de estándares de aprendizaje, se optó por la eliminación de los comentarios de fuentes históricas y gráficas que habían sido un clásico en el examen de Selectividad hasta entonces[40]. Aunque esto no afectaba a los contenidos de Historia Medieval y el resto de las etapas anteriores a la época contemporánea, el carácter del examen giró hacia una mayor memorización. En este aspecto, la complejidad del examen radicaba en la amplitud del temario marcado por «los estándares de aprendizaje» del currículo de la LOMCE, por lo que la presión del profesorado se dirigió hacia el

---

[39] A. Bretcha, «Regresa la PAU en 2025: el Ministerio endurece la selectividad tras 5 años de exámenes más fáciles», *Noticias de Navarra* (11/06/2024), <https://www.noticiasdenavarra.com/sociedad/2024/06/11/pau-2025-aprobada-nueva-selectividad-dura-modelo-8346631.html>; M. Olazarán, «La actual EVAU se mantiene y el cambio de formato se aplaza a 2025», *Noticias de Navarra* (31/08/2023), <https://www.noticiasdenavarra.com/sociedad/2023/08/31/gobierno-espanol-aplaza-ano-reforma-7201346.html> ; *Idem*, «¿Seguirá el 'modelo covid' de la EBAU con mayor opcionalidad o regresará la prueba de 2019?», *Noticias de Navarra* (31/08/2023), <https://www.noticiasdenavarra.com/sociedad/2023/08/31/seguira-modelo-covid-mayor-opcionalidad-7204182.html>.

[40] Los exámenes de convocatorias anteriores, hasta 2010, pueden localizarse en la web de la Universidad Pública de Navarra: <https://www.unavarra.es/sites/estudios/acceso-y-admision/evau-para-estudiantes/desarrollo-de-las-pruebas.html>.

incremento del peso de las preguntas cortas, que en el examen de Navarra llegaron a alcanzar un 40%. Esto fue un espejismo, puesto que el incremento de esta parte del examen no conllevó una ampliación de los contenidos de los periodos preindustriales, ni por supuesto un cambio de las metodologías de aprendizaje, sino todo lo contrario. El motivo de este cambio fue, por un lado, dar mayores facilidades al alumnado y, por otro, adecuar los porcentajes de cada bloque de contenidos a la norma del examen de Selectividad, establecida en la Orden ECD/1941/2016, de 22 de diciembre[41].

Como se ha señalado, esta evolución hacia el mayor peso de los términos o preguntas cortas, sin un incremento de la materia, supuso una mayor facilidad para aprobar el examen y un incremento sustancial de las calificaciones del examen de Historia. De hecho, las calificaciones del examen de Historia de España comenzaron a igualarse y superar a las de las otras asignaturas obligatorias (Inglés y Lengua española), algo que había sido una reclamación tradicional del profesorado de Historia (véase gráficos 4 y 5).

En los datos que he podido recoger de los exámenes corregidos por mí mismo en estos años (donde detallaba la calificación de cada pregunta en una hoja de cálculo), se puede apreciar la importancia de estas definiciones de contenidos de épocas preindustriales. En realidad, la pregunta que más ayudaba a aprobar al alumnado era el comentario de texto, la misma pregunta que el profesorado acordó eliminar para favorecer al alumnado 3 años después. Por otro lado, las preguntas que parecían presentar mayor dificultad para el alumnado eran las memorísticas de desarrollo (B y C en el gráfico 1).

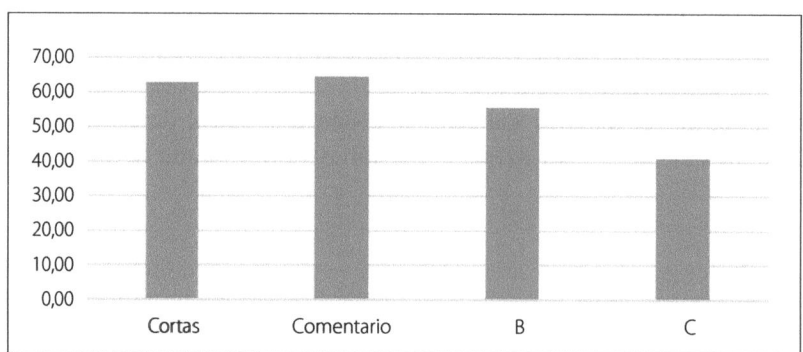

Gráfico 1. Porcentaje de acierto en las preguntas de selectividad corregidas en el año 2015, sobre un total de 74 exámenes (siendo las preguntas cortas las de los periodos preindustriales, más un comentario de texto y dos preguntas de desarrollo sobre época contemporánea).

---

[41] BOE, 309, de 23 de diciembre de 2016.

Una vez hecho el citado cambio de las preguntas cortas (por el que pasaron a sumar un 40% del examen), estos términos preindustriales se convirtieron en esenciales para lograr el aprobado. La diferencia en el éxito cosechado en las preguntas cortas y las largas es de más de un 17% a favor de las preguntas cortas. Esto habla a las claras sobre por qué estos contenidos preindustriales –tan poco didácticos y que alargaban el temario– se han mantenido en el examen de acceso a la Selectividad durante tantos años. No se trataba de una cuestión didáctica o educativa, sino de un interés general entre el profesorado para que el alumnado mejorase sus calificaciones (una cuestión que se planteaba sin ambages en las reuniones de coordinación del profesorado de Historia).

La reclamación tradicional se refería a la mayor dificultad de la prueba de acceso a la Universidad en Navarra con respecto a otras Comunidades Autónomas. Recuérdese que el sistema universitario español es de distrito único, por lo que el alumnado de todas las Comunidades Autónomas compite por las mismas plazas universitarias. Sin embargo, según los informes del Ministerio de Ciencia, Innovación y Universidades[42], en 2013 la Comunidad Foral Navarra se situaba en la posición n.º 13 (entre las 17 comunidades autónomas) en cuanto a la nota media de la EBAU, y en la posición n.º 15 en cuanto al porcentaje de sobresalientes.

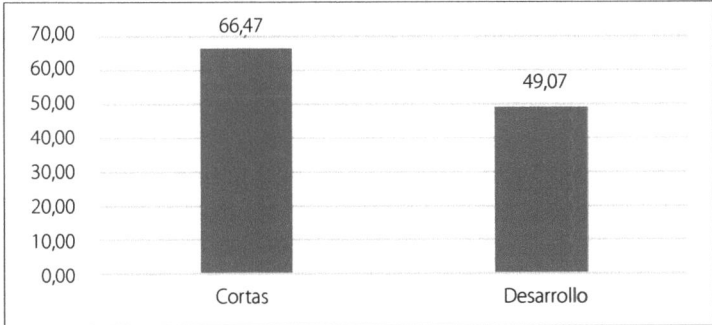

Gráfico 2. Porcentaje de acierto en las preguntas de selectividad corregidas en el año 2015, sobre un total de 168 exámenes (en cada examen había 5 preguntas cortas y 3 de desarrollo).

---

[42] Es clara al respecto la infografía publicada por el Ministerio de Ciencia, Innovación y Universidades a través del Sistema Integrado de Información Universitaria titulada *Pruebas de Acceso a la Universidad de los estudiantes de Bachillerato*, donde se pueden obtener los datos por comunidad autónoma, año, convocatoria y sexo de los/las estudiantes (Fuente: estadística de las PAU), <https://public.tableau.com/views/EBAU_23/Dashboard1?%3AshowVizHome=no&%3Aembed=true#2>.

Después de todo lo planteado, en nuestra opinión la supresión de los contenidos de todas las etapas preindustriales en el examen de la EBAU es acorde con el contenido del nuevo currículo de la LOMLOE, a pesar de la apostilla introducida (creemos que un tanto errónea) en la adaptación curricular de la Comunidad Foral de Navarra. Por nuestra parte, la pérdida de contenidos medievales resulta exigua y, además, aquellos contenidos de épocas preindustriales ni siquiera eran explicados por la mayoría de los docentes, sino que los alumnos los memorizaban a partir de definiciones que –en muchos casos– estaban realmente fosilizadas y que circulaban por todos los centros educativos. En lo referente a la Navarra medieval, la pérdida consiste en la desaparición de los términos «vascones», «Reino de Pamplona» y «Conquista e incorporación de Navarra a Castilla». Una disminución tan pequeña (tanto en cantidad como en calidad), no parece que se pueda cuestionar cuando existe una dificultad evidente para impartir todo el temario a lo largo del año, como han puesto de manifiesto especialistas como Ramón López Facal[43]. En resumen, aunque creamos que los contenidos medievales merecen una mayor presencia en el currículo oficial, esta no era la manera correcta de introducirlos.

Finalmente, después de estos años como coordinador de la EBAU, me gustaría manifestar aquí que la gran asignatura pendiente es la evaluación, tanto en el Bachillerato como en la EBAU/PAU[44]. El crecimiento de las calificaciones que veremos enseguida es un indicador de la poca estabilidad de los criterios de evaluación. Pero además, observando las diferencias entre unos y otros correctores de las pruebas de acceso a la Universidad, podemos ver que hay criterios de evaluación diferentes entre el propio profesorado: en 2019 3 correctores se situaron en un nivel de aprobado de entre el 50 % y el 60 % del alumnado, y otros 3 superaron el 80 % de aprobados. Esto se suma a las evidentes diferencias entre los tipos de examen y de criterios de corrección entre las diferentes Comunidades Autónomas. En consecuencia, creo que este es el gran reto para el futuro, especialmente si la pretensión de las autoridades educativas es la de evaluar competencias, lo cual redundará en una mayor complejidad de la corrección.

2.2. Resultados educativos

El planteamiento curricular nos puede dar idea de aquello que se está enseñando/ estudiando actualmente en las etapas educativas previas a la Universidad. En cualquier caso, sería necesaria una encuesta docente amplia para conocer

---

43 R. López Facal, «Identificación nacional y enseñanza de la historia», *op. cit.*
44 J. Sáiz y C. Fuster, «Memorizar historia sin aprender pensamiento histórico: las PAU de Historia de España», *Investigación en la Escuela*, 84, 2014, pp. 47-57.

qué está ocurriendo en las aulas realmente con los contenidos de Historia Medieval; algo que aquí no podemos abordar. En cambio, sí podemos acudir a datos estadísticos que nos permitan intuir cómo ha evolucionado el alumnado en España en los últimos años, tanto en el acceso a la Universidad como una vez llegados a la Universidad. Renunciamos, no obstante, a un estudio estadístico que trate de relacionar la evolución de las calificaciones con la evolución del rendimiento académico (algo que resultaría muy interesante y pertinente).

2.2.1. *Resultados en Educación Secundaria y Bachillerato*

El conocido informe PISA, publicado por el Ministerio de Educación en 2022, que evalúa las competencias del alumnado español de 15 años, valoró la comprensión lectora del alumnado español en relación con el resto de los países de la UE y de la OCDE[45]. En el informe PISA se entiende que la comprensión lectora es «la capacidad individual para comprender, utilizar y analizar textos escritos con el fin de lograr sus objetivos personales, desarrollar sus conocimientos y posibilidades y participar plenamente en la sociedad». Su valoración aportaba una puntuación media de 474 puntos para los estudiantes españoles, solo 2 puntos por debajo de la media de la OCDE y un 1 por debajo de la media

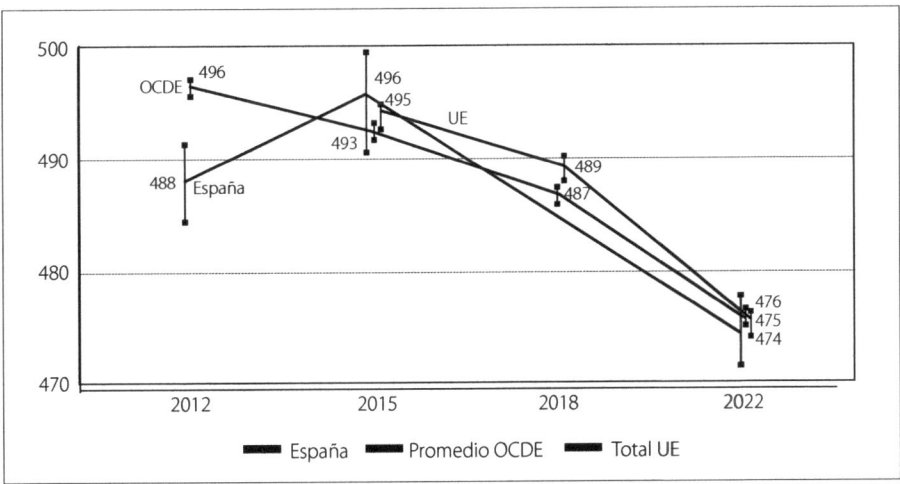

Gráfico 3. Evolución de los rendimientos medios estimados en lectura entre 2012 y 2023 para España, el promedio OCDE y el Total UE. Fuente: Informe PISA 2022.

---

45 *Pisa 2022. Programa para la evaluación internacional de los estudiantes. Informe español*, Madrid, Ministerio de Educación, Formación Profesional y Deportes, 2023.

de la UE. No obstante, el dato más interesante era quizás la evolución entre los años 2012 y 2022. Si en 2012 la puntuación media española era de 488, en 2015 subió a 496, situándose por encima de la media de la OCDE y descendiendo de manera continuada hasta 2018 y especialmente tras la pandemia, en 2022, hasta un valor más de 20 puntos inferior. Eso sí, el descenso ha sido similar en todos los países de la OCDE y la UE, por lo cual podemos entender que este dato tan negativo está relacionado con dinámicas socioculturales comunes a todos los países que participan en el estudio.

2.2.2. *Resultados de la Selectividad/EBAU/PAU*

Otro de los datos que vamos a tomar como referencia son las calificaciones obtenidas en la EBAU de Navarra en los últimos años, comparando la evolución de las asignaturas de Historia de España, Lengua Española e Inglés, en los años en los que las 3 eran asignaturas obligatorias en la EBAU. El resultado muestra

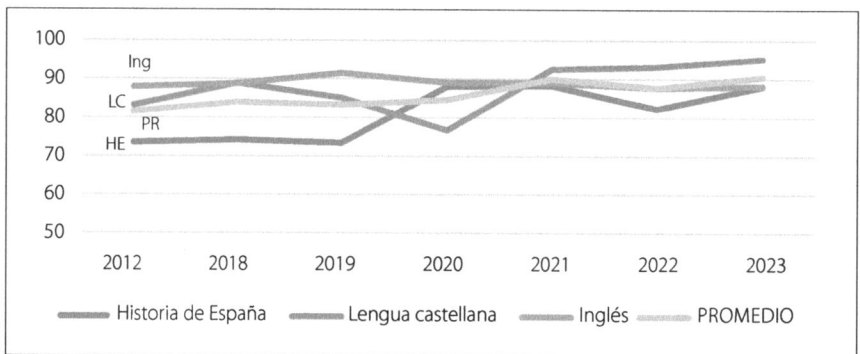

Gráfico 4. Porcentajes de aprobados en la convocatoria ordinaria de la EBAU (Navarra).

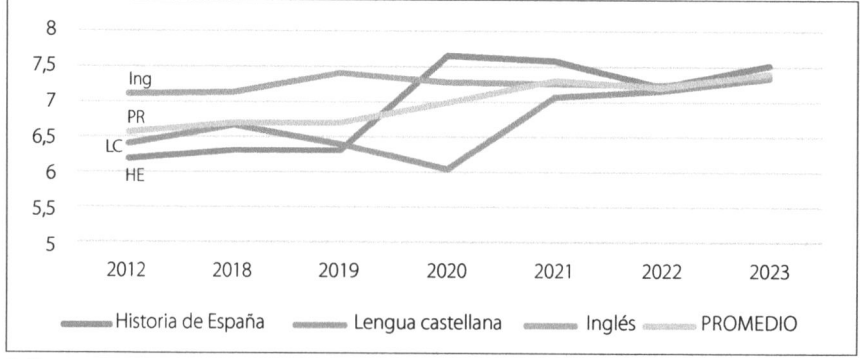

Gráfico 5. Notas medias de la EBAU en la convocatoria ordinaria (Navarra).

cómo la asignatura de Historia de España solo logró unos resultados mejores que las otras dos asignaturas a partir de la pandemia de COVID-19, cuando el gobierno promovió la optatividad en los exámenes, y como consecuencia los alumnos pudieron preparar bien el siglo XIX, bien el siglo XX. Es decir, la mejora de los resultados vino dada por una optatividad que, de hecho, reducía el temario de la asignatura (algo que la futura normativa parece que va a modificar).

Como se puede apreciar, en los últimos años estamos observando cómo las calificaciones de todas las asignaturas de la EBAU han mejorado, tanto en número de aprobados como en la nota media lograda. Esto debería ir parejo a una mejora de los resultados académicos en la Universidad, que es lo que vamos a tratar de analizar en el epígrafe siguiente.

En cualquier caso, los datos de la EBAU de Navarra se pueden contrastar con otros que nos permiten entrever una evolución similar a gran escala. Nos referimos al crecimiento de las notas de corte de las universidades españolas en las diferentes ramas de conocimiento, y especialmente en la rama de Humanidades. La evolución es similar a la que acabamos de ver con los datos de la EBAU de Navarra: un crecimiento sostenido desde 2016 que se incrementa de manera notable en 2020 y que continúa su ascenso (más moderado) en los años siguientes[46].

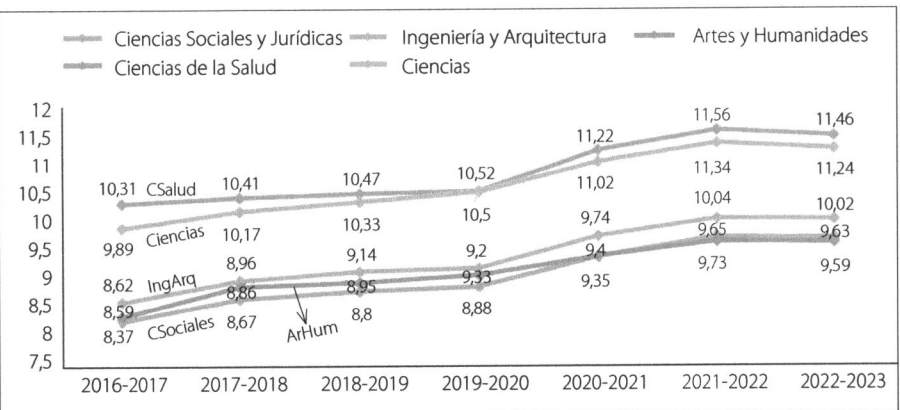

Gráfico 6. Evolución de la nota media de admisión de los estudiantes de nuevo ingreso en Grado por rama de enseñanza (solo universidades públicas presenciales). Fuente: Datos y cifras del sistema Universitario español. 2023-2024. Ministerio de Ciencia, Innovación y Universidades.

46 *Datos y cifras del Sistema Universitario Español. Publicación 2023-2024*, Madrid, Ministerio de Ciencia, Innovación y Universidades, 2024.

2.2.3. *Resultados en la Universidad*

Sin embargo, los datos registrados en las universidades en los años posteriores a la pandemia no solo no apuntan hacia una mejora de los resultados académicos (en consonancia con la mejora de las calificaciones), sino justo en la dirección contraria, más en la línea de lo que se podía intuir en el informe PISA sobre comprensión lectora.

El Ministerio de Ciencia, Innovación y Universidades en sus informes estadísticos nos aporta datos de rendimiento académico hasta el año 2022[47]: en concreto, la evolución del rendimiento global en grado (entendida como la «relación porcentual entre el número de créditos superados por los estudiantes matriculados en un curso académico y el número total de créditos matriculados en dicho curso»[48]). Curiosamente estos indicadores de buen funcionamiento académico se mantenían constantes hasta la pandemia y a partir de ahí crecieron de manera muy notable, como si la pandemia hubiese tenido un efecto benéfico en el rendimiento del alumnado. Eso sí, llama la atención cómo tras la pandemia de COVID-19, el rendimiento global descendió, situándose incluso ligeramente por debajo de los años anteriores a la pandemia.

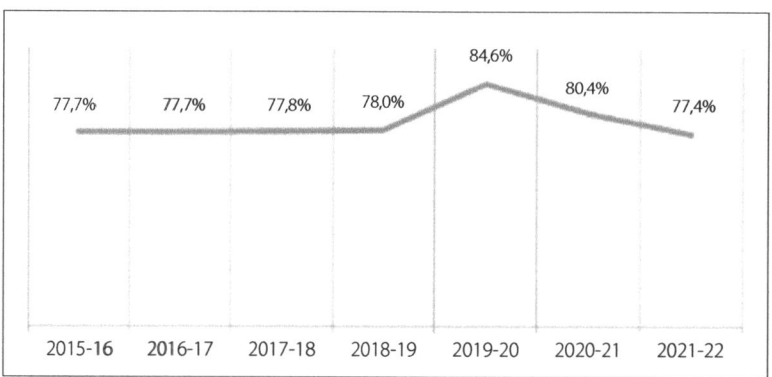

Gráfico 7. Tasa de rendimiento global en grado. Fuente: Ministerio de Ciencia, Innovación y Universidades. Informe sobre Indicadores Universitarios de Rendimiento Académico. Curso 2021-2022.

---

[47] Las estadísticas de rendimiento académico son accesibles en la web del Ministerio de Ciencia, Innovación y Universidades, que también elabora documentos como el de «Indicadores Universitarios de Rendimiento Académico. Curso 2021-2022», ‹https://www.universidades.gob.es/wp-content/uploads/2023/08/Nota-Estadistica-de-Indicadores-Rendimiento-2023.pdf›.

[48] Metodología. Indicadores Universitarios de Rendimiento Académico, Ministerio de Ciencia, Innovación y Universidades, ‹https://www.universidades.gob.es/wp-content/uploads/2023/08/Metodologia_IRA.pdf›.

Vistas todas estadísticas y sin pretensión de dar una explicación única a esta evolución, sí cabe llamar la atención sobre el efecto que la pandemia de COVID-19 tuvo en el incremento de las calificaciones. Cabe reflexionar sobre si este incremento de las calificaciones ha viajado en paralelo a una mejora del estudiantado[49].

En este aspecto no puedo aportar datos estadísticos más allá de los propios, de valor muy limitado. En mi caso, he podido impartir la asignatura de Introducción al Conocimiento del Patrimonio (en el primer cuatrimestre del grado de Historia y Patrimonio) desde el año de su puesta en marcha. La estructura de la asignatura no ha cambiado en estos 5 años, ni tampoco su evaluación. Por tanto, hablamos de una asignatura que ha tenido unos mismos docentes, que han aplicado el mismo tipo de evaluación durante un lustro. Así pues, nos decidimos a elaborar unas estadísticas sobre la evolución del número de aprobados y de la nota media de la asignatura, y los resultados son bastante esclarecedores.

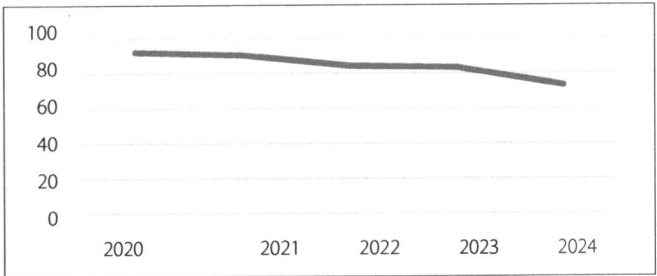

Gráfico 8. Evolución del % de aprobados en la asignatura Introducción al Conocimiento del Patrimonio del primer curso del grado de Historia y Patrimonio (UPNA).

En cuanto al número de aprobados, hemos pasado de un porcentaje superior al 90 % en los primeros años (debido en buena medida a la fuerte componente práctica de esta asignatura, que facilita la superación de la asignatura), a un 73 % de aprobados. Sin duda en esta disminución del rendimiento ha influido el descenso de la tasa de evaluación, pues en el curso 2023 se alcanzó un

---

[49] La preocupación por el impacto que ha tenido la pandemia en la calidad de la docencia ha motivado una línea de trabajos que constatan y analizan una realidad similar a la que aquí presentamos, y que puede deberse a factores diversos. En cualquier caso, sí se detecta una distorsión entre rendimiento académico y calificaciones con motivo de la pandemia (A. Bethencourt Aguilar *et al.*, «El rendimiento académico universitario durante la pandemia. Un análisis comparativo entre las calificaciones y las percepciones del profesorado», *RED. Revista de Educación a Distancia*, 77 (24), <http://dx.doi.org/10.6018/red.577201>.

12% de alumnos que no se presentaron al examen. En cuanto a la nota media, hemos evolucionado desde una calificación superior al 7 (es decir, un notable), a una calificación media inferior al 6 (5,96).

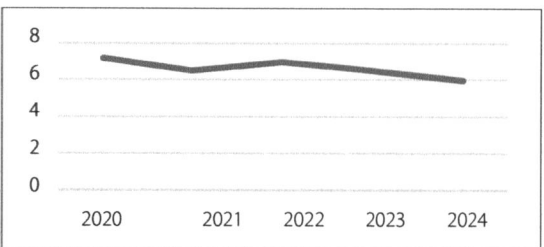

Gráfico 9. Evolución de la nota media en la asignatura Introducción al Conocimiento del Patrimonio del primer curso del grado de Historia y Patrimonio (UPNA).

Finalmente, aunque no poseemos estadísticas precisas sobre los últimos años, la literatura científica comienza a interesarse por el absentismo escolar y universitario postpandemia, que se está volviendo cada vez más relevante tanto en España como en diferentes países occidentales[50]. Sin duda, este absentismo denota una importante falta de motivación de parte del alumnado y se relaciona en buena medida con un rendimiento académico decreciente, como señalan diferentes estudios[51].

---

[50] A. Pagés Blanquerna, «Absentismo universitario post-pandemia: ¿causas?», *INSM Blog, Instituto de Neurociencias y Salud Mental*, <https://www.insm.es/blognoticias/absentismo-universitario-post-pandemia-causas/>; A. Martín Alegre, «¿El aula prescindible?: sobre el absentismo del alumnado», Universitat Autònoma de Barcelona, <https://webs.uab.cat/saramartinalegre/2023/12/29/el-aula-prescindible-sobre-el-absentismo-del-alumnado/>; P. Basken, «Classs attendance in US universities at record low», *The Higher Education* (6/12/2023), <https://www.timeshighereducation.com/news/class-attendance-us-universities-record-low>. A. Eyles, E. Lillywhite y L. E. Major, «The rising tide of school absences in the post-pandemic era», *Web de la London School of Economics and Political Science*, <https://blogs.lse.ac.uk/politicsandpolicy/the-rising-tide-of-school-absences-in-the-post-pandemic-era/>. Un problema que, en cualquier caso, es también anterior a la pandemia (P. R. Álvarez Pérez y D. López Aguilar, «El absentismo en la enseñanza universitaria: un obstáculo para la participación y el trabajo autónomo del alumnado», *Bordón: revista de pedagogía*, 63(3), 2011, pp. 43-56).

[51] Los trabajos en esta línea son numerosos, y entre ellos se pueden encontrar tanto análisis que relacionan directamente la asistencia a clase con el rendimiento académico, como estudios que pretenden «predecir» el rendimiento académico a partir de variables diversas, entre ellas la asistencia a clase (J. Gabalán Coello y F.-E. Vásquez Rizo, «Rendimiento académico universitario y asistencia a clases: Una visión», *Revista Educación*, 41(2), 2017, pp. 16-32; T. Dezcallar Sáez *et al.*, «Conciencia y trabajo continuo como predictores del rendimiento académico en estudiantes españoles», *Revista complutense de educación*, 26(2), 2015, pp. 367-384).

Como conclusión, me gustaría señalar que, a pesar del incremento de las calificaciones en el acceso a la Universidad en los últimos años, existen indicadores preocupantes sobre el rendimiento académico de estas generaciones, como los que afectan a la comprensión lectora y a la asistencia a clase. No pretendemos que esto datos tengan una validez como prueba de una divergencia entre calificaciones y rendimiento, pero sí que sirvan al menos para fomentar la reflexión sobre estas cuestiones.

2.3. Conocimientos e intereses

Si bien otras ponencias de la Semana de Estella y de la pasada Semana de Estudios Medievales de Nájera han abordado este tipo de cuestiones, conviene recordar que los estudios realizados de manera sistemática con alumnado de Educación Secundaria, e incluso de Universidad, muestran unos conocimientos muy estereotipados sobre la Edad Media. En este sentido, aquí solo cabe remitir al trabajo de Sergio Pujades en Secundaria[52], indagando sobre el nivel de presencia de los estereotipos sobre la Edad Media «oscura» y la Edad Media «imaginada», o los realizados en la Universidad Pública de Navarra con alumnado de los grados de Maestro, que indagaban en su concepción de la Edad Media[53].

Sergio Pujades detectaba cómo los tópicos de ficción sobre una Edad Media oscura e imaginada iban reduciéndose a lo largo de la Enseñanza Secundaria, si bien en nuestros análisis, publicados en el año 2015, mostrábamos confusiones llamativas entre el alumnado de segundo curso de los Grados de Maestro: películas o series de ficción consideradas como históricas, falta de capacidad para nombrar personajes medievales, y vinculación del periodo a ideas muy superficiales como la desigualdad social, la violencia y la religión, y una ausencia de elementos importantes como el arte. De hecho, cuando se proponía seleccionar de un amplio listado de personajes históricos aquellos que eran medievales, el alumnado seleccionaba como medievales de manera sistemática aquellos que tenían una componente religiosa (clérigos, papas o santos), acertando en unos casos y errando en otros. Por tanto, estos trabajos nos permiten intuir el predominio entre el alumnado de una cultura histórica de baja intensidad, muy mediatizada por potentes tópicos tomados del universo transmedia y las redes sociales.

[52] S. García Pujades, «La Edad Media de los alumnos de educación secundaria: Conceptos e ideas previas», *Clío. History and History teaching*, 39, 2013.

[53] Í. Mugueta Moreno, «Las representaciones sociales de la Historia al servicio de la didáctica en Educación Superior», *Contextos educativos: Revista de educación*, 1 Extra, 2016, pp. 9-30.

Este año yo mismo he realizado una breve encuesta en el primer curso del Grado de Maestro durante el curso 2023/2024, menos de 1 año después de haber pasado la EBAU (cuando la asignatura de Historia de España era obligatoria y existían aún los términos o definiciones de las épocas preindustriales). Los resultados fueron bastante pobres en términos de recuerdo de contenidos sustantivos de Historia Medieval de Navarra.

Se preguntó al alumnado por un par de las preguntas cortas que habían estudiado el año anterior, relativas a dos cuestiones conocidas en la Historia Medieval de Navarra: «Del Reino de Pamplona al Reino de Navarra» y «Conquista e incorporación de Navarra a Castilla». De un total de 27 alumnos/as del Grado de Maestro que habían realizado la EBAU en Navarra, un 52% afirmaba no recordar ni un solo nombre estudiado referido a la primera pregunta, y un 67% en la segunda. Para mi sorpresa, parte del alumnado respondió que «habían descartado esas preguntas» para el examen y no las habían estudiado el año anterior. En el aspecto positivo, un 30% supieron nombrar más de 3 personajes o conceptos relevantes para responder a la primera de las preguntas. Lamentablemente, solo 3 alumnos/as recordaron más de 3 nombres relativos a la Conquista de Navarra, la mayor parte de las veces los Reyes Católicos (en realidad, solo una respuesta mencionó a los últimos reyes de Navarra, Catalina de Foix y Juan de Albret).

Si bien no podemos aportar datos cuantitativos en el caso de los estudiantes del grado de Historia (dado que el grupo de docencia en castellano en primer curso quedó en el segundo cuatrimestre muy mermado por el absentismo y el abandono de la titulación), sí podemos constatar que entre este alumnado el resultado fue muy diferente al del grupo de Maestro. El total de personas que habían realizado la EBAU en Navarra en el año anterior y que estaban presentes en clase en el grupo de castellano era solamente de 6, de las cuales 4 fueron capaces de responder a las dos preguntas aportando fechas, nombres y una explicación más o menos precisa. Obviamente, en el caso del alumnado de Historia existe una motivación diferente hacia esa asignatura, puesto que han elegido el Grado de Historia y en todos los casos se trataba de personas que habían cursado la asignatura de Geografía e Historia de Navarra.

Si bien todo esto demuestra que los contenidos de Historia Medieval de la EBAU pueden tener un efecto positivo para incentivar al alumnado a estudiar y conocer más sobre la Historia de Navarra (aun cuando estos contenidos se impartan de una manera tan parcial y descontextualizada), también hemos de reconocer que los conocimientos sobre Historia Medieval de Navarra en las generaciones que han accedido a la universidad en los últimos años eran mínimos ya antes de eliminar estos contenidos de la EBAU.

3. LA EDAD MEDIA DE NAVARRA ENSEÑADA

3.1. Novedades historiográficas para la enseñanza en Secundaria

En el año 2013, el profesor de la Universidad de Navarra Javier Andreu publicó un interesante trabajo titulado «Los vascones van al instituto», en el que analizaba los materiales didácticos publicados en los últimos 20 años sobre los vascones[54]. Los avances realizados por él mismo en el análisis de las fuentes antiguas y el desarrollo de la arqueología permitían cuestionar algunos de los usos habituales hasta entonces en los libros de texto: la ubicación geográfica tradicional de los vascones, la definición de su «territorio» por parte de los geógrafos romanos y la supuesta división de su territorio entre «saltus vasconum» y «ager vasconum», nunca expresada de esta manera en las fuentes. La preocupación por la representación espacial de estos pueblos podría ampliarse hoy en día gracias a los datos obtenidos de yacimientos como La Custoria o Irulegui, poblados destruidos durante las guerras sertorianas que nos permiten conocer bien su funcionamiento como entidades autónomas[55], muy alejadas de las territorialidades o jefaturas «regionales» que en muchas ocasiones han dibujado los mapas de los libros de texto o de obras «didácticas». Además, es necesario insistir en la pluralidad sociocultural del territorio en la Antigüedad, poblado por grupos humanos varios en núcleos de población diversos[56]. Una visión del territorio navarro necesariamente alejada de una mentalidad racionalista y estatal, que muestre que en el solar navarro los invasores romanos no solo encontraron vascones, sino otros pueblos diferentes, como los vacceos, cuya composición interna también estaría marcada por una importante diversidad étnica y cultural, en consonancia con la propia diversidad geográfica del territorio y con el lógico y complejo devenir histórico.

El modelo de análisis del trabajo del profesor Andreu sobre los vascones resulta muy interesante, pero nosotros tampoco podemos acometer una empresa semejante aplicada al periodo medieval. Simplemente, puesto que hemos

---

[54] J. Andreu Pintado, «Los Vascones van al Instituto: la imagen de la Navarra antigua en las publicaciones didácticas y escolares contemporáneas», *Cuadernos de Arqueología de la Universidad de Navarra*, 21, 2013, pp. 355-383.

[55] J. Armendáriz Martija, «Siglo y medio de investigaciones: estado actual de la Arqueología de época antigua en Navarra», *Cuadernos de Arqueología de la Universidad de Navarra*, 21, 2013, pp. 151-218, <https://doi.org/10.15581/012.21.378>.

[56] E. Torregaray Pagola, «Vascones y vacceos: una historia de confusión», en J. Santos Yanguas *et al.* (cols.), *Romanización, fronteras y etnias en la Roma antigua: el caso hispano*, Vitoria, Universidad del País Vasco, 2012, pp. 459-475.

mencionado la tarea pendiente de elaborar nuevos materiales didácticos para atender a las necesidades de adaptación curricular que conlleva el nuevo currículo de la LOMLOE, mencionaré algunas de las necesidades de revisión o actualización de los materiales existentes hasta el momento.

En primer lugar, resulta obligado incorporar a los libros de texto o materiales diversos de Educación Secundaria todos los descubrimientos que la arqueología ha realizado en los últimos años y que nos permiten conocer mejor cómo se produjo la ocupación del espacio proto-navarro en época altomedieval[57]. Obviamente, las excavaciones de la plaza del Castillo o de la catedral de Tudela resultan imprescindibles para renovar el conocimiento de los primeros siglos de ocupación musulmana[58]. Los hallazgos en la maqbara de la plaza del Castillo de Pamplona, junto a los de las excavaciones del palacio del Condestable[59], y a los estudios anatómico-forenses de los restos humanos hallados[60], han supuesto un cambio historiográfico de primer orden que resulta necesario incorporar. Ocurre algo parecido con los trabajos de Jesús Lorenzo sobre el clan de los Banu Qasi[61]. En general, la arqueología medieval navarra ha sido poco utilizada en el ámbito educativo, que ha priorizado las excavaciones de épocas anteriores. En cambio, otros yacimientos como los de Andión o Rada tienen mucho que aportar a la comprensión de la vida en la Edad Media, sus hábitos culturales, sociales y económicos.

El reciente manual de Historia Medieval de Navarra publicado por Eloísa Ramírez en la editorial Marcial Pons[62] es sin duda una herramienta indispensable para utilizar en los nuevos planteamientos educativos. Eloísa Ramírez plantea una Edad Media Navarra en tres partes (alta, plena y baja Edad Media),

---

[57] J. A. Quirós Castillo (dir), *Vasconia en la Alta Edad Media, 450-1000: poderes y comunidades rurales en el Norte Peninsular*, Vitoria: Universidad del País Vasco, 2011.

[58] J. A. Faro Carballo, M. García-Barberena Unzu y M. Unzu Urmeneta, «Pamplona y el Islam: nuevos testimonios arqueológicos», *Trabajos de Arqueología Navarra*, 20, 2007, pp. 229-284; J. Sesma Sesma y M.ª I. Tabar Sarrías, *Santa María de Tudela: de mezquita a catedral. Doce siglos en la historia de la ciudad a través de la arqueología*, Pamplona, Gobierno de Navarra, 2019.

[59] M. Unzu García-Barberena *et al.*, «El mundo funerario en Pompelo. Necrópolis y enterramientos singulares», *Trabajos de Arqueología Navarra*, 27, 2015, pp. 65-107; También en la obra colectiva *La tierra te sea leve. Arqueología de la muerte en Navarra*, Pamplona, Gobierno de Navarra, 2007.

[60] M.º. P. De Miguel Ibáñez, «La maqbara de la Plaza del Castillo (Pamplona, Navarra): avance del estudio osteoarqueológico», *Villes et campagnes de Tarraconaise et d'al-Andalus (VIᵉ-XIᵉ siècles): la transition*, CNRS, 2007; *Idem*, «Mortui viventes docent. La maqbara de Pamplona», en *De Mahoma a Carlomagno. Los primeros tiempos (siglos VII-IX). Actas de la XXXIX Semana de Estudios Medievales de Estella. Estella 17-20 julio de 201)*, Pamplona, Gobierno de Navarra, 2013, pp. 351-376.

[61] J. Lorenzo Jiménez, *La Dawla de los Banu Qasi: origen, auge y caída de una dinastía muladí en la frontera superior de al-Andalus*, Madrid, CSIC, 2010.

[62] E. Ramírez Vaquero, *Navarra Medieval*, Madrid, Marcial Pons, 2024.

frente a la tradicional cesura que se había establecido en el reinado de Sancho VII el Fuerte. Así, la Alta Edad Media no se cerraría hasta la crisis de 1076, y la Plena Edad Media hasta la de 1274, momento a partir del cual las estructuras básicas de la Navarra bajomedieval parecen ya asentadas. Por tanto, esta nueva división viene sostenida por una reflexión de hondo calado que, creo, sería oportuno trasladar también al ámbito escolar.

Las líneas de interpretación de la Historia política de Navarra impulsadas por la profesora Ramírez Vaquero en los últimos años han sido variadas, y en algunos casos tienen perfiles que merecería la pena trasladar al ámbito educativo. Me refiero, por un lado, al conjunto de trabajos dedicados a los orígenes del parlamentarismo navarro, es decir, del pacto o negociación política entre el rey y el reino que paulatinamente fue incorporando a una mayor base social (nobleza, clero, representantes de las buenas villas y, en ocasiones, también otros sectores sociales, como el llamado «proletariado infanzón» o los representantes de grandes villas pecheras), aunque la capacidad de interlocución de cada sector social no se consolidase finalmente con una constante presencia en las Cortes[63]. Por otro lado, otra línea de trabajos ha planteado una renovación del panorama urbano bajomedieval, abriendo la realidad urbana a núcleos de población hasta ahora excluidos de la condición urbana, a pesar de su notable volumen demográfico (Tafalla, Artajona, Larraga, Mendigorría, Peralta o Falces, por ejemplo). Convendría replantear los mapas escolares del fenómeno urbano medieval a la luz de estas nuevas reflexiones para señalar el crecimiento demográfico de algunas de estas localidades aunque su estatuto jurídico no fuera el de «buena villa», una etiqueta que ha servido mucho tiempo para mantener fuera del foco de la Historia a muchas de estas importantes localidades navarras[64].

[63] E. Ramírez Vaquero, «Asambleas y representación en Navarra: juntas, hermandades, Corte General, estados», en G. Navarro Espinach y C. Villanueva Morte (coords.), *Cortes y parlamentos en la Edad Media peninsular. Sociedad Española de Estudios Medievales*, Murcia, Sociedad Española de Estudios Medievales, 2020, pp. 365-396; *Idem*, «Sociedad política y diálogo con la realeza en Navarra (1134-1329)», *Anales de la Universidad de Alicante. Historia Medieval*, 19, 2015-2016, pp. 67-97, <https://doi.org/10.14198/medieval.2015-2016.19.03>; *Idem*, «El pacto nobiliario, preludio del diálogo entre el rey y el reino», en F. Foronda y A. I. Carrasco Manchado (dirs.), *Du contrat d'alliance au contrat politique. Cultures et sociétés politiques dans la Péninsule Ibérique de la fin du Moyen Âge*, CNRS-Universidad de Toulouse Le Mirail, 2007, pp. 263-296.

[64] E. Ramírez Vaquero, «El despliegue de la red urbana en Navarra. Espacios y movilidad entre el Adour y el Ebro (ss. XI-XIII)», *Príncipe de Viana*, 261, 2015, pp. 71-108; *Idem*, «La ciudad y el rey: renovación de la red urbana de Navarra al final de la Edad Media», *Anuario de Estudios Medievales*, 48(1), pp. 49-80 <https://doi.org/10.3989/aem.2018.48.1.02>; *Idem*, «De buenas villas... y villas no tan buenas. La urbanización de Navarra en la Edad Media», en *La ciudad de los campesinos. Villas nuevas, pequeñas villas, villas mercado* (XLVI Semana Internacional de Estudios Medievales. Estella-Lizarra. 16/19 de julio de 2019), Pamplona, Gobierno de Navarra, 2020, pp. 337-369.

Igualmente, creo que sería interesante incorporar (tanto en el currículo como en los materiales educativos) una revisión de los discursos épicos[65] relativos a diferentes momentos de la Historia de Navarra que, desde ámbitos sociales diferentes, se han utilizado –y se siguen utilizando– como símbolos prestigiosos de un pasado que conecta con el presente. Me refiero a la epicidad de los relatos tradicionales de la batalla de Roncesvalles, de la conquista de Guipúzcoa y Álava por Castilla en 1200, de la participación navarra en la batalla de las Navas de Tolosa, o de todos los acontecimientos vinculados a la conquista de Navarra en los años anteriores y posteriores a 1512[66]. Probablemente algunos de estos hechos políticos, complejos, requerirían de una explicación comprensible para el alumnado, pero que no rehúya la multicausalidad ni caiga en una excesiva simplificación. Un ejemplo sería la complejidad de relaciones feudovasalláticas, y en general de poder, que están en la base de la definitiva pérdida de Guipúzcoa y Álava para el Reino de Navarra en 1200[67].

Los enfoques docentes sobre algunos de estos procesos podrían centrarse en analizar las consecuencias de los conflictos bélicos y sociales desde un punto de vista humano y en las causas de la conflictividad social en la Navarra bajomedieval[68], que hoy nos son bien conocidas. Un ejemplo claro es el caso de la vio-

....

[65] David Quint analizó los discursos de la épica clásica para señalar que todos ellos podían clasificarse en dos grandes grupos temáticos: aquellos que se basaban en la glorificación de la victoria y de la extensión de los imperios, y aquellos que resaltaban la resistencia y el valor de los vencidos (D. Quint, *Epic and empire: Politics and generic form from Virgil to Milton*, Princeton UP, 1993). Sin duda, la influencia de la épica en la Historia es importante, como destacó entre otros Hayden White al hablar de la intertextualidad y del diálogo constante de la Historia con otras formas de narración, entre ellas lo que él denominaba «el romance» y que se caracteriza como un relato épico (H. White, *Metahistoria. La imaginación histórica en la Europa del siglo XIX*, México, Fondo de Cultura Económica, 1992).

[66] Al respecto véase I. Mugueta Moreno, «Historia divulgada e historia tuiteada: emociones y representaciones sociales de la conquista de Navarra de 1512», *Imago temporis: Medium Aevum*, 12, 2018, pp. 531-557.

[67] F. Miranda García, «La realeza navarra y sus rituales en la Alta Edad Media (905-1234)», en E. Ramírez Vaquero (coord.), *Ceremonial de la coronación, unción y exequias de los reyes de Inglaterra*, Pamplona, Gobierno de Navarra, 2008, pp. 253-277; F. Miranda García, «La afirmación ideológica de la monarquía navarra y el empleo del romance en el entorno de 1200», *e-Spania. Revue interdisciplinaire d'études hispaniques médiévales et modernes*, 13, 2012.

[68] M. Larrañaga Zulueta, *Campesinado y conflictividad social en la Navarra bajomedieval*, Universidad Internacional SEK, Segovia, 2005; J. A. Fernández de Larrea Rojas, «Un conflicto social en la Navarra bajomedieval: la rebelión de Orendáin contra Juan Vélaz de Medrano en 1410», en M.ª I. Del Val Valdivieso y P. Martínez Sopena (dirs.), «Castilla y el Mundo Feudal. Homenaje al profesor Julio Valdeón», vol. III, Valladolid, Universidad de Valladolid, 2009, pp. 73-89; y J. A. Fernández de Larrea Rojas, «Notas para el estudio de las relaciones y conflictos laborales en el mundo artesanal en la Navarra bajomedieval (siglos XIV-XV)», *Vasconia: Cuadernos de historia-geografía*, 30, 2000, pp. 59-72.

lencia colectiva ejercida contra minorías étnicas, como la judaica, que suele estar ausente de los libros de texto, como si la Navarra medieval hubiese sido siempre un lugar de idílica convivencia entre culturas. Tenemos casos paradigmáticos de estas violencias, como son los relatos de Menahem Ben Zerah sobre el asalto a la judería de Estella en 1328[69], o el de Shemtov ben Samuel Gamil, exiliado navarro entre 1491 y 1499 que padeció un terrible periplo por la península ibérica en su camino al exilio en el norte de África[70]. En general, es importante aplicar a la Historia escolar los planteamientos propios de los nuevos estudios sobre la paz, derivados de los trabajos fundacionales de Johan Galtung, y que suponen entender la paz no solo en términos de «no violencia», sino también de justicia, armonía social, dignidad humana y trasformación social y estructural[71]. Conviene destacar que el Reino de Navarra, la Navarra medieval, no fue un periodo pacífico que rememorar, sino un periodo lleno de conflictos que en ocasiones pudieron resolverse por medios pacíficos, pero que en otras dieron lugar a episodios de violencia, individual o colectiva, y a una dura represión[72].

En el ámbito de lo económico, los trabajos realizados en los últimos años por los investigadores han dejado dibujado un panorama complejo, pero muy interesante, que podría permitir diferentes tipos de trabajos con la multicausalidad histórica: el desarrollo de las estructuras de gobierno o génesis del Estado moderno en Navarra[73], el crecimiento de las economías urbanas y de las actividades artesanales y comerciales[74], el papel de la llamada crisis del siglo XIV, muy

69 J. M.ª Rodríguez Ochoa, *Menahem Ben Zerah, rabino estellés (1310-1385). Aproximación a una cultura que floreció en Sefarad*, Pamplona, Gobierno de Navarra, 2011.

70 E. Gutwirth, «De Castellnou a Tlemcem; La crónica de Sem Tob de Tudela», *Anales de la Universidad de Alicante. Historia Medieval*, 12, 1999, pp. 171-182.

71 J. Galtung, *Paz por medios pacíficos. Paz y conflicto, desarrollo y civilización*, Bilbao, Guernika Gogoratuz, 2003; estos planteamientos ya se están trasladando a las aulas, con investigaciones como las de A. Palma Valenzuela, «Didáctica de las Ciencias Sociales y Educación para la Paz. Valoraciones desde la práctica docente», *Revista UNES. Universidad, Escuela y Sociedad*, 14, 2023, pp. 5-25. <https://doi.org/10.30827/unes.i14.27121>; M.ª M. García-Vita, F. T. Añaños Bedriñana y M. Medina-García (2020), «Educación social escolar en la construcción de cultura y educación para la paz: propuestas metodológicas de intervención socioeducativa», *Campos en Ciencias Sociales*, 8(2), pp. 47-71 <https://doi.org/10.15332/25006681/6012>; Y. T. Rodríguez, «La enseñanza de la historia en función de la cultura de paz», *Revista Caribeña de Ciencias Sociales*, 6, 2018.

72 F. Segura Urra, *Fazer justicia. fuero, poder público y delito en Navarra, siglos XIII-XIV*, Pamplona, Gobierno de Navarra, 2005.

73 E. Ramírez Vaquero, «Hacienda y poder real en Navarra en la Baja Edad Media: un esquema teórico», *Príncipe de Viana*, 216, 1999, pp. 87-118; J. Carrasco Pérez, «Génesis de la Fiscalidad de "Estado" en el Reino de Navarra (1150-1253)», *Iura Vasconiae. Revista de Derecho Histórico y Autonómico de Vasconia*, 6, 2009, pp. 157-217.

74 Í. Mugueta Moreno, «Mercados locales e industrias rurales en Navarra (1280-1430)», en G. Navarro y C. Villanueva (coords.), *Industrias y mercados rurales en los reinos hispánicos (siglos XIII-XV)*, 2017, Murcia, Sociedad de Estudios Medievales, pp. 145-174.

matizado por estudios posteriores a los de Maurice Berthe[75], o el surgimiento de la industria siderúrgica en el Norte de Navarra y el despegue económico de estas comarcas[76]. Algunos de estos trabajos han permitido en gran medida dibujar un nuevo panorama del comercio y la producción artesanal e industrial en el Reino de Navarra que podría dar lugar a una nueva cartografía del comercio medieval, con mayor peso para los mercados interiores (sobre todo relacionados con el gran desarrollo de la ganadería en los siglos XIV y XV[77]). Frente a esto se sitúa el tradicional peso historiográfico otorgado al comercio exterior, como consecuencia del intensivo estudio de los peajes en décadas anteriores y de la influencia de una tradición historiográfica deslumbrada en ocasiones por los logros del gran comercio medieval de larga distancia.

Acompañando a estos planteamientos, también es necesario incorporar la visión de género tanto sobre la historia política como sobre todas las demás visiones de la Historia. En el ámbito campesino, los trabajos permiten resaltar el papel de la mujer en la familia, en la producción agropecuaria y en general en la vida cotidiana de los pueblos navarros[78], si bien en este aspecto las investigaciones deben profundizar aún más en los próximos años. Además, los trabajos sobre la reginalidad[79], o sobre las mujeres de las altas capas sociales (nobleza y

[75] Idem, *El dinero de los Evreux. Hacienda y fiscalidad en el Reino de Navarra (1328-1348)*, Pamplona, Gobierno de Navarra, 2008; Idem, «Perfiles de la crisis del siglo XIV en el reino de Navarra», en Ll. Tudela y P. Cateura (coords.), *La crisi baixmedieval a la Corona d'Aragó (1350-1450)*, Mallorca, Illa Editions, 2018, pp. 239-254; J. Carrasco, «Sobre las crisis agrarias en la Navarra bajomedieval», *Príncipe de Viana*, 177, 1986, pp. 333-339.

[76] Í. Mugueta Moreno, «La primera industrialización en Navarra: Las ferrerías en la Baja Edad Media», *Huarte de San Juan. Geografía e Historia*, 16, 2009, pp. 9-58; idem, «La botiga del hierro. Fiscalidad y producción industrial en Navarra (1362-1404)», *Anuario de Estudios Medievales*, 38(2), 2008, pp. 533-584.

[77] J. R. Díaz de Durana y J. A. Fernández de Larrea, «Economía ganadera y medio ambiente. Guipúzcoa y el Noreste de Navarra en la Baja Edad Media», *Historia Agraria*, 27, 2002, pp. 43-64; Á. Aragón Ruano, «Relaciones ganaderas entre Navarra y Guipúzcoa durante la Baja Edad Media y el comienzo de la Edad Moderna», *En la España Medieval*, 38, 2015, pp. 13-35; S. Aparicio Rosillo, «La circulación del ganado y los poderes locales en el Pirineo entre Navarra, Labourd y Bearne (siglos XIII y XIV)», *Historia agraria*, 65, 2015, pp. 13-42; idem, «La cabaña de las órdenes religiosas en el Pirineo. Los intereses ganaderos de las órdenes religiosas en Ultrapuertos, Labourd, y el Béarn durante los siglos plenomedievales», *Revista Internacional de los Estudios Vascos*, 59(1), 2014, pp. 8-35.

[78] F. Mikelarena, «Estructuras familiares y sistemas sucesorios en Navarra: una aproximación crítica desde las ciencias sociales a las perspectivas tradicionales», *Revista Jurídica de Navarra*, 14, 1992, pp. 119-145; F. Miranda García, «Algunas notas sobre la familia campesina navarra en la Edad Media», *Aragón en la Edad Media*, 14-15, 1999, pp. 1047-1060; R. García Bourrellier y J. M.ª Usunáriz Garayoa, *Amar y convivir: matrimonio y familia en Navarra (siglos XIII-XVI)*, Pamplona, Gobierno de Navarra, Banca Cívica, Diario de Navarra, 2012; y R. Jimeno Aranguren, *Matrimonio y otras uniones afines en el derecho histórico navarro (siglos VII-XVIII)*, Madrid, Dykinson, 2015.

[79] E. Woodacre, *The queens regnant of Navarre. Succession, politics and Partnership. 1274-1512*, Palgrave, Macmillan, 2013; Idem, «The Queen of Navarre and a queen from Navarre: Comparing the

oligarquías urbanas), también nos permitirían introducir algunas ideas y documentos sobre la vida de estas mujeres, descubriendo rasgos de la personalidad de algunas de ellas cuyas acciones son de una enorme relevancia para la Historia de Navarra.

Finalmente, en el ámbito de la Historia cultural los avances en los últimos años han sido notables. Estudios sobre la educación en ámbitos diversos, sobre literatura[80], música[81], alimentación[82], técnica y ciencia[83] han mejorado nuestro conocimiento sobre los hábitos cotidianos de los navarros y las navarras de época bajomedieval. Este tipo de temáticas, además, se acercan a los intereses del alumnado y facilitan la realización de actividades de interpretación de fuentes escritas. El desarrollo cultural de la Tudela de los siglos XII y XIII (paralelo al de Toledo y su escuela de traductores) y la fuerte presencia de intelectuales de culturas diferentes en ella (cristianos, judíos y musulmanes) son algunos de los elementos que sin duda se deberían destacar, para así conocer a personajes de la relevancia de Roberto de Chester, Guillermo de Tudela, Benjamín de Tudela, Yehudá-Ha-Levi, Abraham Ibz Ezra o Abul Abbas al-Tutilí, el Ciego[84].

experience of queenship of Leonor de Trastámara and Joan of Navarre», *Studia Historica. Historia Medieval*, 39(2), 2021, pp. 11-29; J. Pavón Benito (ed.), *Reinas de Navarra*, Madrid, Sílex, 2014; E. Ramírez Vaquero, «La reina Blanca y Navarra», *Príncipe de Viana*, 217, 1999, pp. 323-340.

80 M.ª E. Roig Torres, «Los trovadores en lengua d'Oc y el Reino de Navarra (siglos XI-XIII): sociogénesis de un desencuentro», *Actas del XI Congreso Internacional de la Asociación Hispánica de Literatura Medieval* (Universidad de León, 20 al 24 de septiembre de 2005), León, Universidad de León, 2007, pp. 979-991; *Idem*, «Sancho VI de Navarra, protagonista esquivo de la lírica trovadoresca occitana», en J. Cañas Murillo, J. Grande Quejigo y J. Roso Díaz (eds.), *Medievalismo en Extremadura: estudios sobre literatura y cultura hispánicas de la Edad Media*, Cáceres, Universidad de Extremadura, 2009, pp. 881-895.

81 M. Narbona Cárceles, «La actividad musical en la Corte de Carlos III el Noble de Navarra, 1387-1425: ¿mecenazgo o estrategia política?», *Príncipe de Viana*, 238, 2006, pp. 313-334; *Idem*, «Intercambios culturales entre las cortes pirenaicas. Las cortes del Ars Subtilior», en J. F. Utrilla Utrilla y G. Navarro Espinach (eds.), *Espacios de montaña: las relaciones transpirenaicas en la Edad Media*, Zaragoza, Universidad de Zaragoza, 2010, pp. 247-263.

82 F. Serrano Larrayoz, *La mesa del Rey. Cocina y régimen alimentario en la corte de Carlos III el Noble de Navarra (1411-1425)*, Pamplona, Gobierno de Navarra, 2002; *Idem*, «La casa y la mesa de la reina Blanca de Navarra (1433)», *Anuario de estudios medievales*, 30(1), 2000, pp. 157-233.

83 *Idem*, «Astrólogos y astrología al servicio de la monarquía Navarra durante la Baja Edad Media (1350-1446)», *Anuario de estudios medievales*, 39(2), 2009, pp. 539-553; *Idem*, *Medicina y enfermedad en la Corte de Carlos III el Noble de Navarra (1387-1425)*, Pamplona, Gobierno de Navarra, 2004; *Idem*, *Léxico médico y farmacológico en lengua vulgar y latina de la documentación cortesana navarra (siglos XIV-XV)*, Pamplona, Pamiela, 2015.

84 M.ª E. Roig Torres, «Trovadores occitanos en Navarra, Navarra en los trovadores occitanos (1134-1234)», Tesis doctoral defendida en la Universidad de Barcelona, 2015, <https://diposit.ub.edu/dspace/handle/2445/101935>.

En este aspecto, no veo demasiada utilidad en citar autores a los que no se puede leer, mucho menos cuando sus obras proceden de una época tan alejada a la nuestra. Así, propondría que los alumnos puedan leer determinados géneros medievales que son accesibles a ellos, como el del amor cortés (a través de autores como los monarcas Teobaldo I o el Príncipe de Viana), la literatura política (a través de la elegía de Pedro de Sada), o los géneros bufos o goliardescos, también cultivados en nuestra tierra. Pongo así el ejemplo del manual de Bachillerato de Geografía e Historia de Anaya, que cita a Abraham Ibz Ezra pero sin proponer a los alumnos la lectura de alguna de sus magníficas obras poéticas, las jarchas, poesías cortas, traducidas y asequibles para el alumnado[85].

La rica literatura medieval navarra (muy vinculada a la música) resulta poco conocida y posee un gran potencial educativo, pues aborda temas que conectan muy bien con los afanes e intereses de las personas de cualquier época: hoy como en el Medievo, nos gusta comer escuchando música o historias apasionantes y deleitarnos con la belleza del arte.

Igualmente, el estudio del arte medieval debe ser abordado desde una perspectiva de educación patrimonial[86], para conocer el patrimonio artístico y lograr la implicación del alumnado y de toda la sociedad en su conocimiento, aprecio, conservación y transmisión. Son numerosos los restos patrimoniales en Navarra que carecen de una protección eficaz (así lo demuestra su presencia en la lista roja de *Hispania Nostra*[87]), como los palacios de Guenduláin o Artieda, las ferrerías de Ibero, Etxalarlasa (y muchas otras), o iglesias como la románica de San Andrés (Aristu), la ermita de San Miguel (Abaurrea Alta) y algunas más. Proyectos de aprendizaje y servicio vinculados a este patrimonio en riesgo permitirían revitalizarlo y establecer nuevos vínculos de identificación entre la sociedad y su historia que encajan plenamente con los objetivos del Plan Nacional de Educación y Patrimonio del Ministerio de Educación, Cultura y Deporte (2023)[88].

....

85 F. González Ollé, *Introducción a la historia literaria de Navarra*, Pamplona, Gobierno de Navarra, 1989.

86 O. Fontal Merillas, *La educación patrimonial. Teoría y práctica en el aula, el museo e internet*, Gijón, Trea, 2003; *Idem*, «Educación patrimonial: retrospectiva y prospectivas para la próxima década», *Estudios pedagógicos*, 42(2), 2016, pp. 415-436, <https://doi.org/10.4067/S0718-07052016000200024>; A. Ibáñez Etxebarria y O. Fontal Merillas, «Actualidad y tendencias en Educación Patrimonial», *Educatio Siglo XXI*, 33(1), 2015, pp. 11-14, <https://digitum.um.es/digitum/bitstream/10201/44738/1/Presentaci%C3%B3n.pdf>; J. M.ª Cuenca López, M. Martín-Cáceres y J. Estepa Giménez, «Buenas prácticas en educación patrimonial. Análisis de las conexiones entre emociones, territorio y ciudadanía», *Aula Abierta*, 49(1), 2020, pp. 45-54, <https://doi.org/10.17811/rifie>.

87 <https://www.hispanianostra.org/quienes-somos/>.

88 Un ejemplo de este tipo de proyectos es el de M.ª J. Zaparain Yáñez, «Cuéntame cómo fue Clunia. Un proyecto para educar en valores patrimoniales», *Revista Internacional De Humanidades*, 15(4), pp. 1-20. <https://doi.org/10.37467/revhuman.v11.4263>.

Finalmente, me gustaría realizar una reflexión de conjunto sobre la construcción de la narrativa histórica con finalidad escolar. Sin duda las historiadoras e historiadores actuales somos herederas y herederos del trabajo realizado por los cronistas del pasado, que pusieron las bases con las que hoy hacemos Historia. Sin embargo, aquellos relatos cronísticos se gestaron en la misma época medieval, especialmente aquellos que situaron a los reyes de Navarra, primero, y a Navarra misma, después, en el centro del relato histórico. Cabe reflexionar si la Historia de Navarra que enseñamos permite conocer, además, la Historia de los navarros y de las navarras de la época medieval. Porque el relato que construimos y transmitimos, desde hace mucho tiempo, es el del ascenso, auge y caída de un Reino, y esto equivale a un argumento épico en sí mismo cuyo protagonista es una *fictio personae*, en este caso un Reino. Pero el Reino de Navarra fue plural, en él se concitaron grupos sociales, religiosos y políticos diversos[89], actores todos ellos de la Historia aun cuando sus decisiones o sus actos no influyeran en absoluto en el entramado institucional o estatal del Reino. La Navarra medieval fue ante todo un espacio político y geográfico diverso en el cual tuvieron cabida culturas, lenguas, religiones y opciones políticas muy variadas, y algunas de ellas pueden quedar fuera de nuestro estudio si nuestro protagonista es ficticio, es decir, si es un ente, un reino o un proyecto político como Navarra. En este sentido, me atrevería a apostar más por una historia de los navarros y las navarras, de todas las épocas y condiciones, que por una Historia de Navarra, si la entendemos de manera excluyente o restringida, como una Historia monolítica protagonizada, además, únicamente por unas élites políticas e intelectuales.

4. LOS RETOS DIDÁCTICOS PARA EL FUTURO

El otro orden de cuestiones que plantea retos importantes para el futuro en la enseñanza de la Historia de Navarra se relaciona con la dimensión competencial del nuevo currículo educativo y con la incorporación de la idea de pensamiento histórico (y de sus competencias correspondientes). En este aspecto, me gustaría señalar que algunos de los datos educativos expuestos hasta el momento plantean dificultades en la adquisición de estas competencias.

---

[89] Merece la pena recordar el reciente y magnífico libro de Eduardo Manzano, *España diversa. Claves de una Historia plural*, Barcelona, Crítica, 2024. Sus presupuestos conceptuales sobre la diversidad española en las épocas Antigua y Medieval, y sobre los tardíos procesos de uniformización intelectual, resultan muy interesantes a la hora de ser aplicados a una Navarra también extensa y variada geográfica y socialmente.

Ya tomemos como referencia las competencias definidas en el currículo educativo oficial, o las diferentes versiones aportadas por los especialistas del concepto «pensamiento histórico» (que ya hemos referenciado al inicio), encontramos que la necesidad de trabajar con las fuentes históricas, la causalidad, la empatía histórica o la relevancia histórica pasan por el dominio de la primera competencia clave de los currículos oficiales de Educación Secundaria y Bachillerato, la competencia lingüística, esto es, la capacidad de leer de manera comprensiva y de reproducir esas ideas verbalmente o por escrito; en resumidas cuentas, leer y escribir de manera comprensiva, algo en lo que –según hemos podido ver en el informe PISA– el alumnado está perdiendo en los últimos años.

En esta línea, una de las ausencias más notables en el currículo cuando se abordan las asignaturas de Historia tiene que ver con la lectura de textos históricos y la escritura de la Historia, algo que podría ayudar a desarrollar esta competencia. El especialista en lectura contemporánea Daniel Cassany[90] apunta cómo las nuevas generaciones deben desarrollar en su día a día nuevas formas de lectura que van más allá de la visión de una lectura comprensiva o funcional: buscar datos en internet, leer en diferentes idiomas, sobre disciplinas distintas, sobre pantalla, sobre papel... En este sentido, recuerda Cassany que leer es un verbo transitivo que necesita de complemento directo, lo cual hace de la lectura una actividad que puede ser muy diversa y versátil. Ocurre lo mismo con la Historia: leer nuestra disciplina supone enfrentarse a textos de muy diferente tipo (escolares, divulgativos, científicos o fuentes primarias), en formatos e incluso lenguas diferentes. El propio quehacer del historiador genera textos que no siempre son sencillos de comprender y desde luego son mucho más difíciles de reproducir para el alumnado[91].

En el marco de nuestras investigaciones sobre videojuegos pudimos comprobar, en el año 2017, cómo el alumnado que claramente percibía la multicausalidad histórica presente en algunos videojuegos de estrategia histórica fracasaba estrepitosamente a la hora de explicar esas conexiones causales por encontrar dificultades de expresión: falta de dominio del vocabulario histórico y de conectores precisos para dar sentido a las frases (como se haría en un mapa conceptual, donde un verbo une dos conceptos)[92].

90 D. Cassany, *Tras las líneas: sobre la lectura contemporánea*, Barcelona, Anagrama, 2006.
91 J. Monteagudo-Fernández, A. Escribano-Miralles y C. Gómez-Carrasco (eds.), *Educación histórica y competencias transversales: narrativas, TIC y competencia lingüística*, Murcia, Universidad de Murcia, 2018.
92 Í. Mugueta Moreno, «El campus escolar *Historia y videojuegos*: diseño, resultados y conclusiones», *CLÍO. History and History teaching*, 44, 2018, pp. 9-25.

Creo que estas particularidades de la escritura de la Historia deberían incluirse también en el currículo oficial. Me refiero a cuestiones como la colocación adecuada del sujeto en las frases, la utilización correcta de los verbos y de los tiempos verbales, la precisión en el uso del léxico de unas y otras épocas, la comprensión del sujeto en las frases en función de si estas se refieren al relato histórico o al meta relato (la reflexión del historiador), y la capacidad de insertar referencias a las fuentes y utilizarlas como evidencias.

En cuanto a la ubicación correcta del sujeto, hablo de la erradicación de las formas impersonales del verbo. Frases como «se hizo una revuelta» o «se creó un partido político» alejan al alumnado de la precisión necesaria en la Historia, que implica señalar quién y por qué «hizo una revuelta», y quién y por qué «creó un partido político». En ocasiones estas acciones pueden tener incluso un efecto perverso, al escribir frases del tipo «los judíos fueron atacados» sin indicar quién les atacó, lo que puede ocultar de una importante información (que en algunos casos podría hacerse de manera deliberada)[93].

Algo similar ocurre con la extensión de recursos literarios como la prosopopeya, que puede conducir por un lado a una falta de precisión importante, y por otro a la extensión de discursos épicos: «España atacó a Navarra», en lugar de decir «el ejército de Fernando el Católico invadió Navarra», o «El ejército español entra a sangre y fuego en Euskadi», cuando en realidad fue el ejército rebelde de Franco (y no el ejército del Estado español republicano) el que entró en Euskadi.

En cuanto a la utilización de los verbos y de los tiempos verbales, el alumnado también muestra deficiencias importantes que solventar: la generalización del uso de verbos poco precisos como «hacer o crear» que sirven tanto para describir casi cualquier tipo de acción humana y que producen una mengua de la precisión en la escritura. Igualmente, la mezcla de tiempos verbales diferentes en un mismo texto, dificulta su comprensión y no tiene en cuenta las diferencias que unos tiempos verbales u otros aportan a una buena redacción. Así, las formas imperfectivas del verbo permiten describir situaciones estructurales porque tienen un matiz de durabilidad y por tanto se ajustan bien a la redacción de temas de historia social, económica o cultural. Sin embargo, las formas perfectivas del verbo no tienen ese mismo carácter y resultan más útiles para narrar hechos de historia política. Los ensayos de escritura histórica que utilizan estos matices verbales y proponen distintas formas de redacción (combinando ejercicios de uso del pasado con redacciones que utilicen el presente histórico, por ejemplo) serían magníficos ejercicios para el alumnado.

---

[93] E. Castillejo Cambra, «Poner bien el sujeto», *Noticias de Navarra* (01/09/2017), <https://www.noticiasdenavarra.com/opinion/2017/09/01/poner-sujeto-2613573.htm>.

También sería interesante **que,** en las redacciones del alumnado, se pudiera reclamar la inclusión de **un** determinado vocabulario específico, vinculado a una determinada época **histórica,** para lograr una mayor precisión en las redacciones. Igualmente, la **adquisición** del hábito de cita o referencia (no necesariamente científica) sería **una** manera muy adecuada de incentivar los valores éticos propios del quehacer científico: la generosidad del académico que reconoce el trabajo del otro y la **utilización** de la autoridad de las fuentes o las fuentes como pruebas o evidencias.

5. ALGUNAS IDEAS FINALES

El currículo educativo de la LOMLOE supone un reto importante para el profesorado de Educación Secundaria y Bachillerato, y al mismo tiempo un logro para los investigadores de Didáctica de las CCSS en los últimos años. Las investigaciones de estos especialistas avalan **este** cambio educativo y, por tanto, entendemos que desde las propias instituciones **públicas** se deben poner los medios para que un cambio de esta envergadura **sea posible.** Por tanto, es necesario tanto promover la colaboración entre docentes, **como** invertir en formación y materiales que consoliden este cambio de paradigma educativo que sitúa las competencias en el centro del aprendizaje, dejando **debates** estériles que contraponen competencias y contenidos, que deben ir juntos **para** proporcionar un aprendizaje sólido.

Con la llegada de las tecnologías y de otras asignaturas a la Educación Secundaria, el alumnado llega a la **universidad** con nuevas capacidades (la expresión en lengua extranjera, por **ejemplo),** pero también con **déficits** con respecto a las generaciones anteriores, en **concreto** en la competencia de comunicación lingüística y en la lectura comprensiva, lo cual plantea nuevos retos que deberían situar este tipo de competencias en el centro de la reflexión y de la práctica educativa. El crecimiento de las **calificaciones** en el acceso a la universidad no implica una mejora de las competencias del alumnado, cuyas carencias suponen nuevos (y viejos) retos para el **profesorado.**

Los nuevos avances en la **arqueología** y la investigación en Historia Medieval deben incorporarse al saber escolar ante la falta de materiales educativos actualizados, que deberían acometer con rigor y celeridad una actualización del conocimiento escolar sobre **la Edad Media en Navarra.** En este sentido, conviene destacar la enorme lab**or de difusión** de la Historia de Navarra que se está realizando en los últimos años desde el Servicio de Archivos del Gobierno de Navarra, gracias a sus magníficas exposiciones, a las miniexposiciones, a los ciclos de conferencias, y al servicio didáctico creado para dar respuesta a las necesidades de los Centros Educativos.

En cualquier caso, la labor de aportar materiales educativos adecuados para los docentes de Educación Secundaria y Bachillerato debería en algunos casos corresponder al propio Departamento de Educación del Gobierno de Navarra, sobre todo en el de las menguantes asignaturas optativas de Geografía e Historia de Navarra cuyo libro de texto más moderno tiene ya un cuarto de siglo, sin que haya una previsión (ni interés, quizás) de renovación de estos materiales hasta el momento. Conste que el trabajo que realizaron Román y Fermín Miranda me parece excelente, y que ese manual tiene capítulos difícilmente mejorables (como por ejemplo el dedicado al Camino de Santiago), y quizás por ello aún merece más ser actualizado en torno a algunas de las cuestiones aquí planteadas.

Por último, me gustaría terminar subrayando que los protagonistas de la historia medieval de Navarra son los navarros y las navarras de aquella época, de toda condición social, cultural y económica. Por tanto, el foco de la enseñanza de la Historia medieval de Navarra debe ponerse en ellos y ellas. Porque una historia que mire a los distintos grupos de personas (nobles, campesinas, clérigos, gentes de los burgos y minorías étnicas varias) será capaz de mostrar la realidad de un territorio y unas sociedades diversas, en absoluto monolíticas, y no exentas de conflictos. En definitiva, la Navarra medieval se caracterizó por la presencia de diferentes identidades y todas merecen nuestro estudio y recuerdo, incluso aquellas cuya continuidad se truncó en algún momento del devenir histórico.

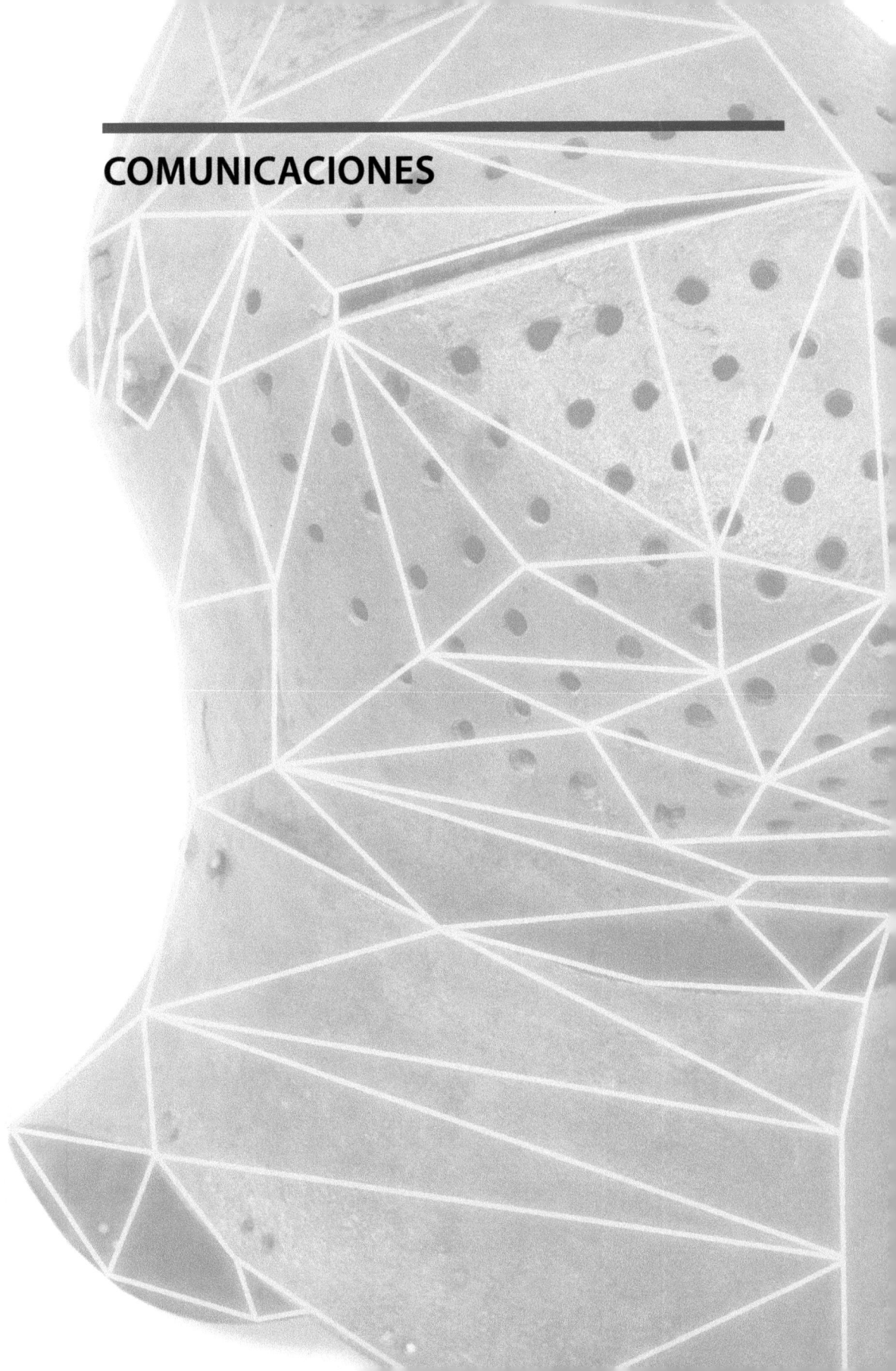

COMUNICACIONES

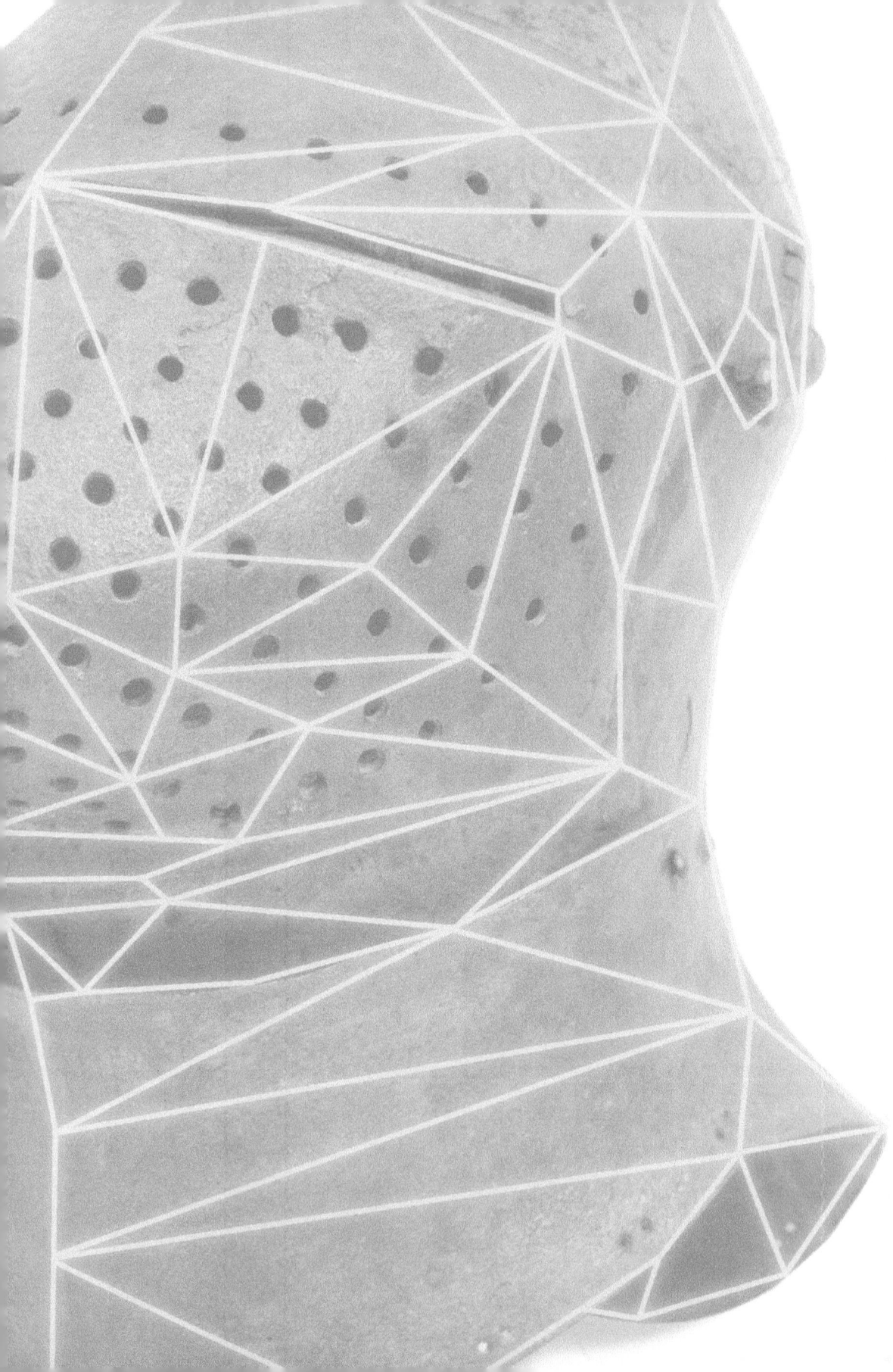

Complejizando la Edad Media: hacia una propuesta de totalidad y transversalidad reflexiva

Pablo Barruezo-Vaquero

Háskóli Íslands / Universidad de Granada

1. INTRODUCCIÓN

¿*Qué Edad Media hoy?* La pregunta en torno a la que se ha articulado la L Edición de estas Semanas es necesariamente polifacética y, por ende, llama a un conjunto de respuestas de carácter heterogéneo. Creemos, no obstante, que subyace una marcada preocupación de corte teórico ante esta cuestión; consiguientemente, consideramos que se le debe dar una respuesta acorde, es decir, eminentemente teórica. Para dar respuesta ante tal necesidad, este escrito está pensado a modo de ensayo, un ensayo que, además, busca ser explícitamente provocativo. La intención no es otra que la de generar debate; consideramos que repensar cualquier campo de estudio –en este caso, el medievalismo– requiere de una exploración de los límites epistemológicos que lo conforman. Dicha provocación, no obstante, no busca la especulación vana. Por el contrario, nuestra preocupación parte de tres pilares, los cuales se entrelazan con las preguntas planteadas en esta edición[1]: ¿cuál es nuestro objeto de estudio?, ¿cómo lo estudiamos?, ¿con qué meta? Este ensayo busca dar respuesta a estas tres preguntas a partir de la investigación que, junto a diversos investigadores, hemos ido desarrollando en los últimos años. A pesar de ello, las respuestas que formulamos aquí no son cerradas, sino planteadas de forma abierta a discusión.

Antes de comenzar a dar respuesta a tales preguntas conviene mencionar, siquiera someramente, el marco en el que se encuadra nuestro ensayo. Esto ayudará a ir enlazando nuestra investigación con las preguntas enunciadas en el párrafo anterior. La reflexión que aquí planteamos parte del aparato teórico que conforma los postulados de la Ecología Histórica[2] y las Ecodinámicas Hu-

---

[1] «¿Qué hacemos los medievalistas; qué nos preocupa; cómo lo trasmitimos; y a quién? ¿Cómo afrontamos los desafíos de la investigación?». Véase «L Edición», en *SIEM Estella*, ‹https://www.siem-estella.es/es/l-edicion›.

[2] C. L. Crumley (ed), *Historical Ecology. Cultural knowledge and changing landscapes*, Santa Fe, New Mexico, School of American Research Advanced Press, 1994.

manas[3], aplicado al estudio del paisaje[4]. Así, nuestra investigación se preocupa por entender las dinámicas entre humanos y medioambiente durante, principalmente, la Edad Media. Estudiar el paisaje desde dicha perspectiva nos ha llevado a entenderlo como un sistema complejo[5], caracterizado, por ende, por la complejidad inherente al mismo. En conjunto, esto nos ha llevado a estudiar la interrelación entre los humanos con su medio ambiente –es decir, interrelaciones bioculturales– para responder a dinámicas históricas de corte socioeconómico (conexión con la pregunta 1) dentro de un marco teórico amplio y siguiendo una metodología acorde (conexión con la pregunta 2). Además, defendemos que los resultados de nuestra investigación deben no solo aportar conocimiento histórico *per se*[6], sino además responder ante desafíos investigativos acordes a las realidades y retos sociales a los que actualmente nos enfrentamos (conexión con la pregunta 3). En este caso, consideramos que nuestra investigación puede aportar al conjunto de las investigaciones sobre cambio climático, el cual es un fenómeno global con matices locales, que responde a causas y consecuencias sociales, y poseedor de una dimensionalidad histórica[7].

2. ¿CUÁL ES NUESTRO OBJETO DE ESTUDIO? O SOBRE LO QUE CONFORMA LA EDAD MEDIA

Para comenzar a desarrollar nuestra propuesta, hemos querido responder a una pregunta tan fundamental y básica como cuál es nuestro objeto de estudio. Esta cuestión, además, sirve para reflexionar sobre aquello que conforma la Edad Media.

....

[3] J. McGlade, «Archaeology and the Ecodynamics of Human-Modified Landscapes», *Antiquity*, 69, 1995, pp. 113-132.

[4] Al hablar del estudio del paisaje lo hacemos desde una aproximación propia de la arqueología del paisaje, que estudia la materialidad del paisaje desde un punto de vista histórico.

[5] D. Daems, *Social complexity and complex systems in archaeology*, New York y London, Routledge, 2021.

[6] No queremos poner con ello en duda el valor de generar dicho conocimiento. El conocimiento histórico es, sin duda alguna, fundamental, y debe ser siempre uno de los objetivos de cualquier investigación histórica.

[7] Este es un área al que tradicionalmente se le ha negado su participación en las Humanidades y Ciencias Sociales. Ante esta negación, en ocasiones y hasta no hace demasiado se ha respondido con cierto conformismo –cuando no desdén– al no intentar entrar en diálogo con las disciplinas climáticas. Esto es, sin duda alguna, un error. En realidad, las Humanidades y Ciencias Sociales son fundamentales para poder dar soluciones satisfactorias a este problema; véase al respecto J. Barnes y M. Dove (eds.), *Climate Cultures: Anthropological Perspectives on Climate Change*, New Haven, Yale University Press, 2015; o A. M. Bauer y M. Bhan, *Climate without Nature: A Critical Anthropology of the Anthropocene*, Cambridge, Cambridge University Press, 2018.

En nuestra búsqueda de una respuesta sobre nuestro objeto de estudio, hemos encontrado una primera aproximación en Marc Bloch[8]. En *Apología para la historia o el oficio del historiador*, Bloch reflexiona sobre qué es la Historia; para él, esta se define como el estudio del ser humano en el pasado[9]. Por ello, obtenemos una primera respuesta acerca del objeto de estudio de la Historia o, si se quiere, del medievalismo: los seres humanos que conformaron el pasado que estudiamos. Encontramos satisfactoria esta respuesta, al menos como primera aproximación, aunque inevitablemente suscita otra pregunta, a saber: ¿cuál es o son las formas en las que el ser humano se presenta (y representa a sí mismo) a lo largo de la historia? En otras palabras, para comprender a los seres humanos que conforman la historia hay que atender a las distintas expresiones que tenemos sobre estos para poder comprender dicho pasado. No en vano, son estas expresiones las que acabaron construyendo categorías significantes a través de las cuales los humanos conformaron sus vidas. Las palabras de John Moreland aportan claridad al respecto:

> the categories through which people constructed themselves in the past [...]. Art, architecture, the more general material world, texts, ceremonies, food and festivals form just some of the stands from which individuals in the past wove their identities[10].

Es por ello por lo que se debe atender a tal variedad de expresiones significantes para comprender el pasado medieval. En realidad, Moreland utiliza este argumento como punta de lanza para defender la necesidad de romper las barreras disciplinares que en la actualidad separan al conjunto de disciplinas que estudian las distintas expresiones históricas del ser humano[11]. Claramente, la división epistemológica dificulta entender la historia en su conjunto. Por ende, consideramos que, si nuestro objeto de estudio final es el ser humano en el pasado, debemos de acceder a él a través de cuanto mayor número de expresiones o categorías significantes sea posible, buscando una perspectiva de conjunto.

---

8   La figura de Marc Bloch emerge siempre como una de las más influyentes para responder a las preguntas fundamentales de nuestro oficio. No en vano es uno de los fundadores del medievalismo moderno y, además, iniciador junto a Lucien Febvre de una de las corrientes historiográficas más relevantes de la última centuria. Por ello, recurrir a él es recomendable para obtener una primera idea sobre tales temáticas.

9   M. Bloch, *Apología para la historia o el oficio del historiador*, México, Fondo de Cultura Económica, 2001 [1949], p. 58.

10 J. Moreland, *Archaeology, theory, and the Middle Ages*, Bristol, Bristol Classical Press, 2010, pp. 41-42.

11 *Ibidem.*

Esta noción se **puede** encontrar también en otros medievalistas especializados en diferentes **zonas de estudio**[12].

Hasta ahora, nuestro discurso, al igual que el de los citados autores, ha sido marcadamente epistemológico. No obstante, la pregunta sobre qué conforma nuestro **objeto de estudio** y, como consecuencia, qué conforma la Edad Media, requiere también a nuestro parecer una perspectiva ontológica. Si ya hemos llegado **a la idea** de que el ser humano es una entidad de estudio a la que hay que entender **a través de las distintas** categorías significantes de su pasado, ahora cabe preguntarse si el ser humano es –o ha sido– una entidad ontológicamente independiente. Es decir, debemos evaluar si el ser humano es una entidad que se **ha desarrollado** de manera única e independiente. Desde una perspectiva posthumana[13], o influenciada por esta filosofía, la respuesta emerge con claridad: la frontera entre los humanos y los no-humanos (las distintas especies, organismos y elementos que conforman el medio ambiente, lo «maquínico», objetos, etc.) es completamente borrosa. Existe pues una interrelación entre ambas entidades, la cual ha existido siempre, aunque configurada y expresada de manera distinta dependiendo del momento histórico.

Influido por el posthumanismo, Ian Hodder exploró para la investigación arqueológica el concepto de *entangled*, así como el de *entanglement* (entrelazamiento)[14].

----

[12] Por citar algunos, nos referiremos a Miquel Barceló, Christopher Wickham, Antonio Malpica Cuello, Ricardo Francovich o José M.ª Martín Civantos para el área mediterránea, y Jesse Byock o Davide Zori **para** el área del norte europeo, además del ya citado John Moreland para las Islas Británicas. A este respecto, véase M. Barceló, «Prólogo», en M. Barceló (ed.), *Arqueología medieval en las afueras del «medievalismo»*, Barcelona, Crítica, 1988, pp. 9-17; A. Malpica Cuello, «Historia y Arqueología medievales: un debate que continúa», en V.V.A.A. *Problemas actuales de la Historia. Terceras Jornadas de estudios históricos*, Salamanca, Universidad de Salamanca, 1994, pp. 29-48; C. Wickham, «Comprender lo cotidiano: antropología social e historia social», *Historia Social*, 3, 1998, pp. 115-128; R. Francovich, *La arqueología medieval: entre la historia y la gestión del patrimonio*, Granada, Universidad de Granada, 2008; J. M.ª Martín Civantos, «La Arqueología del Paisaje como lugar donde hacer realmente compleja nuestra disciplina», en J. A. Quirós Castillo (ed.), *Treinta años de Arqueología medieval en España*, Oxford, Archaeopress, 2018, pp. 205-224; J. Moreland, *Archaeology and text*, London, Duckworth, 2001; J. Byock y D. Zori, «Viking archaeology, sagas and interdisciplinary research in Iceland's Mosfell Valley», *BACKDIRT, Annual review of the Cotsen Institute of Archaeology at UCLA*, 2013, pp. 124-141.

[13] Somos conscientes de que esta es una filosofía aun considerablemente abierta a debate. A pesar de ello, incluso desde una perspectiva crítica –por la cual abogamos– consideramos que es una escuela de pensamiento capaz de aportar una perspectiva novedosa con respecto a ciertas cuestiones. A este respecto, especialmente relacionado también con la producción de conocimiento en Humanidades, véase R. Braidotti, *Posthuman Knowledge*, Cambridge, Polity Press, 2019. Es igualmente recomendable consultar B. Latour, *Reassembling the Social. An Introduction to Actor-Network-Theory*, Oxford, Oxford University Press, 2007.

[14] I. Hodder, *Entangled: An Archaeology of the Relationships between Humans and Things*, Hoboken, Wiley-Blackwell, 2012.

El concepto de entrelazamiento le sirve a Hodder para explicar el tipo de relación –entrelazada– que existe entre humanos y no-humanos. Así, analizar el pasado, la historia, requiere entender estas interrelaciones o entrelazamientos[15]. Por ende, podríamos decir que estudiar la historia necesita igualmente de una mirada que no solo se ocupe del ser humano en sí, sino del ser humano y su interrelación con una miríada de no-humanos. A nuestro parecer, esta perspectiva es válida –y necesaria– tanto para entender procesos productivos tan 'básicos' como la producción de carácter arcilloso[16], como procesos constructivos arquitectónicos o del propio paisaje[17].

Llegamos a una doble conclusión, pues: 1. Nuestro objeto de estudio son los seres humanos del pasado (medieval), atendiendo a sus distintas categorías significantes y su interrelación con entidades no-humanas; 2. Consiguientemente, la Edad Media está conformada por ambas entidades y los productos significantes surgidos de dichas interrelaciones. Considerando ambos puntos, cabría ahora preguntarse cómo podríamos enfocar este planteamiento en nuestra investigación. Dicho de otra manera, partiendo de esta doble conclusión, debemos pensar qué aspectos nos preocupan en la actualidad.

3. ¿QUÉ NOS PREOCUPA (A LOS MEDIEVALISTAS) HOY?

Hemos decidido aplicar esta visión siguiendo los postulados teóricos desarrollados por la investigación en Ecodinámicas Humanas y Ecología Histórica. Así, se podría decir que, en nuestro caso, lo que nos preocupa es entender el pasado desde una perspectiva que, como explicamos en las próximas líneas, incorpora una inquietud con respecto a nuestro contexto actual de cambio climático.

Acuñado en 1995 por James McGlade[18], el concepto de Ecodinámicas Humanas define en la actualidad tanto una forma de estudiar el pasado como un

[15] Una perspectiva parecida, aunque no necesariamente posthumanista, ha sido desarrollada por William Marquardt, uno de los principales investigadores del campo de la Ecología Histórica (a la que prestamos atención en la siguiente sección). Véase W. Marquardt, «Dialectic in Historical Ecology», en C. Ray y M. Fernández-Götz (eds.), *Historical Ecologies, Heterarchies and Transtemporal Landscapes. Introductory perspectives*, London, Routledge, 2019, pp. 11-31.

[16] Este se ha convertido ya en un ejemplo clásico explorado por I. Hodder, *Entangled...*, *op. cit.*

[17] Para una modesta y primera aproximación a estos dos últimos ejemplos, véase P. Barruezo-Vaquero, «The human ecodynamics of the architectural Icelandic landscape. The historical example of turf houses and earthworks», en V.V.A.A., *Arquitectura y paisaje: transferencias históricas, retos contemporáneos*, Madrid, Abada, 2022, pp. 903-912.

[18] J. McGlade, «Archaeology and the Ecodynamics...», *op. cit.*

campo de estudio. Con respecto a este último, las Ecodinámicas Humanas se definen como el estudio histórico y a largo plazo de las interrelaciones entre humanos y medio ambiente (o no-humanos) a lo largo del espacio y del tiempo, entendiendo la capacidad de agencia que ambas entidades tienen la una sobre la otra[19]. En otras palabras, se podría decir que, como campo de estudio, las Ecodinámicas Humanas hacen referencia al estudio histórico de los *sistemas bioculturales*. Aunque no disponemos de suficiente espacio para concretar las consecuencias de esta perspectiva a la hora de estudiar el pasado, diremos, no obstante, que requiere del uso *entrelazado*[20] de distintas disciplinas provenientes de diversos campos de especialización (Humanidades, Ciencias Sociales, Medioambientales, Computacionales, etc.).

Desarrollada colaborativamente un año antes, en 1994[21], la Ecología Histórica es igualmente un campo de estudio con unos objetivos definidos. En realidad, como campo de estudio no difiere de las Ecodinámicas Humanas, pues busca estudiar interrelación entre humanos y no-humanos con una perspectiva de largo plazo[22]. Para la Ecología Histórica, estudiar esto requiere prestar especial atención a las diferencias de poder que surgen entre los distintos agentes o entidades a estudiar, y, por ende, las dinámicas multi-escalares de entrelazamiento entre estos[23]. Al igual que ocurre con las Ecodinámicas Humanas, la investigación en Ecología Histórica pone el foco de estudio sobre el paisaje, entendido como el producto de las interrelaciones históricas entre los humanos con no-humanos[24]. A pesar de no disponer de espacio suficiente para explicarlos con detalle, algunos conceptos desarrollados por la Ecología Histórica son especialmente fundamentales para atender a estas preocupaciones investigativas. En concreto, destacamos el concepto de heterarquía de Crumley para explicar y analizar las relaciones dinámicas de poder que se producen entre distintos agentes dentro de un sistema[25], el marco dialéctico desarrollado por Marquardt para entender múltiples dinámicas de poder acontecidas en un

---

19 R. Maher y R. Harrison, «Humans –A Force of Nature», en R. Harrison y R. Maher (eds.), *Human Ecodynamics in the North Atlantic: A Collaborative Model of Humans and Nature through Space and Time*, Maryland, Lexington Books, 2014, pp. 1-21.
20 Nos detendremos ligeramente sobre este aspecto en el siguiente punto.
21 C. L. Crumley (ed), *Historical Ecology…*, *op. cit.*
22 C. L. Crumley, «Historical Ecology: a multidimensional ecological orientation», en C. L. Crumley (ed.), *Historical Ecology. Cultural knowledge and changing landscapes*, Santa Fe, New Mexico, School of American Research Advanced Press, 1994, pp. 1-16.
23 *Ibid.*; W. Marquardt, «Dialectic in…», *op. cit.*
24 C. L. Crumley, «Historical Ecology and the Study of Landscape», *Landscape Research*, 42, 2017, pp. 65-73.
25 C. L. Crumley, «Historical Ecology: a multidimensional…», *op. cit.*

espacio y tiempo concreto[26], y el concepto de DONOP (Distributed Observed Networks of the Past)[27] que aboga por estudiar comparativamente contextos comparables para entender a gran escala distintas dinámicas históricas de carácter biocultural[28].

Podríamos así aventurar que nuestra preocupación en la actualidad se cimienta sobre el análisis histórico de dinámicas bioculturales. Si bien esto es cierto, es necesario a la par enfatizar nuevamente lo esencial de un análisis social crítico con respecto a dichas dinámicas. Es decir, no basta con detectar formas socio-medioambientales; hay que entenderlas en conjunto y como consecuencia de formaciones socioeconómicas propias de momentos históricos concretos. Así, siguiendo los postulados de Murray Bookchin[29], consideramos que toda relación humana con su medioambiente es una manifestación sintomática de unas formaciones sociales concretas e históricas. Nuestra preocupación, pues, es entender dinámicas bioculturales a través de un análisis social crítico con respecto a las sociedades en las cuales se originan tales dinámicas.

El programa de investigación de la Ecología Histórica, incluidas las Ecodinámicas Humanas, presenta un objetivo social central. La preocupación por entender dinámicas históricas bioculturales lleva consigo unas implicaciones éticas que miran hacia nuestro presente y futuro. En este sentido, distintos estudios[30] demuestran la importancia de usar en nuestro presente el conocimiento generado sobre cómo diversas dinámicas históricas bioculturales (decrecimiento, expansionismo, etc.) han afectado climáticamente, incluyendo los efectos

....

26 W. Marquardt, «Dialectic in...», *op. cit.*

27 G. Hambrecht *et al.*, «Archaeological sites as distributed long-term observing networks of the past (DONOP)». *Quaternary International*, 549, 2020, pp. 218-226.

28 Algo que, consideramos, entronca con las ideas de historia global –o comparada– defendida por C. Wickham, «Cómo estudiar y escribir la historia global medieval: problemas y posibilidades», en *L Semana Internacional de Estudios Medievales de Estella 16-19 de julio de 2024*, Estella, 2024.

29 M. Bookchin, *Social Ecology and Communalism*, Oakland y Edinburgh, AK Press, 2006.

30 M. C. Nelson *et al.* «Climate challenges, vulnerabilities, and food security», *Proceedings of the National Academy of Sciences*, 2016, pp. 298-303; S. Hartman *et al.*, «Medieval Iceland, Greenland, and the New Human Condition: A case study in integrated environmental humanities», *Global and Planetary Change*, 156, 2017, pp. 123-139; F. Silva *et al.*, «Developing Transdisciplinary Approaches to Sustainability Challenges: The Need to Model Socio-Environmental Systems in the Longue Durée», *Sustainability*, 14, 16, 2022; O. Vésteinsson, «Collapse or Resilience?: Archaeology, Metaphor and Global Warming.», en S. Bergerbrant and S. Sabatini (eds.), *Counterpoint: Essays in Archaeology and Heritage. Studies in Honour of Professor Kristian Kristiansen*, Oxford, Archaeopress, 2013, pp. 613-17; J. M.ª Martín Civantos *et al.*, «Ancestral Integrated Water Management Systems as Adaptation Tools for Climate Change: The "Acequias De Careo" and Historical Water Management of the Mecina River in Sierra Nevada (Granada, Spain)», *Conservation and Management of Archaeological Sites*, 25(1–3), 2023, pp. 7-29.

derivados de ello sobre la seguridad alimentaria, la capacidad de resiliencia, etc. Así, nuestro objetivo es tanto entender de forma histórica tales dinámicas como plantear posibles formas de aplicar este conocimiento en nuestro presente, aportando así al conjunto de estudios climáticos.

4. ¿QUÉ HACEMOS LOS MEDIEVALISTAS?... O ¿CÓMO INVESTIGAMOS?

Definida nuestra preocupación, resulta necesario preguntarse cómo podemos estudiarla. Esta es probablemente una cuestión epistemológica (concerniente a la metodología) más que ontológica. ¿O no del todo? Consideramos que, en realidad, ambas, la epistemología y la ontología, deben establecer un diálogo directo entre sí. Una visión generalista sobre la literatura citada, así como la no citada, permite percatarse de que normalmente los estudios medievalistas comienzan desde una perspectiva epistemológica, prestándole en general una mayor atención a esta, lo cual no es necesariamente negativo. En este ensayo, no obstante, hemos decidido partir desde la ontología. Así, es posible percatarse de que para estudiar el paisaje hemos optado por cuestionarnos primeramente qué es el paisaje y qué agentes lo conforman, así como las relaciones que ocurren entre estos. Consideramos, pues, que es necesario este cuestionamiento teórico previo –si quiera sumariamente– para posteriormente pasar a explorar un fenómeno o dinámica histórica dada.

Haciendo una reflexión sobre nuestro caso, hemos decidido acercarnos al paisaje influidos, aunque de manera crítica, por la teoría posthumanista[31]. Hemos pretendido así comprender la interrelación entre distintos agentes (humanos y no-humanos) en el tiempo (medieval) y el espacio. Este discernimiento del paisaje, entendido como el producto de la interrelación cambiante entre distintos agentes, nos ha llevado a estudiarlo como un sistema, concretamente un sistema complejo. Para analizar el paisaje como un sistema complejo, nos hemos visto conducidos nuevamente hacia la teoría, en este caso la teoría de la complejidad[32], para entender las bases que explican el funcionamiento de dichos sistemas. A partir de ahí, creemos estar mejor equipados para realizar una investigación histórica que considere la conformación de paisajes, atendiendo en especial a distintas formaciones socioeconómicas y su interrelación con los no-humanos.

---

[31] B. Latour, *Reassembling the Social...*, *op. cit.*; R. Braidotti, *Posthuman...*, *op. cit.*
[32] Aplicado al análisis histórico-arqueológico, véase D. Daems, *Social complexity...*, *op. cit.*; y J. McGlade, «Archaeology and...», *op. cit.*, pp. 117-125.

La complejidad de estudiar este tema, atendiendo a diferentes niveles de análisis y dinámicas, es un reto investigativo actual. Responder a dicho reto requiere de un esfuerzo colaborativo según un modelo epistemológico acorde. En realidad, una de las referencias ya usadas[33] da la clave en su título: transdisciplinariedad[34]. Estamos convencidos de que el futuro del medievalismo pasa por una investigación transdisciplinar capaz de desmontar las fronteras epistemológicas que separan las distintas disciplinas actuales que estudian el pasado medieval. Hacerlo traerá grandes beneficios, pues priorizará nuestro objeto de estudio, analizado así a través del *entrelazamiento* de tantas perspectivas como requiera la pregunta investigativa realizada. Además, la transdisciplinariedad implica una segunda consecuencia, a saber: integrar la sociedad o hacerla parte de nuestra investigación[35]. Tal objetivo, consideramos, encauza con la preocupación ética que busca aplicar nuestro conocimiento histórico en el presente[36]. En definitiva, proponemos que el medievalismo debe adoptar una aproximación explícitamente teórica y transdisciplinar.

5. HACIA ALGUNAS CONCLUSIONES

A 50 años del inicio de las Semanas, en este breve ensayo hemos querido exponer hacia dónde consideramos que debe avanzar el medievalismo en la actualidad. Aunque claramente no es la única respuesta ante los retos investigativos actuales, consideramos que nuestra visión puede aportar a este campo de estudio. Así, hemos defendido que el medievalismo debe entablar primeramente una comunicación directa con la teoría crítica y la reflexión filosófica[37]. Al hacerlo, hemos concluido que, aunque nuestro objeto de estudio es el ser humano

---

[33] F. Silva *et al.*, «Developing Transdisciplinary...», *op. cit.*

[34] Dos posibles modelos pueden verse en R. Acosta Naranjo y G. Pablo Domínguez, «Ecoantropología: hacia un enfoque holista de las relaciones ambiente-sociedad», en A. Andreu Tomàs *et al.* (eds.), *Periferias, fronteras y diálogos. Actas del XIII Congreso de Antropología de la Federación de Asociaciones de Antropología del Estado Español*, Tarragona, Universitat Rovira i Virgili, 2014; y E. Lethbridge y S. Hartman, «Inscribing Environmental Memory in the Icelandic Sagas and the Icelandic Saga Map». *Publications of the Modern Language Association of America*, 131, 2016, pp. 381-391.

[35] K. Milek, «Transdisciplinary Archaeology and the Future of Archaeological Practice: Citizen Science, Portable Science, Ethical Science», *Norwegian Archaeological Review*, 51, 2018, pp. 36-47.

[36] Véase *supra*, especialmente el pie de página 30.

[37] Como P. Alonso González, «Flanqueando el procesualismo y posprocesualismo: arqueología, teoría de la complejidad y la filosofía de Gilles Deleuze», *Complutum*, 23, 2, 2012, pp. 13-32 plantea para la arqueología o D. LaCapra, *History and Its Limits: Human, Animal, Violence*, Cornell, Cornell University Press, 2009 defiende para la historia cultural.

del pasado (medieval), no podemos entenderlo completamente sin atender a la interrelación mutua que se establece con entidades no-humanas. Por ende, creemos que el medievalismo debe buscar entender dicha interrelación (cambiante en el espacio-tiempo) y qué formaciones socioeconómicas subyacen a ello. Consideramos igualmente que la generación de tal conocimiento histórico debe tener una mirada ética, socialmente comprometida, para así poder aplicarlo en nuestro presente. Finalmente, hemos defendido que la complejidad de lo aquí planteado requiere de una visión de paralaje, transdisciplinar, capaz de integrar diversas teorías, metodologías, fuentes y datos. Es nuestro deseo que esta propuesta pueda aportar al conjunto de estudios medievales, sirviendo para ayudar a generar un conocimiento histórico más complejo, acorde a los retos investigativos y sociales contemporáneos.

La Iglesia de Toledo y sus documentos en la Plena Edad Media: nuevos retos y perspectivas desde la paleografía y la diplomática

Jaime Ruano Benito
Universidad de Sevilla

Es bien sabido que Toledo[1] cuenta con una robusta y vibrante tradición de estudios[2], desde las más diversas aproximaciones, sobre su Iglesia[3], clero[4] y conjunto catedralicio[5] en la Edad Media.

No cabe duda de que tanto sus arzobispos[6] como su institución capitular[7] se cuentan entre las más estudiadas y mejor conocidas de cuantas hay en la península ibérica. Y no solo desde el momento de la conquista cristiana de la

---

[*] Este capítulo lo hemos podido realizar gracias a la beca de doctorado de Formación del Profesorado Universitario (FPU), concedida por el Ministerio de Ciencia, Innovación y Universidades en enero de 2024; referencia FPU22/00328.

[1] Citamos tan solo dos obras clásicas que tratan la ciudad y su Iglesia muy por extenso: S. Ramón Parro, *Toledo en la mano o descripción histórico-artística de la magnífica catedral y de los demás célebres monumentos*, Toledo, Imprenta y Librería de Severiano López Fando, 1857; y A. Martín Gamero, *Historia de la ciudad de Toledo: sus claros varones y sus documentos*, Toledo, Imprenta y Librería de Severiano López Fando, 1862.

[2] Destacamos en particular las monografías: R. Izquierdo Benito y F. Ruiz Gómez (coords.), *Alarcos 1195. Actas del Congreso Internacional conmemorativo del VIII Centenario de la Batalla de Alarcos*, Cuenca, UCLM, 1996; J. C. Vizuete Mendoza y J. Martín Sánchez (coords.), *«Sacra loca toletana»: los espacios sagrados en Toledo*, Cuenca, UCLM, 2008; y Á. L. López Villaverde (coord.), *Historia de la Iglesia en Castilla-La Mancha*, Ciudad Real, ALMUD, 2010.

[3] Véase: E. Torija Rodríguez, «La Iglesia de Toledo en la Edad Media: organización institucional y formas de vida religiosa. Estado de la cuestión: archivos y descripción de manuscritos», *Hispania Sacra*, 139, 2017, pp. 31-47.

[4] M. J. Lop Otín, «Hay tal número de clérigos que causa asombro». La clerecía de Toledo a fines de la Edad Media», *Espacio, tiempo y forma. Serie III, Historia medieval*, 33, 2020, pp. 271-302.

[5] Los estudios respecto a este tema son numerosísimos. Véase R. Gonzálvez Ruiz (coord.), *La Catedral Primada de Toledo. Dieciocho siglos de Historia*, Burgos, Promecal, 2010.

[6] J. F. Rivera Recio, *Los arzobispos de Toledo en la Baja Edad Media (ss. XII-XV)*, Toledo, Diputación Provincial de Toledo, 1969.

[7] M. J. Lop Otín, *El cabildo catedralicio de Toledo en el siglo XV: aspectos institucionales y sociológicos*, Tesis Doctoral, Madrid, UCM, 2002.

ciudad en 1085, sino ya desde sus orígenes tardoantiguos[8], así como en su tantas veces aludida etapa visigoda[9] y mozárabe[10].

Sin embargo, en este caudal de conocimiento histórico sobre la Iglesia toledana, que lleva siglos fluyendo y dando excelentes frutos[11], existe una notable excepción. Se trata de las investigaciones relativas a la relación, simbiótica y fundamental, entre la Iglesia de Toledo y su producción documental.

Pese a puntuales aportaciones en los últimos años[12], la relación entre la Iglesia de Toledo y la escritura aún no se ha investigado de forma profunda, renovada, ni tomando como objeto de estudio los documentos en sí mismos durante la Plena Edad Media. De la mano de la Paleografía, la Diplomática, la Codicología, y de otras Ciencias y Técnicas Historiográficas, este es precisamente el objetivo que nos marcamos en nuestra tesis, la cual tiene por título: «La cancillería arzobispal de Toledo (1086-1247). Origen, evolución, actores y prácticas documentales».

Así, con estos mimbres metodológicos y hermenéuticos[13], tenemos como objetivo investigar la interrelación entre la institución catedralicia y el hecho cul-

---

[8] J. Vilella Masana, «Los obispos toledanos anteriores al Reino Visigodo-Católico», en *Santos, obispos y reliquias: actas del III Encuentro Hispania en la Antigüedad Tardía*, Alcalá de Henares, UAH, 2003, pp. 101-119.

[9] Para no excedernos, traemos a colación una obra global: J. Orlandis, *La iglesia en la España visigótica y medieval*, Pamplona, UN, 1976.

[10] Instituto de Estudios Visigótico-Mozárabes, *Estudios sobre Alfonso VI y la reconquista de Toledo: actas del II Congreso Internacional de Estudios Mozárabes*, Toledo, 1988, 4 vols.

[11] Tres balances historiográficos que merecen ser citados a este respecto son: J. A. García Luján, «Historiografía de la Iglesia de Toledo en los siglos XVI a XIX», en *Estudios en memoria del profesor D. Salvador de Moxó*, Madrid, UCM, 1982, pp. 367-368; M. J. Lop Otín, «La investigación sobre la Iglesia medieval toledana: balance y perspectivas», *Medievalismo: revista de la Sociedad Española de Estudios Medievales*, 15, 2005, pp. 93-138; y E. Torija Rodríguez, «La Iglesia de Toledo en la Edad Media: organización institucional y formas de vida religiosa. Estado de la cuestión: archivos y descripción de manuscritos», *Hispania Sacra*, 139, 2017, pp. 31-47.

[12] Cuatro obras de referencia en este ámbito, y que es imperativo citar, son: F. J. Hernández, *Los cartularios de Toledo. Catálogo documental*, Madrid, Fundación Ramón Areces, 1996, 2.ª ed.; R. Gonzálvez Ruiz, *Hombres y libros de Toledo (1086-1300)*, Madrid, Fundación R. Areces, 1997; M. E. Alguacil Martín, «Los registros notariales del siglo XV en el Archivo de la Catedral de Toledo», *Espacio, tiempo y forma. Serie III, Historia medieval*, 35, 2022, pp. 13-78; y E. Rodríguez Díaz, *Codicología y paleografía toledanas. Las copias del «De Virginitate» de San Ildefonso hasta el 1200*, Madrid, Real Academia de la Historia, 2024.

[13] Seguimos los postulados y las bases metodológicas extraídas sobre todo de la Diplomática Episcopal y Capitular ibérica (aunque no solo), en sintonía con nuestra tesis: M. C. Cunha, *Chanceleria arquiepiscopal de Braga (1071-1214)*, La Coruña, Toxosoutos, 2005; M.ª M. Cárcel Ortí, *Diplomática episcopal*, Valencia, UV, 2018; y N. Vigil Montes, «Una nueva frontera para los estudios sobre los cabildos catedralicios en la Edad Media: el desarrollo de la Diplomática capitular», *Medievalismo*, 22, 2012, pp. 239-254. Este último, en la p. 253, realizó un llamamiento a abordar la producción documental (capitular) de la catedral de Toledo, cuya ausencia de investigaciones consideraba toda una anomalía.

tural de la escritura, yendo más allá de la mera transcripción[14], edición o *regesta* de la documentación medieval del Archivo Capitular de Toledo (en adelante ACT)[15].

Proponemos, por tanto, algunas vías de investigación que se abren ante un campo científico que, como señaló Ramón Gonzálvez Ruiz hace una década, todavía «está casi completamente virgen[16]». Las dividimos en tres apartados:

Primero: las características y usos del documento y la escritura. Al hilo de nuestra tesis, estamos abordando los caracteres internos y externos de las piezas documentales dimanadas de la cancillería arzobispal primada. Los primeros abarcan, ante todo, las fórmulas diplomáticas y los formularios empleados, que son indicativos de la progresiva asimilación del *Ars Dictandi* italiano[17] y de la difusión de modelos documentales de otros contextos geográficos, como el aragonés[18], el francés[19], etc.

---

14 No es nuestra intención obviar la producción científica y erudita que ha ido roturando las fuentes documentales durante décadas. La consideramos como una base, necesaria e ineludible, que sin duda permitirá a los investigadores hodiernos profundizar en las metodologías y en las preguntas sobre dicha documentación. Véase J. F. Rivera Recio, C. Palencia Flores y L. Sánchez Belda, *Privilegios reales y viejos documentos de Toledo*, Toledo, Ayuntamiento de Toledo, 1963.

15 Y, en general, de los diplomas emitidos o recibidos por la Iglesia de Toledo en el ejercicio de sus funciones, y dispersos hoy en numerosos repositorios locales, nacionales e internacionales.

16 R. Gonzálvez Ruiz, «La catedral de Toledo y las artes de la escritura en la Edad media: 1100-1500», en *Lugares de Escritura. La catedral*, Valladolid, UVA 2014, pp. 41-102, concretamente la p. 46. Esta aportación de Gonzálvez Ruiz hace ya una década ofrece una panorámica amplia pero necesariamente somera de la producción documental y libraria asociada a la catedral de Toledo en los siglos medievales. Resulta una puerta de entrada esencial para quien desee adentrarse en el laberinto archivístico y bibliográfico existente en las entrañas de la catedral toledana.

17 R. Gonzálvez Ruiz, «La catedral...», *op. cit.*, p. 62. Aún está por hacerse para el Reino de Toledo un estudio equivalente a: J. M. Pons i Guri, «De l'escrivent al notari i de la "charta" a l'instrument. Recepció dels usos notarials itàlics a Catalunya», *Lligall. Revista catalana d'Arxivística*, 7, 1993, pp. 29-42.

18 Se han investigado mucho más las redes clientelares de la nobleza aragonesa y su influencia en la seo toledana: E. Torija Rodríguez, «De Aragón a la cátedra de San Ildefonso: los pontificados medievales de los arzobispos de Toledo de origen aragonés», *Aragón en la Edad Media*, 23, 2012, pp. 273-300. Y también los ecos de la disputada primacía eclesiástica en Tarragona, con numerosas interpretaciones diacrónicas resumidas en: A. Muñoz Virgili, «La sede de Tarragona y los conflictos en torno al ejercicio de la Primacía hispánica en la Tarraconense (siglos XI-XIII)», *Analecta Sacra Tarraconensia; revista de ciencias histórico-eclesiásticas*, 95, 2022, pp. 5-36. Pero las implicaciones y trasvases documentales o la influencia de la documentación producida en la Corona de Aragón en Toledo (sobre todo en su entorno catedralicio) apenas han recibido atención por parte de los especialistas.

19 Se ha tratado muy por extenso la difusión, por parte de los primeros arzobispos y miembros capitulares francos de la sede restaurada, de la liturgia galorromana, y en general el peso cultural de la población franca en la ciudad; pero se ha incidido menos en la influencia gráfica de la letra carolina en la escritura de Toledo desde el 1085. Véase J. P. Rubio Sadia, «La introducción del rito romano en la Iglesia de Toledo. El papel de las Órdenes religiosas a través de las fuentes

Por su parte, los caracteres externos se dividen *grosso modo* entre la preparación de la página (las operaciones de picado, pautado y delimitación de la
caja de escritura), la escritura empleada (su tipología gráfica y características) y
la propia ornamentación documental, sobre todo mediante el empleo de letras
capitales decoradas, crismones[20] y el recurso a *litterae notabiliores* y *litterae elongatae*.

La cuidadosa combinación de estos caracteres define la mayor o menor
solemnidad de estos diplomas y, junto al contenido, determina las tipologías
documentales empleadas; siendo factores inseparables la forma, uso y función
de estos escritos. Por solo aportar un ejemplo, se emplearán estrategias documentales del todo diversas para una concordia entre el arzobispo y cabildo y un
seglar sobre una heredad[21], y para la erección *ex novo* de una diócesis por parte
de los prelados toledanos[22].

En esta línea, un sendero historiográfico aún por recorrer para el caso
toledano es el empleo de los documentos como un instrumento político e institucional. En cuanto a lo primero, destacamos el impulso que imprimió a la cancillería arzobispal, tanto en lo cuantitativo como lo cualitativo, Rodrigo Jiménez
de Rada. Combinó como pocos la mitra y el cálamo[23], otorgando numerosos
fueros, pactando con las órdenes de caballería sitas en su archidiócesis, y orde-
nando la estructura y atribuciones de la corporación catedralicia.

Las relaciones inter institucionales en el seno de la catedral se dejan ver,
por ejemplo, en las cuatro constituciones que los mitrados toledanos otorgan
a su cabildo en el siglo XII[24]. En ellas se establecen una serie de pautas y de
acuerdos para resolver los enfrentamientos entre los arzobispos y los miembros

---

litúrgicas», *Toletana*, 10, 2004, pp. 151-177. Parece existir, todavía, «un marcado contraste entre los
estudios sobre la escritura visigótica y la gótica, que se han analizado con rigor en monografías y
artículos, y el vacío en un tratamiento similar de la escritura carolina, especialmente de la escritura utilizada en la Península Ibérica en los siglos XI y XII», R. M.ª Blasco Martínez, «La escritura
de la zona norte peninsular en los siglos XI y XII», *Estudis castellonencs*, 6, 1994-1995, pp. 213-224,
especialmente la p. 216. Para un repaso de la literatura internacional de la segunda mitad del siglo
pasado sobre esta escritura, véase D. Ganz, «The study of Caroline minuscule 1953-2004», *Archiv
für Diplomatik*, 50, 2004, pp. 387-398.

20 Un interesante estudio a este respecto cuya metodología podría aplicarse al caso toledano es
A. Castro Correa, «Observaciones acerca de los crismones empleados en la documentación medieval de la diócesis de Lugo (siglos X-XII)», *Scriptorium: revue internationale des études relatives aux
manuscrits*, 69/1, 2015, pp. 3-31.

21 ACT, E.7.A.1.2. (1220).

22 ACT, X.1.G.2.1. (1176).

23 Esta expresión no es nuestra. La tomamos prestada de: G. Chironi, *La mitra e il calamo. Il sistema
documentario della Chiesa senese in età pretridentina (secoli XIV-XVI)*, Roma, Ministero per i beni e le
attività culturali, 2005.

24 ACT, Z.1.G.1.1.; Z.1.G.1.2. Z.1.G.1.3 y Z.1.G.1.4. Respectivamente datadas en 1138, 1157, 1174
y 1195.

capitulares, causados por la incipiente separación de ambas *mensae*[25]. Constituyen, a un mismo tiempo, una de las tipologías documentales más solemnes de la cancillería arzobispal, así como una ventana privilegiada a la vida interna del alto clero toledano.

De esta forma, vamos vislumbrando algunos usos, actividad e influencia de la cancillería arzobispal toledana. Los agrupamos en dos procesos diacrónicos. En primer lugar, la defensa a ultranza de los privilegios de la Iglesia toledana, tanto los económicos como los honoríficos.

Entre los del grupo que engloba los asuntos crematísticos, descuellan los múltiples privilegios otorgados a la Iglesia de Toledo por los monarcas castellanos[26]. Estos se copiarán en repetidas ocasiones, tanto en diversos cartularios como en las numerosas copias imitativas existentes en el archivo catedralicio.

En cuanto a la defensa de las atribuciones honoríficas, es imperativo aludir a la primacía eclesiástica[27]. En este ámbito se repite lo anterior, pero de manera casi sistemática[28]. Las bulas pontificias de primacía se copian de forma recurrente, tanto en copias imitativas como bajo sello, e, incluso, en cartularios dedicados específicamente a estos privilegios papales. De hecho, uno de los cartularios catedralicios copia numerosos asientos, vinculados con la primacía toledana, directamente de los libros registro pontificios del papa Inocencio III[29].

Todo ello va más allá de la mera copia neutra de documentación. La cuidada selección y la cantidad y calidad de estas copias son indicativas del segundo proceso: el esfuerzo de la Iglesia de Toledo por crear una memoria institucional de la sede[30], que pretende unir firmemente con los romanos pontífices en su ca-

---

[25] Para este proceso, véase J. F. Rivera Recio, «Patrimonio y señorío de Santa María de Toledo desde el 1086 hasta el 1208», *Anales toledanos*, 9, 1974, pp. 117-182.

[26] Fueron editados y analizados desde los postulados de la Diplomática Real hace ya más de tres décadas por García Luján: J. A. García Luján, *Privilegios Reales de la Catedral de Toledo (1086-1462)*, II vols., Toledo, Torres, 1982.

[27] Para una revisión de esta cuestión durante el Medievo en época reciente, véase E. Torija Rodríguez, «La primacía de las Españas de la iglesia de Toledo. Origen, descripción y oposición durante la Edad Media», en *Nuevas aportaciones de jóvenes medievalistas*, Lleida, Compobell, 2014, pp. 11-28.

[28] Destacamos cómo, una vez más, no se ha estudiado este proceso desde una perspectiva documental y escrituraria diplomática, paleográfica y codicológica; sino prevalentemente desde la Historia Eclesiástica en sus vertientes política, social e institucional.

[29] BCT, ms. 42-21. Véase F. J. Hernández, *Los cartularios...*, *op. cit.*, especialmente las pp. XVI y XVII.

[30] En este proceso desempeñó una labor fundamental el proceso de «cartularización» en Toledo (*vid. infra*). Recientemente, una investigadora de la Universidad de Sydney, Hélène Sirantoine. ha abordado las materias «no diplomáticas» de los cartularios medievales toledanos desde los postulados de la «Nueva Diplomática». Su aportación contribuye a clarificar los límites de este género de productos escritos en Toledo, así como resalta el potencial discursivo de dichos textos, que va mucho más allá de la mera recopilación de diplomas. *Ibid.*, «Cartularization and Genre Boundaries: Reflection on the Nondiplomatic Material of the Toledan Cartularies (End of the Twelfth to the Fourteenth Century)», *Speculum. A Journal of Medieval Studies*, 98, 2023, pp. 164-212.

lidad de primados ibéricos y con los monarcas castellanos como metropolitanos de gran parte de las sedes castellanoleonesas.

Asimismo, dicha actividad cancilleresca carecería de vigencia en el tiempo si no fuera por las prácticas archivísticas que, ya en época plenomedieval, empleó el Archivo Capitular de Toledo[31]. Este se irá desgajando progresivamente del tesoro de la sacristía, así como se irán individualizando los diplomas respecto a los numerosos objetos preciosos y reliquias custodiados en el templo primado. La elaboración de inventarios, la copia casi sistemática de ciertas tipologías documentales[32], la cartularización[33] y la presencia de numerosos regestos al dorso de los documentos son algunas de las primeras prácticas archivísticas que estamos constatando[34].

Por otra parte, creemos que no se ha prestado la suficiente atención a los *scriptores* y a los protagonistas de lo escrito.

Apenas conocemos a cierta parte de los escribas de la cancillería arzobispal, pues fueron en su mayoría anónimos. Pero en los casos en que hemos podido vincular ciertos diplomas arzobispales a sus autores materiales, estos han resultado ser canónigos, racioneros y capellanes de la catedral toledana; lo cual no resulta extraño, pues en esta etapa prenotarial la cultura documental y el dominio de la escritura estuvieron prevalentemente en manos de la clerecía toledana. E, incluso, algunos de estos prebendados catedralicios

---

[31] Aún es mucho lo que queda por conocer del ACT en su etapa medieval y, en general, antes de que se desgajara de este el Archivo Diocesano de Toledo, ya en tiempos de la Contrarreforma. Remitimos al lector a Á. Fernández Collado, *Guía del Archivo y Biblioteca Capitulares de la Catedral de Toledo*, Toledo, Instituto Teológico San Ildefonso y Diputación Provincial de Toledo, 2007.

[32] Un acercamiento a la copia de documentación de ámbito catedralicio, en Sevilla durante la Baja Edad Media, la encontramos en: D. Belmonte Fernández, «Borradores, originales, copias y recopilaciones: Los Libros de Estatutos del cabildo catedralicio sevillano», *Historia. Instituciones. Documentos*, 41, 2014, pp. 45-74.

[33] Sobre el inicio de esta en la Península Ibérica, véase: D. Peterson, «Protocartularies: on the origins of the cartulary genre in Castile», *Studia historica. Historia medieval*, 42/1, 2024, pp. 47-69. Y, en general, todo este número, el cual está dedicado a: «Nuevas perspectivas sobre los cartularios eclesiásticos medievales».

[34] En 2006, Miguel Calleja Puerta ofrecía una visión de la catedral de Oviedo como repositorio y «tesoro» documental en el Alto Medievo, concluyendo su monografía con las reformas que en dicho templo llevaron a la elaboración del *Liber Testamentorum* y que, posiblemente, implicaron una reorganización previa de su archivo. Su perspectiva e impresiones serían de fecunda aplicación para el caso toledano. *Ibid.*, «La catedral de Oviedo como centro de conservación de documentos en la Alta Edad Media», en *Estudios en Homenagem ao Professor Doutor José Marqués*, vol. IV, Porto, FLUP, 2006, pp. 178-191. También es interesante la perspectiva empleada para la catedral de Sevilla en el Cuatrocientos de C. del Camino Martínez, «El archivo de la catedral de Sevilla en el siglo XV», *Historia. Instituciones. Documentos*, 25, 1998, pp. 95-111.

desempeñaron, a lo largo de su vida, cargos escriturarios en la cancillería real castellana[35]. Destacamos tres casos, que esperamos tratar en un futuro próximo: Juan Fernández, Juan de Séfila y el *magister* Mica[36].

Esto entronca con el *cursus honorum*, la jerarquización y los niveles de competencia gráfica del arzobispo y su cabildo que podemos extraer del estudio de sus firmas autógrafas[37]. Dichas suscripciones nos revelan no solo la cambiante posición de estos eclesiásticos en el seno de una comunidad fuertemente jerarquizada, sino también su destreza a la hora de consignar sus nombres y cargos, la cual fue por lo general media o buena, signo inequívoco de su formación cultural privilegiada[38].

Por otro lado, están aún por investigar los principales contactos e influencias de los diplomas toledanos respecto a sus dos principales cancillerías de referencia, la real y la pontificia[39]. La combinación de elementos formales extraídos de ambas dará lugar a novedosas combinaciones gráfico-documentales.

En un contexto más cercano, sería interesante plantearse si existió una relación gráfico-documental «centro-periferia» entre la oficina de expedición primada y las cancillerías episcopales de la amplia provincia eclesiástica toledana[40]. No debería descartarse que, a las prácticas documentales centrífugas, se añadan otras centrípetas, en un posible movimiento documental pendular que todavía espera a ser estudiado.

....

[35] Véase, para una perspectiva amplia, el reciente estudio de A. Arizaleta, *Les clercs au palais. Chancellerie et écriture du pouvoir royal (Castille, 1157-1230)*, Paris, e-Spania, 2010.

[36] Estos ya han sido abordados en algunas publicaciones, sobre todo el *magister* Mica. Véase P. Ostos Salcedo, «La cancillería de Alfonso VIII, rey de Castilla (1158-1214): una aproximación», *Boletín Millares Carlo*, 13, 1994, pp. 101-136.

[37] Un contexto escriturario abordado, en parte, desde esta perspectiva ha sido el de Pisa entre la Alta y la Plena Edad Media: M. C. Rossi, *Scritture e scriventi in una città mediterranea*, Pisa, Pisa University Press, 2014.

[38] Véase N. Vigil Montes, «El estudio de una comunidad a través de sus suscripciones: el cabildo catedral de Oviedo a mediados del siglo XV», en *Estudios recientes de jóvenes medievalistas –Lorca 2012*, Murcia, Centro de Estudios Medievales de la Universidad de Murcia, 2013, pp. 227-239.

[39] Véase M. C. Cunha, «Traces de la documentation pontificale dans les documents épiscopaux de Braga (1071-1244)», en *Papsturkunde und europäisches Urkundenwesen*, Köln-Wien, Böhlau, 199, pp. 259-269.

[40] Aún no han sido estudiadas, en líneas generales, las cancillerías episcopales (ni capitulares) de las sedes sufragáneas toledanas durante la Plena y Baja Edad Media. Algunas honrosas –pero siempre escasas– excepciones son: D. Espinar Gil, *La escribanía del cabildo catedralicio de Segovia y su documentación (siglos XIV y XV)*, Tesis Doctoral, Segovia, UCM, 2022; M.ª P. Rabadé Obradó, «Una aproximación a la cancillería episcopal de fray Lope de Barrientos, obispo de Cuenca», *Espacio, Tiempo y Forma. Serie III, Historia medieval*, 7, 1994, pp. 85-100; y C. Sáez, «Orden, conservación y ostentación: el cartulario de la catedral de Sigüenza (c. 1212)», *Anuario de estudios medievales*, 36, 2006, pp. 171-199.

Por último, tampoco se ha abordado el contexto escriturario inmediato de la catedral toledana: la escritura en Toledo en la Plena Edad Media[41]. Existió un multigrafismo absoluto en la urbe y, aunque buena parte de los cauces documentales dependieron de la clerecía catedralicia, consideramos que no se dio un monopolio catedralicio de la escritura en la ciudad. Hemos hallado numerosa documentación en el Archivo Capitular de Toledo producida al margen de la catedral, entre la que destacamos la mención a una tal María, de profesión escriba, que vivió en el arrabal de San Martín a inicios del siglo XIII[42]. Ello por no aludir a la mozarabía[43], a los clérigos de las iglesias ciudadanas y a los monasterios del entorno urbano.

Consideramos en definitiva que solo desde una perspectiva amplia es posible aprehender la escritura documental «a la sombra» de la catedral primada[44]; un universo material, cultural y humano que fue parte esencial de la compleja sociedad castellana medieval. Y que, investigándose, podría dar lugar a numerosos estudios comparativos regionales, nacionales e internacionales.

[41] Es decir, la «cultura documentaria», en sentido amplio, de una ciudad en un periodo concreto. Sobre esta, en su vertiente laica y para el caso de la «reina de ciudades», véase el reciente estudio: D. Internullo, *Senato sapiente. L'alba della cultura laica a Roma nel medioevo (secoli XI-XII)*, Roma, Viella, 2022.

[42] ACT, E.8.K.1.3. Está datado en febrero de 1228, en Toledo. Se cita en esta donación de una casa al cabildo catedralicio, que dicho inmueble linda con la casa «uersus oriente, domne Marie Scribe». Por desgracia, no hemos hallado más referencias.

[43] Es de obligada referencia la monumental obra de transcripción de Á. González Palencia, *Los mozárabes de Toledo en los siglos XII y XIII*, IV vols., Madrid, Instituto de Valencia de don Juan, 1931.

[44] No ocultamos que, para esta aportación, nos hemos inspirado especialmente en la obra *Écrire à l'ombre des cathédrales...*, *op. cit.* Esta supone un notable avance para el conocimiento de la cultura documental en las catedrales de la Francia noroccidental y del sur de Inglaterra. Sería deseable que, algún día, se llevase a cabo un congreso y una publicación similar para las catedrales castellanas o, por qué no, ibéricas. Existen numerosas propuestas metodológicas y nuevas vías de investigación aplicables no solo al caso toledano, sino que podrían ser extensivas a la escritura documental catedralicia de buena parte del territorio nacional.

Acercarse a la historia medieval desde las Ciencias y Técnicas Historiográficas

Un caso práctico: la Cancillería real castellana durante el reinado de Enrique IV de Castilla. Reflexiones en torno a la figura del canciller regio (1454-1474)

Alejo Albares Villalba
Universidad Complutense

1. INTRODUCCIÓN

Tal y como afirmaba el historiador y archivero Charles Samaran en el siglo pasado, no existe Historia sin documentos[1]. La Diplomática es la ciencia que se encarga de estudiar la tradición, la forma (externa e interna) y la elaboración de los diplomas escritos. Tiene como fin principal criticarlos, discernir su veracidad, datarlos y extraer la información útil para que puedan ser entendidos y contextualizados por los historiadores[2]. En el caso de la Edad Media peninsular, resulta de capital importancia saber leer y comprender estos diplomas pues, en muchas ocasiones, son los únicos testimonios materiales que nos han llegado de aquella época que duró algo más de un milenio. Las Ciencias y Técnicas Historiográficas, en concreto la Paleografía y la Diplomática, ofrecen al investigador las herramientas necesarias para enfrentarse a las fuentes conservadas y, en consecuencia, profundizar en determinados aspectos de especial interés para construir una historia multidisciplinar de la Península Ibérica entre los siglos V y XV.

Este trabajo pretende poner en valor este conjunto de ciencias, especialmente la Diplomática, y reivindicar el importante papel que deberían ocupar en las titulaciones y asignaturas académicas relacionadas con la historia, particularmente en aquellas centradas en la cronología medieval. Por tanto, esta breve

---

[1] C. Samaran (dir.), *L'Histoire et ses méthodes*, Paris, Gallimard, 1961, p. XII. Otra interesante reflexión sobre la importancia del documento en la historia y como fundamento para hacer Historia puede leerse en: J. LeGoff, *El orden de la memoria: el tiempo como imaginario*, Barcelona, Paidós, 1991, pp. 227-239.

[2] M. M. Cárcel Ortí (ed.), *Vocabulaire International de la Diplomatique*, Valencia, Universitat de València, 1997, n.º 1, p. 21.

investigación tiene como fin último mostrar las aplicaciones de los métodos diplomáticos para resolver cuestiones de actualidad científica, permitiendo de esta manera seguir ampliando el conocimiento sobre determinados aspectos de la Edad Media que todavía permanecen poco explorados.

A través de un caso práctico, basado en un problema real, se propone aplicar los métodos de investigación propios de esta disciplina para arrojar luz sobre el caso y extraer algunas conclusiones que permitan conocer y profundizar en un aspecto concreto de una institución clave de este periodo: la cancillería real castellana durante el reinado de Enrique IV de Castilla y los diferentes tipos de canciller que trabajaban en ella.

2. EL CANCILLER DE LA CORONA DE CASTILLA: DEFINICIÓN Y ORÍGENES

En las *Partidas* de Alfonso X, en el título dedicado a explicar quiénes son los oficiales de la casa y corte del rey, se define al canciller como el encargado de mediar entre el monarca y el pueblo en las cosas temporales a través de los documentos, con sabiduría, cautela y cumpliendo el Derecho establecido[3]. Se trata, después del capellán regio, del segundo oficial de la poridad, es decir, del secreto o máxima confianza del monarca[4]. Los orígenes de la figura del canciller, al menos en lo que respecta a sus funciones como cabeza de la cancillería, pueden remontarse hasta la figura del *comes notariorum*, encargado de la redacción de los documentos del reino visigodo de Toledo[5].

Sin embargo, no fue hasta el reinado de Alfonso VII –*Imperator totius Hispaniae*– que dicho cargo recibió el nombre de canciller y, además de ser el responsable de la redacción, validación y emisión de los documentos regios, fue designado como custodio del sello que los validaba[6]. Para ocupar los cargos de la nueva oficina de expedición que quedó conformada tras el reinado de

3 Partidas, II-9-4 (*Las Siete Partidas*, Salamanca, Andrea de Portonariis, 1555).
4 E. E. S. Procter, «The Use and Custody of the Secret Seal (sello de la poridad) in Castille from 1252 to 1369», *The English Historical Review*, LV/218, 1940, p. 197; Á. Riesco Terrero, *Vocabulario científico-técnico de Paleografía, Diplomática y ciencias afines*, Madrid, Barrero&Azedo, 2003, pp. 335-337.
5 J. Salazar y Acha, «La cancillería real en la Corona de Castilla», en E. Sarasa Sánchez (coord.), *Monarquía, crónicas, archivos y cancillerías en los reinos hispano-cristianos: siglos XIII-XV*, Zaragoza, Diputación Provincial de Zaragoza-Institución «Fernando el Católico», 2014, p. 311.
6 Su madre, doña Urraca I de León, fue la primera reina que trató de organizar una oficina de expedición propia, creando una estructura «protocancilleresca» que, tras su muerte en 1126, heredó, desarrolló y asentó su hijo Alfonso VII: I. Ruiz Albi, *La reina doña Urraca (1109-1126): cancillería y colección diplomática*, León, Centro de Estudios «San Isidoro», 2003, pp. 351-593.

doña Urraca, Alfonso VII se valió del clero compostelano[7]. De esta manera, Diego Xelmírez, nombrado arzobispo de Santiago de Compostela en el año 1100, cabeza de los clérigos de esta diócesis, paso a significarse con el líder de la cancillería, siendo el primero en ostentar el cargo de canciller mayor del Reino de León. A la muerte de Alfonso VII, los reinos de Castilla y de León se repartieron entre sus dos hijos, ocupando Fernando II el trono de León y Sancho III, el de Castilla. Tras el breve reinado de Sancho (1157-1158), le sucedió su hijo Alfonso VIII, quien concedió el rango de canciller mayor del Reino de Castilla al arzobispo de Toledo en 1206. Esto quiere decir que, superada la mitad del siglo XII, los dos arzobispos de las sedes más destacadas en Castilla y en León (Toledo y Santiago de Compostela) eran, al mismo tiempo, los cancilleres mayores de cada reino, en virtud de la dignidad eclesiástica que poseían[8].

Tras la unión de reinos ocurrida con Fernando III en 1230, las cancillerías se fusionaron en una sola y, aunque ambos arzobispos mantuvieron su titulación como cancilleres del reino, la oficina de expedición pasó a ser dirigida por una sola persona, conocida como canciller mayor del rey. Al principio, este cargo fue desempeñado por clérigos instruidos en leyes, y no fue hasta el reinado de Alfonso X, en 1282, que tal dignidad recayó en un laico, Pedro de Castilla, hijo del rey Sabio y de Violante de Aragón[9]. La tenencia de este puesto, reinado tras reinado, se encomendó a diferentes hombres nobles ligados a la casa del rey y de su máxima confianza. Finalmente, entre 1432-1435, el cargo de canciller mayor del rey (o titular) correspondió al linaje de los Manrique, más concretamente a la rama de los condes de Castañeda, siendo su primer titular,

[7] M. L. Pardo Rodríguez, «La Rueda hispana. Validación y simbología», en P. Herde y H. Jakobs (eds.), *Papsturkunde und europäisches Urkundenwesen*, Köln-Weimar-Wien, Böhlau, 1999, p. 245.

[8] A. Millares Carlo, «La Cancillería real en León y Castilla hasta fines del reinado de Fernando», *Anuario de Historia del Derecho Español*, 3, 1926, pp. 232-292; M. S. Martín Postigo, *La Cancillería castellana de los Reyes Católicos*, Valladolid, Universidad de Valladolid, 1959, pp. 145-160; M. S. Martín Postigo, *Historia del archivo de la Real Chancillería de Valladolid*, Valladolid, Universidad de Valladolid, 1979, pp. 323-331; D. Torres Sanz, *La administración central castellana en la Baja Edad Media*, Valladolid, Universidad de Valladolid, 1982, pp. 87-93; M. I. Ostolaza Elizondo, «El chanciller mayor de Castilla durante el reinado de Alfonso XI (1311-50)», *Anuario de Estudios Medievales*, 18, 1988, pp. 263-264; L. Pascual Martínez, «Apuntes para un estudio de la Cancillería del rey Fernando IV de Castilla (1285-1312)», *Estudis Castellonencs*, 6, 1994-1995, pp. 1028-1030; M. L. Pardo Rodríguez, «La Rueda hispana...», *op. cit.*, pp. 244-245; T. Marín Martínez, *Paleografía y Diplomática*, 5.ª ed., vol. II, Madrid, Universidad Nacional de Educación a Distancia, pp. 297-298; J. M. De Francisco Olmos, *El Signo Rodado Regio en España. Origen, desarrollo y consolidación. Siglos XII-XV*, Madrid, Real Academia Matritense de Heráldica y Genealogía, 2009, pp. 29 y 49 (*vid.* nota 44).

[9] M. I. Ostolaza Elizondo, «La cancillería del infante don Sancho durante la rebelión contra su padre Alfonso X el Sabio», *Historia. Instituciones. Documentos*, 16, 1989, pp. 309-312; J. Salazar y Acha, «La cancillería real...», *op. cit.*, p. 315.

dentro de esta familia, García (o **Garci**) Fernández Manrique de Lara, quien un año después, en 1436, fue sucedido en dicho puesto por su hijo, Juan Fernández Manrique de Lara[10].

El cargo de canciller titular **exigía** tener una vasta preparación jurídica y requería a su poseedor, además, **ser** un burócrata profesional con un conocimiento profundo de los mecanismos de la cancillería para redactar, validar y emitir los diplomas reales[11]. Por **este** motivo, los condes de Castañeda optaron por delegar las funciones en una **persona** con los citados requerimientos[12]. De este modo surgió la figura del «canciller efectivo» o, lo que es lo mismo, un canciller encargado de manera **práctica** y activa del correcto funcionamiento de la oficina de expedición regia y de la custodia de los sellos reales.

Dentro de la oficina de **expedición** existieron también otros cancilleres efectivos que dirigían otras **cancillerías**, dentro de la principal, consideradas tradicionalmente como «menores». **La** primera de ellas, de gran importancia y especial interés, es la cancillería **de** la poridad, existente al menos desde el final del reinado de Alfonso X y el infantazgo de Sancho IV, y cuyo canciller era el encargado de custodiar el sello **del** mismo nombre, reservado para validar los documentos que contenían disposiciones reales de especial importancia, o aquellos cuyo contenido debía guardarse con extraordinario celo hasta que llegasen a su destinatario[13]. Las otras que **suele** mencionar tradicionalmente la bibliografía son la de la reina y los infantes e infantas, de las cuales en la actualidad son cada vez más los estudios que se **realizan**, llamando la atención sobre la importancia que tenían dentro del organigrama administrativo de la corona real[14].

....

[10] M. S. Martín Postigo, *Historia del archivo...*, *op. cit.*, pp. 332-350; M. I. Ostolaza Elizondo, «La cancillería y otros organismos de **expedición** de documentos durante el reinado de Alfonso XI (1312-1350)», *Anuario de Estudios Medievales*, 16, 1986, pp. 156-157; R. M. Montero Tejada, «Los Manrique en las instituciones de gobierno de la monarquía castellana», en M. González Jiménez, I. Montes Romero-Camacho y A. C. **García** Martínez (coords.), *La Península Ibérica en la era de los descubrimientos (1391-1492)*, vol. I, **Sevilla**, Junta de Andalucía-Consejería de Cultura, 1997, p. 818; J. Salazar y Acha, «La cancillería real...», *op. cit.*, p. 315; F. P. Cañas Gálvez, *Burocracia y cancillería en la corte de Juan II de Castilla (1406-1454): estudio institucional y prosopográfico*, Salamanca, Universidad de Salamanca, 2012, pp. 232-233.

[11] R. M. Montero Tejada, «Los Manrique en las instituciones...», *op. cit.*, p. 818.

[12] *Ibidem*: «Para los condes [de Castañeda], el cargo de Canciller Mayor no era más que una dignidad honorífica que añadir a sus otros títulos y una saneada fuente de ingresos». Véase también: D. Torres Sanz, *La administración...*, *op. cit.*, pp. 91-92.

[13] E. E. S. Procter, «The Use and Custody of the Secret Seal...», *op. cit.*, pp. 197-202; D. Torres Sanz, *La administración...*, *op. cit.*, pp. 93-96; A. J. López Gutiérrez, «Oficio y funciones de los escribanos en la Cancillería de Alfonso X», *Historia. Instituciones. Documentos*, 31, 2004, pp. 355-356.

[14] *Vid.*: F. P. Cañas Gálvez, «La casa del **infante** Fernando de Castilla: Corte, poder y representación político-institucional en el ocaso del **Medievo** (1385-1408)», *Boletín de la Real Academia de la Historia*, CCXIII/1, 2016, pp. 9-108; L. Pascual **Martínez**, «Apuntes para un estudio...», *op. cit.*, pp. 1031-

3. LOS CANCILLERES DURANTE EL REINADO DE ENRIQUE IV DE CASTILLA (1454-1474). TESTIMONIOS DOCUMENTALES

Tras la llegada al trono de Enrique II, primer rey Trastámara en la Corona de Castilla, la cancillería real experimentará una serie de profundos cambios que la transformarán drásticamente[15]. La creación de otros organismos capaces de emitir documentos, como la Real Audiencia y Chancillería de Valladolid[16], provocó que desde finales de su reinado y principios del de Juan II, la cantidad de diplomas emitidos creciera exponencialmente. Este hecho influyó de modo decisivo en la organización jerárquica de la oficina de expedición regia hasta ese momento, favoreciendo la aparición de varias personas que ejercían un mismo cargo, en ocasiones de manera simultánea. Es decir, aunque los cancilleres mayores siguieron igual en número –arzobispos de Santiago y Toledo, y el conde de Castañeda–, cuando se examina la documentación, sobre todo durante el reinado de Enrique IV (1454-1474), no es extraño comprobar la coexistencia de diferentes cancilleres efectivos que no necesariamente se van sucediendo en el cargo, sino que lo comparten en igualdad de condiciones y competencias.

Este periodo, inmediatamente anterior al reinado de los Reyes Católicos, resulta de especial interés para estudiar la evolución de la figura del canciller en las postrimerías de la Edad Media castellana. Sin embargo, los pocos testimonios jurídicos que han llegado hasta nuestros días obligan al investigador a recurrir a los diplomas originales emitidos por la cancillería real y, en consecuencia, a aplicar el análisis diplomático sobre ellos para extraer la información necesaria

1032; A. J. López Gutiérrez, «Oficio y funciones de...», *op. cit.*, p. 356; D. Pelaz Flores, «La casa de la reina en la Península Ibérica en el siglo XIV. El ejemplo de Leonor de Castilla, reina de Aragón», *Revista Escuela de Historia*, XVI/1, 2017, s. p.; J. M. Cerda Costabal y F. Martínez Llorente, «Un documento inédito y desconocido de la cancillería de la reina Leonor de Plantagenet», *En la España Medieval*, 42, 2019, pp. 62-70; N. Ávila Seoane, «La escribanía luso-castellana de Isabel, primogénita de los Reyes Católicos», *Medievalismo*, 29, 2019, pp. 19-34; J. M. Cerda Costabal y G. Boto Varela, «*Propria manu cartam hanc roboro et confirmo*». La mano en el signo rodado de la reina Leonor Plantagenet», *De Medio Aevo*, X/2, 2021, pp. 292-295.

15 N. Ávila Seoane, «Documentación real. Edad Media», en N. Ávila Seoane y J. C. Galende Díaz (coords.), *La Diplomática y sus fuentes documentales*, Madrid, Universidad Complutense, 2020, pp. 19-20.

16 *Vid.*: M. S. Martín Postigo, *Historia del archivo...*, *op. cit.*, pp. 1-60; L. García de Valdeavellano y Arcimís, *Curso de Historia de las Instituciones españolas: de los orígenes al final de la Edad Media*, 6.ª ed., Madrid, Alianza, 1982, pp. 563-566; C. A. Garriga Acosta, *La Audiencia y las Chancillerías castellanas (1371-1525): historia política, régimen jurídico y práctica institucional*, Madrid, Centro de Estudios Políticos y Constitucionales, 1994, pp. 59-128; D. Marcos Díez, «Las escribanías de las salas de lo Civil de la Real Audiencia y Chancillería de Valladolid: organización y funcionamiento a través de sus series documentales», en *Los Archivos Judiciales en la modernización de la Administración de Justicia*, Sevilla, Junta de Andalucía-Consejería de Justicia y Administración Pública, 2007, pp. 497-505.

que permita arrojar luz sobre el papel que ejercían cada uno de los diferentes cancilleres en el proceso documental.

Los cancilleres efectivos, aquellos que se encargaban del correcto funcionamiento de la cancillería y de la adecuada validación del diploma, suelen aparecer rubricando junto al sello de placa en los documentos emitidos en papel y, tras la expresión de la *iussio* y al final del tenor documental, en aquellos documentos que iban escritos sobre pergamino y validados con el sello de plomo pendiente. En el reinado de Enrique IV se pueden encontrar hasta 10 cancilleres de este tipo, siendo el primero de ellos un tal Martinus[17].

Por otro lado, el canciller mayor y el honorífico –conde de Castañeda y arzobispo de Toledo, respectivamente– comparecen solamente en los documentos más solemnes, solo cuando la tipología documental viene validada con el Signo Rodado y, en consecuencia, aparecen las columnas de confirmantes. En la oficina de expedición de Enrique IV, los tipos documentales que contenían esta forma de validación eran tres: el privilegio rodado, cada vez menos usado; la carta de privilegio y confirmación, empleada para confirmar documentos en pergamino; y, por último, la carta de privilegio, que se usaba para ratificar diplomas emitidos en papel[18]. Ambos cancilleres, honorífico y titular, comparecían suscribiendo en lugares preeminentes dentro del esquema en el que se desplegaban las validaciones propias de los tipos documentales sancionados con el Signo Rodado: el arzobispo de Toledo, que durante todo el reinado de Enrique IV fue Alfonso Carrillo de Acuña, sobre el dintel del cuadrado en que se circunscribía el signo («Don Alfonso Carrillo, arzobispo de Toledo, primado de las Españas, chanceller mayor de Castilla, confirma»); mientras que el conde de Castañeda, siempre Juan Fernández Manrique de Lara, comparecía bajo la ampulosa suscripción de la familia real, en la columna de la izquierda, con los demás parientes y nobles destacados de la Casa del rey («Don Iohán Manrique, conde de Castañeda, chanceller mayor del rey, confirma»)[19].

Como se ha podido comprobar a lo largo de las líneas anteriores, las funciones de los cancilleres honorífico y titular difieren enormemente de las del can-

---

[17] Una de sus primeras apariciones se puede encontrar en una real provisión fechada el 30 de julio de 1454, en Valladolid, conservada en el Archivo de la Casa de Alba (ACA), Alba, C. 152/n.º 6). Este es uno de los primeros diplomas emitidos por la cancillería real de Enrique IV.

[18] N. Ávila Seoane, «Documentación real...», *op. cit.*, pp. 20-21.

[19] Algunos ejemplos: privilegio rodado dirigido al concejo de Oviedo, fechado en Medina del Campo el 15 de mayo de 1456, en el Archivo Municipal de Oviedo (AMOv), C-21-6; carta de privilegio en favor de Alvar Gómez de Ciudad Real, fechada en Valladolid el 9 de septiembre de 1458, en la Biblioteca de la Fundación Lázaro Galdiano (BFLG), M 6-3-7 y, por último, carta de privilegio y confirmación a favor de Juan de Porras, fechada en Madrid el 12 de septiembre de 1459, en el Archivo de la Real Chancillería de Valladolid (ARCV), Pergaminos, caja, 40, 2.

ciller efectivo. Mientras el primer binomio tiene unas competencias meramente simbólicas, el segundo cargo desarrolla una actividad mucho más operativa. Esta disparidad en la naturaleza de sus actividades queda reflejada en el proceso documental que tiene como fin redactar el diploma, validarlo y emitirlo, ya que cada uno de los citados oficiales ocupa un lugar específico dentro del diploma final. De esto se deduce que no es habitual que las rúbricas y validaciones de los tres cancilleres comparezcan simultáneamente en un mismo documento, pues a pesar de sus actividades diferenciadas, la suscripción del canciller, sea cual sea su tipo, dota al diploma de la misma validez jurídica en cualquiera de los casos.

Conviene llamar la atención sobre un caso concreto de especial interés sobre este tema. El 22 de junio de 1467, en Segovia, la cancillería de Enrique IV emitió una carta de privilegio eximiendo a ciertas villas en Palencia de la jurisdicción señorial de Castrojeriz y Melgar de Fernamental[20]. El documento, elaborado sobre un cuadernillo de pergamino, inserta otro anterior dado por el mismo rey y contiene el formulario arquetípico que puede esperarse de una carta de privilegio emitida en este periodo[21]. En sus últimas páginas, después del tenor documental, se despliegan una serie de validaciones realizadas por el rey y algunos oficiales de la cancillería, de entre las que destaca el Signo Rodado y las columnas de confirmantes que, ya en esta época, tienden a no emplearse para validar documentos reales.

En los lugares acostumbrados comparecen la suscripción del arzobispo de Toledo y el conde de Castañeda, añadiendo al resto de títulos que poseían el cargo, honorífico en ambos casos, de «chanceller mayor de Castilla» y «chanceller mayor del rey», respectivamente. La corroboración de sendos personajes no es autógrafa, pues en este tipo de documentos estas validaciones se hacían de forma simbólica, sin que fuera necesario que cada uno de los nobles y prelados signatarios estuviesen presentes. No sucede lo mismo con la suscripción del canciller efectivo. En la página anterior, al final del tenor documental, comparece en el margen derecho su rúbrica, en la que puede leerse lo siguiente: «Chançeller, Mondragón».

Este diploma resulta una oportunidad idónea para comprender de manera documental y material las funciones de cada uno de los cancilleres. Alfonso Carrillo de Acuña y Juan Fernández Manrique de Lara aparecen junto al resto de prelados y magnates de la Corona de Castilla –junto al rey y bajo su *potestas*[22]–,

....

20 ARCV, Pergaminos,Carpeta,112,1. Consulta a través de PARES: <https://pares.mcu.es/542407>.
21 N. Ávila Seoane, «Documentación real…», *op. cit.*, pp. 20-22.
22 R. Domingo Oslé, «El binomino·*Auctoritas-Potestas*·en el Derecho romano y moderno», *Persona y Derecho*, 37, 1997, pp. 183-185.

confirmando y asegurando de manera simbólica y protocolaria la gracia concedida por Enrique IV de Castilla. Mientras tanto, el canciller Mondragón firma en último lugar, una vez ha comprobado que el tenor del diploma está escrito correctamente, que la disposición se ajusta a la voluntad del rey y que el sello de plomo pendiente se ha colocado de manera correcta y efectiva. Es decir, estampa su firma y da el visto bueno una vez ha verificado que todo el proceso documental, desarrollado en la cancillería que él dirige, se ha realizado de manera adecuada y que la carta de privilegio está lista para ser enviada al concejo de las villas palentinas beneficiarias de la confirmación.

4. CONCLUSIONES

A raíz de lo expuesto en el presente trabajo, se ha podido comprobar cómo el análisis diplomático de ciertos documentos medievales puede abrir nuevas vías de investigación en torno a ciertos temas que aún permanecen inexplorados en algunos aspectos. En este caso, se ha pretendido evidenciar una cuestión respecto a la terminología, definición y funciones del que fuera el máximo cargo dentro de la cancillería real castellana, tratando de delimitar en la medida de lo posible el perfil institucional de cada tipo de canciller a través de la información, explícita e implícita, que puede hallarse dentro de los diplomas emitidos durante el reinado de Enrique IV de Castilla. A continuación, se exponen las principales conclusiones de esta investigación:

1. En primer lugar, conviene destacar el papel fundamental que tienen en la actualidad las Ciencias y Técnicas Historiográficas y, en este caso, la Diplomática, para la comprensión de las fuentes documentales escritas. En los estudios medievales, además, resulta de vital importancia su enseñanza y su conocimiento, pues es la forma que tiene el historiador de este periodo de acercarse de manera cuasi imparcial a las noticias, testimonios y hechos de este periodo.

2. La cancillería de Enrique IV de Castilla fue una institución crucial debido a las transformaciones que experimentó durante su reinado, precediendo a las reformas de los Reyes Católicos. Estos cambios reflejaron una evolución significativa en la estructura y funcionamiento de la cancillería, lo que la convierte en un objeto de estudio fundamental para comprender las reformas administrativas y documentales que tuvieron lugar en la transición de la Edad Media a la Moderna en la Corona de Castilla.

3. La estructura de la cancillería, inicialmente simple y jerarquizada, se volvió más compleja debido a las crecientes necesidades documentales y conflictos

que tuvieron lugar durante los gobiernos de la dinastía Trastámara, especialmente en el de Enrique IV. Durante este periodo, el aumento en la cantidad de documentos emitidos llevó a la aparición de múltiples cancilleres, cada uno con funciones diferenciadas, lo que refleja la necesidad de más personal y procesos documentales diferenciados y adaptados a las nuevas dinámicas sociales y cambios políticos que tuvieron lugar.

4. Finalmente, tras lo expuesto en el apartado anterior, se remarca la necesidad de tratar con precisión cada uno de los diferentes tipos de canciller existentes. Mientras que el canciller honorífico y titular tenían una dimensión simbólica y nominal, era el canciller efectivo sobre el que recaía la responsabilidad «funcional» de la oficina de expedición, siendo este el encargado de dirigir los trabajos que en ella tenían lugar y de asegurarse que cada diploma fuese redactado, validado y emitido correctamente. Esta dicotomía entre lo honorífico y lo funcional no solo afectó al estamento más alto de la cancillería, sino que también tuvo su reflejo en el cuerpo inferior a este, el de los notarios, asumiendo los notarios mayores de cada reino un papel prácticamente honorífico y recayendo la parte funcional, principalmente, en los secretarios reales, escribanos de Cámara y otros cargos con conocimientos en Derecho y leyes que se encargaron de ordenar escriturar los diplomas de la cancillería real castellana en nombre del canciller[23].

---

[23] D. Torres Sanz, *La administración...*, *op. cit.*, pp. 97-105; J. Salazar y Acha, «La cancillería real...», *op. cit.*, pp. 316-324; M. M. Cárcel Ortí (ed.), *Vocabulaire International...*, *op. cit.*, n.º 284, p. 273; M. Calleja Puerta, «Cancillería y poder real en el occidente europeo durante el largo siglo XII», *Edad Media: Revista de Historia*, 16, 2015, pp. 59-65.

Las encomiendas hospitalarias en la Corona de Aragón: nuevas perspectivas de estudio través de los análisis espaciales (siglos XII-XIV)

Bet Mallofré López

Universitat Autònoma de Barcelona

1. INTRODUCCIÓN

El interés de la historiografía en el estudio de la orden militar de los Hospitalarios de San Juan de Jerusalén viene de lejos y ha suscitado un buen número de investigaciones de gran relevancia a nivel nacional e internacional[1]. El foco de la tesis doctoral que está actualmente en curso se centra en esta orden militar en el territorio de la Corona de Aragón y se propone ejecutar un análisis espacial de su conjunto a través de las nuevas herramientas digitales. En concreto, se quiere estudiar la ubicación de las sedes de las encomiendas hospitalarias y el territorio donde se asentaron, así como los bienes que administraban. Esta vía de la investigación, desarrollada a través de la aplicación de

---

[1] Algunos ejemplos internacionales y en contexto peninsular serían: J. Delaville Le Roulx, *Cartulaire général de l'Ordre des Hospitaliers de S. Jean de Jérusalem 1100-1310*, Paris, Ernest Leroux, 1894, vol. I, <https://purl.pt/28965/4/>; J. Riley-Smith, *The knights of St. John in Jerusalem and Cyprus c. 1050-1310: A history of the Order of the Hospital of St. John of Jerusalem*, London, Macmillan & Co & St. Martin's Press, 1967; C. de Ayala Martínez, «Orígenes e implantación de la Orden de San Juan de Jerusalén en la Península Ibérica (siglo XII)», en *Actas del Congreso Internacional: La Orden Militar de San Juan en la Península Ibérica durante la Edad Media, Alcázar de San Juan, 23, 24 y 25 de octubre de 2000*, Alcázar de San Juan, 2002, pp. 23-41; C. Barquero Goñi, «La Orden del Hospital en España durante la Edad Media: un estado de la cuestión», *Hispania Sacra*, 52(105), 2000, pp. 8-20. <https://doi.org/10.3989/hs.2000.v52.i106.538>. En el caso de la Corona de Aragón tenemos a J. Miret i Sans, *Les cases de Templers i Hospitalers a Catalunya: Aplec de noves i documents històrics*, Lleida, Pagès Editors, 2006; M.ª L. Ledesma Rubio, *La Encomienda de Zaragoza de la Orden de San Juan de Jerusalén en los siglos XII y XIII*, Zaragoza, Caesaraugustana Theses, 1967; M. Bonet Donato y J. Pavón Benito, «Los Hospitalarios en la Corona de Aragón y Navarra. Patrimonio y Sistema Comendaticio (siglos XII-XIII)». *Aragón en la Edad Media, XXIV*, 2013, pp. 5-54; E. Guinot Rodríguez, «El orden de San Juan del Hospital en la Valencia medieval», *Aragón en la Edad Media*, 14-15(1), 1999, pp. 721-742.

nuevas herramientas de análisis, **puede** llevar a enfoques que ayuden a comprender mejor la organización y **distribución** de la Orden del Hospital en la Corona de Aragón durante los **siglos** XII al XIV.

En el presente trabajo se **expondrá** la metodología que se va a aplicar a todo el proceso de búsqueda y **extracción** de datos, y posteriormente para realizar los análisis necesarios.

2. CONTEXTO TEÓRICO Y CRONOLÓGICO

Mi investigación doctoral propone una aproximación a las encomiendas hospitalarias desde una perspectiva holística del paisaje histórico. Este enfoque permite una visión más completa del territorio y su interacción con los diversos factores que lo pueden modificar, como pueden ser los económicos, sociales, culturales, religiosos o territoriales[2].

De la misma manera, para **entender** la función que habrían tenido las encomiendas en el territorio, primero **se tiene** que estudiar el papel de estas sedes administrativas dentro de un **conjunto** más amplio, situándolas en relación con el espacio, en un territorio con **los otros** elementos del paisaje, como pueden ser espacios productivos (terrenos **agrícolas**, bosques, molinos) o la articulación de la red viaria. Una vez ubicadas en el territorio y en contexto con los otros elementos del paisaje, se podrán **comprender** los procesos que llevaba a cabo la Orden del Hospital al **asentarse** en un nuevo territorio y si desarrollaba una jerarquización del espacio según las **prioridades** (sociales, económicas, culturales) de cada momento, así como la **identificación** de dinámicas de centro-periferia[3]. Estos procesos no solamente se **tienen** que analizar en ámbitos rurales, sino también en espacios urbanos **donde las** sedes de las encomiendas mantienen una estrecha relación con el entramado de los núcleos de población en que se asientan[4].

Por otra parte, también es **necesario** tener en consideración el paisaje heredado, es decir, no puede comprenderse el paisaje en un momento dado si no

2 B. Garí, G. Colesanti, M. Soler-Sala y L. Repola, «De CLAUSTRA a Paisajes Espirituales: Proyectos de digital humanities sobre el espacio monástico medieval (siglos XI-XV)», *Archeologia e Calcolatori*, 10, 2018, pp. 155-171, p. 160.

3 C. Almagro Vidal, *Frontera, medio ambiente y organización del espacio: de la cuenca del Guadiana a Sierra Morena (Edad Media)*, Granada, Universidad de Granada, 2012, p. 115.

4 B. Garí, M. Soler Sala, M. Sancho Planas, D. I. Nieto Isabel y A. Rosillo Luque, «CLAUSTRA. Propuesta metodológica para el estudio territorial del monacato femenino», *Anuario de Estudios Medievales*, 44(1), 2014, pp. 21-5, p. 35, <https://doi.org/10.3989/aem.2014.44.1.01>.

se conoce cómo estaba estructurado antes[5]. La mayoría de los asentamientos hospitalarios fueron adquiridos a través de la conquista de tierras a al-Ándalus. Por lo tanto, al realizar el análisis se deben tener en cuenta los procesos de distribución de los espacios conquistados que permiten obtener conocimientos relevantes sobre las formas de articulación del poder hospitalario[6].

Asimismo, en este caso de estudio no interesa solamente ubicar y caracterizar la posición de las encomiendas en el espacio, sino que también se quiere representar a partir de las herramientas digitales las relaciones, las evoluciones y conexiones resultantes de la interacción con la sociedad de su tiempo[7].

La línea temporal que enmarca la tesis está relacionada con dos hechos históricos que delimitan la fase inicial de la presencia de la Orden del Hospital en la Corona de Aragón. La primera vez que se tiene conocimiento de la orden en el territorio de la península es en el año 1113. En concreto, se trata de un documento redactado por el papa Pascual II, donde recomienda a los dignatarios hispanos a un sanjuanista llamado *Palaicum*, enviado para recolectar limosnas en España[8]. Aunque durante los primeros años aún no existen las encomiendas, sí se realizan diversas donaciones a la orden que van a parar al priorato de Saint-Gilles en Francia, que es la sede administrativa de ese momento. No es hasta el año 1140 cuando la Orden del Hospital se establece de forma permanente en la Corona de Aragón, al llegar a un acuerdo con Ramon Berenguer IV[9]. El año seleccionado para indicar el final de la investigación es el de 1319. Es en ese momento cuando, con la abolición de la orden de los templarios, sus propiedades son repartidas entre las tres órdenes militares asentadas en el territorio de la Corona: la Orden del Hospital, la del Santo Sepulcro y la de Montesa. Esta última se formó en ese mismo año y recibió todos los bienes templarios del territorio valenciano. En el caso de la Orden del Hospital, toma las propiedades que tenía la Orden del Templo en los territorios aragoneses y catalanes, y a cambio tiene

[5]   C. Almagro Vidal, «Frontera, medio ambiente...» *op. cit*, p. 101; J. Bolòs i Masclans, *Els Orígens medievals del paisatge català: l'arqueologia del paisatge com a font per a conéixer la història de Catalunya*, Abadia de Montserrat, Publicacions de l'Abadia de Montserrat, 2004, p. 132.

[6]   E. Guinot Rodríguez y J. Torró, «Introducció: retorn als repartiments», en *Repartiments medievals a la corona d'Aragó: segles XII- XIII*. Universitat de València, 2007, pp. 9-16, p. 11.

[7]   M. Soler Sala, «Mapeando el paisaje espiritual: documentación, arqueología y territorio en el estudio de los monasterios ibéricos», en R. Volzone y J. L. Fontes (eds.), *Architectures of the Soul: Diachronic and Multidisciplinary Readings*, Lisboa, Instituto de Estudios Medievais (NOVA FCSH), 2022, pp. 87-102, p. 90.

[8]   M. Bonet Donato, *La Orden del Hospital en la Corona de Aragón: poder y gobierno en la Castellanía de Amposta. S. XII-XV*, Madrid, CSIC, 1994, p. 9; C. de Ayala Martínez, «Orígenes e implantación...», *op. cit*, pp. 23-41, p. 26.

[9]   M. Bonet Donato, «La Orden del Hospital...», *op. cit*, p. 10.

que transferir la mayoría de sus propiedades valencianas a la Orden de Montesa. Este acontecimiento provoca un cambio en la estructura organizativa del Hospital, que a partir de ese momento divide administrativamente el territorio en dos prioratos: el Gran Priorato de Cataluña y la Castellanía de Amposta.

Por consiguiente, se han seleccionado los años de 1113 y 1319 como límites temporales de la investigación. Aunque en 1113 aún no hay establecimientos de la orden en la Corona, ya aparecen donaciones de bienes que más tarde formarán parte de una encomienda. Y con relación a la elección del año 1319 como datación final, este supone un cambio en referencia a la organización y administración de las encomiendas, no solo teniendo en cuenta las históricas de la orden, sino añadiendo las nuevas sedes templarias.

3. LA METODOLOGÍA

En este apartado del trabajo se presentará la metodología que diseñada para realizar todo el proceso de vaciado de datos y su posterior análisis. Pero es primordial definir primero el objetivo principal de la investigación, de manera que después se puedan comprender mejor las decisiones que se han ido ejecutando. El estudio doctoral tiene como objetivo principal entender la distribución de las encomiendas en el territorio de la Corona de Aragón, con el propósito de estudiar cómo se organizaban en el territorio y comprobar si presentan peculiaridades propias, así como establecer sus dinámicas fundacionales. Con este fin se realizará una comparativa entre las diferentes características que conforman las comunidades de estudio, intentando definir la existencia de uno o diversos modelos de asentamiento.

El proceso metodológico que se ha elaborado se ampara en los estudios previos realizados por los proyectos Claustra, F-ATLAS y Priores[10] de la Universidad de Barcelona, que desde hace años trabajan con las herramientas SIG y las han aplicado de forma que han comprobado su potencialidad en el análisis es-

---

[10] *Claustra. Atlas de Espiritualidad femenina en los Reinos Peninsulares* (HAR2008-02426, HAR2011-25127) dirigido por B. Garí <(Claustra: Information [ub.edu]).>; *Paisajes Franciscanos. La Observancia en Italia, Portugal y España* (PCI2020-112005), dirigido por M. Soler <(F-ATLAS | Franciscan Landscapes)>; *Priores, Senyors i Prínceps. Els espais de poder a la Catalunya medieval i moderna* (ARQ001SOLC-127-2022), dirigido por M. Soler, < Priores, Senyors i Prínceps –Els espais de poder a la Catalunya medieval i moderna (ub.edu)>. También podríamos incluir los proyectos de *Paisajes Espirituales* (HAR2014-52198-P) dirigido por B. Garí y N. Jornet, <The Project (ub.edu)> y *Paisajes Monásticos* (PGC2018-095350-B-I00) dirigido por M. Sancho y N. Jornet <Paisatges Monàstics (ub.edu)>.

pacial y en el análisis del paisaje religioso, así como en la investigación mediante mapas cronológicos y territoriales. Además, se conectan técnicas metodológicas de trabajo de diferentes campos y una mirada interdisciplinar que tiene en cuenta todo tipo de fuentes, como, por ejemplo, memorias arqueológicas, mapas topográficos, imágenes de satélite y documentación archivística.

Con el fin de recoger todos los datos extraidos de las diferentes fuentes y procesar la información, se ha creado una base de datos, que está estructurada de forma que los datos introducidos puedan ser exportados a los SIG y, por tanto, se puedan realizar los análisis territoriales adecuados (análisis de la cuenca visual, área de captación de recursos, estudio de las áreas de visibilidad, etc.). La creación de una base de datos es un elemento clave en un estudio de territorio como el que aquí se expone. Es una herramienta capaz de recoger y extraer información de diferentes fuentes y trasladarla de forma estructurada a los SIG, que a la par dan la posibilidad de utilizar diferentes capas en forma de puntos, líneas, polígonos o cuadrículas con sus datos atribuidos e integrarlas en un mismo espacio[11]. Así mismo, permiten la apertura del proyecto, lo que facilita la introducción de nuevas aportaciones y correcciones y, al mismo tiempo, mejora su accesibilidad para que sea más fácil trabajar con ellos y efectuar las comparaciones y estudios necesarios[12].

A fin de realizar el vaciado de toda la información de forma estructurada, en la base de datos se han creado diversas tablas, siendo la principal la tabla «Encomiendas», con la cual se relacionan las secundarias (fig. 1). La decisión de ubicar la tabla «Encomiendas» en el centro de la base se ha tomado desde de la conceptualización de las encomiendas como unidades topográficas[13] de gran envergadura que hacen de nexo común entre las otras UT y delimitan la investigación territorial a su alrededor.

Así pues, la estructuración del proceso de vaciado de información se puede dividir en dos partes. La primera está relacionada con la tabla «Encomiendas», donde hay una ficha individualizada para cada una de las sedes comendaticias establecidas en el territorio de la Corona. La configuración de

11 I. N. Gregory y R. G. Healey, «Historical GIS: structuring, mapping and analysing geographies of the past», *Progress in Human Geography*, 31(5), 2007, pp. 638-653, p. 639.

12 J. Bolòs, «PaHisCat: Un projecte per conèixer el paisatge del passat i per gestionar el país del futur», en *La caracterització del paisatge històric: Territori i Societat: el paisatge històrix (història, arqueologia, documentació)*, Lleida, Universitat de Lleida, 2010, pp. 41-82, p. 68.

13 M. F. Ferrer, *Arqueologia del paisatge altmedieval al baix Montseny segles VI-X: una demostració pràctica dels sistemes d'informació geogràfica*, Tesis doctoral, Universitat de Barcelona, <http://hdl.handle.net/10803/666872>, define las Unidades Topográficas como acciones o situaciones que se pueden ubicar en el tiempo y en el espacio, independientemente de su origen, p. 23.

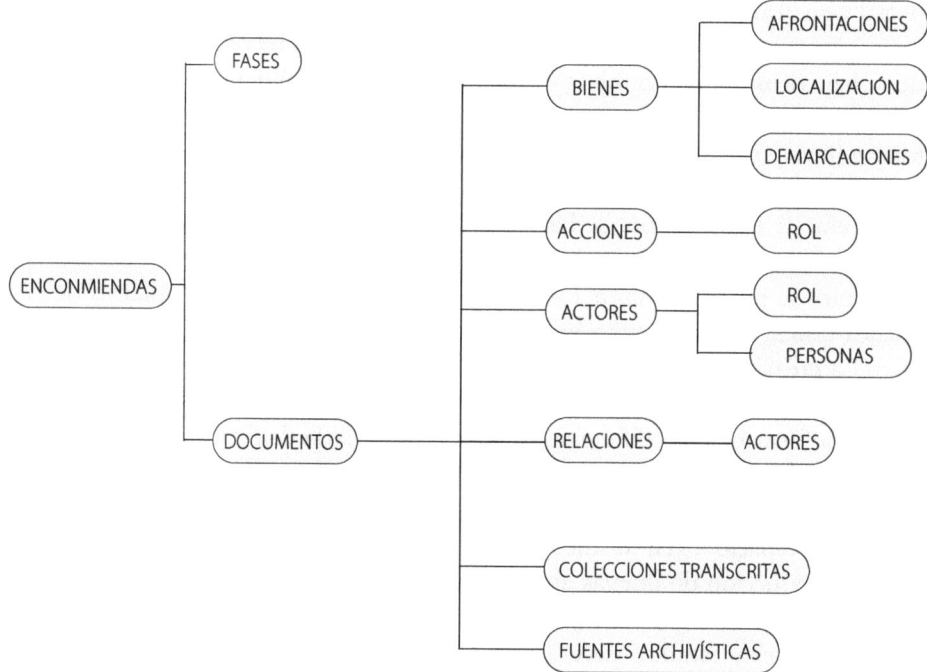

Figura 1. Esquema de la base de datos donde se pueden observar las diferentes tablas que la componen.

esta ficha se ha realizado utilizando como referencia aquellas creadas en el Catálogo del proyecto Claustra[14] y el de F-Atlas[15], aunque se ha reestructurado teniendo siempre presente la tipología de datos que se tienen que introducir y la finalidad del análisis, ejecutando de esta forma un modelo de trabajo más ágil y eficiente. Los campos principales que componen esta ficha son el de «Coordenadas», donde se introducen las localizaciones exactas o con la máxima precisión posible de las sedes comendaticias en formato de coordenadas UTM31N-ETRS89 (Cataluña) y en coordenadas WGS84 (Cataluña, Aragón, Valencia e islas Baleares); el de «Localización», donde se indica si la ubicación es exacta o aproximada; el campo «Resumen histórico», con los acontecimientos más destacables de su recorrido histórico durante los siglos XII al XIV. También se ha creado un campo para poder indicar si la sede comendaticia se ubica en un espacio de nueva fundación o, por el contrario, reaprovecha

....

14 «Claustra. Atlas de…», *op. cit.*
15 «Paisajes Franciscanos. La Observancia…», *op. cit.*

estructuras antiguas. Y, por último, un apartado de «Bibliografía» para indicar cuáles son las fuentes de información utilizadas para el resumen histórico y la precisión de la ubicación. La información introducida en esta primera tabla se ha extraído de obras especializadas sobre los espacios hospitalarios, memorias arqueológicas, mapas topográficos, toponimia y webs de patrimonio cultural. La recogida de toda esta información también tiene como objetivo crear un estado de la cuestión inicial de cada encomienda.

Enlazada a esta primera ficha y también muy relevante para la tesis doctoral está la tabla «Fases», trazada con la intención de registrar los límites cronológicos de las diferentes fases de cada encomienda definidas por el paso de comunidades masculinas a femeninas y a la inversa. Y también para indicar momentos de pérdida de poder administrativo y de gestión de la sede de la encomienda en favor de otra y la posterior recuperación, si se produce, de esta gestión[16]. El campo «Cronología» indica el inicio de la encomienda utilizando como datación el primer documento conocido que confirma la presencia de un comendador o comendadora en la sede. El campo «Género» sirve para documentar los traslados de comunidades de una masculina a una femenina y a la inversa. Además, una de las cuestiones que se quiere analizar es si la organización patrimonial y territorial de la encomienda varía según si la administración de la sede es femenina o masculina.

Una vez localizadas y ubicadas sobre el territorio, el siguiente paso de la investigación es realizar un estudio en profundidad de aquellas sedes comendaticias seleccionadas por sus características o singularidades. Estas características pueden estar relacionadas con aspectos de la morfología del terreno (ubicación en el llano, la montaña, el litoral) o conexión con redes viarias (terrestres o fluviales). Una vez hecha la selección, se iniciará el vaciado documental y topográfico. Así, en esta segunda parte del proceso se trabajará con toda aquella documentación relacionada con las encomiendas seleccionadas. En estos momentos se cuenta con una gran cantidad de repertorios documentales ya transcritos[17], y en los casos en que no haya documentación editada, se realizará una

---

16 M. Bonet Donato y J. Pavón Benito, «Los Hospitalarios en la Corona de Aragón...», *op. cit.*, p. 32, establecen que, aunque las encomiendas fueron las células principales de la organización territorial del Hospital, eran repetidamente objeto de asociación o división según las necesidades de la orden.

17 Algunos ejemplos son: M. Bonet Donato y M. Santmartí i Roset, *Els hospitalers al Pallars i a l'Urgell (segles XII-XIII): Diplomatari. Comandes i societat*, Tarragona, Universitat Rovira i Virgili, Lleida, Universitat de Lleida, 2018; J. Alturo i Perucho, *Diplomatari d'Alguaire i del seu monestir duple de l'orde de Sant Joan de Jerusalem (1245-1300)*, Barcelona, Fundació Noguera, 2010; L. Esteban Mateo, *Cartulario de la encomienda de Aliaga*, Anubar, 1979; M.ª L. Ledesma, «La encomienda de Zaragoza...», *op. cit.*

investigación archivística con los textos originales. Estas consultas se llevarán a cabo mayoritariamente en el Archivo de la Corona de Aragón y en el Archivo Histórico Nacional de Madrid.

Como se ha detallado anteriormente, las tablas secundarias están relacionadas con los bienes de las encomiendas. Por este motivo se ha creado una tabla principal bajo el nombre de «Documentos» que está enlazada directamente con la ficha de encomienda pertinente. De esta forma se podrá buscar toda aquella documentación relacionada con la encomienda que se esté estudiando. A esta tabla inicial se le han enlazado cuatro tablas secundarias: Acciones, Bienes, Actores y Relaciones. Estas tablas ayudarán en el proceso de búsqueda y comparación de bienes, actores y acciones que están relacionados con cada documento y encomienda.

La tabla «Bienes» se utilizará para vaciar toda aquella información relacionada con la identificación y localización de los bienes que conforman el patrimonio de la encomienda, y reflejar su posterior ubicación sobre un mapa. El objetivo es efectuar una conexión entre los bienes recogidos en la documentación y la toponimia actual, para a continuación ubicarlos en el territorio, creando así un mapa que ayude a visualizar cómo se distribuían estos bienes en el espacio de la encomienda durante el periodo cronológico seleccionado.

Las tablas «Acciones», «Actores» y «Relaciones» permitirán conocer los actores que aparecen en la documentación y que participaban en la administración y transacciones de la encomienda seleccionada. A la tabla «Actores» se le relaciona la tabla «Personas», que sirve para tener un nombre normalizado por cada actor. De esta forma, aunque el nombre esté escrito de distintas formas en la documentación, todas ellas estarán unidas a un solo nombre normalizado. A la vez se quiere estudiar qué tipo de transacciones se realizaban y qué relación había entre los actores que participaban en ellas.

Al final se podrá establecer qué bienes tenía la encomienda, dónde estaban ubicados en el territorio, en qué momento los recibieron y si en algún momento los dejaron de poseer. Del mismo modo, se conocerá el papel de los actores que participaban en la transacción para establecer qué relaciones tenían las sedes comendaticias con la sociedad que las rodeaba y el tipo de procesos que se realizaban, y si podían variar a lo largo del tiempo.

La introducción de todos estos datos en los SIG permitirá su representación sobre bases cartográficas digitales y se podrán analizar desde un punto de vista espacial, cronológico y territorial. Como resultado, se obtendrán mapas que ayudarán a entender los procesos de fundación, establecimiento y desarrollo de las encomiendas seleccionadas.

4. PRIMERAS PERCEPCIONES

Una vez constituida la base, se inició el proceso de vaciado de datos relacionados con las tablas «Encomiendas» y «Fases» para confirmar su operatividad y empezar con la primera parte del análisis doctoral. Durante el desarrollo del trabajo de vaciado de datos surgieron algunas cuestiones relacionadas con la definición de qué se consideraba sede de encomienda, y cómo se tenían que registrar aquellos casos que por razones de organización de la orden dejaban de ser sedes administrativas de la encomienda, así como aquellas sedes a las que *a posteriori* les era restaurada esta categoría. Del mismo modo, también se tuvieron en cuenta los procesos de cambio de comunidad. A partir de estas cuestiones iniciales se mejoró la estructuración de la tabla «Fases». Estos cambios han permitido delimitar cronológicamente aquellos periodos de pérdida o recuperación de poder administrativo de las sedes y, a la vez, documentar el cambio de comunidades que las gestionan, solo en aquellos casos en que pasan de ser masculinas a femeninas y a la inversa. Por otro lado, también surgió un problema relacionado con la ubicación de la sede de la encomienda, porque hay algunos casos en que la sede hospitalaria cambia de localización y, por tanto, se ha incorporado un segundo campo de ubicación para registrar estas variaciones. Por ahora, se han localizado con exactitud las sedes de 33 encomiendas de las 47 existentes durante el periodo en estudio (fig. 2).

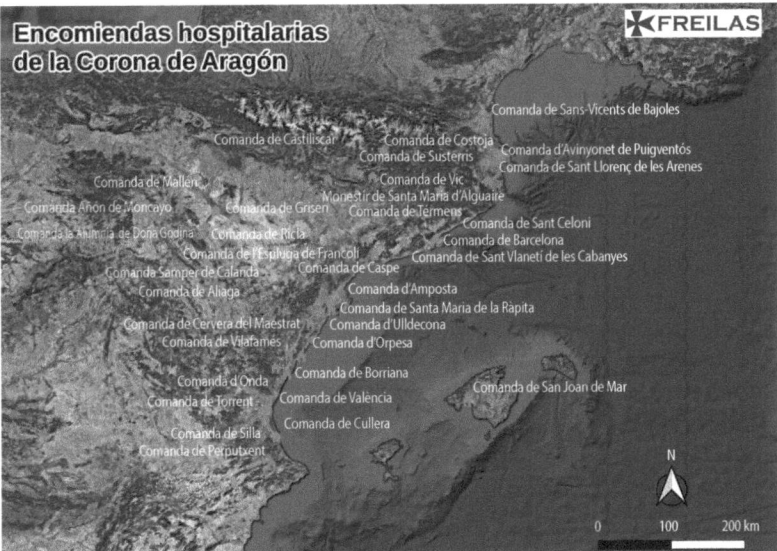

Figura 2. Mapa generado a partir de una ortofoto de Google Satellite donde aparecen todas las sedes comendaticias que tienen ficha en la tabla «Encomiendas».

Con respecto a la segunda parte del vaciado de datos, el proceso de registro de documentos y bienes solo se iniciará cuando la primera parte de la investigación esté finalizada y se tengan seleccionadas las encomiendas que se quieren analizar con más profundidad. Por otra parte, con el objetivo de poder comprobar la operatividad de las diferentes tablas y campos que componen esta segunda parte de la base de datos, se ha realizado un vaciado de información inicial de algunos documentos seleccionados. A partir de este estudio se ha corroborado que el proceso de introducción de datos se efectúa correctamente. Aunque el momento realmente decisivo será cuando, una vez introducidos más datos, se realice el proceso de exportación a los SIG para desarrollar los análisis pertinentes.

Ventajas y problemas del método cuantitativo aplicado al estudio de la guerra entre musulmanes y cristianos

Josep Suñé Arce
CSIC

D
entro de la temática de este congreso, dedicado a los desafíos globales de la investigación, a las nuevas vías abiertas y a los públicos a los que destinamos nuestro trabajo científico, quiero centrarme en las ventajas y problemas del método cuantitativo, tomando como ejemplo el caso concreto de mi tesis doctoral. En ocasiones, los medievalistas nos encontramos con joyas textuales, testimonios llenos de vida, de riqueza informativa, cuyas palabras nos interpelan y no nos dejan indiferentes. También es cierto, no obstante, que esos textos son muy a menudo los que tienen una mayor intencionalidad. Sus palabras, en efecto, pueden estar cargadas de subjetividad. Tal es el caso del emir zīrí ʿAbd Allāh (1073-1090), quien en sus célebres *Memorias* justificó el ascenso al emirato granadino de sus antepasados bereberes por la ineptitud bélica de los andalusíes[1]. Una forma de matizar o reforzar esas apreciaciones singulares, y de alcanzar una perspectiva más global y variada, es mediante la acumulación y el contraste de datos procedentes de otras fuentes. La acumulación nos lleva a la cuantificación y los resultados de su análisis pueden iluminar problemas y procesos que habían quedado ocultos o eclipsados por la locuacidad de algunos de esos autores históricos. Nunca podremos saber, a ciencia cierta, si los andalusíes eran realmente peores soldados que los norteafricanos o que los cristianos del norte peninsular, pero lo que sí podemos

* Esta aportación se enmarca en el proyecto *Medieval Appetites: food plants in multicultural Iberia (500-1100 CE)*-MEDAPP, financiado por el *European Research Council* (ERC) (**ERC-AdG** 101054883).

1 E. Lévi-Provençal (ed.), *Muḏakkirāt al-amīr ʿAbd Allāh, āḫir mulūk Banī Zīrī bi-Garnāṭa (469-483), al-musammà bi-Kitāb al-Tibyān*, al-Qāhira, Dār al-Maʿārif, 1955, pp. 18-19. E. Lévi-Provençal y E. García Gómez (trad.), *El siglo XI en 1ª persona. Las «Memorias» de ʿAbd Allāh, último rey Zīrí de Granada, destronado por los Almorávides (1090)*, Madrid, Alianza, 2010, p. 99.

afirmar a través del estudio sistemático de los textos cronísticos que describen hechos bélicos es que los andalusíes, tanto antes como después del emir zīrí ʿAbd Allāh, nunca dejaron de estar presentes en los ejércitos musulmanes que combatieron en la Península Ibérica[2].

1. LAS VENTAJAS DE UTILIZAR EL MÉTODO CUANTITATIVO EN EL CAMPO HISTÓRICO

Claro está que la cuantificación de datos no es una solución en sí misma. Antes de acumular información es imprescindible emprender un análisis cualitativo de las fuentes que se pretenden vaciar. Ni todas las narraciones o noticias son igual de veraces, ni todas proporcionan datos útiles en función de nuestros objetivos. De la misma manera, los números y porcentajes que se obtienen en la cuantificación no permiten llegar a ningún conocimiento útil sin la pertinente interpretación del investigador. En esta labor deductiva, la inclusión de fuentes de características distintas a las utilizadas en la base de datos puede ayudar a dar un sentido al conjunto o a parte de los registros. Ciertamente, una investigación es algo más que una base de datos y debe tratar de ir más allá de la simple descripción de lo obtenido mediante la acumulación ordenada y regular de noticias.

Con todo, el método cuantitativo proporciona ventajas inmejorables. Además de facilitar la apreciación de procesos sociales, económicos y políticos difíciles de ver en los textos de referencia, también hace posible el incremento del conocimiento sin la necesidad de descubrir, editar y estudiar nuevas fuentes. No menos trascendente es la creación de base de datos de acceso público, tales como la Historia de los Autores y Transmisores Andalusíes (HATA), la Prosopografía de los ulemas de al-Andalus (PUA) o el Corpus Documentale Latinum Hispaniarum (CodolHisp), por mencionar solo algunas de las más destacadas en el ámbito español. Dicho formato permite economizar el tiempo de trabajo invertido de manera exponencial y, en consecuencia, facilita increíblemente la realización de nuevas investigaciones.

---

[2] Los ejemplos son muy abundantes. Por poner solo dos, en el combate de Estercuel (975) fallecieron tropas locales de Tudela y en el ataque almorávide sobre Coimbra (1117) participaron voluntarios de Granada, Sevilla y Córdoba. Véase: ʿA. R. ʿA. al-Ḥaǧǧī (ed.), *Al-Muqtabas fī aḫbār balad al-Andalus*, Bayrūt, Dār al-Ṯaqāfa, 1965, p. 238. I. ʿAbbās (ed.), *Al-Bayān al-Muġrib fī aḫbār al-Andalus wa-l-Maġrib li-Ibn ʿIḏārī al-Marrākušī*, Bayrūt, Dār al-Ṯaqāfa, 1980, vol. IV, p. 64.

2. LA PÉRDIDA DE LA HEGEMONÍA ANDALUSÍ

En mi caso, el método cuantitativo fue aplicado para el **desarrollo de mi tesis doctoral**, defendida en julio del 2017 y publicada en diciembre del 2020[3]. El objetivo de la investigación era identificar las causas que explicaban la pérdida de la hegemonía andalusí en la Península Ibérica. Tomé como elemento principal de análisis las veces que los musulmanes y los cristianos se lanzaron ataques entre sí, recogiendo más de 500 sucesos bélicos ocurridos entre los inicios del siglo VIII y el último tercio del siglo XII. En concreto, el **vaciado** de fuentes árabes proporcionó 370 sucesos, mientras que el mismo trabajo con las latinas dio la cantidad de 301 episodios. Cuando la tesis doctoral se **revisó** y resumió para convertirla en monografía, aún se añadieron 43 episodios **más**. Tras cotejar la información de ambas procedencias –la cristiana y la musulmana– y evitar –no sin dificultades– las repeticiones de un mismo hecho, se **llegó** al medio millar largo que se ha mencionado unas líneas antes.

Durante el desarrollo de la tesis, toda esta información se fue almacenando progresivamente en tres bases de datos distintas. Una primera estaba dedicada a recoger los enfrentamientos que aparecían en cada fuente árabe de manera separada. En otra posterior se juntaron los registros que aludían a una misma campaña con independencia del compilador de la obra. La tercera estaba destinada a las fuentes latinas. Sin embargo, no eran las únicas bases de datos. Había dos más. En una de estas dos últimas recopilé las informaciones que por sus características no servían para ser incluidas en el registro de sucesos bélicos, pero que ofrecían noticias valiosas sobre la temática de la tesis. Asimismo, allí se almacenaron también las principales ideas de las fuentes secundarias que habían sido leídas. La otra fue un intento no culminado de crear una prosopografía dedicada a andalusíes que ejercieron cargos o funciones **militares**. Ninguna de estas 5 bases de datos está actualmente a disposición del **público** general. No obstante, uno de los proyectos futuros que me gustaría emprender es el de adaptar y convertir algunas de ellas en bases de datos de acceso abierto.

Volviendo a mi tesis doctoral, la cuantificación de los datos llevó a tres resultados principales. En primer lugar, constaté que los **poderes islámicos** requerían de una base territorial mucho más amplia que **la de sus** adversarios para superarles en número de ataques. Cada vez que el **centro** se debilitaba,

3   J. Suñé Arce, *Ǧihād, fiscalidad y sociedad en la Península Ibérica (711-1172): evolución de la capacidad militar andalusí frente a los reinos y condados cristianos*, Tesis doctoral dirigida por Xavier Ballestín, Universitat de Barcelona, 2017. *Idem, Guerra, ejército y fiscalidad en al-Andalus (ss. VIII-XII). De la hegemonía musulmana a la decadencia*, Madrid, La Ergástula, 2020.

dejando de mantener unidos a los diferentes territorios islámicos de la Península y perdiéndose, por lo tanto, la ventaja territorial, las zonas fronterizas se veían amenazadas por los cristianos. Cuando al-Andalus volvía a la unidad política, los musulmanes recuperaban una posición de fuerza, pero nunca regresaban al punto de superioridad anterior a la etapa de crisis. Los cristianos fueron progresivamente ganando espacio geográfico y debilitando a los musulmanes. En segundo lugar, aprecié que esta tendencia se empezaba a producir en pleno siglo IX, y antes incluso de la Primera *Fitna* (888-929), aunque de forma muy moderada. Esta dinámica solo se rompió durante el gobierno de los ʿāmiríes (978-1009). En tercer lugar, observé que este patrón se repetía con independencia del tipo de tropas musulmanas que participasen en las campañas y de las actuaciones que llevasen a cabo sobre el terreno.

Todos estos elementos apuntaban a que la causa del retroceso musulmán en la Península Ibérica obedecía a una razón material: la disponibilidad de recursos. Pero ¿cuál fue la causa de esa paulatina escasez? La respuesta a esa pregunta y el desarrollo explicativo de mi tesis dependió en gran medida de algunas de las informaciones que no habían sido incluidas en los registros de sucesos bélicos. Me refiero a aportaciones a la teoría política de autores medievales y renacentistas, como Abū Bakr al-Ṭurṭūšī, Ramón Llull, Ibn Ḫaldūn y Maquiavelo, así como a estudios de economistas contemporáneos como P. A. Samuelson[4]. Para el gobernante andalusí, el orden interno siempre fue más importante que el externo. Su concepción del poder político, basada necesariamente en el ejercicio de un poder absoluto, forma de gobierno que en aquel entonces no se aplicaba en los reinos y condados cristianos del norte peninsular, condicionaba la manera de distribuir y gastar los ingresos procedentes de la tributación[5]. El ejército musulmán era un pilar fundamental del estado islámico, pero también una potencial amenaza para la autoridad suprema y exclusiva que buscaba el

---

[4] Š. Ḍayf (ed.), *Sirāǧ al-Mulūk*, al-Qāhira, al-Dār al-Miṣriyya wa-l-Lubnāniyya, 1994, vol. II, pp. 501-502. A. Gottron (ed.), *Ramon Lulls Kreuzzugsideen*, Berlin/Leipzig, Dr. Walther Rothschild, 1912, pp. 64-93. Ḥ. Šiḥāda y S. Zakkār (ed.), *Muqaddima Ibn Ḫaldūn wa-hiya l-ǧuzʾ al-awwal min taʾrīḫ Ibn Ḫaldūn al-musammā Dīwān al-mubtadaʾ wa-l-ḫabar fī taʾrīḫ al-ʿarab wa-l-barbar wa-man ʿāṣara-hum man ḏawī l-šaʾn al-akbar*, Bayrūt, Dār al-Fikr, 2001, pp. 220-229, 318. F. Ruiz Girela (trad.), *Introducción a la historia universal (al-Muqaddima)*, Córdoba, Almuzara, 2008, pp. 300-316, 450-451. G. Inglese (ed.), *De Principatibus*, Roma, Istituto Storico Italiano per il Medio Evo, 1994, p. 197. P. A. Samuelson, *Curso de Economía Moderna*, Madrid, Aguilar, 1973, pp. 24-25.

[5] Sobre la organización política de los reinos y condados cristianos del año mil, véase: Á. Carvajal, *Bajo la máscara del «Regnum». La monarquía asturleonesa en León (854-1037)*, Madrid, CSIC, 2017. J. Escalona, «Estados y señores de la guerra en la Península Ibérica altomedieval: una exploración», en Á. Carvajal y C. Tejerizo-García (eds.), *El Estado y la Alta Edad Media. Nuevas perspectivas*, Leioa, Universidad del País Vasco, 2023, pp. 43-65, esp. 57-59.

soberano andalusí[6]. Los gobernantes de al-Andalus no querían depender en exceso de sus militares, o que le depusiesen, y por ello, además de mantener asus tropas, invertían grandes sumas en la compra de voluntades mediante regalos de prestigio, la creación de guardias palatinas extranjeras, la edificación de lujosas construcciones arquitectónicas, la fastuosidad de los actos ceremoniales, el mecenazgo científico-cultural y el atesoramiento de ingentes cantidades de moneda para gastarlas cuando hiciese falta. En resumen, el ejército musulmán recibió una financiación bastante por debajo de la que podría haber obtenido en un modelo político distinto[7].

3. LOS RETOS DE LAS FUENTES DISPONIBLES Y DEL CONTEXTO HISTÓRICO

Sin embargo, antes de llegar a estos resultados se tuvo que hacer frente a una serie de problemas ocasionados tanto por la naturaleza de las fuentes como por la complejidad del contexto político y cultural de la época estudiada. La distancia temporal entre autores y hechos narrados puede generar dudas sobre la fiabilidad de algunos relatos. En el caso de las compilaciones árabes, que aplicaban un cierto método historiográfico que privilegiaba la copia o resumen de textos anteriores, citando a menudo a los autores de esas obras, este riesgo se reduce de alguna manera, aunque siempre quedará la duda de qué pudo añadir o quitar el compilador, más allá de que las fuentes que se tomaban como base de esos trabajos nunca pueden ser consideradas objetivas[8]. En cuanto a las crónicas latinas, dejando al margen la *Mozárabe* y las obras carolingias que aluden a al-Andalus, la mayoría relata sucesos que se alejan muchas décadas en el tiempo, o incluso siglos, sin que quede claro cómo sus autores obtuvieron o conservaron la información[9]. La

---

[6] Es muy ilustrativa al respecto la tensa relación que tuvo ʿAbd al-Raḥmān I al-Dāḫil (756-788) con sus tropas regulares. Véase: E. Manzano Moreno, «El asentamiento y la organización de los *ŷund*-s sirios en al-Andalus», *Al-Qanṭara*, 14, 2, 1993, pp. 327-359.

[7] J. Suñé Arce, *Guerra...*, *op. cit.*, pp. 155-169. Recientemente se han publicado otros trabajos relacionados con estas cuestiones. Véase: J. Albarrán, *Ejércitos benditos. Ŷihad y memoria en al-Andalus (siglos X-XIII)*, Granada, Universidad de Granada; E. Cardoso, *The Door of the Caliphs: Concepts of the Court in the Umayyad Caliphate of al-Andalus*, London, Routledge/Taylor & Francis Group, 2023.

[8] P. Chalmeta, «Historiografía medieval hispana: arabica», *Al-Andalus*, 37, 2, 1972, pp. 353-404. *Idem*, «Una historia discontinua e intemporal (Jabar)», *Hispania*, 33, 1, 1973, pp. 23-75. B. Soravia, «Ibn Ḥayyān, historien du siècle des Taifas: Une relecture de *Ḏaḫīra*, I/2, 573-602», *Al-Qanṭara*, 20, 1, 1999, pp. 99-117. F. D. Reynolds, «Al-Maqqarī's Ziryāb: The Making of a Myth», *Middle Eastern Literatures*, 11, 2, 2008, pp. 155-168.

[9] J. E. López Pereira (ed. y trad.), *Crónica Mozárabe de 754*, Zaragoza, Anubar, 1980.

situación es especialmente complicada fuera del ámbito asturleonés, donde hay que esperar más tiempo para encontrar obras de este género[10]. En estas noticias más tardías siempre se intentó buscar un soporte en forma de crónica anterior o fuente documental que sostuviera la información. Otra de las dificultades es la ausencia de cronología concreta, o los errores en ella, que pueden ocasionar repeticiones de algunos sucesos y alteraciones en el orden de los registros. El *Kitāb al-Iktifā'* y la *Chronica Adefonsi imperatoris* son minas de información, pero apenas hay precisión cronológica en ellas, consiguiendo las más de las veces situar un suceso bélico dentro de una amplia horquilla de años[11]. En otras ocasiones una fuente da una fecha para un determinado episodio, mientras otra describe un hecho muy parecido, por sus actores y por su espacio geográfico, pero con una variación de pocos años o dentro de una horquilla temporal más amplia[12]. ¿Se trata realmente del mismo enfrentamiento o son dos sucesos que ocurrieron casualmente en la misma zona? Asimismo, la fragmentariedad de la información puede hacer que se añadan más registros de los que tocarían o que se excluyan algunos sucesos de manera involuntaria. Estos son riesgos especialmente presentes en aquellos episodios bélicos que se han conservado en diplomas cristianos. En una donación se puede expresar que gracias a la ayuda divina tal lugar fue expulsado de paganos, mientras que pocos años después, en un documento del mismo tipo, se puede mencionar que una localidad situada a una o pocas decenas de kilómetros de distancia de la anterior había sido conquistada por la gracia de Dios[13]. ¿Esos triunfos cristianos se dieron en una o en varias expediciones militares?

....

[10] Con algunas excepciones, como los *Annales Castellani Antiquiores*. J. C. Martín, «Los *Annales Castellani Antiquiores* y *Annales Castellani Recentiores*: edición y traducción anotada», *Territorio, Sociedad y Poder*, 4, 2009, pp. 203-226. Sobre la historiografía medieval desarrollada en los reinos y condados cristianos peninsulares, véase: J. Escalona, «Family Memories. Inventing Alfonso I of Asturias», en I. Alfonso, H. Kennedy y J. Escalona (eds.), *Building legitimacy. Political discourses and forms of legitimation in medieval societies*, Leiden/Boston, Brill, 2004, pp. 223-262; J. Gil, «La historiografía», en F. López Estrada (coord.), *La Cultura del Románico. Siglos XI al XIII. Letras. Religiosidad. Artes, Ciencia y Vida*, Madrid, Espasa Calpe, 1995 (Historia de España Menéndez Pidal, 11), pp. 1-109; A. Isla Frez, «La monarquía leonesa según Sampiro», en M. I. Loring García (ed.), *Historia social, pensamiento historiográfico y Edad Media: homenaje al Profesor Abilio Barbero de Aguilera*, Madrid, Ediciones del Orto, 1997, pp. 33-57.

[11] A. M. al-ʿAbbādī (ed.), *Taʾrīḫ al-Andalus li-Ibn al-Kardabūs wa waṣfu-hu li-Ibn al-Šabbāṭ*, Madrid, Maʿhad al-Dirāsāt al-Islāmiyya bi-Madrīd, 1971; F. Maíllo Salgado (trad.), *Historia de al-Andalus (Kitāb al-Iktifāʾ)*, Madrid, Akal, 1986; A. Maya (ed.), *Chronica Hispana saeculi XII: Pars I*, Turnhout, Brepols, 1990 (Corpus Christianorum: Continuatio Mediaevalis, LXXI), pp. 109-248. M. Pérez González (trad.), *Crónica del Emperador Alfonso VII*, León, Universidad de León, 1997.

[12] J. Suñé Arce, *Guerra...*, op. cit., p. 32, n. 49.

[13] *Ibid.*, p. 32, n. 50.

Dejando al margen estas cuestiones técnicas, hay otros problemas que son propios de la época histórica. Así, en algunos episodios bélicos, dentro de un mismo bando podían luchar combatientes musulmanes y cristianos. Si en un ejército había combatientes de ambas religiones y en el oponente todos eran de una misma confesión, la decisión que adopté fue la de ignorar la heterogeneidad del primero de esos ejércitos y tener en consideración solo a los combatientes que tenían una fe distinta de la del segundo ejército. De esa forma, a los fieles de una de las confesiones presentes en el enfrentamiento se les podía aplicar el filtro de atacantes y a los otros, el de defensores[14]. Mucho más difíciles eran aquellos casos en los que ambas huestes tenían en sus filas cristianos y musulmanes. Esto ocurrió a menudo durante la segunda mitad del siglo XI, cuando los poderes cristianos competían por la percepción de parias y enviaban sus mesnadas en ayuda de sus protegidos musulmanes[15]. En estos casos, tanto cristianos como musulmanes hubieran ocupado simultáneamente la posición de atacante y defensor. La decisión tomada en estas situaciones fue descartar esos episodios bélicos del registro de enfrentamientos. Otra circunstancia problemática en estas narraciones, y diferente de la anterior, es que no todos los sucesos incluidos en los relatos implicaban un esfuerzo equivalente en cuanto a movilización de recursos. En las compilaciones árabes son celebradas las gestas logradas por las grandes aceifas que asolaban el territorio cristiano, pero también las algaradas de los gobernadores fronterizos que se conformaban con saquear algunas localidades y llevarse ganado[16]. Muchas veces es imposible saber si se trata de un caso o del otro.

Luego hay otro tipo de dificultades que derivan de aspectos culturales y tradiciones literarias. La escasez y menor riqueza informativa de las crónicas cristianas, por ejemplo, no solo provoca que hayamos perdido noticias sobre ataques de sus reinos y condados contra al-Andalus, sino también complica la detección de sucesos bélicos ocurridos entre poderes cristianos. Es significativo que algunas de esas informaciones sobre rebeliones y guerras entre diferentes

---

[14] *Ibid.*, p. 31, n. 48.

[15] Por ejemplo, las dos batallas que libró Rodrigo Díaz de Vivar contra el conde Berenguer Ramón de Barcelona (1076-1097) en los años 1082 y 1090. D. Porrinas, *El Cid. Historia y mito de un señor de la guerra*, Madrid, Desperta Ferro Ediciones, 2019.

[16] La captura de una gran cantidad de cabezas de ganado por parte de Muṭarrif b. Mūsà b. Ḏī l-Nūn y Ḥakam b. Munḏir al-Ṯuǧībī, en el año 942, aparece al mismo nivel que triunfos mucho más relevantes *a priori*, como fueron las batallas de Mitonia (918) y Muez (920). P. Chalmeta, F. Corriente y M. Ṣubḥ (eds.), *Al-Muqtabas li-Ibn Ḥayyān al-Qurṭubī (al-ǧuzʾ al-ḫāmis)*, Madrid/al-Ribāṭ, Instituto Hispano-Árabe de Cultura/Kulliyat al-Ādāb, 1979, p. 326. M. J. Viguera y F. Corriente (trad.), *Crónica del califa ʿAbdarraḥmān III an-Nāṣir entre los años 912 y 942 (al-Muqtabis V)*, Zaragoza, Anubar/Instituto Hispano-Árabe de Cultura, 1981, pp. 363-364.

núcleos políticos nos hayan llegado precisamente a través de textos árabes[17]. Eso hace que sea casi imposible cuantificar la capacidad total de esos reinos y condados a la hora de ejecutar movilizaciones militares. Otras características comunes de las fuentes árabes y latinas son la sobredimensión de las batallas campales y un discurso triunfalista alejado del resultado real del conflicto. En este sentido, resulta revelador constatar los intentos de los cronistas musulmanes por presentar como victoriosa la intervención de Tāšufīn b. ʿAlī b. Yūsuf en al-Andalus (1129-1137) dentro de un contexto caracterizado por los inicios del hundimiento almorávide en la península[18]. En líneas generales, para todo el periodo estudiado es muy recomendable no creerse las cifras de muertos que aparecen en los relatos y preguntarse qué significaba ganar una batalla de pequeñas dimensiones en un tipo de guerra que se decidía mediante el control de los núcleos fortificados vertebradores del territorio en disputa[19].

4. BUSCANDO SOLUCIONES A LOS RETOS

Algunas de las preguntas formuladas en las anteriores líneas no tienen una respuesta taxativa. El contraste permanente de fuentes es imprescindible, como también lo es el sentido común del investigador. Siempre habrá un cierto grado de arbitrariedad en las decisiones tomadas, de ahí la importancia de la transparencia y la coherencia. Más allá de esta premisa inicial, una mayor atención a los diccionarios biográficos y a las fuentes documentales podrá acotar mejor la cronología de algunos sucesos y visibilizar los conflictos internos dentro de los reinos cristianos. En este sentido, las confiscaciones de tierras por traición o los juicios pueden convertirse en instrumento útil para registrar rebeliones nobiliarias y complementar la escasa información de las crónicas latinas.

En cuanto a la complejidad de los actores que participaron en aquellos episodios bélicos, la creación de filtros específicos sobre alianzas interreligiosas, sobre coaliciones entre varios reinos cristianos y sobre expediciones musulmanas dirigidas simultáneamente contra distintas de esas entidades podría ser una

---

[17] M. ʿA. Makkī (ed.), *Al-Muqtabas min anbāʾ ahl al-Andalus li-Ibn Ḥayyān al-Qurṭubī*, Bayrūt, Dār al-Kitāb al-ʿArabī, 1973, pp. 3-7.

[18] I. ʿAbbās (ed.), *Al-Bayān al-Muġrib...*, *op. cit.*, vol. IV, pp. 85-96; C. J. Tornberg (ed.), *Kitāb al-anīs al-muṭrib rawḍ al-qirṭās fī aḫbār mulūk al-Maġrib wa-taʾrīḫ madīna Fās*, Uppsala, Litteris Academicis, vol. I, fasc. I, 1843, pp. 106-107; A. Huici Miranda (trad.), *Ibn ʿIdari: Al-Bayan al-Mugrib. Nuevos fragmentos almorávides y almohades*, Valencia, Anubar, 1963, pp. 197-220; *Idem* (trad.), *Ibn Abi Zarʿ: Rawd al-Qirtas*, Valencia, Anubar, 1964, pp. 320-322.

[19] F. García Fitz, *Castilla y León frente al Islam: estrategias de expansión y tácticas militares (siglos XI-XIII)*, Sevilla, Universidad de Sevilla, 2001.

eficaz manera de atenderla. Respecto a la inclusión de diferentes tipos de modalidades ofensivas –aceifas y algaradas– y a la fijación literaria por la batalla, resultaría muy práctico tomar en consideración los conceptos empleados en las fuentes para designar a los contingentes movilizados, el tipo de núcleo fortificado que era atacado y los entornos en los que se producían las reacciones defensivas. En efecto, un ejército denominado *ʿaskar* acostumbraba a ser más grande que un *ǧayš*, el saqueo de los arrabales no era lo mismo que un asedio en regla, ni la destrucción de un castillo abandonado era igual que la toma al asalto de una torre bien defendida[20]. Asimismo, la resistencia a un ataque podía producirse tras o fuera de la muralla en función de las fuerzas de los defensores.

La cantidad de episodios bélicos registrados podría incluso aumentar algo más si se pusiese el acento no tanto en quién realizaba el ataque, sino en las veces que cada bando era capaz de hacer concentraciones de tropas, ya fuese para pasar a la ofensiva o para defenderse. Respecto a esta cuestión, también cabe la posibilidad de que un bando no atacase todo lo que pudiese al otro no por debilidad, sino por desinterés en ocupar un territorio u obtener otros bienes materiales. De todos modos, la evidencia muestra que desde el segundo cuarto del siglo IX es difícil encontrar 3 años consecutivos sin que haya documentados episodios bélicos entre andalusíes y cristianos. En mi opinión, el final de la expansión musulmana fue sobre todo un reconocimiento implícito de que no había capacidad de defender nuevos lugares una vez conquistados[21]. En relación precisamente con los progresos y pérdidas territoriales, una mejor identificación de la toponimia permitiría situar sobre un mapa los avances y los retrocesos de los bandos enfrentados y, en consecuencia, valorar de manera más objetiva los resultados de las expediciones.

5. APUNTES FINALES

Para finalizar, me gustaría destacar cuatro consejos a la hora de recurrir al método cuantitativo. En primer lugar, resulta necesario conocer las características de las fuentes disponibles antes de iniciar el vaciado. Leer los textos antes de ex-

---

[20] Sobre la diferente magnitud de los ejércitos musulmanes, véase el *Ḥilyat al-fursān* de Ibn Huḏayl: M. ʿA. G. Ḥasan (ed.), *Ḥilyat al-fursān wa-šiʿār al-šuǧʿān*, al-Qāhira, Dār al-Maʿārif li-l-Ṭibāʿa wa-l-Našr, 1951, p. 173. M. J. Viguera (trad.), *Gala de caballeros, blasón de paladines*, Madrid, Editora Nacional, 1977, p. 168.

[21] Durante la primera mitad del siglo IX, el jurista andalusí Ibn Ḥabīb defendió la licitud de no ocupar territorios que se encontraran en lugares lejanos y aislados de las zonas controladas por los musulmanes, haciendo alusión, con mucha probabilidad, a las entidades políticas cristianas que habían aparecido en el norte peninsular. J. Suñé Arce, *Guerra...*, *op. cit.*, pp. 80-81.

traer datos de ellos no es ninguna pérdida de tiempo, porque las cuestiones que van a ser cuantificadas se deben diseñar en función de las informaciones que esas fuentes nos pueden proporcionar. En segundo lugar, debe haber un proceso de selección de fuentes. La fuente ideal siempre será aquella más cercana a los hechos, rica en información y precisa en cronología. En el caso andalusí, y dentro del campo tratado en mi trabajo, esta fuente son los diferentes volúmenes del *Muqtabas* de Ibn Ḥayyān[22]. Lamentablemente no se conserva íntegro y la cronología abarcada es limitada, tan solo el emirato y el califato omeya. Al margen de esta obra, existen compilaciones excelentes que alcanzan cronologías más tardías, aunque no ofrecen el mismo grado de detalle[23]. Como ya he mencionado, no creo que para los territorios cristianos del norte peninsular exista un equivalente, lo que hace incluso más apremiante la omnipresente necesidad de confrontar unas fuentes con otras. En tercer lugar, y conectando con la obligatoriedad de ser coherente a la que he aludido en el apartado anterior, se tienen que aplicar los mismos criterios de extracción de datos a todas las fuentes seleccionadas. En cuarto y último lugar, otra recomendación de necesario cumplimiento, e igualmente enunciada líneas más arriba, es la de ser transparente. Siempre se debería dejar constancia escrita de aquellos casos susceptibles de recibir una interpretación diferente por otros investigadores.

[22] M. ʿA. Makkī (ed.), *Al-sifr al-ṯānī min Kitāb al-Muqtabas li-Ibn Ḥayyān al-Qurṭubī*, Riyāḍ, Markaz al-Malik Fayṣal li-l-buḥūṯ wa-l-dirāsāt al-islāmiyya, 2003; M. ʿA. Makkī y F. Corriente (trad.), *Crónica de los emires Alḥakam I y ʿAbdarraḥmān II entre los años 796 y 847 [Almuqtabis II-1]*, Zaragoza, Instituto de Estudios Islámicos y del Oriente Próximo, 2001; M. ʿA. Makkī (ed.), *Al-Muqtabas...*, *op. cit*; M. Martínez Antuña (ed.), *Al-qism al-ṯāliṯ min Kitāb al-Muqtabas fī taʾrīḫ riǧāl al-Andalus*, Paris, Librairie orientaliste Paul Geuthner, 1937; P. Chalmeta, F. Corriente y M. Ṣubḥ (eds.), *Al-Muqtabas...*, *op. cit.*; M. J. Viguera y F. Corriente (trads.), *Crónica...*, *op. cit.*; ʿA. R. ʿA. al-Ḥaǧǧī (ed.), *Al-Muqtabas...*, *op. cit.*; E. García Gómez (trad.), *Anales Palatinos del Califa de Córdoba al-Ḥakam II, por ʿĪsà ibn Aḥmad al-Rāzī (350-364 H. = 971-975 J.C.)*, Madrid, Sociedad de Estudios y Publicaciones, 1967.
[23] J. Martos Quesada, «La labor historiográfica de Ibn ʿIḏārī», *Anaquel de Estudios Árabes*, 20, 2009, pp. 117-130; M. Shatzmiller, *L'Historiographie Mérinide. Ibn Khaldūn et ses contemporains*, Leiden, Brill, 1982.

El negocio armamentístico detrás de los conflictos bélicos bajomedievales: una realidad que pone al investigador frente al espejo del pasado

Pere Badia Arroyo
Universitat de Barcelona

1. NUEVAS VÍAS. EL SECTOR ARMERO TARDOMEDIEVAL

El estudio de la producción y comercialización del armamento no ha ocupado en los estudios medievales un lugar comparable a, por ejemplo, la industria textil o el comercio internacional. No se trata de que las armas no hayan sido cuantificadas junto al trigo, los paños, el vino o el aceite, pero son contadas las publicaciones sobre mercadeo armero. Pocos años atrás, en el congreso de «Fusta e de fierro», cuando nuestros colegas de la UPV hablaron «sobre la producción de armas en el País Vasco bajomedieval» ya advirtieron a los asistentes de que iban a presentar «una primera aproximación»[1].

Ciertamente, el estudio del armamento y su contexto productivo es novedoso en la medida en que empieza a abrirse camino no solo en el ámbito académico vasco[2], sino también en el valenciano, tanto de la mano de jóvenes

---

[*] Abreviaturas utilizadas: Arxiu i Biblioteca Episcopal de Vic (ABEV); Archivo de la Corona de Aragón (ACA); Arxiu de la Catedral de Barcelona (ACB); Arxiu de la Cúria Fumada (ACF); Arxiu Històric de la Ciutat de Barcelona (AHCB); Arxiu Municipal de Vic (AMVI); Bailía General de Cataluña (BGC); Cancillería (CR); Real Patrimonio (RP).

[**] La presente aportación se inscribe en el marco del programa de doctorado en Culturas Medievales (DCM), donde realizo la tesis doctoral que tiene por título: *Els coltells de Vic. Auge i declivi d'un centre manufacturer de renom a l'Occident baixmedieval (1385-1438)*.

[1] E. Etxeberria, M. Gallastegi y M. Bengoa, «Sobre la producción de armas en el País Vasco bajomedieval: una primera aproximación», en A. Martín (ed.) *De fusta e de fierro. Armamento medieval cristiano en la península ibérica (siglos XI-XVI)*, Madrid, La Ergástula, 2021, pp. 151-164.

[2] E. Etxeberria, J. R. Díaz de Durana y J. A. Férnandez de Larrea, «Los talleres de Marte: la fabricación de armas y armaduras en el País Vasco (1480-1520)», en *Oficio de príncipes. Conflicto militar, economía y circuitos financieros en la Península Ibérica (siglos XIII-XVII)*, Granada, Comares, 2023, pp. 69-98; Véase también G. Dueñas, «La producción de armas blancas en Bilbao durante el siglo XVI», *Gladius*, XXI, 2001, pp. 269-290.

investigadores[3] como de otros contrastados en la historia artesanal[4]. Sin olvidar, tampoco, el esfuerzo hecho desde la Universidad de Zaragoza y la Nueva Historia Militar[5]. Tomando estos referentes historiográficos y dando a conocer nuestro trabajo investigador sobre la manufactura de armamento en la Corona de Aragón en general, y sobre el papel de determinados centros especializados en la producción y comercialización de armas en Catalunya en particular, analizaremos una serie de prácticas artesanales, gestoras y mercantiles que, pese a que tuvieron lugar en la era preindustrial, están provistas de contemporaneidad[6].

2. ESTANDARIZACIÓN E INTERCONEXIÓN INDUSTRIAL ENTRE EL MEDITERRÁNEO OCCIDENTAL Y EL ATLÁNTICO PENINSULAR EN LA BAJA EDAD MEDIA

El empleo de la violencia, tanto contra los enemigos del monarca al que se rendía pleitesía como contra quienes fueron considerados infieles, formó parte de la realidad cotidiana de los reinos hispanos peninsulares, así como de la población de una Europa asolada por la Guerra de los Cien Años (1356-1453), creando una demanda sostenida de arneses y armas para los combatientes, pertrechados según su estamento y condición. La oferta que daba respuesta a estas necesidades bélicas provino de distritos industriales o centros urbanos especializados, cercanos a las regiones siderúrgicas, a las vastas masas boscosas o a los grandes ríos[7]. Sin embargo, la industria armera se desarrolló también en villas y ciudades alejadas de estos grandes recursos gracias a unas redes comerciales de mediana y larga distancia por donde circularon piezas acabadas o parcialmen-

3   Entre los semanistas que han acudido con anterioridad al foro científico en el cual nos encontramos, mencionaremos a M. Faus «"En defensió de la terra": producción, mercado y consumo de armamento en las villas de la Corona de Aragón», *La ciudad de los campesinos. Villas nuevas, pequeñas villas, villas mercado*, 2019, pp. 395-406 2019; *Idem*, «The War Industry in the Middle Ages: Manufacturing and Trading Weapons in the Crown of Aragon (14th-16th Centuries)», *Essays on productions and trade in late medieval Iberia and the Mediterranean 1100-1500*, 2023, pp. 113-138.

4   J. Aparici Martí, «Armas y armeros en Segorbe durante la Baja Edad Media», *Instituto Cultura Alto Palancia*, 21, 2013, pp. 7-18.

5   M. Lafuente, «El consumo doméstico de armas en Aragón en la Baja Edad Media», en M. Lafuente Gómez y J. Petrowiste (coords.), *Faire son marché au Moyen Âge. Méditerranée occidentale, XIIIe-XVIe siècles*, Madrid, Casa de Velázquez, 2018, pp. 47-68.

6   Un estado de la cuestión en P. Badia Arroyo, «Industria, artesanado y centros de producción de armamento en la Europa bajomedieval. Balance y perspectivas desde la historia socioeconómica», *Índice Histórico Español*, 135, 2022, pp. 46-69.

7   El caso paradigmático pudo ser Brescia. Véase F. Rossi, *Armi e armaioli bresciani del '400*, Brescia, Ateneo di Brescia, 1971.

te obradas para la confección de distintos tipos de armamento. Esta realidad se manifestó de forma evidente a través de unas protecciones que gozaron de enorme difusión entre distintos estratos sociales en los territorios de Catalunya, Aragón y Valencia entre los siglos XIII y XVI, *les cuirasses*.

Estos bienes de consumo se manufacturaron en muchas localidades de los susodichos» territorios, pero solo en los enclaves portuarios conectados a los circuitos internacionales como Valencia, Barcelona o Mallorca se aglutinaría un mayor número de menestrales dedicados a proveer de corazas a los navíos mercantes que surcaban el Mediterráneo, así como a las galeras armadas por el rey de Aragón para mantener sus dominios en ultramar. Dicha producción dependió de procesos de mercantilización tales como la llegada de placas metálicas que debían imbricarse a modo de armazón. Así, por ejemplo, en 1460, en el obrador del difunto *cuirasser* barcelonés Vicens Gurrians, bajo usufructo de su viuda Joana, habían «launes per vuyt cuyrasses de ferro» y, por otro lado, «per dues de asser». Estos perfiles metalúrgicos fueron de distinta calidad según su origen; hacia 1323 se prohibió construir con *ferro venecià*, tanto que, hacia mediados de siglo, y especialmente a partir de la Guerra de los Dos Pedros (1356-1369), se usarían las del mercado de Colliure, presentes en la centuria anterior, pero convertidas en estratégicas dada la mayor seguridad que ofrecía la navegación de cabotaje del puerto rosellonés[8]. Sin embargo, en el Cuatrocientos aparecen por un lado las de hierro de Flandes como de peor calidad, llegando a regularse que solo debían ir en las corazas más baratas, las *de galiot*. Por otro lado, las de acero de Navarra se vendían en Barcelona a 160 sueldos y se marcaban con el emblema de la ciudad, por ser consideradas las mejores. Por encima de las placas solían ir *tres dobleres*[9] de cáñamo, seguramente procedente del mercado de Europa Occidental, pues los coraceros mallorquines utilizaban *canemàs prim de Borgonya* o *gruixut* según el tipo de coraza[10]. Por encima del cáñamo[11] se tendió a colocar una cubierta *sobirana*, de cuero o de otros tejidos gruesos y delicados como el terciopelo o la seda. Podemos precisar que para 2 corazas se necesitaban 14 palmos de telas de estos tipos[12].

Para fijar definitivamente placas, cáñamo y la tela exterior estaban los *clavells* o *clavó de cuyraça*, comprados por los coraceros a millares, como unos 2000

---

8 ACA, RP, MR, 2291, f. 8r. (1356 marzo 3).

9 El término *dobler* posiblemente indique que eran como bolsas o alforjas dobles de cáñamo.

10 Documentado en Barcelona ACA, RP, MR, 2462, f. 55r. (1356 diciembre 16).

11 En algún caso concreto sin otros tejidos, como en unas «cuyraceas ferri cohopertas panni de canabacio»: AHPB, 34/22, f. 7r. (1380 octubre 26).

12 AHCB, *Llibre d'inventaris*, vol. 175/91, f. 532r. (1460 abril 28); posiblemente unos de 3 metros de longitud, ya que la *cana* de Barcelona, compuesta por 8 palmos, 6 pies o 2 pasos, equivalía a unos 1555 metros del sistema métrico decimal.

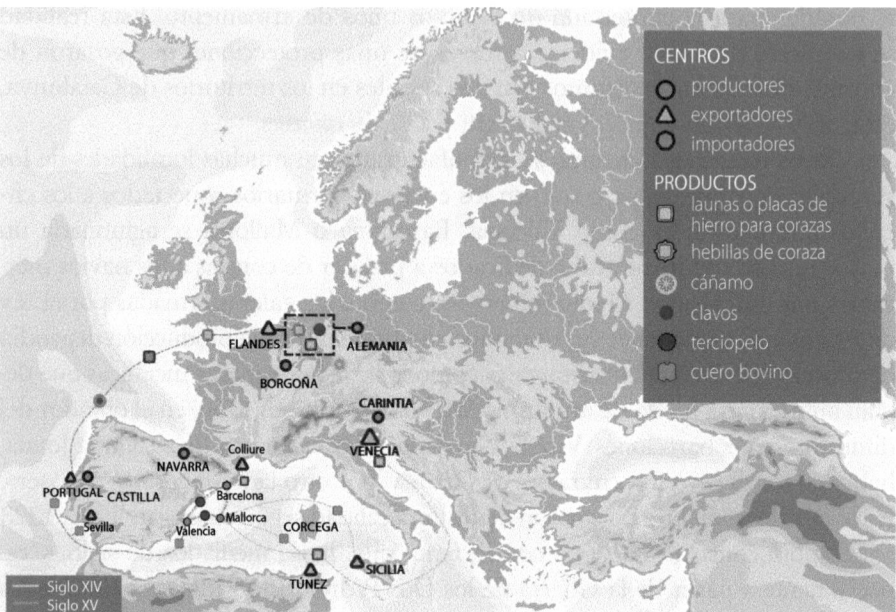

Figura 1. Redes comerciales y circulación de componentes para la manufactura de corazas.

a 3 sueldos y 10 dineros el millar (1361)[13]. Para ajustar y cerrar las corazas se usaban tiras de cuero enlazadas con *civelles* (hebillas), que llegaban de un mercado mayorista; 2 *grosses de civelles* se pagaron a 15 sueldos[14], seguramente procedentes de Alemania, ya que en 1430 unas 90 *grosses* de hebillas de coraza fueron registradas a efectos recaudatorios sobre el comercio en manos de mercaderes germanos, valoradas a razón de 4 sueldos *la grosa*[15].

3. IMITACIÓN Y FALSIFICACIÓN: LOS PUÑALES ZARAGOZANOS

El éxito comercializador del armamento, en ferias o en los mercados urbanos del Mediterráneo Occidental, dependió de la capacidad de los mismos centros especializados para preservar la fama asociada a sus manufacturas bélicas. Justo lo que no logró un epicentro en la forja y el acabado de armas ofensivas como Zaragoza, sumido en un proceso de decadencia económica y desprestigio a principios del siglo XV.

....

[13] ACA, RP, MR, Volúmenes, Serie General, 2298, f. 49r (1361 agosto 23).
[14] ACA, RP, MR, Volúmenes, Serie General, 2298, f. 49r (1361 agosto 23).
[15] ACA, RP, MR, Volúmenes, Serie General, 1405, f. 6r (1430 julio 7).

Pese a que están por analizar en profundidad las causas de su caída, parece que vendría dada, en parte y paradójicamente, por la buena reputación de dichos puñales o *cuytelos* y por los intentos de emularlos. Los mismos cuchilleros zaragozanos, en realidad, abrieron las puertas de sus talleres a gente extranjera, pues en los capítulos de dichas ordenanzas se insiste en que: «ningún cuytillero non prenda ni sia osado de prender obrero que se diga saber del dito oficio de la cuytilleria, que venga de fuera de la ciudat», y precisaban: «depués de diez se sian idos de la ciudat e tornados de do son venidos, e cuando son tornados a sus lugares, contrafacen los senyales de los cuytilleros de Zaragoza».

Es decir, forasteros pero expertos cuchilleros conocieron los secretos de los *cuytilleros* zaragozanos. Es esto precisamente lo que documentamos en el que, según sostenemos, fue otro gran centro cuchillero peninsular: Vic. Hacia 1374, en el obrador del difunto *manegador de coltells* Bernat Guasch, había «duodenas gladiorum cum deauratos per lo mosquer de taya de punyals e cesaragossans», además de «tres duodenas quinque ferrusas gladiorum deauratos per lo cas e rehepessats de taya laceregossana e puyaliuchs». En efecto, en el interior de Catalunya se mercadeaba con hojas de puñales y puñalería hecha al estilo de Zaragoza. De hecho, en un capítulo de estas ordenanzas se precisa que cuando los puñales zaragozanos «son repuyados por malos», la gente dice «que son de Vich»[16].

Asumiendo que estas réplicas fueron obradas en un taller de forja ausonense, parece evidente que el proceso principal en el cual intervenía la falsa manufactura era el metalúrgico, bien sobre las barras de hierro, pudiendo ahorrar hasta 2 sueldos el quintal en los más económicos, como los que llegaban a Vic desde Puigcerdà; o bien con «ferruzas de punyales con aceros falsos e malos», como los «de Génova e de Lombardía», en detrimento del «acero bueno de talla de Navarra»[17]. En la ciudad osonenca, el acero llegaba en balas de mercaderías desde Barcelona, divididas en *cairons* –tochos o lingotes cuadrangulares que oscilaban entre 9 y 11 sueldos la docena en aceros genéricos[18]–, mientras que el acero de Navarra lo documentamos en 1382 a 6 sueldos y 1 óbolo la libra[19]. Las prestaciones de la hoja de imitación[20]

16 M. I. Falcón Pérez, *op. cit.*, 1997, p. 166; exportaron cuchillería a Huesca y a Barbastro, ferias en las que los cesaraugustanos habían ido perdiendo protagonismo mercantil. Estos intercambios comerciales entre Cataluña y Aragón los documentamos en ACF-3716, Inventario de bienes del difunto *maneguer* Pere Clarà, s.n. (1444 gener 14).

17 M. I. Falcón Pérez, *op. cit.*, 1997, p. 166.

18 ACF-3707, Encante de los bienes del difunto Pere Terrers, f. 115r. (1405 octubre 21).

19 ACF-3742, Encante de los bienes del difunto cuchillero Bernat Roig, s.n. (1382 febrero 24).

20 En los siglos XVI y XVII, espadas bilbaínas se vendían como toledanas y hojas forjadas en Vizcaya se marcaban con el *signum* del reputado espadero zaragozano Julián del Rey, con la finalidad de maximizar beneficios: G. Dueñas, «La producción de armas blancas en Bilbao durante el siglo XVI», *Gladius*, XXI, 2001, pp. 271 y ss.

también variaron respeto a las auténticas por las técnicas y el utillaje; mientras en las tiendas de los *cuytilleros* solo se permitió muelas de pie para el afilado[21], en los obradores de *coltellers* se siguieron usando de modo indistinto estas u otras accionadas con ambas manos por varios afiladores[22]. Finalmente, los límites productivos fijados en Zaragoza chocaron con la alta productividad de sus imitadores ausetanos, aunque estos últimos estaban lejos de Cuneo, un centro alpino provisto de molinos hidráulicos para el afilado y el pulido de sus cuchillos[23]:

Tabla 1. Procesos técnicos de centros cuchilleros tardomedievales de Europa occidental

Fases artesanales	Zaragoza (Ebro aragonés) Producción máxima por día (unidades)	Vic (Osona-Cataluña) Producción máxima por día (unidades)	Cuneo (Piamonte-Alpes sur orientales) Producción máxima por día (unidades)
1 Afilado y acabado de la hoja	3	12	72
2 Mangado de los cuchiclos	3	12	?

Finalmente, las imitaciones fueron vendidas al alza, *c.* 1403, en Barcelona, cuando un puñal «ab dolses blanques e sa bahina blanque» se vendía por 2 sueldos y 3 dineros[24] y el «saragossà ab son ganivet e sa bahina» se elevaba a 9 sueldos y 11 dineros[25].

4. EXPATRIADOS DE LA ARMERÍA. PEDRO ARRIAGA, ARMERO Y LANCERO ORIUNDO DE BILBAO EN LA CATALUNYA DEL CUATROCIENTOS

La voz 'armero' suele asimilarse a ambientes curiales, allí donde destacaron los *armoyeurs* de Tornai del Trecientos[26] o los *armaioli* milaneses del Cuatrocientos[27].

---

[21] M. I. Falcón Pérez, *op. cit.*, 1997, pp. 246-247.
[22] ACF-3759, Inventario de bienes del difunto cuchillero Antoni de Santsalvador, f. 1v. (1422 setembre 1).
[23] R. Comba, «Produzioni metallurgiche nel Piemonte sud-occidentale (secoli XIII-XV)», en *La sidérurgie alpine en Italie (XIIᵉ-XVIIᵉ siècle)*, Roma, Publications de l'École Française de Rome, 2001, ppp. 52 y ss.
[24] ACB, Gabriel Canyelles, vol. 3141, pliegue 5, f. 51r. (1403 octubre 19).
[25] ACB, Gabriel Canyelles, vol. 3141, pliegue 5, f. 49r. (1403 octubre 17).
[26] J. Kervyn de Lettenhove, «Les relations d'Edouard III avec la Flandre d'après les documents anglais», *Bulletins de l'Académie de Belgique*, II, 20, 1865, pp. 659-683.
[27] J. Gelli y G. Moretti, *Gli armaroli milanesi. I Missaglia e la loro casa. Notizie documenti ricordi*, Milano, Ulrico Hoepli, 1903; E. Motta, «Armaiuoli milanesi nel periodo Visconteo-Sforzesco», *Archivio Storico Lombardo: Giornale della società storica lombarda*, 5, 1, 1914, pp. 187-232.

Cabe mencionar también la importancia de ciertos *armureros* vascos y navarros en los reinos hispánicos, como el **artífice** del yelmo que copa la portada
de esta cinquagésima edición: «Seppan **todos** que yo, Pedro del Campo, ar-
murero en Pomplona, otorgo haber **recebido** [...] la suma de veinte cuatro
libras [...] por un bacinet de babera que yo fecho para el senyor Princep de
Viana [...]»[28].

Lejos de los resplandecientes arneses **principescos**, ciertos artesanos encontraron mercados para comerciar con **armas de** menor lustre, siendo igualmente
reconocidos bajo la condición de armeros[29], como el lancero bilbaino Pedro
Arriaga, aclamado como «armerius civis Vicens»[30], pese a ser natal del «loci de
Birbau, regni Castelle», al contrario que **otros** 3 habitantes de dicha ciudad: Sancho de Vizcaya, barbero natural del sitio **de** Plasencia; Juan Durago, lancero,
del cual se decía que era castellano[31]; y, **Martí** o Martín, *de Biscaya* e invocado
como *lancer* cuando obtuvo 4 llanas de **madera** para hacer lanzas en el encante
de bienes del bilbaíno[32].

Todos ellos debieron de obrar armas de asta para Arraiga bajo su amparo
profesional y económico[33], pues el armero **pertenecía** a las élites de aquella sociedad urbana; en su testamento prometió **devolver** toda su dote: a su suegra
unas 35 libras, 6 sueldos y 6 denarios, **mientras** que al yerno, un tal Bernat
Riber, unas 10 libras. Además, legó a su **esposa** 3 florines más. En total, cerca
de 1000 sueldos[34]. Fue, además, un negociante influyente que aprovisionaba a
otros lanceros locales de Vic y Barcelona, **destacando** Llorenç Artès, de la calle

....

[28] J. Zalba, «El casco de la Catedral ¿del Príncipe de Viana?», *Príncipe de Viana*, año n.º 3, n.º 6,
1942, p. 81; este yelmo de justa, conservado en el **Museo** de Navarra, sería un *gran bassinet*, como
apuntó el Dr. Darío Español, del «Proyecto *Saeculum*, Proyecto Clave e Histórica Vestimentum»,
en la recreación histórica comentada sobre *El Príncipe de Viana y la princesa Inés de Cleves: linaje, poder
y realeza en 1439*.

[29] Otros armeros milaneses abrieron negocio en **distintas** urbes de Europa. En Tours, de 38 armeros
extranjeros: 4 eran de Milán y 6, lombardos: S. Painsonneau, *Fabrication et commerce des armures.
L'armurerie tourangelle au XVᵉ siècle*, Paris, Association **pour** l'Édition et la Diffusion des Études Historiques, 2004, p. 20.

[30] ABEV, ACF-3538, Testamento de Pedro Arriaga, **armero** de Vic, f. 170v.-171v. (1422 septiembre
14); el vocablo 'armero' relacionado con un **lancero** rompe con la asimilación con fabricantes de
armaduras. El término puede referirse a un **negociante** de armas como tal.

[31] ABEV, ACF-3712, f. 35r. (1422 septiembre 23).

[32] ABEV, ACF-3712, f. 41v. (1422 septiembre 26).

[33] «I cep ab una enclusa rodon per fer ferres de **lança** ab tres curnudes»: ABEV, ACF-3712, f. 35r.
(1422 septiembre 26); producía todo tipo de lanzas, además de dardos y godondarts, ABEV, ACF-
3712, f. 36r. (1422 septiembre 26).

[34] Equivalencias monetarias: 1 libra=20 sueldos=12 dineros; 1 florín= 11 sueldos de moneda bar-
celonesa de terno (1365-1453) Véase ABEV, ACF-**3538**, f. 171v. (1422 septiembre 14).

de la Mar[35], un artesano adinerado que comerciaba con Narbona, Valencia[36], Mallorca o Sicilia[37].

Las propias autoridades locales pudieron haberles atraído, necesitados de pobladores con tradición armera[38] y siderúrgica. En este sentido, con la antes mencionada industria de las corazas pudo existir un vínculo entre el comercio de placas férricas desde los puertos flamencos y la llegada de menestrales como «Johannes de Bruxelles, cuyracerius oriundus ville de Bruxelles», cuando entró al servicio de su homólogo barcelonés Nicolau Solà en 1392[39]. Nos preguntamos si el armero pudo actuar como proveedor de perfiles siderúrgicos amparado por su condición de vasallo del señorío de Vizcaya y súbdito del rey de Castilla, o si tanto él como el flamenco fueron intermediarios que abarataron los costes de, por ejemplo, traer las placas para corazas o el hierro.

5. COMERCIO PROHIBIDO EN TIERRA DE INFIELES Y ENEMIGOS DEL REY DE ARAGÓN A FINES DEL MEDIEVO

En 1402, transcurridas 4 jornadas de la entrada de Martín I el Humano en Valencia, Arnau Guasch y Pere Carbonell, vaineros de la ciudad de Barcelona, junto a Pere de Santa Eulàlia, mercader y dorador de cuchillos de Vic, se encontraban en la dicha ciudad para elevar una súplica como portavoces del «humili Officium cultellariorum civitatum Barchilone et Vici» ante Nicolau Gualbes, lugarteniente de Bernat Serra, baile general de Catalunya. Solicitaban abiertamente que «gladii seu coltelli fabricati seu facti in dictis civitatibus et in aliis civitatibus, villis et locis nostri domini tam circa que ultra mare constitus extrahantur a regnis et inimicorum nostrorum». Añadían, además, que se les dejara transitar libremente por las tierras «de iure prohibitas»[40].

---

[35] ABEV, ACF-3712, f. 38r. (1422 septiembre 23).

[36] M. Faus, «Los oficios de la armería valenciana: rutinas productivas y modelos de negocio (siglos XIII-XVI)», *Studia histórica, Historia Medieval*, 42, 2, 2024, pp. 19-20 sitúa en la playa de Barcelona y en el Golfo de Vizcaya las bases de aprovisionamiento de la lancería valenciana.

[37] Aparece en varios registros de la serie de *Fletes, guías y cauciones* del ACA.

[38] Los centros peninsulares eran reconocidos en la fabricación de lanzas, pues en 1382, Datini vendía «ferri da lancia al modo spagnolo»: L. Frangioni, *Chiedere e ottenere. L'approvvigionamento di prodotti di successo della bottega Datini di Avignone nel XIV secolo*, Firenze, Opus Libri Edizione, 2002, p. 41.

[39] AHPB, 29/4, f. 60r.-60v. (1392 junio 27); este *cuirasser* flamenco sería designado en su tierra como *brigandinier*. No significa que corazas y brigantinas fueran tipologías idénticas, pero eran cotas de placas con técnicas de fabricación similares y con un mercado de componentes, como hemos visto, común.

[40] ACA, RP, BGC, Volúmenes, n.º 1068, f. 94r. (1402 abril 18. Valencia).

Tabla 2. Compradores y vendedores de hojas y cuchillería forjada en Vic (1375-1402)

	Comprador	Vendedor	Cantidad		Año
			N.º cuchillos	Dinero (sous)	
1	Vicens Dalmau, vainero de Perpiñán	Pere Pujol, dorador de cuchillos de Vic		420 s.	1375
2	Arnau Juglar, ciudadano de Perpiñán	Bernat Martí, cuchillero de Vic		300 s.	1375
		Francesc Clos, dorador de cuchillos de Vic		660 s.	1375
		Pere Clarà, dorador de cuchillos de Vic		669 s.	1375
		Pere de Santa Eulàlia, dorador de cuchillos de Vic		364 s.	1376
3	Joan Ferrer, vainero de Barcelona	Eulàlia, hija de Francesc Clos, dorador de cuchillos de Vic	152		1395
4	Andreu Guerau, vainero de Gerona	Ramon Puig, dorador de cuchillos de Vic		118 s.	1380
5	Arnau Llaurador, vainero de Perpiñán	Francesc Clos, dorador de cuchillos de Vic		660 s.	1397
6	Pere Goçelm, vainero de Perpiñán	Francesc Clos, dorador de cuchillos de Vic		240 s.	1397
7	Pere Carbonell, vainero de Barcelona	Pere Berguedà, manegador y dorador de cuchillos de Vic		2240 s.	1401
8	Arnau Guasch, vainero de Barcelona			180 s.	1401

Sorprende que en medio del fervor **religioso** que transformó la capital del Turia en la Jerusalén bíblica y al rey de **Aragón** en una figura sacrosanta, una pequeña comitiva se atreviera a hablar de intercambios con musulmanes[41]. Sa-

41 A. Rubió i Lluch, *Documents per a la història de la cultura catalana medieval*, Barcelona, 2000, vol. 2, pp. 365-367; M. Rafaust, «¿Un mismo ceremonial para dos dinastías? Las entradas reales de Martín el Humano (1397) y Fernando I (1412 en Barcelona)», *En la España Medieval*, vol. 30, p. 111.

bemos que exportar vituallas a mercados islámicos estaba aceptado, pues en un proceso judicial de 1430, entre los testigos que fueron llamados a declarar por presunto tráfico de armas hubo quien afirmó que desde la Bailía de Catalunya solían conceder licencias de este tipo[42]. Pese a la permisividad para comerciar con el islam en el siglo XV, sacar armas estaba perseguido y se hacía clandestinamente[43].

Asimismo, entre los registros de cosas vedadas de la Bailía no aparece explícitamente la cláusula «et non in terra infidelum nec inimicorum regis» hasta justamente un año antes de la citada súplica, concretamente en los registros y albaranes responsivos del escribano Miquel Camps, cuando el oficio de baile fue de Bernat Serra[44]. Así pues, ¿y si hasta 1402 habían estado exportando sin control? Lo cierto es que muchos vaineros, originarios de Barcelona, Gerona o Perpiñán, acudían directamente a Vic para comprar las hojas o los cuchillos con mango a doradores para luego acabarlas en sus respectivos talleres. Son precisamente los oficios de los tres embajadores que fueron a Valencia, asiduos en dichas compraventas, como la de Pere Carbonell por valor de 2240 sueldos en 1401:

6. ¿QUÉ EDAD MEDIA HOY? ¿TRASCENDENTAL PARA LA OPINIÓN PÚBLICA?

Lamentablemente, los conflictos armados juegan, aún hoy, un papel destacado en las economías mundiales. Junto con los miles de muertos, heridos y desplazados de Ucrania o Gaza, en 2023 se estimaba que había otros miles de víctimas en un total de 56 guerras activas en el resto del globo. Solo algunas voces, generalmente alejadas del ruido mediático, presentan datos sobre lo que mueve la industria armamentística: cifras nunca vistas en la exportación de armamento desde Occidente, grandes multinacionales del sector registrando alzas y ganancias récord en Wall Street o un aumento considerable en el

---

[42] Proceso judicial estudiado y comentado por R. Salicrú i Lluch, «Contrastes ibéricos ante el comercio con el islam. Imágenes del comercio con "tierra de moros" del reinado de Fernando de Antequera», en *La Península Ibérica entre el Mediterráneo y el Atlántico. Siglos XIII-XV*, 2006, pp. 351-366.

[43] La documentación sobre estos traficantes de armas fue transcrita y analizada por R. Salicrú i Lluch, *Documents per a la historia de Granada del regnat d'Alfons el Magnànim (1416-1458)*, Barcelona, CSIC, doc. 347; sobre dicho fenómeno véase también: J. Guiral-Hadziiossif, *Valencia, puerto mediterráneo en el siglo XV (1410-1525)*, Valencia, Alfonso el Magnánimo, 1989, pp. 116-118.

[44] ACA, RP, BGC, registros, n.º 1067 (1401-1403).

gasto estatal con importantes paquetes de ayudas a los contratistas de armas en Estados Unidos. El análisis de la industria bélica contemporánea desde una visión social y económica sigue siendo, de hecho, un tema que nos incomoda, del que preferimos no hablar por los numerosos dilemas éticos y morales que nos suscita. Curiosamente, en nuestro acercamiento al pasado tampoco solemos preguntarnos quiénes fueron los grandes beneficiarios de las campañas militares. Con nuestra comunicación, en definitiva, hemos querido traer al centro del debate histórico los fenómenos expuestos, que nos emplazan, en nuestra opinión, a una suerte de salón de espejos en donde podemos discutir sobre tradición e innovación, inmovilismo y dinamismo, barbarie y progreso, desde la Edad Media, hoy.